Unterricht und schulisches Lernen

Pädagogische Psychologie und Entwicklungspsychologie

herausgegeben von Detlef H. Rost

Editorial

Pädagogische Psychologie und Entwicklungspsychologie sind seit jeher zwei miteinander verzahnte Teildisziplinen der Psychologie. Beide haben einen festen Platz im Rahmen der Psychologenausbildung: Pädagogische Psychologie als wichtiges Anwendungsfach im zweiten Studienabschnitt, Entwicklungspsychologie als bedeutsames Grundlagenfach in der ersten und als Forschungsvertiefung in der zweiten Studienphase. Neue Zielsetzungen, neue thematische Schwerpunkte und Fragestellungen sowie umfassendere Forschungsansätze und ein erweitertes Methodenspektrum haben zu einer weiteren Annäherung beider Fächer geführt und sie nicht nur für Studierende, sondern auch für die wissenschaftliche Forschung zunehmend attraktiver werden lassen. „Pädagogische Psychologie und Entwicklungspsychologie" nimmt dies auf und will die Rezeption einschlägiger guter und interessanter Forschungsarbeiten fördern und damit die theoretische, empirische und methodische Entfaltung beider Fächer stimulieren sowie fruchtbare Impulse zu ihrer Weiterentwicklung einerseits und zu ihrer gegenseitigen Annäherung andererseits geben.

Der Beirat der Reihe „Pädagogische Psychologie und Entwicklungspsychologie" repräsentiert ein breites Spektrum entwicklungspsychologischen und pädagogisch-psychologischen Denkens und setzt Akzente, indem er auf Forschungsarbeiten aufmerksam macht, die den wissenschaftlichen Diskussionsprozeß beleben können. Es ist selbstverständlich, daß zur Sicherung des Qualitätsstandards dieser Reihe jedes Manuskript – wie bei Begutachtungsverfahren in anerkannten wissenschaftlichen Zeitschriften – einem Auswahlverfahren unterzogen wird. Nur qualitätsvolle Arbeiten werden der zunehmenden Bedeutung der Pädagogischen Psychologie und Entwicklungspsychologie für die Sozialisation und Lebensbewältigung von Individuen und Gruppen in einer immer komplexer werdenden Umwelt gerecht.

Sabine Gruehn

Unterricht und schulisches Lernen

Schüler als Quellen der Unterrichtsbeschreibung

Waxmann Münster / New York
München / Berlin

Die Deutsche Bibliothek – CIP-Einheitsaufnahme

Gruehn, Sabine:
Unterricht und schulisches Lernen : Schüler als Quellen
der Unterrichtsbeschreibung / Sabine Gruehn. –
Münster ; New York ; München ; Berlin : Waxmann, 2000
(Pädagogische Psychologie und Entwicklungspsychologie ; 12)
ISBN 3-89325-757-8

Pädagogische Psychologie und Entwicklungspsychologie; Bd. 12
herausgegeben von Prof. Dr. Detlef H. Rost
Philipps-Universität Marburg
Fon: 0 64 21 / 2 82 17 27
Fax: 0 64 21 / 2 82 39 10
E-mail: rost@mailer.uni-marburg.de

ISSN 1430-2977
ISBN 3-89325-757-8

Postfach 8603, D-48046 Münster

http://www.waxmann.com
E-mail: info@waxmann.com

Umschlaggestaltung: Pleßmann Kommunikationsdesign, Ascheberg
Druck: Zeitdruck GmbH, Münster
Gedruckt auf alterungsbeständigem Papier, DIN 6738

INHALT

Vorwort von Jürgen Baumert

Die vorliegende Untersuchung ist Teil eines größeren Forschungsprojekts des Max-Planck-Instituts für Bildungsforschung, in dessen Verlauf ein umfang- und aspektreicher längsschnittlicher Datensatz zur schulischen und psychosozialen Entwicklung im Jugendalter und zur Bewältigung des Übergangs von der Schule in die berufliche Erstausbildung und das Erwerbsleben erstellt wurde. Die Arbeit ist die erste Veröffentlichung aus dem Projekt „Bildungsverläufe und psychosoziale Entwicklung im Jugendalter (BIJU)“, die sich systematisch dem Unterrichtsgeschehen in seiner Bedeutung für Lernfortschritte widmet. Der theoretische Rahmen wird aus der Zusammenführung der üblicherweise getrennten Forschungsstränge der Unterrichts- und Schulklimaforschung entwickelt.

In der kritischen Diskussion der Arbeiten aus der Unterrichts- und Schulklimaforschung wird auf verblüffende Inkonsistenzen zwischen empirischer Befundlage und deren Rezeption in der Fachliteratur aufmerksam gemacht. Aus einer sorgfältigen Gegenüberstellung von Ergebnissen der Lehr-/Lernforschung einerseits und der Unterrichtsklimaforschung andererseits entwickelt die Autorin die Fragestellungen ihrer Untersuchung. Eine wegweisende Neuerung dieser Arbeit liegt im methodischen Vorgehen bei der Datenanalyse. Verwendet man Schülerangaben als Indikatoren für Unterrichtsqualität, erzeugt man immer hierarchisch strukturierte Datensätze, bei deren Analyse Effekte auf der Schülerebene und Effekte auf institutionellen Ebenen sorgfältig getrennt und simultan modelliert werden müssen, will man nicht zu inferenzstatistisch fehlerhaften Schlüssen kommen. Die vorliegende Arbeit ist eine der ersten Untersuchungen der Lehr-/Lernforschung, die im Rahmen des hierarchisch-linearen Modells systematisch psychologische Lernumwelten, die durch individuelle Wahrnehmung der Schüler konstituiert werden, von kollektiven Lernumwelten auf der Klassenebene, die auf sozial geteilter Wahrnehmung beruhen, trennt und die Ergebnisse über mehrere Schulfächer hinweg vergleichen kann.

Die Resultate der vorliegenden Studie zeigen, daß Schüler, sofern man deren Urteile auf Klassenebene aggregiert, in gewisser Weise als Experten für die Beurteilung von Unterrichtsprozessen angesehen werden können, insofern sie den Unterricht aus einer spezifischen Perspektive valide rekonstruieren. Die auf Klassenebene geteilte Schülersicht stellt – wie eine andere Untersuchung aus unserer Forschungsgruppe gezeigt hat – eine Perspektive der Unterrichtswahrnehmung eigenen Rechts dar, die sich bei vielen Konstrukten der Unterrichtsforschung von der ebenfalls spezifischen Sicht externer Beobachter oder unterrichtender Lehrer unterscheidet, aber gleichwohl pragmatische Validität besitzt, insofern sie zur Vorhersage von Lernverläufen geeignet ist. Die Korrelations- und Mehrebenenanalysen der vorliegenden Untersuchung bestätigen die Stärken von

Unterrichtsmerkmalen, die dem Modell der direkten Instruktion zuzuordnen sind. Mit diesen Konstrukten wird Unterricht als Gelegenheitsstruktur für verständnisvolles Lernen beschrieben. Die Autorin kann aber auch zeigen, daß es möglich ist, mit der Modellierung spezifisch-didaktischer Aspekte, in denen sie konstruktivistische Merkmale von Unterricht sieht, näher an die psychologischen Prozesse des Wissenserwerbs heranzukommen.

Anhand von Extremgruppenvergleichen vermittelt die vorliegende Arbeit einen realistischen Eindruck von den potentiellen Effektstärken differierender Unterrichtsqualität. Bei gleichem Vorwissensniveau zu Beginn eines Schuljahres, aber deutlich unterschiedlicher Unterrichtsführung in den Dimensionen repetitiven Übens und konstruktivistischer Unterrichtsmerkmale kann die Leistungsdifferenz zwischen Klassen am Ende des Schuljahres bis zu zwei Dritteln einer Standardabweichung betragen. Dies ist mehr als der durchschnittliche Lernzuwachs eines Schuljahres.

Die vorliegende Untersuchung leistet einen theoretisch und empirisch überzeugenden Beitrag zur Analyse von Unterrichtsqualität, die aus der Sicht von Schülerinnen und Schülern rekonstruiert wird.

I Einleitung

Mit dem Erscheinen des Coleman-Reports 1966 und der Forschungsergebnisse von Jencks und Mitarbeitern 1972 wurde in der pädagogisch-psychologischen Schulforschung eine breite Diskussion über die Wirksamkeit von Schule und Unterricht in bezug auf die Leistungsentwicklung von Schülern[1] entfacht. Die beiden Studien von Coleman et al. (1966) und Jencks et al. (1972) bescheinigten damals den Schulen eine im Vergleich zu anderen Einflußfaktoren, wie z. B. Persönlichkeitsmerkmalen und familiärem Hintergrund, nur geringe Bedeutung für den Erwerb von Kenntnissen, Fähigkeiten und Fertigkeiten. Die durch die Schulzugehörigkeit erklärbaren Leistungsunterschiede zwischen Schülern schätzten Jencks et al. beispielsweise auf nur 1-3 %; Coleman et al. ermittelten unter Konstanthaltung familialer Hintergrundvariablen spezifische Varianzanteile von ebenfalls nur maximal 1 %, die auf Unterschiede zwischen Schulen zurückgehen. Gegen diese eher pessimistische Schätzung der Wirksamkeit von Schule und Unterricht wurde eine Vielzahl vor allem methodischer Argumente ins Feld geführt (vgl. Rutter et al., 1979, deutsch: 1980). Sie bezogen sich vor allem auf das Leistungskriterium (Coleman verwendete z. B. die verbale Ausdrucksfähigkeit), die Art der untersuchten Schulvariablen (finanzielle Ausstattung, Anzahl der Bücher, Lehrer-Schüler-Relation) und die statistische Abschätzung des Schuleinflusses durch Konstanthaltung familialer Hintergrundmerkmale[2]. Rutter et al. (1979 bzw. 1980) konnten in einer Längsschnittstudie zeigen, daß bei Verwendung von curricularen Leistungstests bzw. Leistungsergebnissen staatlicher Abschlußprüfungen einerseits und schulischen bzw. unterrichtlichen Prozeßmerkmalen andererseits (z. B. effektiv für den Lernstoff genutzte Unterrichtszeit, Interaktionsstil des Lehrers, Häufigkeit von Disziplinierungsmaßnahmen) deutliche Leistungsunterschiede zwischen Schulen von ca. 10 % der Gesamtvarianz bestehen, die sich nicht durch deren unterschiedliche Eingangsselektivität erklären lassen.

Die jahrelange Diskussion um die Frage der Bedeutsamkeit von Schule bzw. Unterricht für das schulische Lernen auf der Basis solcher Versuche der Quantifizierung ihres Einflusses verkennt, daß diese Art der Effektmessung leicht zu Trugschlüssen führt (Schnabel, 1998b): In welchem Ausmaß Leistungsunterschiede zwischen Schülern durch die Schulzugehörigkeit erklärt werden können,

---

[1] Um der besseren Lesbarkeit willen wird in der vorliegenden Arbeit auf die Verwendung zusätzlich weiblicher Personenbezeichnungen verzichtet. Die männliche Form ist jedoch durchweg geschlechtsneutral zu verstehen.

[2] Die Verwendung zusätzlich erklärter Varianz in der Schulleistung nach Einführung familialer und individueller Hintergrundmerkmale als Kriterium für den Einflußfaktor Schule ignoriert konfundierte Varianzanteile zwischen diesen Faktoren und unterschätzt damit erheblich den Schuleffekt.

d. h. wieviel Prozent der Leistungsvarianz auf die einzelne Schule zurückgeht, hängt stark vom Grad der Leistungsdifferenzierung des jeweiligen Schulsystems ab. Dies läßt sich leicht anhand der internationalen Schulvergleichsforschung darstellen. In einem stark leistungsdifferenzierten Schulsystem wie dem deutschen können nach Ditton & Krecker (1995) innerhalb einer Schulart zwar nur ca. 2,5 % der Leistungsvarianz auf Unterschiede zwischen den Schulen zurückgeführt werden[3]. Betrachtet man jedoch den Brutto-Effekt Schule, also die Leistungsvarianz zwischen den Schulformen, so ergibt sich ein Anteil von 27 bis 43 % (Ditton & Krecker, 1995). In einem Einheitsschulsystem wie beispielsweise dem US-amerikanischen, das Leistungsdifferenzierung durch das Angebot unterschiedlich anspruchsvoller Fachkurse innerhalb einer Schule realisiert, ist dieser hohe Varianzanteil folglich nicht zwischen, sondern innerhalb der Schulen angesiedelt. Insofern ist ein solcher an Varianzanteilen orientierter Indikator für die Bestimmung der Bedeutsamkeit von Schule nur bedingt geeignet.

Die Ergebnisse der Rutter-Studie, als eine die methodischen Schwächen der Untersuchungen von Coleman und Jencks berücksichtigende Gegenstudie konzipiert, nährte die pädagogische Hoffnung, durch Veränderungen der Lernumwelt multiple Lernleistungen von Schülern, d. h. sowohl Wissen als auch motivationale und soziale Kompetenzen, steigern zu können. Die in der Folge einsetzende Schuleffektivitätsforschung nahm dabei nicht nur die Schulebene, sondern auch den Unterricht in einer konkreten Klasse in den Blick. Der Zusammenhang zwischen Schul- und Klassenebene wurde dabei dahingehend konzeptualisiert, daß die Schule die notwendigen Rahmenbedingungen für guten Unterricht, z. B. in Form eines guten „Schulethos", bereitstellt (vgl. Creemers & Reezigt, 1996).

Die in den 60er und 70er Jahren von Carroll (1963), Bruner (1966), Bloom (1976), Harnischfeger & Wiley (1976), Glaser (1976) sowie Bennett (1978) entwickelten Modelle schulischen Lernens basieren implizit oder explizit auf die-

[3] Der Schuleffekt wird in dieser Studie allerdings deutlich unterschätzt, da keine curricular validen Fachleistungstests, sondern zwei Untertests des KFT 4-13 eingesetzt wurden, die schulnahe Intelligenzleistungen erfassen. Es ist unmittelbar einleuchtend, daß „echte" Schulleistungstests viel sensibler für Schulunterschiede sind, in denen sich Unterschiede in der Quantität und Qualität von Unterricht spiegeln, als Intelligenztests, deren Inhalte in stärkerem Maße auch außerhalb des schulischen Kontextes erworben werden. Hinweise hierfür geben die im Rahmen der wissenschaftlichen Begleituntersuchungen durchgeführten Schulleistungsvergleiche zwischen Gesamtschulen und Schulen des dreigliedrigen Schulsystems, die Fachleistungstests für die Erfassung von Schulleistungen verwendeten (Haenisch et al., 1979): Für die Hauptschulen belegen diese Untersuchungen einen Schuleffekt von bis zu 12 %, für die Gesamtschulen sogar einen von bis zu 23 % für verschiedene Lernbereiche der Fächer Mathematik, Deutsch und Englisch (für die beiden anderen Schulformen werden keine getrennten Effekte berichtet). Einschränkend muß jedoch erwähnt werden, daß diese Varianzanteile wahrscheinlich überschätzt sind, da den Berechnungen – im Gegensatz zu hierarchischen Varianzzerlegungen auf der Basis aller Schulformen – jeweils nur eine Schulart zugrunde lag, wodurch sich die Prozentanteile deutlich zugunsten des Faktors *Schule* verschieben.

sem Zusammenhang zwischen Schul- und Klassenebene. Grundlage dieser Modelle ist die Unterscheidung zwischen der Quantität, d. h. der zum Lernen zur Verfügung stehenden Zeit, und der Qualität des Unterrichts, weshalb sie auch als Lehr-Lernzeit-Modelle bezeichnet werden. Sowohl Quantität als auch Qualität des Unterrichts lassen sich auf verschiedenen Ebenen beschreiben. Diese Modelle gaben für die Folgezeit wichtige Impulse für empirische Forschungsvorhaben und theoretische Weiterentwicklungen z. B. durch Slavin, Creemers oder Walberg. Um den theoretischen Rahmen, in den die vorliegende Untersuchung eingebettet ist, zu verdeutlichen, werden in Kapitel 1 die wichtigsten Modelle vorgestellt[4].

1 Modelle schulischen Lernens

Die wohl einflußreichsten Modelle stammen von Carroll und Bloom. Da sie für viele andere Modelle Pate standen, sollen sie zunächst in den Kapiteln 1.1 und 1.2 beschrieben werden. Vor allem zwei Autoren haben sich in der Folgezeit um eine Weiterentwicklung dieser Modelle bemüht: Slavin und Creemers. Ihre Modellvarianten werden in Kapitel 1.3 vorgestellt. Im anschließenden Kapitel (Kap. 1.4) wird als Synthese all dieser Modelle das Produktivitätsmodell von Walberg diskutiert und im letzten Teil dieses Abschnitts (Kap. 2) eine inhaltliche Einordnung der Arbeit auf der Folie dieser Modelle vorgenommen.

1.1 Carrolls Modell schulischen Lernens

Das wohl einflußreichste theoretische Modell zur Erklärung schulischen Lernens, das die empirische Unterrichtsforschung belebte und im Laufe der Zeit mehrere Erweiterungen erfuhr, stammt von Caroll (1963, 1973, 1989; Harnischfeger & Wiley, 1977). Es beruht auf der Grundannahme, daß der Grad des Lernerfolgs eine Funktion des Verhältnisses von tatsächlich benötigter Lernzeit und tatsächlich aufgewendeter Lernzeit ist (vgl. Abb. 1.1). Diese beiden Merkmale werden durch fünf Klassen von Variablen bestimmt (s. die kursiv gedruckten Kästchen in Abb. 1.1). Drei dieser Variablen lassen sich in Einheiten von Zeit beschreiben: Die *aufgabenspezifische Begabung* bestimmt das Ausmaß an Zeit, das ein Schüler unter optimalen Unterrichts- und Motivationsbedingungen für das Lernen einer einzelnen Aufgabe benötigt – relativ wenig Zeitaufwand für

[4] Es handelt sich hierbei um keine erschöpfende und damit kritische Darstellung dieser Modelle, da sie hier lediglich zur Absteckung des theoretischen Rahmens dieser Arbeit dienen.

das Lernen einer Aufgabe indiziert eine hohe Begabung. Die *zugestandene Lernzeit* bezieht sich auf das Konzept der Lerngelegenheit (opportunity to learn), also der tatsächlich für Lehr-Lernvorgänge genutzten Zeit, die einerseits durch die in der Stundentafel festgelegten Unterrichtsstunden pro Schuljahr und die tatsächlich gehaltenen Unterrichtsstunden („zugeteilte Lernzeit“ in Abb. 1.1), andererseits durch die vom Lehrer für lehrstoffrelevante Aktivitäten genutzte Zeit bestimmt wird. *Ausdauer* kennzeichnet die Zeit, die ein Schüler bereit ist, für das Lernen einer Aufgabe aufzuwenden. Der Grad der Ausdauer kann sowohl durch extrinsische (z. B. um anderen zu gefallen, Belohnungen zu bekommen etc.) als auch intrinsische Lernanreize (z. B. Interesse) beeinflußt werden. Von den beiden verbleibenden Variablen wird angenommen, daß sie in Zusammenhang mit der schulischen Leistung stehen, wobei die *Qualität des Unterrichts* und die *Fähigkeit, dem Unterricht zu folgen*, in einer Wechselwirkung zueinander stehen.

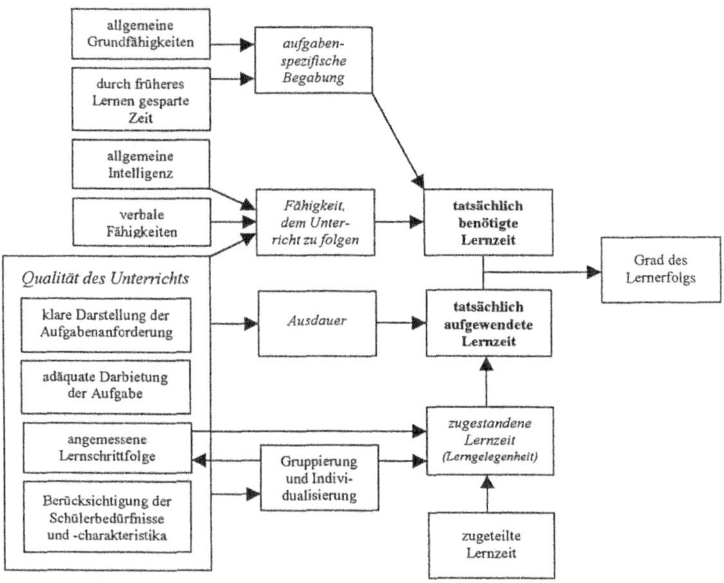

Abbildung 1.1: Carrolls Modell schulischen Lernens (1963) in Anlehnung an Harnischfeger & Wiley (1977, S. 209)

Carroll geht dabei von einem Schwellenkonzept aus: Ist die durch eine klare Darstellung der Aufgabenanforderung, eine adäquate Darbietung der Aufgabe, eine angemessene Lernschrittfolge sowie die Berücksichtigung der Schülerbedürfnisse und -charakteristika gekennzeichnete Qualität des Unterrichts hoch, spielt die Fähigkeit, dem Unterricht zu folgen, kaum noch eine Rolle und die tatsächlich benötigte Lernzeit hängt im wesentlichen von der aufgabenspezifischen Begabung ab. Ist jedoch die Qualität des Unterrichts im o. g. Sinne niedrig, werden personspezifische Fähigkeiten wie allgemeine Intelligenz oder verbale Fähigkeiten extrem wichtig, da sie die Fähigkeit, dem Unterricht zu folgen, bestimmen. Dies bedeutet, daß bei besonders unklarer Aufgabenstellung, einer nicht abgestimmten Lernschrittfolge und einem nicht an den kognitiven und motivationalen Schülereigenschaften orientierter Unterricht dazu führt, daß nur noch die mit überdurchschnittlichen kognitiven und verbalen Fähigkeiten ausgestatteten Schüler einem solchen Unterricht folgen können.

Für die vorliegende Arbeit von besonderer Bedeutung sind jene Elemente in Carrolls Modell, die von außen, z. B. durch Schule und Lehrer, veränderbar sind. Werden die fünf Variablen nach diesem Gesichtspunkt unterteilt, so sind die zugestandene Lernzeit und die Qualität der Instruktion die entscheidenden Stellgrößen, deren Optimierung sowohl direkte als auch indirekte positive Einflüsse auf die individuellen Faktoren tatsächlich aufgewendete versus tatsächlich benötigte Lernzeit hat.

1.2 Blooms Modell schulischen Lernens

Im Gegensatz zu Carroll stellt Bloom (1976) nicht so sehr die Lernzeit in den Mittelpunkt seiner Betrachtung – obwohl sein Modell stark von Carroll beeinflußt ist –, sondern betont den sequentiellen und kumulativen Charakter von schulischen Lernprozessen: Jede Zunahme von Lernen durch das Lösen einer Aufgabe und die damit einhergehenden affektiv-motivationalen Lernergebnisse (z. B. die Stärkung des Vertrauens in die eigene Leistungsfähigkeit und die damit einhergehende Freude am Lernen) sind aufgabenspezifische kognitive und affektive Eingangsvoraussetzungen für die nächste Aufgabe. Getragen ist dieses Modell von der extrem optimistischen Erwartung, daß alle Schüler fast alles lernen können, wenn ihnen die entsprechenden, individuell notwendigen Lernbedingungen bereitgestellt werden. Möglich sollte dies dadurch sein, daß man die beiden entscheidenden Stellgrößen des Carrollschen Modells, tatsächlich benötigte versus aufgewendete Lernzeit, verändert: entweder durch die Bereitstellung zusätzlicher Lernzeit oder durch Reduzierung der benötigten Lernzeit. Beides läßt sich mit Hilfe einer verbesserten Qualität der Instruktion sowie der Steigerung von Motivation und Vorwissen der Schüler erreichen.

Bloom unterteilt die Lernergebnisse in drei Aspekte (s. Abb. 1.2): die *Leistungshöhe und Leistungsart*, die *Lernrate*, d. h. die Leistungsmenge innerhalb einer bestimmten Zeit, und *affektive Lernergebnisse*. Diese Lernergebnisse werden durch drei Komponenten gesteuert: die Lernaufgabe, die Qualität des Unterrichts und die kognitiven und affektiven Eingangsmerkmale zu Beginn einer bestimmten Lernsequenz.

Die Qualität des Unterrichts, die in entscheidendem Maß die Lernergebnisse der Schüler beeinflußt, setzt sich bei Bloom aus vier Aspekten zusammen:

(1) Hinweise, die sich auf die möglichst präzise und in einer aufeinander aufbauenden Schrittabfolge konzipierten Darbietung des zu lernenden Inhalts beziehen;
(2) Bekräftigung, die sich auf lobendes oder tadelndes Lehrerverhalten bezieht, welches Hinwendung zur Aufgabe, positive Einstellungen zur Schule und zum Fach sowie eine positive Fähigkeitseinschätzung bewirkt;
(3) Beteiligung der Schüler am Unterricht, d. h. Erhöhung der aktiven Lernzeit des Schülers durch besonderes Managementverhalten und Monitoring des Lehrers;
(4) Rückmeldung der bisher erbrachten Leistungen und Anregungen zur Lernverbesserung in Form von alternativen Lerninhalten (*Hinweisen*) oder zusätzlichen Übungsaufgaben, d. h. zusätzlicher Lernzeit.

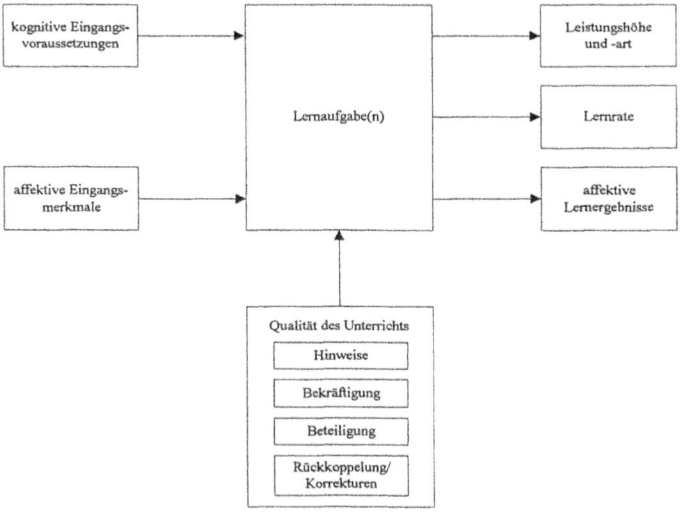

Abbildung 1.2: Blooms Modell des schulischen Lernens (nach Harnischfeger & Wiley, 1977, S. 213)

Vor allem der letzte Punkt verweist zum einen auf die Notwendigkeit, remedialen und adaptiven Unterricht zu organisieren, um ein möglichst hohes Sockelniveau für alle Schüler absichern zu können. Damit verbunden ist die Hoffnung, daß ein derart gestalteter Unterricht zu einer Verminderung der individuellen Unterschiede in der benötigten Lernzeit führt. Zum zweiten bedingen die individuelle Leistungsrückmeldung und damit verbundene Aktivitäten zur Lernsteigerung einen hohen Grad an individualisiertem Unterricht, um eine möglichst optimale Passung zwischen Lernvoraussetzungen und Lernmaterialien herzustellen.

Blooms Modell des schulischen Lernens bildete die Grundlage für die Entwicklung des Konzepts des zielerreichenden Lernens (*mastery learning*), das ausführlich in Kapitel 3.1.2.3 beschrieben werden soll.

1.3 Weiterentwicklung des Carrollschen Modells schulischen Lernens

Die auf dem Modell von Carroll basierenden Weiterentwicklungen beziehen sich vor allem auf einen Aspekt innerhalb seines Modells: die Ausdifferenzierung des Konstrukts *Qualität des Unterrichts*. Besonders hervorzuheben sind zwei Weiterentwicklungen dieses Konstrukts von Creemers (1994a,b) und Slavin (1987, 1994).

Creemers hat ein schulisches Effektivitätsmodell entwickelt, das die Fülle empirischer Ergebnisse der letzten 20 bis 30 Jahre Unterrichtsforschung zu integrieren versucht. Ausgehend von Carrolls Annahme, daß die Qualität des Unterrichts sowohl die tatsächlich benötigte als auch die tatsächlich aufgewendete Lernzeit beeinflußt und damit ein entscheidender Faktor für schulisches Lernen ist, bezieht sich sein Modell vor allem auf die Elaboration des Konstrukts *Qualität des Unterrichts*. Die Qualität des Unterrichts läßt sich durch drei Dimensionen beschreiben: die Qualität der Lehrpläne und ihre Umsetzung im Unterricht, Gruppierungsmethoden bzw. Maßnahmen innerer Differenzierung sowie Merkmale des Lehrerverhaltens.

Qualität der Lehrpläne und ihre Umsetzung. Dieser Aspekt bezieht sich zum einen auf die Stoffmenge von Lehrplänen im allgemeinen, ihre jeweilige Umsetzung in der einzelnen Klasse und die damit verbundenen Lerngelegenheiten in dieser Klasse, also die Quantität von Unterricht, andererseits auf die Strukturierung und Klarheit der Lehrinhalte sowie die Kontrolle von Lernergebnissen und ihre Rückmeldung an die Schüler.

Maßnahmen der inneren Differenzierung. Innere Differenzierung kann erreicht werden durch die Bildung lerntempo- oder leistungshomogener Gruppen sowie durch Formen kooperativen Lernens. Diese Maßnahmen dienen dazu, daß der Unterricht individuell auf einzelne Schüler bzw. Schülergruppen abgestimmt und die Rückmeldung durch den Lehrer individualisiert werden kann, wodurch die zur Verfügung stehende Zeit für Lernen optimal genutzt wird. Adaptiver Unterricht ist jedoch nicht nur an Gruppierungsmaßnahmen geknüpft, sondern kann ebenso im Rahmen von Frontalunterricht praktiziert werden (z. B. durch Variation des Schwierigkeitsgrades von Lehrerfragen entsprechend der unterschiedlichen Leistungsfähigkeit der Schüler).

Merkmale des Lehrerverhaltens. Basierend auf der Forschung zum Zusammenhang von Lehrerverhalten und Lernen werden als besonders effektiv eingeschätzt:

- ein effizientes Klassenmanagement, das Störungen frühzeitig beseitigt und damit genügend Unterrichtszeit für die Stoffvermittlung bereitstellt,
- wohldosierte Hausaufgaben,
- klare Zielsetzung und Strukturierung der Lerninhalte gemäß den hierarchisch geordneten Lernzielen,
- Klarheit der Stoffpräsentation,
- Fragen höherer und niedrigerer Ordnung, die gleichzeitig die Aufmerksamkeit der Schüler aufrechterhalten und zur Kontrolle des Lernfortschritts verwandt werden können sowie
- die Überprüfung der Lernzielerreichung mit gezielter Rückmeldung und ggf. der Bereitstellung neuer Lerngelegenheiten.

Die drei angeführten Merkmale *Qualität der Lehrpläne*, *Gruppierungsmaßnahmen* sowie *Merkmale des Lehrerverhaltens* sind, isoliert betrachtet, keine Garanten für erfolgreichen Unterricht, sondern müssen in sinnvoller und konsistenter Weise miteinander kombiniert werden. Dies bedeutet, daß es nicht ausreicht, eine bestimmte Form der Gruppierung durchzuführen, sondern es muß ebenso eine entsprechende Gruppierung bzw. Individualisierung des Lernmaterials vorgenommen werden bzw. die Unterrichtsstunde muß gut organisiert und strukturiert sein, um Unterricht effektiv zu gestalten. Dieser Einsicht liegen Ergebnisse der empirischen Unterrichtsforschung zugrunde, wonach es die generelle Überlegenheit einer einzigen Unterrichtsmethode bzw. eines bestimmten Lehrerverhaltens nicht gibt (vgl. die Forschungen zur *aptitude-treatment-interaction* Treiber, 1980; Corno & Snow, 1986; vgl. hierzu Kap. 3.1.3.5). Stattdessen erweisen sich in Abhängigkeit von den Lehrinhalten je unterschiedliche, aus mehreren Komponenten bestehende Unterrichtssettings als besonders effektiv.

Slavin (1987, 1994) hat, im Gegensatz zu Creemers, nicht nur das Konstrukt *Qualität des Unterrichts*, sondern alle veränderbaren Elemente des Carrollschen Modells in den Mittelpunkt seiner Betrachtungen gestellt. Diese Elemente sind die Qualität des Unterrichts und die zugestandene Lernzeit, die direkt durch den Lehrer gesteuert werden, und auf seiten der Schüler die Fähigkeit, dem Unterricht zu folgen sowie ihre Ausdauer, die zumindest teilweise durch den Lehrer bzw. seine Gestaltung des Unterrichts beeinflußt werden können. Diese Beeinflussung der beiden zuletzt genannten Aspekte kann zum einen durch die Wahl eines angemessenen Schwierigkeitsniveaus der Aufgabenstellung, zum anderen durch einen hohen Anreizwert des Unterrichts erfolgen. Alle vier genannten Komponenten, *Qualität*, *Angemessenheit*, *Anreizwert* sowie *Lernzeit*, sind notwendige Bedingungen für einen effektiven Unterricht. Slavin geht davon aus, daß diese vier Elemente nicht gegenseitig kompensierbar sind, was bedeutet, daß bereits das Fehlen bzw. nur eine ungenügende Realisierung eines einzelnen Elements zur extremen Verschlechterung der Lernergebnisse von Schülern führt.

Ähnlich wie bei Creemers werden auf der Basis dieses Vier-Komponenten-Modells die Ergebnisse der empirischen Unterrichtsforschung systematisiert und den einzelnen Elementen zugeordnet. Dabei deckt sich die Beschreibung effektiven Lehrerverhaltens bei Creemers weitgehend mit Slavins Komponente der Qualität von Unterricht. Ebenso besteht eine hohe Übereinstimmung zwischen Creemers Aspekt der Gruppierungsmaßnahmen und dem angemessenen Schwierigkeitsniveau der Aufgabenstellung bei Slavin; denn ein angemessenes Aufgabenniveau für alle Schüler läßt sich nur durch Formen der Gruppierung bzw. durch individualisierte Instruktion (als konsequenteste Form adaptiven Unterrichts) realisieren. Der Anreizwert des Unterrichts läßt sich durch vielfältige, vor allem didaktische Maßnahmen erreichen, wie z. B. durch projektorientierte Unterrichtsformen, überraschende Experimente, die die Neugier der Schüler wekken, an den Alltagserfahrungen der Schüler anknüpfende Unterrichtseinheiten etc., die vor allem intrinsisch motiviertes Lernen hervorrufen, sowie extrinsische Anreize wie Noten, Lob[5] und Auszeichnungen. Diese Aufzählung macht bereits deutlich, daß der Anreizwert in wesentlichem Umfang auch durch die Qualität des Unterrichts sowie die Wahl eines dem Wissensstand der Schüler angemessenen Aufgabenniveaus bestimmt wird. Der letzte Aspekt in Slavins Modell, die Lernzeit, bezieht sich vor allem auf die, in Carrolls Terminologie zugestandene Lernzeit, die weitgehend durch die Zeitplanung des Lehrers für eine bestimmte Unterrichtseinheit, seine Lehrstofforientierung sowie seine Unterrichtsführungsqualitäten determiniert ist.

Betrachtet man zusammenfassend die beiden Weiterentwicklungen des Carrollschen Modells durch Creemers und Slavin, so liegt ihr Verdienst vor allem darin, daß sie die vielen z. T. widersprüchlichen Befunde der Unterrichtsforschung integriert und in einen systematischen Zusammenhang zueinander gestellt haben. Mit der Postulierung eines additiven, möglicherweise sogar multiplikativen Zusammenhangs der einzelnen Modellkomponenten lassen sich auch

[5] Nach Deci & Ryan (1985) kann Lob allerdings auch intrinsisch motiviertes Lernen auslösen.

vermeintliche Widersprüche in den empirischen Befunden aufheben, da Unterricht nicht mehr als aus einzelnen Elementen bestehendes Phänomen betrachtet wird, sondern als komplexes Gefüge mit mehr oder weniger effektiven Kombinationen unterschiedlicher Unterrichtsmethoden und Lehrerverhaltensweisen. Was in diesen Modellen jedoch noch fehlt, sind die Einflußfaktoren außerhalb von Schule und Persönlichkeit der Schüler auf der Meso- und Makroebene im Rahmen eines ökologischen Modells. Deshalb soll im folgenden das Produktivitätsmodell von Walberg als drittes und letztes Modell vorgestellt werden, das auch diese Faktoren berücksichtigt. Im Anschluß daran wird eine Einordnung der Arbeit in den theoretischen Gesamtrahmen vorgenommen.

1.4 Walbergs Produktivitätsmodell

Walberg hat 1981 eine erste Systematisierung der empirischen Befunde aus den unterschiedlichen theoretischen Forschungstraditionen, die die Erklärung schulischer Leistungen zum Gegenstand hatten, vorgestellt. In Anlehnung an das ökonomische Produktivitätsmodell von Cobb & Douglas (1928), das nichtlineare Steigerungen der Produktivität annimmt, identifizierte er zunächst sieben Produktivitätsfaktoren, die er in späteren Arbeiten (Walberg, 1983, 1986; Haertel, Walberg & Weinstein, 1983; Fraser, Walberg, Welch & Hattie, 1987; Wang, Haertel & Walberg, 1993) auf neun Faktoren erweiterte. Die Annahme einer nichtlinearen Steigerung der Produktivität hat zur Folge, daß sich Defizite in einzelnen Faktoren nur begrenzt durch Verbesserungen in anderen Faktoren ausgleichen lassen.

Die neun Produktivitätsfaktoren lassen sich drei Klassen von Variablen zuordnen (s. Abb. 1.3):

(1) Personenmerkmale des Schülers: Fähigkeit, Motivation und kognitiver Entwicklungsstand;

(2) Unterrichtsmerkmale: Quantität und Qualität des Unterrichts;

(3) Umweltmerkmale: Familie, Klasse bzw. Schule, Gleichaltrigengruppe und Massenmedien. Als Umweltmerkmale werden hierbei sowohl objektive Gegebenheiten als auch psychologische Umwelten, die die subjektiven Wahrnehmungen einzelner oder von Gruppen repräsentieren, konzeptualisiert.

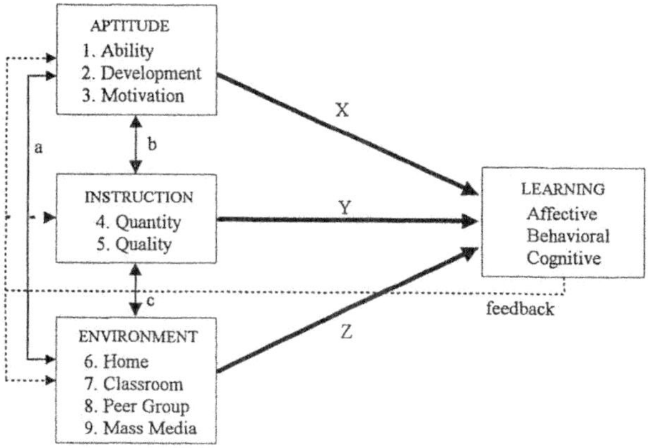

Abbildung 1.3: Walbergs Produktivitätsmodell schulischen Lernens (in Anlehnung an Fraser, Walberg, Welch & Hattie, 1987, S. 158)

Faßt man die bisherige Forschung zur Erklärung von schulischen Leistungen zusammen, so besteht ein Konsens darüber, daß zumindest die ersten fünf Faktoren notwendige Bedingungen für Schulleistung sind, die nicht durch andere Variablen kompensiert werden können. Diese fünf Faktoren entsprechen den Kernelementen der weiter oben vorgestellten Modelle schulischen Lernens von Carroll und Bloom. Die restlichen vier Faktoren des Produktivitätsmodells, die Umweltmerkmale, können den Lernfortschritt zusätzlich steigern durch direkte sowie indirekte Wirkungen über die Motivation der Schüler und die Anzahl von Lerngelegenheiten (s. Abb. 1.3). Von diesen Variablen wird angenommen, daß sie bis zu einem gewissen Grad gegenseitig substituierbar sind. Entsprechend den anderen Modellen wird auch hier von einer Interkorrelation der Faktoren ausgegangen, so daß eine quantitative Schätzung der Bedeutung einzelner Elemente, wie dies Walberg getan hat, nur ein grober Indikator für deren relatives Einflußgewicht sein kann.

2 Einordnung der eigenen Arbeit

Betrachtet man die drei vorgestellten Modelle schulischen Lernens und ihre Weiterentwicklungen im Vergleich, so hat Walbergs Produktivitätsmodell den großen Vorteil, daß es neben den personalen und unterrichtlichen Aspekten Merkmale psychologischer Umwelten aufgreift und ihnen eine recht große Bedeutung für die Schulleistung zumißt. Damit werden zumindest zwei Forschungslinien miteinander verbunden, die in der bisherigen Tradition eher getrennt voneinander schulisches Lernen untersucht haben: die Unterrichtsforschung auf der einen Seite, die Klimaforschung auf der anderen Seite. Allerdings findet auch in diesem Modell die Integration auf einer eher oberflächlichen Ebene statt, indem das Klassenklima als weitere Determinante mehr oder weniger additiv hinzugefügt wird, ohne die einzelnen Komponenten theoretisch zu integrieren. So ist z. B. nicht geklärt, inwieweit das Klassenklima eine additive Komponente oder ein Mediationskonstrukt zwischen unterrichtlichem Lehrerhandeln und schulischem Lernen darstellt.

Die folgende Arbeit versucht ebenfalls, diese beiden Ansätze miteinander zu verbinden und zusätzlich Forschungen der 80er Jahre aufzugreifen, die die Wahrnehmungen der Schüler in stärkerem Maße in den Mittelpunkt der Betrachtung rücken als bisher (vgl. Hofer, 1981; Helmke, Schneider & Weinert, 1986; Wittrock, 1986; Anderson, Ryan & Shapiro, 1989; Bromme et al., 1992; Fichten, 1993). Dieser Trend der stärkeren Berücksichtigung der Schülerperspektive in der Schul- und Unterrichtsforschung ist mit der generellen Einsicht verbunden, daß nicht objektive Umweltmerkmale menschliches Verhalten stimulieren, sondern in der Regel erst die subjektive Wahrnehmung dieser Merkmale verhaltenswirksam wird. Daraus ergibt sich für die Schulforschung, daß sie stärker als bisher danach fragen muß, welche Eigenschaften aus der Sicht von Schülern die Lernumwelt haben muß, um den Aufbau kognitiver, motivationaler und sozialer Kompetenzen zu ermöglichen. Denn trotz der vielen Modelle, die den ökologischen Rahmen schulischen Lernens betonen und die Integration der Forschungsbefunde aus den verschiedenen Teildisziplinen fordern (vgl. z. B. Dunkin & Biddle, 1974; Fraser et al., 1987; Helmke & Weinert, 1997), findet in der Forschungspraxis nur selten eine solche Integration statt. Die Erweiterung der bisherigen Perspektive bedeutet aber auch, daß Schüler als kompetente Beobachter und Beurteiler von Unterricht betrachtet werden, die nicht nur die klimatische Qualität ihrer Lernumwelt beschreiben, sondern auch methodisch-didaktische Merkmale des Unterrichts wahrnehmen und beurteilen können.

Das Forschungsinteresse der vorliegenden Arbeit liegt daher auf der Frage, inwieweit übergreifende Unterrichtskonzeptionen wie direkte Instruktion oder adaptive Lehrmethoden, deren Wirkung auf schulisches Lernen in der beobachtenden Unterrichtsforschung ausführlich untersucht und dokumentiert wurde, auch auf der Basis von Schülerangaben entsprechende Einflüsse auf das Lernen zeigen. Zu diesem Zweck wurden von den Schülern hochinferente Beurteilungen ihrer Fachlehrer und ihres Unterrichts erbeten, die die entsprechenden Lehrkonzeptionen widerspiegeln sollten. Als Maß für die Effektivität dieser Unterrichtskonzeptionen soll das fachliche Lernen im Verlauf eines Schuljahres dienen.

Mit dieser Bestimmung des Effektivitätskriteriums ist durchaus eine erhebliche Einschränkung des Zielspektrums von Schule verbunden. Auch wenn der Schule primär die Aufgabe der Vermittlung von Fachwissen zukommt, so hat sie dennoch auch andere pädagogische Ziele, wie z. B. den Aufbau sozialkognitiver Kompetenzen oder lernförderlicher motivationaler Orientierungen, die beispielsweise selbstgesteuertes Lernen ermöglichen. Für diese Ziele können durchaus andere Unterrichtsmerkmale verhaltenswirksam sein als für den Aufbau von Fachwissen. Damit kann auch diese Arbeit nicht die Forderung nach der Berücksichtigung mehrdimensionaler Lernprozesse einlösen, wie sie etwa Helmke & Schrader (1990; vgl. auch Weinert & Helmke, 1996) erheben. Gerechtfertigt erscheint diese Einschränkung jedoch unter der Perspektive, daß Leistungs- und sozialkognitive sowie motivationale Entwicklung bis zu einem gewissen Grad parallel verlaufen und eine positive Leistungsentwicklung meist eine positive affektiv-motivationale Entwicklung nach sich zieht (vgl. Uguroglu & Walberg, 1979; Helmke, 1992a; Gruehn, 1995). Zudem zeigen vorangegangene Analysen (Gruehn, 1996), daß im Gegensatz zum Lernverlauf des fachlichen Wissenserwerbs, der große Unterschiede *zwischen* den Klassen aufweist, in der sozialkognitiven sowie motivationalen Entwicklung die größten Differenzen *innerhalb* der Klasse bestehen, was generalisierte Aussagen über Merkmale eines diesen Entwicklungsbereich fördernden Unterrichts in Frage stellt.

Die Mehrdimensionalität von schulischen Zielen erschöpft sich jedoch nicht nur in der Unterscheidung von fachlichem und affektiv-motivationalem Lernen. Ebenso können auch im fachbezogenen Lernbereich konfligierende Ziele bestehen, so z. B. zwischen einem optimal leistungsfördernden Unterricht und einem auf den Ausgleich von Leistungsunterschieden bedachten Unterricht. Hier haben eine Reihe deutscher Arbeiten (Treiber, 1980; Treiber & Weinert, 1985; Baumert et al., 1986, 1987; Helmke, 1988) die partielle Inkompatibilität dieser Ziele belegen können (vgl. auch die Studie von Treinies & Einsiedler, 1996, die zu gegenteiligen Befunden kommt).

Die vorliegende Untersuchung hat sich jedoch bewußt auf nur ein fachliches Zielkriterium, die durchschnittliche Leistungsentwicklung von Klassen über einen Zeitraum von einem Schuljahr, beschränkt, da sie vor allem der Frage nachgehen möchte, inwieweit Schüler als kompetente Beurteiler von Unterricht gelten können. Dazu werden mehrebenenanalytische Verfahren eingesetzt, die simultan sowohl die Individual- als auch die Klassenebene in den Blick nehmen können und auf diese Weise die Abschätzung der differentiellen Bedeutung individueller versus kollektiv geteilter Wahrnehmungen der Lernumwelt für die Leistungsentwicklung einzelner Schüler bzw. ganzer Klassen erlauben. Der Nachweis bedeutsamer Einflüsse der kollektiven Unterrichtsbeurteilung auf fachliches Lernen ließe sich dabei als ein gewichtiger Hinweis auf die kollektive Beobachtungskompetenz von Schülern interpretieren, die individuelle Wahrnehmungsverzerrungen durch Mittelwertbildung in gewissem Umfang neutralisiert.

II Unterricht und schulisches Lernen: Forschungsstand und Forschungsperspektiven

Die Untersuchung des Einflusses von Unterricht und Schule auf Lernen ist einer der zentralen Gegenstände pädagogisch-psychologischer Forschung. Vor dem Hintergrund der Tatsache, daß Schule sowohl in zeitlicher wie in inhaltlicher Hinsicht eine herausragende Rolle im Leben von Kindern und Jugendlichen spielt – bedenkt man die Anzahl der Stunden, die Schüler im Laufe von 10 – 13 Jahren dort verbringen, sowie die an schulische Abschlußzertifikate gekoppelte Verteilung von Lebenschancen –, kommt der Qualität und Quantität von Unterricht eine besondere Bedeutung zu. Auch wenn in den 70er Jahren der Einfluß des Unterrichts auf den Wissenserwerb von Schülern als nur gering veranschlagt wurde (s. Kap. 1), hat die Forschung der letzten 15 Jahre gezeigt, daß bei sinnvoller Auswahl der zu untersuchenden Variablen, der Kontrolle von störenden Einflüssen sowie der richtigen Wahl der Analyseebene Qualitätsunterschieden des Unterrichts eine substantielle Erklärungskraft für schulische Leistungsunterschiede zukommt (Fraser et al., 1987; Wang, Haertel & Walberg, 1993; Helmke & Weinert, 1997; Helmke & Schrader, 1998). Nicht umsonst betonen die im vorangegangen Abschnitt vorgestellten Modelle schulischen Lernens die Bedeutung von Unterricht in quantitativer und qualitativer Hinsicht, sind sie doch die am leichtesten veränderbaren Elemente in einem komplexen Gefüge von Schulleistungsdeterminanten.

Im folgenden Abschnitt werden die theoretischen Ansätze und empirischen Befunde zur Erklärung von Leistungsunterschieden zwischen Schülern durch Merkmale der Lernumwelt anhand der beiden Forschungslinien „Unterrichtsforschung“ einerseits, „Klimaforschung“ andererseits vorgestellt (Kap. 3) und im Hinblick auf ihre methodischen und theoretischen Schwächen kritisch diskutiert. Eine zusammenfassende Bewertung der beiden Forschungstraditionen wird in Kapitel 4 unter drei Gesichtspunkten unternommen: den Konsequenzen aus der Verwendung unterschiedlicher Datenquellen, den forschungsmethodischen Implikationen hierarchisch geschachtelter Datensätze und daraus abgeleiteter Forschungsdesiderata. Der Abschnitt schließt mit der Formulierung zentraler Fragestellungen der Arbeit (Kap. 5).

3 Theoretische Zugänge und empirische Befunde zum Zusammenhang von Lernumwelt und Leistungsentwicklung

In der Schulforschung bestehen vor allem zwei Ansätze, die sich zwar mit demselben Gegenstand beschäftigen, d. h. der Erklärung von Leistungsunterschieden durch Lernumweltmerkmale, sich gegenseitig jedoch weitgehend ignoriert haben: die Unterrichtsforschung und die Klimaforschung. Die weitgehende Trennung dieser beiden Ansätze beruhte vor allem auf den unterschiedlichen Paradigmen, die diesen Untersuchungen zugrunde lagen und den damit verbundenen unterschiedlichen methodischen Herangehensweisen. Die klassische Unterrichtsforschung war vor allem daran interessiert, objektive Merkmale lernförderlichen Lehrerverhaltens und lernförderlicher Unterrichtsbedingungen zu identifizieren, die klassischerweise durch Beobachtungsstudien erhoben werden. In diesen Studien beurteilen geschulte Beobachter die verwendeten Unterrichtsmethoden und Sozialformen sowie die Lehrer-Schüler-Interaktionen in Form von hoch- und/oder niedrig-inferenten Beobachtungen. Vorrangiges Ziel dieser Untersuchungen war es, durch objektive Erhebungsinstrumente die Unterrichtsrealität in der jeweiligen Klasse zu erfassen und diese mit Lernleistungen von Schülern in Beziehung zu setzen.

Basierend auf dem Lebensraumkonzept von Kurt Lewin (1963) entwickelte sich parallel dazu die Klimaforschung, die an der Entstehung von Klimata in Schulklassen oder Schulen, den zugrundeliegenden Dimensionen dieser Klimata sowie deren Wirkungen auf Personenmerkmale von Schülern interessiert war. Im Rahmen dieses Ansatzes konzentrierte sich die Forschung primär auf die subjektive Wahrnehmung der schulischen oder klasseninternen Umwelt durch Schüler.

Mit der stärkeren Berücksichtigung der Schülerperspektive Ende der 70er Jahre, was sich z. B. in der Konzeption der 1980 von der *International Association for the Evaluation of Educational Achievement (IEA)* durchgeführten „Classroom Environment Study (CES)“ (Anderson, Ryan & Shapiro, 1989) niederschlug, etablierte sich im Rahmen der Unterrichtsforschung ein weiterer Forschungszweig, der die Wahrnehmungen von Schülern zum Gegenstand der Untersuchung machte. Im Gegensatz zur Klimaforschung wurden hier die Schülerperzeptionen nicht als eigenständiges Konstrukt, sozusagen als latente Variable, betrachtet, sondern als vermittelnde Einzelvariablen zwischen beobachtbarem unterrichtlichem Handeln von Lehrern und Lernergebnissen von Schülern konzeptualisiert. Interessant ist, daß sich beide Forschungslinien kaum zur Kenntnis nehmen, sucht man doch vergebens z. B. im *Handbook of Research on Teaching* (Wittrock, 1986) oder in der *Enzyklopädie der Psychologie* (Serie *Pädagogische*

Psychologie, hrsg. v. Schneewind, 1994; Weinert, 1996, 1997) nach einem Kapitel zum Schul- oder Klassenklima.

In der vorliegenden Arbeit sollen daher die verschiedenen Ansätze einander gegenübergestellt und ihre empirischen Befunde integriert werden. Um die verschiedenen, bisher skizzierten Forschungstraditionen unter einem Oberbegriff zusammenfassen zu können, wird in der vorliegenden Arbeit der Begriff der *Lernumwelt* verwandt, der sowohl „objektive" (z. B. beobachtetes Lehrerverhalten) als auch subjektive Merkmale der Umwelt einschließt.

Kapitel 3.1 widmet sich zunächst der Darstellung der theoretischen Ansätze und empirischen Befunde in der Tradition der Unterrichtsforschung, die vor allem Verhaltensweisen des Lehrers sowie einzelne Unterrichtsmethoden bzw. übergreifende Unterrichtskonzeptionen hinsichtlich ihrer Wirkungen auf das Lernverhalten von Schülern untersucht haben. Im Anschluß daran werden in Kapitel 3.2 die Ansätze und Befunde der Klimaforschung diskutiert sowie dort bestehende Forschungsdefizite aufgezeigt.

3.1 Ansätze und Befunde in der Unterrichtsforschung

Der erste Abschnitt dieses Kapitels (Kap. 3.1.1) dient zunächst der Skizzierung einiger grundlegender Paradigmen der Unterrichtsforschung, die in ihrer historischen Abfolge forschungsleitend für eine Vielzahl von Untersuchungen insbesondere im anglo-amerikanischen Raum waren. Im Anschluß daran werden, in Anlehnung an die im Einleitungskapitel vorgestellten Modelle schulischen Lernens, die verschiedenen Forschungsansätze getrennt nach den Aspekten *Quantität von Unterricht* (Kap. 3.1.2) und *Qualität von Unterricht* (Kap. 3.1.3) vorgestellt. Der Überblick über Forschungsarbeiten, die sich diesen beiden Aspekten zuordnen lassen, kann notwendigerweise nur einen Ausschnitt aus dem Gesamtspektrum unterrichtswissenschaftlicher Forschungen repräsentieren, da eine Gesamtdarstelltung sowohl inhaltlich als auch räumlich den Rahmen dieser Arbeit sprengen würde. Die Auswahl erfolgte daher im Hinblick auf die Fragestellungen und die Art der verwendeten Daten in dieser Arbeit. Da die vorliegende Studie auf hochinferenten Schülerbeurteilungen des Unterrichts in verschiedenen Fächern basiert, deren Bedeutung für fachliches Lernen untersucht werden soll, stützt sich die folgende Überblicksdarstellung auf Forschungsansätze, die komplexe, übergreifende Unterrichtskonzeptionen und deren Wirkung auf den Erwerb von Fachwissen zum Gegenstand haben. Ausgeblendet bleiben damit vor allem Forschungsarbeiten der experimentellen Unterrichtsforschung, die sich mit kleinen Ausschnitten des Unterrichts, spezifischen Unterrichtsmethoden oder Lernmitteln (z. B. computerunterstützte Instruktion) etc. befassen.

3.1.1 Grundlegende Paradigmen

Die Unterrichtsforschung ist geprägt von der Suche nach *effektivem* Unterrichtshandeln von Lehrern. Was jedoch als effektives Unterrichtsverhalten verstanden wird, hängt im wesentlichen von dem jeweiligen theoretischen und forschungsdisziplinären Rahmen ab, in den die Untersuchung eingebettet ist. Effektivität kann entweder an einem Schulleistungskriterium, an einem motivationalen oder emotionalen Kriterium oder auch an allen drei Kriterien gemessen werden, wobei die am Leistungskriterium orientierten Untersuchungen in der Unterrichtsforschung dominieren. Ethnographisch angelegte sozialpsychologische oder soziologische Studien z. B., die vor allem reziproke Interaktionen zwischen Schülern und Lehrern untersuchen, orientieren sich stärker an Effektivitätskriterien, die innerhalb dieser interaktiven Lehrer-Schüler-Situation liegen, wie z. B. systematische Benachteiligung einzelner Schüler oder Schülergruppen durch geringere Beteiligungschancen am Unterricht, die zu entsprechend schlechteren Leistungsresultaten führen. Studien im Rahmen der klassischen pädagogisch-psychologischen Forschung hingegen verwenden vorwiegend Effektivitätskriterien, die außerhalb der unmittelbaren Klassensituation liegen, wie z. B. standardisierte Schulleistungstests. Mit dieser Gegenüberstellung sind zugleich zwei wesentliche Paradigmen innerhalb der Unterrichtsforschung angesprochen, in deren Tradition zahlreiche Untersuchungen durchgeführt wurden: das schulklassenökologische (erstes Beispiel) und das Prozeß-Produkt-Paradigma. Das wohl einflußreichste Paradigma war und ist das zuletzt genannte, das sowohl wichtige Forschungsimpulse gab als auch Anlaß zu heftiger Kritik war, die zu wesentlichen Erweiterungen dieses Forschungsansatzes führten.

Je nach Einteilung lassen sich insgesamt zwischen drei (Bromme, 1997), fünf (Shulman, 1986) oder sechs Paradigmen (Borich & Klinzing, 1987) in der Unterrichtsforschung unterscheiden. Problematisch an all diesen Einteilungen ist, daß die einzelnen als Paradigma bezeichneten Forschungsansätze nicht auf einer gemeinsamen inhaltlich-konzeptuellen Ebene liegen, sondern unterschiedliche Abstraktionsgrade mit variierenden Zielsetzungen darstellen und damit nur bedingt miteinander vergleichbar sind. Da diese verschiedenen Ansätze jedoch wichtige Impulse für unterschiedliche Forschungsarbeiten gaben, werden sie als grundlegende Paradigmen der Unterrichtsforschung beschrieben.

Die folgende Darstellung der wichtigsten Paradigmen lehnt sich an die Einteilung von Bromme (1997) an, ergänzt diese aber um zwei weitere Forschungsansätze: Zum einen wird das schulklassenökologische Paradigma als eigenständiger Ansatz aufgeführt, weil sich die in diesem Rahmen durchgeführten Studien aufgrund ihrer theoretischen Annahmen nicht mehr dem Prozeß-Produkt-Paradigma zuordnen lassen. Zum zweiten hat gerade in den letzten 10 Jahren der

Konstruktivismus in der Unterrichtsforschung substantielle Bedeutung erlangt, was sich vor allem in der Anzahl von Untersuchungen, die den Konstruktivismus entweder als Rahmentheorie oder als forschungsleitenden Unterrichtsansatz verwenden, niederschlägt. Diesem Ansatz ist daher ein eigenes Teilkapitel gewidmet. Die Reihenfolge der Darstellung spiegelt in etwa die historische Abfolge der einzelnen Paradigmen wider, wobei vielfach Überschneidungen und Parallelen bestanden.

3.1.1.1 Das Paradigma der Lehrerpersönlichkeit

Die empirische Unterrichtsforschung der 50er und 60er Jahre ist gekennzeichnet durch die Suche nach Persönlichkeitsmerkmalen von Lehrern, die positive erzieherische Wirkungen auf Schüler haben (vgl. Bromme, 1997). Zu Beginn dieses Paradigmas standen nicht nur die professionelle Effektivität des Lehrers, sondern vor allem auch seine Tugenden im Vordergrund der Betrachtung (vgl. Borich & Klinzing, 1987). Die Untersuchungen waren eher unsystematisch, kamen z. T. ohne Unterrichtsbeobachtungen aus, versuchten eher globale Personeneigenschaften des Lehrers, denen Modellfunktion für die Schüler zugeschrieben wurde, mit ebenso globalem Schülerverhalten in Beziehung zu setzen. Borich & Klinzing (1987) bezeichnen daher diese frühe Phase der Unterrichtsforschung als *anekdotisches Prozeß-Paradigma*. In den sechziger Jahren wechselte die Betrachtung von der Wirkung globaler Lehrertugenden hin zur systematischen Beobachtung von unterrichtlichen Effekten einzelner Lehrerpersönlichkeitsmerkmale, wie z. B. von Lehrstilen (einen Überblick über dieses Forschungsfeld gibt Einsiedler, 1999). Bedeutend auf diesem Gebiet waren die Arbeiten von Flanders (1970) im anglo-amerikanischen Bereich sowie die Studien von Tausch & Tausch (1965) im deutschen Sprachraum. In diesen Studien wurden auf der Basis umfangreicher Unterrichtsbeobachtungen vor allem Eigenschaften wie Flexibilität, Humor oder Freundlichkeit des Lehrers untersucht und in Beziehung zu Schülereigenschaften wie Wachheit, Selbstvertrauen, Bereitschaft zur Mitarbeit etc. gesetzt. Diese zweite Phase der Unterrichtsforschung wird bei Borich & Klinzing (1987) als *systematisches Prozeß-Paradigma* beschrieben.

Kennzeichnend für das Persönlichkeitsparadigma ist der Verzicht auf die direkte Erfassung der Schülerleistung, welche erst besondere Bedeutung im folgenden Prozeß-Produkt-Paradigma erhielt. Obwohl die Suche nach Persönlichkeitsmerkmalen in diesem Forschungsansatz zugunsten von Unterrichtsmerkmalen verschoben wurde, beschäftigte sich auch weiterhin ein kleinerer Teil der Forscher mit Personenmerkmalen wie Attributionsstilen oder Stilen der Leistungsbewertung (soziale vs. individuelle Bezugsnorm) von Lehrern, die allerdings theoriegeleitet, nämlich aus der Motivationspsychologie kommend, und mit modernen psychometrischen Verfahren untersucht wurden. Das Problem dieses Persönlichkeitsparadigmas besteht vor allem darin, daß es Ausschnitte aus dem unterrichtlichen Handeln von Lehrern untersucht, die zum einen nur eine sehr begrenzte Bedeutung im Unterrichtsgeschehen haben, zum anderen nur einen kleinen Ausschnitt der überhaupt vorkommenden Unterrichtsereignisse repräsentieren (wie z. B. das von Flanders als positiv beschriebene indirekte Verhalten von Lehrern; vgl. Bromme, 1997).

3.1.1.2 Das Prozeß-Produkt-Paradigma

Der wohl bedeutendste Forschungsansatz, der vor allem in den USA eine Vielzahl von Untersuchungen initiierte, ist das Prozeß-Produkt-Paradigma. Seinen Namen erhielt es dadurch, daß einzelne Lehrerverhaltensweisen, wie z. B. die Anzahl von Fragen höherer und niedrigerer Ordnung sowie von positiven Rückmeldungen zu Schüleräußerungen, die Klarheit der Lehrersprache, die Strukturierung des Unterrichtsgesprächs etc. als *Prozeß*merkmale aufgefaßt und mit *Produkt*merkmalen von Schülern, z. B. dem Lernzuwachs innerhalb eines Schuljahres, in Beziehung gesetzt wurde. Nach Shulman (1986) bestehen mindestens vier Gründe, warum dieses Paradigma so erfolgreich war und ist:

(1) Es trat zu Beginn mit dem Anspruch an, die These Colemans (s. Einleitungskapitel) zu widerlegen, wonach Unterschiede in der Qualität von Schulen und Lehrern *nicht* zu Unterschieden in den Schulleistungen von Schülern beitrügen. Da in der Untersuchung von Coleman keine Unterrichts- und Lehrermerkmale erhoben worden waren, wurden Untersuchungsprogramme initiiert, die systematisch Prozeßmerkmale des Unterrichts mit der Schulleistung von Schülern in Verbindung setzten. Eines der wichtigsten Ergebnisse dieser Studien war der Nachweis, daß Unterschiede im Lehrerverhalten mit Unterschieden in der Leistungsentwicklung von Schülern korreliert sind.

(2) Mit der Suche nach Merkmalen effektiven Unterrichts, die dann systematisch als Zielkriterien für Trainingsprogramme in der Weiterbildung von Lehrern verwendet werden könnten, stand diese Forschungsrichtung in Übereinstimmung mit der behavioristischen Ausrichtung der Psychologie insgesamt.

(3) Dies bedeutete für die mit der Ausbildung von Lehrern beauftragten Personen und Einrichtungen, daß aus der Zerlegung erfolgreichen Unterrichts in einzelne Merkmale effektiven Lehrerhandelns klare Vorgaben für die Lehrerausbildung abgeleitet und unmittelbar umgesetzt werden konnten.

(4) Die Untersuchungen im Rahmen dieses Paradigmas wurden vorwiegend als Feldstudien in real existierenden Schulklassen durchgeführt, fanden also – im Gegensatz zu den experimentellen Studien – in ökologisch validen Kontexten statt.

Das Prozeß-Produkt-Paradigma hat im Laufe seines über dreißigjährigen Bestehens viele Umwandlungen und Erweiterungen erfahren. Die meisten Studien zu Beginn dieses Forschungsprogramms gingen davon aus, daß es eine direkte Einwirkung des Lehrers auf den Lernprozeß von Schülern gibt. Folglich wurden über mehrere Schulstunden gemittelte Beobachtungsdaten von Lehrerverhaltensweisen mit Klassenmittelwerten des – vorwiegend – fachlichen Leistungszuwachses korreliert. Interessant ist allerdings, daß Gage, einer der führenden Vertreter dieses Paradigmas, bereits 1963 im ersten *Handbook of Research on Teaching* vier allgemeine Charakteristika von Untersuchungen im Rahmen des Prozeß-Produkt-Paradigmas beschrieb, die eigentlich erst kennzeichnend waren für spätere Phasen: Dort wurden die Wahrnehmungs- und Kognitionsprozesse von Lehrern (1) als Einflußfaktoren der Handlungen von Lehrern (2) betrachtet, die wiederum Wahrnehmungs- und Kognitionsprozesse bei Schülern (3) initiieren, die zu bestimmten Verhaltensweisen bei Schülern (4) führen (Gage, 1963, zit. in Shulman, 1986). Diese Aufmerksamkeit gegenüber Wahrnehmungs- und Kognitionsprozessen von Lehrern und Schülern bestand nur kurze Zeit – in der Folgezeit verschob sich der Schwerpunkt auf beobachtbares Verhalten von Lehrern und Schülern.

Diese einseitige Fokussierung auf beobachtbares Verhalten und die damit verbundene mehr oder weniger theorielose Suche nach korrelativen Zusammenhängen zwischen Lehrerverhalten und schulischer Leistung, die letztlich zu einem aus zahlreichen Einzelmerkmalen bestehenden effektiven Lehrmodell führte, welches in der schulischen Realität gar nicht existierte, wurde dann auch zu einem der zahlreichen Kritikpunkte an diesem Forschungsprogramm (Garrison & Macmillan, 1994; für einen Überblick über kritische Stellungnahmen zur Prozeß-Produkt-Forschung vgl. Gage & Needels, 1989). Die fehlende Frage nach dem *Warum* positiver korrelativer Zusammenhänge in der bisherigen Prozeß-Produkt-Forschung hatte eine erneute Hinwendung zu Mediationsprozessen – wie zu Beginn dieses Paradigmas – zur Folge, die den Zusammenhang zwischen unterrichtlichem Lehrerhandeln und Lernen erklären könnten. Shulman (1986) unterscheidet drei Forschungsansätze, die sich verstärkt der Untersuchung dieser Mediationsprozesse zuwandten:

(1) In Anlehnung an Carrolls Modell schulischen Lernens wurde Zeit als erklärende Variable zwischen Lehrerhandlung und Leistung angesehen und damit

die Aufmerksamkeit von den Lehraktivitäten auf das Verhalten der Schüler gelenkt.

(2) Da Zeit allein eine wenig befriedigende Erklärung für den Zusammenhang zwischen Lehren und Lernen ist, weil sie kaum etwas über den Lernprozeß an sich aussagt, traten die Schülerkognitionen stärker in den Mittelpunkt unter der Frage, was Schüler mit der ihnen zur Verfügung gestellten bzw. der aktiv für die Aufgabenbearbeitung genutzten Zeit tatsächlich anfangen. Dieser Ansatz war stark geprägt von der kognitiven Psychologie, die Informationsverarbeitungsprozesse untersuchte. Der Fokus lag auf dem aktiven Lerner und seiner Auseinandersetzung mit aktivem Unterricht (der Begriff *active teaching* stammt von Good (1979) und ist im wesentlichen identisch mit dem Konzept der direkten Instruktion von Rosenshine (1979)). Konsequenterweise wurde dabei nicht nur nach allgemeingültigen Gesetzmäßigkeiten gesucht, sondern ebenso nach Interaktionen von Schülerfähigkeiten und Unterrichtsmethoden (Corno & Snow, 1986).

(3) Der dritte Forschungsstrang widmete sich weniger den kognitiven Verarbeitungsprozessen, sondern den sozialen Verhaltensmustern innerhalb einer Klasse, die als Vermittler zwischen Unterrichtsmerkmalen und Leistung der Schüler fungieren. Ausgangspunkt hierfür war die soziale Rollentheorie: Die Schulklasse wurde als ein soziales System betrachtet, in dem Schüler und Lehrer Rollen spielten und das Ziel der Schüler z. B. darin bestand, ein Verhalten zu zeigen, das zu möglichst guten Noten und hohem sozialen Status innerhalb der Klasse führt (vgl. z. B. King, 1980, zit. in Doyle, 1983). Es wurden daher vor allem die Interaktionen zwischen Lehrern und Schülern und ihre Bedeutung im sozialen Gefüge der Schulklasse untersucht. Diese Studien bildeten die Brücke zwischen den pädagogisch-psychologisch und sozialpsychologisch, soziologisch oder soziolinguistisch orientierten Untersuchungen in der Unterrichtsforschung, deren Forschungsparadigma im nächsten Kapitel beschrieben wird.

Im Zuge dieser z. T. programmatischen Erweiterungen des Prozeß-Produkt-Paradigmas wie auch durch Studien aus anderen Bereichen, beispielsweise der Schuleffektivitäts- oder Klimaforschung, wurde deutlich, daß Schulklassen keine isolierten Einheiten darstellen, sondern in größere Systeme wie Schulen eingebettet sind, die ein bestimmtes soziales Einzugsgebiet haben, aus dem sich die Schüler rekrutieren, an denen ein spezifisches Schulklima herrscht und die als bestimmte Schulform mit entsprechenden curricularen und zeitlichen Vorgaben verfaßt sind (s. die im Einleitungskapitel erwähnte Studie von Rutter et al., 1979 bzw. 1980, oder die Studien von Fend, 1977). Diese Studien zeigten damit auch die begrenzte Wirksamkeit von Lehrern auf.

3.1.1.3 Das schulklassenökologische Paradigma

Im Gegensatz zum vorangegangenen Paradigma basieren die schulklassenökologischen Studien vorwiegend auf Ansätzen aus der Soziologie, Sozialpsychologie, Soziolinguistik oder Curriculumtheorie. Der Gegenstand dieser Untersuchungen reicht dabei von mikroanalytischen Interaktionsstudien, die verbale und non-verbale Interaktionen in einzelnen Schulstunden untersuchen (vgl. die Überblicksdarstellung von Cazden, 1986) bis zu makroanalytischen Studien, die die Sozialisationseffekte von Schule im Hinblick auf soziale (Fend et al., 1976; Treiber, 1980; Ditton, 1992) und geschlechtsspezifische Chancengleichheit (Faulstich-Wieland, 1991; Hilgers 1994) oder die Auswirkungen von Reformen an einzelnen Schulen (Thurn & Tillmann, 1997) untersuchen. Diese Studien verwenden dementsprechend sowohl qualitative, ethnographische als auch quantitative Erhebungsmethoden.

Untersuchungen im Rahmen dieses Paradigmas lassen sich vor allem durch vier Merkmale charakterisieren (Hamilton, 1983, zit. in Shulman, 1986):

(1) Gegenstand der Untersuchung sind die Interaktionen zwischen Personen und ihrer Umwelt, wobei diese Interaktionen nicht uni-, sondern bi-direktional gedacht sind. Daraus folgt, daß
(2) Unterrichten und Lernen als kontinuierliche Prozesse verstanden werden, in deren Rahmen es keine eindeutige Zuordnung von Ursache und Wirkung auf die betrachteten Phänomene geben kann.
(3) Schulklassen werden als Teile eines größeren Systems definiert, dessen Eigenschaften Einfluß auf die Ereignisse innerhalb der einzelnen Schulklasse nehmen.
(4) Wichtige Datenquellen sind daher vor allem nicht beobachtbare Prozesse, wie Gedanken, Gefühle oder Attributionen der beteiligten Personen. Das Augenmerk liegt auf den sozialen Konstruktionen, die Personen von sich und ihrer Umwelt machen, den jeweiligen Bedeutungen, die sie bestimmten Ereignissen zuschreiben, sowie den individuellen und kollektiven Interpretationen dieser Ereignisse. Die Untersuchungen basieren daher oft auf einzelnen Schulklassen, sind häufig hermeneutisch-interpretative Einzelfalldarstellungen.

Insbesondere für die mikroanalytischen Untersuchungen in der sozio-ökologischen Tradition ist kennzeichnend, daß sie vor allem an der Erforschung solcher Unterrichtssituationen interessiert waren und sind, für die die allgemeinen, in der Prozeß-Produkt-Forschung identifizierten Prinzipien erfolgreichen Unterrichts nicht zutreffen: z. B. die mangelnde Förderung sozial oder ethnisch benachteiligter Schüler bzw. Schülergruppen, die Auswirkungen des sog. Heimlichen Lehrplans auf bestimmte Schüler, z. B. den *underachiever*, der aufgrund mangelnder sozialer Anpassungsfähigkeit geringere Partizipationschancen am Unterricht erhält (Heckhausen, 1980) und damit schlechtere Leistungen erzielt als andere Schüler, oder bestimmter Schülergruppen wie z. B. Mädchen, die in der Entfaltung ihrer mathematisch-naturwissenschaftlichen Interessen weniger gut gefördert werden als Jungen (Faulstich-Wieland, 1991) etc.

Kritik an diesem Forschungsprogramm wurde vor allem im Hinblick auf die Datenbasis und die Verallgemeinerbarkeit der Ergebnisse solcher Studien geübt. Aufgrund der ausführlichen und intensiven, in die Tiefe gehenden Studien, die oft qualitativ angelegt waren, wurden in der Regel nur relativ kleine Stichproben untersucht. Dieser geringe Stichprobenumfang wurde häufig jedoch nicht ausreichend bei der Interpretation der Ergebnisse berücksichtigt, wodurch voreilig weitreichende Schlüsse gezogen wurden.

3.1.1.4 Das Experten-Paradigma

Das *Experten-Paradigma* rückt wie das *Paradigma der Lehrerpersönlichkeit* die Person des Lehrers bzw. der Lehrerin wieder in den Vordergrund der Betrachtung – der Fokus richtet sich aber weniger auf vage definierte Charaktereigenschaften, sondern auf das Wissen und Können der Lehrer zur Gestaltung von Lerngelegenheiten (Bromme, 1997). Ähnlich wie die Forschungen im erweiterten *Prozeß-Produkt-Paradigma* wird auch im Rahmen dieses Ansatzes davon ausgegangen, daß das Verhalten des Lehrers nicht unmittelbar Lernen bei Schülern bewirkt, sondern Vermittlungsprozesse dazwischen geschaltet sind, die erst Lernaktivitäten bei Schülern auslösen. Insofern wird die Aufgabe des Lehrers vor allem darin gesehen, Lerngelegenheiten im Sinne Carrolls bereitzustellen. Der Unterschied zum Prozeß-Produkt-Paradigma besteht allerdings darin, daß nicht nach Merkmalen erfolgreichen Lehrens, sondern erfolgreicher Lehrer gesucht wird.

Das Konzept vom Lehrer als Unterrichtsexperten geht zurück auf das in der Kognitionspsychologie entwickelte Experten-Novizen-Paradigma (für einen Überblick s. Bromme, 1992; Gruber, 1994, 1998). Im Rahmen dieses Ansatzes durchgeführte Untersuchungen, die Experten mit Novizen im Hinblick auf die Interpretation bestimmter Situationen und die Wahl von Problemlösestrategien vergleichen, haben gezeigt, daß herausragende Leistungen weniger von überdurchschnittlichen allgemeinen kognitiven Grundfähigkeiten als von der Verfügbarkeit bereichsspezifischen Wissens abhängig sind (Renkl, 1996). Das Expertenwissen läßt sich dabei beschreiben als die Fähigkeit, Probleme hinsichtlich ihrer strukturellen und lösungsrelevanten Aspekte beurteilen zu können sowie die Verfügbarkeit automatisierter Subroutinen, die das Arbeitsgedächtnis entlasten und damit kognitive Kapazitäten für die Neuaufnahme von Informationen und in der Folge notwendige Entscheidungsprozesse bereitstellen (Berliner, 1987; Weinert, Schrader & Helmke, 1990).

Bei der Übertragung dieses Paradigmas auf die Unterrichtsforschung waren vor allem jene kognitiven Strukturen von Interesse, die die Grundlage der Lehrerexpertise bilden:

(1) die Verfügbarkeit des zu lehrenden Sachwissens sowie
(2) das Wissen über die Art der Vermittlung des zu Lehrenden.

Untersuchungen haben dabei gezeigt, daß Experten zum einen über ein umfangreicheres, besser organisiertes und leichter abrufbares Sachwissen verfügen, wobei es auch innerhalb der Expertengruppe große Unterschiede gibt, zum anderen ihren Unterricht anders vorbereiten als Anfänger, z. B. indem sie stärker die Einführung klarer Regeln und Umgangsroutinen betonen (Berliner, 1987), auf unerwartete Situationen flexibler und souveräner reagieren sowie ihre Entscheidungen und Handlungen anders erklären als Novizen (Leinhardt & Greeno, 1986).

Die aufgeführten Merkmale erfolgreicher Lehrer, sog. Experten, gleichen den im Rahmen der Prozeß-Produkt-Forschung identifizierten erfolgreichen Unterrichtsmerkmalen. Der Unterschied zwischen beiden Forschungsansätzen besteht jedoch darin, daß diese Merkmale erfolgreichen Unterrichtshandelns von Lehrern im *Experten-Paradigma* als Ergebnis der Anwendung von Expertenwissen verstanden wird, dessen Erwerb eine spezielle und langjährige Ausbildung erfordert, die nicht durch kurze Lehrertrainings, wie sie im Rahmen der Umsetzung von Ergebnissen der Prozeß-Produkt-Forschung erfolgen, ersetzbar ist.

3.1.1.5 Das konstruktivistische Paradigma

Das konstruktivistische Paradigma ist in der Unterrichtsforschung ein noch relativ junger Forschungsansatz, der seine Wurzeln vor allem in den Untersuchungen zum Erwerb mathematisch-naturwissenschaftlichen Wissens hat. Es basiert auf der Annahme, daß der Wissenserwerb eine aktive Konstruktion des Lernenden ist, die auf vorhandenen Vorstellungen in dem betreffenden Wissensbereich aufbaut (Duit, 1995). Als Konsequenz dieser Annahme ist Lernen „not a process of internalizing carefully packaged knowledge but is instead a matter of reorganizing activity, where activity is interpreted broadly to include conceptual activity or thought“ (Cobb et al., 1991, S. 5). Damit steht der aktive, selbstgesteuerte und selbstreflexive Lerner im Mittelpunkt der Betrachtung. Die Rolle des Lehrers besteht im Rahmen dieses Forschungsansatzes darin, den Aufbau von Wissenskonstruktionen bei den Schülern zu initiieren, zu unterstützen und zu begleiten, indem er Lerngelegenheiten in strukturierter und dem Vorwissen der Schüler angemessener Form bereitstellt. Ähnlich wie im Prozeß-Produkt- und Experten-Paradigma, ist auch hier die Bereitstellung von Lerngelegenheiten ein zentraler Bestandteil des Ansatzes – im Mittelpunkt der Betrachtung stehen jedoch nicht Merkmale erfolgreichen Lehrens oder erfolgreicher Lehrer, sondern erfolgreicher Lernarrangements, die Lernaktivitäten so strukturieren, überwachen und anpassen, daß alle Schüler tatsächlich aktiv daran beteiligt sind.

Ein wesentliches Kennzeichen dieses Paradigmas und zugleich sein Fortschritt gegenüber anderen Forschungsansätzen liegt darin, daß die konstruktivistische Sichtweise eine Verbindung zwischen der Unterrichts- und der kognitiven Lernforschung herstellt. Grundlage der Entwicklung konstruktivistischer Ansätze in der Didaktik sind die Ergebnisse der Forschung zu Fehlkonzeptionen von Schülern vor allem in mathematisch-naturwissenschaftlichen Lernbereichen. Diese haben gezeigt, daß Schüler bereits Vorstellungen zu bestimmten Phänomenen, Begriffen und Prinzipien in den Unterricht mitbringen, die das Erlernen der wissenschaftlichen Sichtweise z. T. stark erschweren können, wenn sie im Unterricht nicht berücksichtigt werden. In Untersuchungen (z. B. Clement, 1982; Vinner, 1983) haben sich diese vorunterrichtlichen Vorstellungen bzw. Fehlkonzeptionen als relativ resistent gegenüber wissenschaftlichen Erklärungen, die durch traditionelle Formen des Unterrichts wie z. B. direkte Instruktion vermittelt werden, erwiesen. Die Einsicht, daß Unterricht von den Vorstellungen der Schüler ausgehen muß, will er diese Lernschwierigkeiten überwinden, hat zu einer Vielzahl neuer und einer Renaissance alter, dem Bereich schülerorientierter Unterrichtsmethoden zuzuordnender Unterrichtskonzepte geführt. Zu den alten Unterrichtskonzepten zählen beispielsweise die genetisch-sokratische Methode (vgl. Wagenschein, 1989) oder das entdeckende Lernen (Bruner, 1961), zu den neuen Methoden zählen Dubs (1995) bzw. Duit (1995) z. B. die *anchored instruction* (Cognition and Technology Group at Vanderbilt, 1992), problemorientiertes Lernen nach Barrows (1986), situiertes Lernen (Brown, Collins & Duguid, 1989) oder Ansätze zum Lernen durch kognitive Konflikte, die auf der Theorie des Konzeptwechsels (*conceptual change*, vgl. Posner, Strike, Hewson & Gertzog, 1982) basieren.

All diesen Konzepten gemeinsam ist das Vorgehen, durch die Präsentation eines Problems zu Beginn einer Unterrichtssequenz die Schüler zur Offenlegung ihrer Alltagsvorstellungen zu bringen und von diesen ausgehend durch verschiedene Methoden zu einer wissenschaftlichen Betrachtung des Problems zu gelangen. Empirische Überprüfungen zur Wirksamkeit dieser Ansätze stehen jedoch erst am Anfang, erste Ergebnisse weisen allerdings auf den Erfolg dieser Konzepte im Hinblick auf ein besseres und längerfristiges Verständnis von Phänomenen und Begriffen hin (s. Kap. 3.1.3.3).

3.1.2 Ansätze zur Quantität von Unterricht

In den im Eingangskapitel vorgestellten Modellen schulischen Lernens kommt der Zeit eine Schlüsselrolle für schulisches Lernen zu. Diese Hinwendung zur Zeit als zentrale Variable ist nicht neu. Spätestens mit der Einführung der Schulpflicht in den einzelnen Ländern und der Ausdifferenzierung des Bildungssystems in unterschiedliche Bildungszweige ist die Zeit zum zentralen Definitionskriterium für Bildung geworden: Die Schulpflicht ist an das Absolvieren einer bestimmten Anzahl von Schuljahren gebunden, Bildungsabschlüsse werden u. a. durch die Länge der jeweiligen Schulausbildung definiert, die Wichtigkeit von Schulfächern läßt sich anhand der ihnen zugeteilten Unterrichtsstunden im Lehrplan ermitteln, die Anzahl der unterrichteten Schulfächer wird durch die Zahl der belegten Schulstunden nachgewiesen etc. Diese eher formale Kopplung von Bildungszertifikaten an die Anzahl absolvierter Schulstunden und Schuljahre ist nicht notwendigerweise mit inhaltlichen Differenzierungen verbunden.

Die Vorgabe fester Zeitkontingente für das Erlernen bestimmter schulischer Inhalte hat zur Folge, daß sich die zwischen Schulklassen bestehenden Unterschiede in der kognitiven Eingangsselektivität in Leistungsunterschiede zwischen Schülern transformieren, da sich Schüler im Ausmaß der für den Wissenserwerb benötigten Zeit unterscheiden. Aber nicht nur diese schulstrukturellen Rahmenbedingungen manifestieren Leistungsunterschiede zwischen Schülern, ebenso tragen schul- und klasseninterne Unterschiede in der Nutzung der zur Verfügung stehenden Zeit für lehrstoffrelevante Aktivitäten zu Leistungsdifferenzen zwischen Schülern bei.

Die Untersuchungen zur Bedeutung der Quantität von Unterricht für das schulische Lernen setzen an diesen beiden Gelenkstellen an, indem sie einerseits, vor allem in internationalen Studien, die Lehrplanvorgaben sowie die tatsächlich zur Verfügung gestellten Lerngelegenheiten zwischen verschiedenen Schulsystemen vergleichen und andererseits die zeitlichen Bedingungen vor Ort in der einzelnen Klasse analysieren. Der erstgenannte Bereich von Untersuchungen umfaßt eher makroanalytische Studien zum Konzept der Lerngelegenheit, die das staatlich intendierte Curriculum zwischen verschiedenen Ländern – nachprüfbar anhand der nationalen Lehrpläne und Stundentafeln – sowie den Grad der Implementierung in den Schulen der jeweiligen Länder – überprüfbar anhand von Lehrerangaben über die im vergangenen Schuljahr in einer bestimmten Klasse behandelten Stoffgebiete – vergleichen. Konzeption und Ergebnisse dieser Studien werden in Kapitel 3.1.2.1. vorgestellt. Demgegenüber stehen mikroanalytische Studien, die durch Unterrichtsbeobachtungen in einzelnen Schulklassen sowohl das Zeitmanagement des Lehrers, das für die Schaffung von Lerngelegenheiten wesentlich ist, als auch das lernrelevante Aufgabenverhalten von Schülern erfassen und mit der Leistung des Schülers in Verbindung setzen. Unter Fokussierung auf das Lehrerverhalten, das in der vorliegenden Arbeit von besonderem Interesse ist, ist die Beschreibung dieser Studien Gegenstand des Kapitels 3.1.2.2. Da das Zeitmanagement des Lehrers auch eine qualitative Funktion hat, wird dieses Konstrukt ebenfalls im Rahmen des Kapitels 3.1.3 behandelt.

Die Annahme, daß Zeit eine substantielle Mediationsvariable für den Zusammenhang zwischen Unterrichtsmerkmalen und schulischem Lernerfolg ist, hat Bloom (1968, abgedruckt in Block, 1971) dazu veranlaßt, auf der Grundlage von Carrolls Modell schulischen Lernens ein Unterrichtskonzept zu entwickeln, das durch das Bereitstellen zusätzlicher Lernzeit und angemessener, d. h. individualisierter Instruktion nahezu alle Schüler zum Erlernen fast aller in den Lehrplänen vorgesehenen Stoffgebiete befähigen soll. Diese extrem optimistische Annahme über die Lehrbarkeit von Fachwissen führte zur Entwicklung von im wesentlichen zwei Unterrichtsprogrammen zum *zielerreichenden Lernen*, die vor allem in den USA im Sekundar- und Hochschulbereich eingesetzt wurden. In der Folgezeit durchgeführte Untersuchungen zur Überprüfung der Effektivität zielerreichender Unterrichtsmethoden konnten größtenteils die hochgespannten Erwartungen nicht bestätigen. Da dieser Unterrichtsansatz eine konsequente Umsetzung der Implikationen des Carrollschen und Bloomschen Modells in ein Lehrprogramm mit schulpraktischem Nutzungsanspruch darstellt, sollen im letzten Teil dieses Unterkapitels, in Kapitel 3.1.2.3, die Möglichkeiten und Grenzen dieses Unterrichtskonzepts diskutiert werden.

3.1.2.1 Lerngelegenheiten in institutioneller Perspektive

Die international vergleichende Bildungsforschung hat sich vor allem mit der Frage nach den institutionellen und sozio-ökonomischen Rahmenbedingungen schulischen Lernens beschäftigt. Insbesondere die von der *International Association for the Evaluation of Educational Achievement* (IEA) durchgeführten Studien, die vor allem auf den internationalen Leistungsvergleich in verschiedenen Schulfächern unter variierenden institutionellen Rahmenbedingungen zielen, haben intensiv die curricularen Lernbedingungen der teilnehmenden Länder untersucht, wie sie sich in den jeweiligen nationalen Lehrplänen und den historischen Entwicklungen der Bildungssysteme widerspiegeln. Diese Schulleistungsstudien, die mathematische, naturwissenschaftliche, muttersprachliche und fremdsprachliche Leistungen, aber auch politisches Verständnis untersuchen, umfassen drei Ebenen der Curriculumanalyse (vgl. z. B. Travers & Westbury, 1989; Rosier & Keeves, 1991; Baumert, Lehmann et al., 1997; Baumert, 1998): Das *intendierte* Curriculum bezeichnet die Stoffgebiete und Inhalte der einzelnen Fächer, die in den nationalen Rahmenrichtlinien, Lehrplänen und Stundentafeln für die einzelnen Schulstufen des allgemeinbildenden Schulsystems festgelegt sind. In der Terminologie des Carrollschen Modells charakterisiert diese Ebene die *zugeteilte* Lernzeit (vgl. Kap. 1.1). Das *implementierte* bzw. *unterrichtete* Curriculum (die *zugestandene* Lernzeit bei Carroll) bezieht sich auf jene Fachinhalte, die in den jeweils beteiligten Schulen bzw. Klassen tatsächlich im Laufe eines Schuljahres unterrichtet wurden. Die letzte Ebene stellt das *erreichte* Curriculum dar, das sich durch den erreichten Wissensstand der Schüler im Rahmen von Leistungstests abbilden läßt.

Die Lehrplananalysen auf der Ebene des intendierten Curriculums werden zum einen auf der Basis einer Befragung von nationalen Lehrplanexperten, zum anderen auf der Grundlage des Vergleichs nationaler Lehrpläne und Schulbücher vorgenommen. Im Rahmen der Expertenbefragung wird eine umfangreiche Aufgabensammlung mit Testaufgaben aus vorherigen Schulleistungsstudien sowie neu entwickelten Testaufgaben den Lehrplanexperten der Teilnehmerländer zur Begutachtung der nationalen curricularen Validität vorgelegt. Zieht man die im Rahmen der jüngsten IEA-Schulleistungsstudie „Third International Mathematics and Science Study (TIMSS)“ durchgeführten Lehrplananalysen heran (Baumert et al., 1997), so läßt sich z. B. für Mathematik ein internationales Kerncurriculum identifizieren, das zumindest für die 41 Teilnehmerstaaten von TIMSS mehr oder weniger verbindlich ist: Mit Ausnahme eines einzigen Landes sind mindestens 70 % der in TIMSS eingesetzten Mathematikaufgaben lehrplanvalide, für die Hälfte der Länder besteht sogar eine curriculare Validität von über 90 %. Für die Naturwissenschaften läßt sich ein deutlich schmaleres internationales Kerncurriculum identifizieren, das nur etwa 50 % der Aufgaben des naturwissenschaftlichen Leistungstests umfaßt. Diese Ergebnisse des Expertenratings zur curricularen Validität der Testaufgaben können durch Befunde der TIMSS-Curriculum-Studie bestätigt werden, die ebenfalls ein latentes internationales Kerncurriculum für beide Fachgebiete, wenn auch für Mathematik etwas ausgeprägter, ausweisen können. Auch andere Untersuchungen, wie z. B. die Studie von Meyer, Kamens & Benavot (1992, zit. in Lenhardt, 1993), die die Primarschulcurricula von knapp 100 Ländern auf der Basis von Stundentafeln miteinander verglichen, können zeigen, daß es ein weltweites Bildungsprogramm gibt, das durch einen Kern gemeinsamer Unterrichtsfächer mit ähnlicher Zuteilung von Unterrichtsstunden gekennzeichnet ist.

Die auf der Ebene des intendierten Curriculums nur geringen Unterschiede zwischen einzelnen Ländern maskieren die großen Unterschiede, die auf der Ebene des implementierten Curriculums bestehen. Auch hier haben die vielen von IEA durchgeführten Untersuchungen gezeigt, daß sich Schulen bzw. Schulklassen sowohl zwischen als auch innerhalb der Länder hinsichtlich der behandelten Lehrstoffmenge deutlich unterscheiden (vgl. z. B. Comber & Keeves, 1973; Travers & Westbury, 1989; Rosier & Keeves, 1991). In der zweiten internationalen Mathematikstudie (SIMS) beispielsweise verweisen die Lehrerangaben zu behandelten Stoffgebieten in der 7./8. Jahrgangsstufe (Population II) auf eine wesentlich niedrigere prozentuale Abdeckung des Curriculums als auf der Ebene des intendierten Lehrplans (Travers & Westbury, 1989). Die Lehrerangaben relativieren zudem den Umfang des intendierten internationalen Kerncurriculums: Werden die Lehrerangaben nach Stoffgebieten unterteilt, so läßt sich nur noch ein Kerncurriculum für das Stoffgebiet Algebra und, etwas weniger verbindlich, für Funktions- und Differentialrechnung auf der 7.-8. Jahrgangsstufe identifizieren. Betrachtet man die Lehrerangaben innerhalb der einzelnen Länder, so zeigen sich z. T. große Unterschiede zwischen den Lehrern, deren Größe einerseits zwischen den einzelnen Stoffgebieten, andererseits zwischen einzelnen Ländern variiert.

Ebenfalls verweisen nationale Untersuchungen in der Bundesrepublik, die das dreigliedrige Schulsystem mit der Gesamtschule im Hinblick auf die fachlichen und erzieherischen Wirkungen (Fend, 1980) verglichen, auf starke Unterschiede in der Realisierung von Lerngelegenheiten zwischen den verschiedenen Schulformen (Haenisch et al., 1979; Haenisch & Lukesch, 1980). In diesen Untersuchungen zeigte sich vor allem, daß die Leistungsunterschiede zwischen Schülern in starkem Maße von den Unterschieden zwischen einzelnen Schulformen und nicht so sehr zwischen verschiedenen Schulsystemen (Gesamtschulsystem versus dreigliedriges Schulsystem) bestimmt werden (dieses Ergebnis läßt sich auch auf die internationale Ebene übertragen, vgl. Baumert, Lehmann et al., 1997).

Die starken Unterschiede zwischen den in der einzelnen Klasse zur Verfügung stehenden Lerngelegenheiten haben sich als ein wichtiger Prädiktor für Leistungsunterschiede zwischen Schülern bzw. Schulklassen erwiesen. So berichten Fraser et al. (1987) in einer Metaanalyse einen mittleren Korrelationskoeffizienten von $r = .38$. Diese Metaanalyse weist zudem deutlich darauf hin, daß die Quantität von Unterricht nur eine notwendige, nicht aber hinreichende Bedingung für schulisches Lernen ist, daß neben ihr Merkmale der Unterrichtsqualität oder individuelle Schülermerkmale ebenfalls eine große Rolle spielen. Die Ergebnisse der zweiten internationalen Mathematikstudie (Burstein, 1993) belegen ebenfalls einen signifikanten Einfluß der Lehrerratings zu den Lerngelegenheiten der eingesetzten Testitems auf den Leistungszuwachs in allen acht Teilnehmerstaaten des Längsschnittdesigns. Allerdings ist die Richtung des Zusammenhangs inkonsistent – in einem Land besteht sogar ein erwartungswidrig negativer Zusammenhang zwischen Unterrichtsquantität und Leistungsentwicklung.

Diese Befunde deuten darauf hin, daß der Umfang des implementierten Curriculums in starkem Maße vom einzelnen Lehrer und seiner Art der Unterrichtsgestaltung abhängt. In welchem Ausmaß die Unterrichtsgestaltung als Mittel zur Bereitstellung von Lerngelegenheiten fungieren kann, ist Gegenstand des nächsten Kapitels.

3.1.2.2 Unterrichtsorganisation und Klassenführung als Funktion zur Erzeugung von Lerngelegenheiten

Eine der wichtigsten Ressourcen, die Lehrern zur Gestaltung ihres Unterrichts zur Verfügung stehen, ist Zeit. Lehrer können darüber entscheiden, wie sie die im Verlauf eines Schuljahres zur Verfügung stehende Zeit für das Lehren der vorgesehenen Stoffgebiete sowie die sonstigen Aktivitäten innerhalb der Klasse verwenden. Ein im Hinblick auf den Erwerb von Fachwissen erfolgreicher Unterricht ist dabei darauf ausgerichtet, durch einen hohen Zeitanteil für lernstoffrelevante Aktivitäten möglichst viele Lerngelegenheiten zu schaffen, die die aktive Lernzeit von Schülern erhöhen. Der Anteil der Unterrichtszeit, der für aktives Lernen genutzt wird, hängt im wesentlichen ab von (1) der Unterrichtsorganisation, z. B. der Reihenfolge von Aktivitäten, dem Grad der Aufrechterhaltung dieser Aktivitäten, der Gestaltung von Übergängen zwischen verschiedenen Unterrichtsphasen und Sozialformen etc. und (2) der Klassenführung, d. h. der Etablierung von Regelsystemen, dem Umgang mit Unterrichtsstörungen sowie der Verwendung störungspräventiver Interventionsstrategien (Kounin, 1976; Doyle, 1986; Bromme, 1985). Der Handlungsspielraum von Lehrern, eine lernförderliche Unterrichtsorganisation und Klassenführung zu realisieren, wird wesentlich durch Strukturmerkmale der Schulklasse bestimmt, die unabhängig von den persönlichen und sozialen Merkmalen der in ihr agierenden Personen bestehen. Doyle (1986) hat sechs solcher Strukturmerkmale unterschieden, die im folgenden kurz beschrieben werden sollen.

1. Multidimensionalität

Die Multidimensionalität von Unterricht läßt sich unter drei Aspekten betrachten. Der erste Aspekt (a) bezieht sich auf die unterschiedlichen Personenmerkmale der in einer Schulklasse zusammengefaßten Schüler, der zweite (b) auf die

Inhalte schulischen Lernens und die Ziele unterrichtlichen Lehrerhandelns und der dritte (c) auf das Lehrerverhalten selbst sowie die Lehrer-Schüler-Interaktion.

ad (a): In einer Schulklasse sind Schüler mit unterschiedlichen Interessen, Motivationen und Fähigkeiten versammelt. Diese unterschiedlichen Interessen- und Motivationslagen sowie die differierenden kognitiven Eingangsvoraussetzungen müssen bei der Unterrichtsplanung, d. h. bei der Auswahl von Lernstoffen und Materialien, Präsentations- und Sozialformen etc. berücksichtigt werden. Lehrer müssen beispielsweise zwischen eher schwierigen, anspruchsvollen oder eher auf mittlerem Schwierigkeitsniveau liegenden Aufgaben abwägen.

ad (b): Der inhaltliche Aspekt bezieht sich auf die Tatsache, daß mit einzelnen Unterrichtseinheiten mehrere Ziele gleichzeitig verfolgt werden: So soll durch sie z. B. Wissen über ein bestimmtes Thema erworben werden und gleichzeitig durch eine bestimmte Gestaltung des Unterrichts (z. B. projektorientiert) autonomes Lernen gefördert sowie durch die damit verbundene Gruppenarbeit kooperative Lernformen eingeübt werden. Dies bedeutet, daß mit einer einzelnen Unterrichtseinheit die Förderung sowohl kognitiver (deklaratives und prozedurales Wissen) als auch sozialer (Teamfähigkeit, Kooperationsbereitschaft) Kompetenzen beabsichtigt ist. Inwieweit dies gelingt, hängt nicht zuletzt von den didaktischen Fähigkeiten des Lehrers ab.

ad (c): Der Verhaltensaspekt berücksichtigt das Phänomen, daß einzelne Verhaltensweisen des Lehrers nicht nur Auswirkungen auf den jeweiligen Adressaten des Lehrerhandelns, sondern gleichzeitig auch auf die gesamte Klasse haben. Ein langsameres Unterrichtstempo mit häufigen Erklärungseinschüben kann z. B. für leistungsschwächere Schüler andere Effekte haben, indem es beispielsweise die Lernmotivation dieser Schüler fördert, als für leistungsstärkere Schüler, deren Aufmerksamkeit beispielsweise durch die Wiederholung von bereits Erklärtem eher nachlassen könnte.

2. Simultaneität

Im Gegensatz zum Einzelunterricht zeichnet sich der Gruppenunterricht dadurch aus, daß mehrere Ereignisse gleichzeitig stattfinden. Schon bei der einfachsten strukturierten Unterrichtsform, dem Frontalunterricht bzw. Lehrervortrag mit Frage-Antwort-Muster, muß sich der Lehrer gleichzeitig auf die Antworten der Schüler konzentrieren, andere Schülermeldungen im Auge haben, auf eventuelle Störungen nichtbeteiligter Schüler achten, die nächste Frage in Gedanken formulieren, den logischen Fortgang des Gesprächs präsent haben etc. Mit zunehmender Strukturierung des Unterrichts und dem Wechsel zu anderen Sozialformen wie z. B. Einzel- oder Gruppenarbeit steigt die Zahl gleichzeitiger Ereignisse sprunghaft an. Hilft ein Lehrer z. B. einer Gruppe oder einem einzelnen Schüler, muß er sich nicht nur auf die Fragen dieser Gruppe oder dieses Schülers einstellen, sondern gleichzeitig die anderen Gruppen bzw. Schüler im Auge behalten, Hilfeersuchen anderer bemerken, Störungen rechtzeitig erkennen und unterbinden, die Zeiteinteilung beachten etc. Kounin (1976) hat diesen Aspekt auch als die Allgegenwärtigkeit des Lehrers bezeichnet.

3. Unmittelbarkeit, Unverzüglichkeit, Augenblicklichkeit

Der Aspekt der Unmittelbarkeit, der sich auf die Tatsache bezieht, daß Lehrer auf Schülerverhalten unmittelbar reagieren müssen und in der Regel nur wenig Zeit zum Nachdenken über potentielle Reaktionsformen haben, ist nicht nur ein Merkmal von Klassen. In jeder pädagogischen Situation ist der Erzieher gezwungen, unmittelbar auf das Verhalten seines Zöglings zu reagieren. Der Unterschied zur erzieherischen Zweierkonstellation besteht jedoch darin, daß in der Klasse gleichzeitig mehrere Ereignisse auftreten können (s. der Aspekt der Simultaneität), die eine Reaktion des Lehrers verlangen *und* diese Reaktion von mehreren Schülern beobachtet wird. Der letztgenannte Punkt leitet damit über zum nächsten Aspekt: der *Öffentlichkeit*.

4. Öffentlichkeit

Alle Ereignisse während einer Unterrichtsstunde finden prinzipiell in der Öffentlichkeit der Klasse statt, d. h. sie haben in der Regel mehrere Beobachter. Es gibt nur wenige Verhaltensweisen, z. B. wenn Schüler unter dem Tisch etwas anderes treiben, die von anderen unbemerkt bleiben. Insbesondere wenn der Lehrer in die Ereignisse involviert ist, ist die Zahl derjenigen, die dies beobachten, besonders groß. Die Öffentlichkeit der Ereignisse wird vor allem dann problematisch, wenn auffälliges Verhalten von Schülern, z. B. der Verstoß gegen gemeinsam festgelegte Regeln, vom Lehrer nicht bemerkt und damit nicht sanktioniert wird oder wenn Schüler, z. B. aufgrund ihres Leistungsstandes, vom Lehrer unterschiedlich behandelt werden. Im ersten Fall erfährt die Klasse, daß der Lehrer keine besonders guten Führungsfähigkeiten hat, im zweiten Fall kann dies u. U. zu paradoxen Effekten führen, wie sie z. T. für die Wirkung von Lob und Tadel belegt sind (vgl. Meyer, 1984; Meyer, Bedau & Engler, 1988; vgl. kritisch dazu Rheinberg, 1988; Rheinberg & Weich, 1988, Hofer & Pikowsky, 1988; für einen Überblick vgl. Rheinberg, 1998)[6].

[6] Die von Meyer u. Mitarbeitern in experimentellen Studien nachgewiesenen paradoxen Effekte von Lob und Tadel konnten in realen Unterrichtssituationen nur selten repliziert werden – so wurde bei freier Antwortmöglichkeit Lehrerlob entweder ausnahmslos positiv bewertet oder differentielles Sanktionsverhalten von Lehrern bei gleichen Schülerleistungen vorwiegend als Ausdruck ungerechter Behandlung bzw. unterschiedlicher Sympathie interpretiert (Hofer & Pikowsky, 1988; Rheinberg & Weich, 1988). Allerdings entfielen 10 % der freien Äußerungen auf Begabungsattributionen im Sinne paradoxer Effekte. Demnach sind die in experimentellen Studien belegten paradoxen Wirkun-

5. Unvorhersagbarkeit
Der Ablauf einer Unterrichtsstunde läßt sich trotz einer guten Planung und Vorbereitung nicht vorhersagen. Ihre Qualität ist letztlich auch von der Zusammensetzung der jeweiligen Lerngruppe, der Tagesform ihrer Mitglieder, unvorhergesehenen Ereignissen etc. abhängig. Der Lehrer muß daher ein bestimmtes Verhaltensrepertoire besitzen, mit dem er auf nicht planbare und voraussehbare Ereignisse reagieren kann.

6. Geschichte
Die nicht unbeträchtliche Zeit, die eine Klasse im Verlauf eines Schuljahres gemeinsam mit dem Lehrer verbringt, kreiert eine Klassengeschichte, die Auswirkungen auf zukünftige Ereignisse und Entwicklungen hat. Diese Geschichte kann sich zum einen auf Lehrer-Schüler-Interaktionen, zum anderen auf Schüler-Schüler-Interaktionen beziehen. So werden zu Beginn des Schuljahrs durch die Lehrer-Schüler-Interaktion Regeln und Normen festgelegt, entstehen bestimmte Anfangsrituale zu Beginn einer Schulstunde, entwickeln sich Verhaltensroutinen in bestimmten Situationen etc. Ebenso etablieren sich bestimmte Umgangsformen unter den Schülern – beispielsweise entsteht ein Klassenclown, oder ein Schüler wird zum Außenseiter, entwickeln sich einzelne Cliquen oder Zweierfreundschaften usw.

Wie bei der Beschreibung dieser Kontextmerkmale unterrichtlichen Handelns deutlich wird, stellen insbesondere die Aspekte *Mehrdimensionalität* und *Simultaneität* hohe Anforderungen an die unterrichtliche Planungs- und Organisationsfähigkeit des Lehrers. In Studien von Berliner (1983) oder Stodolsky et al. (1981) wurden zwischen 11 und 17 verschiedene Unterrichtsaktivitäten pro Schulstunde identifiziert, deren Reihenfolge und Übergangsphasen durch den Lehrer organisiert werden müssen. Diese Aktivitäten umfassen sowohl Lehrmethoden wie Lehrer- oder Schülervortrag, Klassendiskussion, Einsatz von Medien als auch organisatorische Aktivitäten wie Hausaufgabenkontrolle, Verteilung von Unterrichtsmaterial etc. und Sozialformen wie Einzelarbeit oder Gruppenarbeit. Diese Untersuchungen haben zudem gezeigt, daß die Art der Unterrichtsorganisation auch stark von den fachspezifischen Aufgabenstrukturen abhängt: In Mathematikstunden wurde z. B. mehr Zeit für Einzel-/Stillarbeit verwendet als in gesellschaftswissenschaftlichen Fächern, wohingegen bei letzteren häufiger Gruppenarbeitsphasen auftraten (vgl. auch Doyle, 1983). Auch Untersuchungen von Oser und Mitarbeitern (Oser & Patry, 1990, 1994) zu Choreographien unterrichtlichen Lernens wiesen auf den Zusammenhang von einzelnen Aufgabenty-

gen von Lob und Tadel im Schulalltag zwar nicht zu überschätzen, gleichwohl scheinen sie auch in realen Unterrichtssituationen zu existieren.

pen, die sie als „Basismodelle“ des Unterrichts bezeichnen (z. B. Problemlösen oder Wissensaufbau), mit Merkmalen der Unterrichtsorganisation hin, die sich in Form von Sichtstrukturen wie z. B. Gruppenarbeit oder fragend-entwickelndes Unterrichtsgespräch zeigen.

Die vier Strukturmerkmale *Unmittelbarkeit*, *Öffentlichkeit*, *Unvorhersagbarkeit* und *Geschichte* verweisen demgegenüber vor allem auf die Anforderungen, die an die Führungsqualitäten von Lehrern gestellt werden. Dabei muß die Gestaltung des Unterrichtsablaufs nicht täglich neu organisiert werden. Die Etablierung von Verhaltensregeln und Routinen sowohl für die Arbeitsorganisation als auch den Umgang mit Störungen findet vor allem zu Beginn eines Schuljahres statt. Die Wichtigkeit der ersten Stunden eines neuen Schuljahrs für die Einführung solcher Regeln und Unterrichtsroutinen wird durch Studien von der Forschergruppe um Emmer und Evertson (Emmer & Evertson, 1980; Evertson & Emmer, 1982) belegt, die auf der Grundlage von Unterrichtsbeobachtungen zeigen, daß vor allem der erste Schultag für die Festlegung von Regeln im Hinblick auf soziale Interaktionsformen wie Umgang mit aggressivem Verhalten, Diskussionskultur etc. und organisatorische Tätigkeiten wie z. B. das Holen von Unterrichtsmaterialien, Aufräumen des Klassenraums, Tafeldienst etc. genutzt wird. In diesem Punkt zeigen sich keine Unterschiede zwischen erfolgreichen (gemessen an der Unterrichtsführung und der Leistungsentwicklung der Schulklasse) und weniger erfolgreichen Lehrern. Deutliche Unterschiede bestehen hingegen bei der Art der Etablierung von Regelsystemen: Im Gegensatz zu weniger erfolgreichen Lehrern setzen erfolgreiche Lehrer konkretere, klarer formulierte und funktionalere Verhaltensregeln, achten auf ihre Einhaltung in den ersten Wochen des Schuljahrs, definieren klarere Erwartungen an das Arbeitsverhalten von Schülern, sind durch die Verfügbarkeit effizienter Verhaltensroutinen auf mögliche Unterrichtsstörungen besser vorbereitet, wodurch sie schneller auftretendes Störverhalten unterbinden können, und zeigen ein konsistentes Verhaltensmuster gegenüber erwünschtem und unerwünschtem Schülerverhalten. Wie bereits im Kapitel 3.1.1.4 erwähnt, stimmen diese Befunde auch gut überein mit Ergebnissen aus der Forschung zur Unterrichtsexpertise (Berliner, 1987): Erfahrene Lehrer, die erfolgreichen Unterricht halten, zeichnen sich durch ein hohes klassenführungsbezogenes Wissen (Weinert, Schrader & Helmke, 1990) aus, welches dadurch charakterisiert ist, daß Lehrer aufgrund ihrer Unterrichtserfahrung dem Aufbau von Regeln und Handlungsroutinen zur Herstellung einer störungsfreien und aufgabenbezogenen Unterrichtsatmosphäre eine große Bedeutung zumessen und dieses Ziel zu Beginn eines Schuljahres intensiv verfolgen.

Das Bereitstellen von Lerngelegenheiten zur Erhöhung der aktiven Lernzeit von Schülern hängt nicht nur von der Unterrichtsorganisation und der Klassenführung durch den Lehrer ab, sondern auch von individuellen Merkmalen der

Schüler selbst. Ergebnisse von Studien zur individualisierten Instruktion (Shimron, 1976; Levin, Libman & Amiad, 1980) z. B. belegen ein in Abhängigkeit vom Leistungsniveau der Schüler unterschiedliches Aufgabenverhalten in solchen Lernarrangements (*time-on-task behavior*): Gute Schüler investieren deutlich mehr Zeit in die Bearbeitung von Aufgaben und bearbeiten folglich wesentlich mehr Aufgaben als schlechte Schüler. Der Einfluß des Leistungsniveaus auf das Leistungsverhalten von Schülern läßt sich auch auf der Ebene von Schulklassen zeigen: Beim Vergleich von Klassen mit hohem und niedrigem Leistungsniveau, die von demselben Lehrer unterrichtet werden, sind die Schüler in schlechten Klassen weniger am Unterrichtsstoff interessiert, stören häufiger den Unterrichtsablauf und Lehrer haben mehr Mühe, den Unterrichtsfluß aufrechtzuerhalten, als in guten Klassen (vgl. Metz, 1978). Mehr noch, die Unterschiede zwischen Klassen verschiedener Lehrer mit demselben Leistungsniveau waren kleiner als zwischen Klassen desselben Lehrers mit variierendem Leistungsniveau. Diese Befunde verweisen auf die Interdependenz von Lehrer- und Schüleraktivitäten.

3.1.2.3 Zielerreichendes Lernen als Bereitstellung und Nutzung individueller Lerngelegenheiten

Zielerreichendes Lernen (engl.: *mastery learning*) ist eigentlich ein Oberbegriff für eine Reihe unterrichtsmethodischer Ansätze, deren Gemeinsamkeit in der Festlegung eines Lernzieles besteht, welches alle Schüler erreichen sollen durch häufige Rückmeldung des Lernfortschritts sowie Bereitstellung zusätzlicher Unterrichtseinheiten für Schüler, die das Lernziel nicht beim ersten Mal erreicht haben. Es lassen sich im wesentlichen zwei Hauptformen zielerreichenden Lernens unterscheiden (Slavin, 1987, 1996):

(1) Der sog. Keller-Plan oder das *personalized system of instruction* (Keller, 1968) wird vor allem im universitären Bildungsbereich eingesetzt. Kurse nach dem Keller-Plan beinhalten 15 bis 30 verschiedene Lektionen zu einem bestimmten Thema, deren Inhalt jeweils mit einem anschließenden Lernzieltest überprüft wird. Die Studierenden lernen entsprechend ihrem individuellen Lerntempo jede Lektion einzeln und schließen sie mit einem Test ab. Dieser Test kann so oft wiederholt werden, bis der Studierende eine bestimmte Anzahl von Aufgaben richtig gelöst hat, die als notwendig für die Beherrschung des Stoffes angesehen werden.

(2) Als zweite Form zielerreichenden Lernens haben Block & Anderson (1975) eine Unterrichtsstrategie (*group-based mastery learning* oder *learning for*

> *mastery (LFM)*) entwickelt, die Lernzeitunterschiede zwischen Schülern so stark minimiert, daß keine zusätzliche Unterrichtszeit mehr bereitgestellt werden muß. Der Unterricht erfolgt ähnlich wie beim Keller-Plan in Form zerlegter, aufeinander aufbauender Teileinheiten eines Lehrstoffes in ein- bis zweiwöchigen Phasen, an deren Ende mit Hilfe von Tests die Erreichung des Lernziels überprüft wird. Schülern, die dieses Ziel nicht erreicht haben, wird die Unterrichtseinheit mit zusätzlicher Lernzeit und geeigneten neuen Lernhilfen erneut vermittelt. Die Schüler, die den Lehrstoff beherrschen, werden während dieser Zeit entweder als Tutoren eingesetzt, die den schwächeren Schülern beim Erreichen des Lernziels helfen, oder erhalten zum gelernten Lehrstoff ergänzendes Lernmaterial. Das Fortschreiten im Lehrstoff findet erst dann statt, wenn eine ausreichend große Zahl der Schüler, etwa 80 bis 90 %, die vorangegangene Lerneinheit beherrscht. Im folgenden wird vor allem auf die zweite Variante des zielerreichenden Lernens eingegangen, weil sie für die schulische Praxis besonders relevant und dort vielfach eingesetzt wurde.

Insbesondere im Rahmen des schulischen Einsatzes werden jedoch Probleme deutlich, die dem Konzept des zielerreichenden Lernens inhärent sind. Eines der grundlegenden Elemente zielerreichenden Lernens besteht darin, das Leistungsniveau der Schüler konstant, die Unterrichtszeit flexibel zu halten. Schule ist jedoch u. a. durch feste zeitliche Rahmenvorgaben hinsichtlich Stunden- und Lehrstoffumfang einzelner Schulfächer pro Schuljahr gekennzeichnet, was bedeutet, daß die Ressource Zeit nur bis zu einem gewissen Grad variabel ist. Unter dieser Bedingung ist die Vermittlung eines einheitlichen Leistungsniveaus konsequenterweise nur möglich, wenn die zur Verfügung stehende Unterrichtszeit von den guten Schülern zugunsten der schlechten Schüler umverteilt wird – die Egalisierung von Lernergebnissen würde damit erkauft durch die ungleiche Verteilung von Lernchancen zugunsten Lernschwacher, was Arlin (1984) den „Robin Hood"-Ansatz nennt. Um diese ungleiche Lernzeitverteilung zu vermeiden, werden deshalb oft ergänzende Stützkurse außerhalb der regulären Unterrichtszeit angeboten. Vertreter des zielerreichenden Lernens wie z. B. Bloom (1973) argumentieren, daß sich im Laufe der Zeit unter Bedingungen zielerreichenden Lernens die benötigte Lernzeit von langsameren Schülern denen schnellerer Schüler angleicht, da durch den streng hierarchisch-sequentiellen Aufbau der Lernziele kumulative Lerndefizite bei langsameren Schülern vermieden werden. In empirischen Studien konnten lernzeitverringernde Effekte des zielerreichenden Lernens nur für kürzere Zeiträume (3 einstündige Unterrichtseinheiten) nachgewiesen werden, nicht aber für längere von mehr als einem Jahr (Slavin, 1987, 1996; vgl. auch Livington & Gentile, 1996, die keine Unterschiede fanden). Dagegen konnten Leistungsvorteile zugunsten des zielerreichenden Lernens im Vergleich zu traditionellen Unterrichtsmethoden belegt werden (Arlin, 1984). Betrachtet man allerdings diese empirischen Befunde genauer, so zeigt sich, daß unter Bedingungen zielerreichenden Lernens pro zugeteilter Zeiteinheit nicht mehr Unterrichtsstoff gelernt wurde als unter normalen Bedingungen (zusammenfassend Slavin, 1987, 1996).

Ein zweites, dem zielerreichenden Lernen inhärentes Problem besteht darin, daß die Effekte normaler und zielerreichender Lernbedingungen mit Leistungstests gemessen werden, die einseitig an den Inhalten des zielerreichenden Unterrichts orientiert sind. Studien zeigen, daß bei Einsatz standardisierter statt selbst entwickelter Leistungstests die Vorteile des zielerreichenden Lernens verschwinden (a.a.O.; Arlin, 1984). Die in vielen früheren Sammelreferaten und Metaanalysen (Bloom, 1984; Guskey & Gates, 1985; Lysakowsky & Walberg, 1982; Fraser et al., 1987) dargestellten positiven Befunde zur Überlegenheit zielerreichender Unterrichtsmethoden halten offensichtlich nicht stand, wenn die Bedingungen, unter denen konventionelle und zielerreichende Lernarrangements verglichen wurden, unter dem Gesichtspunkt extrem ungleicher Lernzeitvoraussetzungen und ungleicher Lernzielbestimmungen genauer unter die Lupe genommen werden. Auch Arlin (1984) kommt zu dem Schluß, daß die empirischen Befunde eher die Position der Kritiker als der Befürworter des zielerreichenden Lernens unterstützen. Zieht man z. B. die Ergebnisse zu individualisierter versus lehrergeleiteter Instruktion in konventionellen Klassen heran, so weisen lehrergeleitete Klassen weniger Varianzen in den Lernraten auf als individualisierte Instruktionsformen, was sich vor allem auf das Bremsen der besseren Schüler zurückführen läßt (Arlin & Westbury, 1976). Diese Befunde weisen auf einen zusätzlichen Effekt von gruppenbasierten zielerreichenden Lernverfahren hin: Neben dem Setting des zielerreichenden Lernens, das schnellere Schüler am Vorangehen im Unterrichtsstoff hindert, solange nicht mindestens 90 % der Schüler das Lernziel erreicht haben, kommt als zweites, lernhemmendes Merkmal das lehrergeleitete Setting hinzu, das ebenfalls die schnelleren Lerner etwas zurückhält. Übereinstimmend hierzu zeigen die Ergebnisse zu individualisierten Formen zielerreichenden Lernens eine Zunahme der Lernzeit- bzw. Leistungsunterschiede zwischen schnellen und langsamen Lernern (Arlin, 1984). Arlin resümiert daher in seinem Übersichtsartikel mit der Feststellung, daß „under individualized mastery learning we can be excellent, but not equal; under group-based mastery learning, we can be equal but not excellent.“ (1984, S. 80). Insgesamt lassen sich damit die hochgespannten Erwartungen an die Effektivität zielerreichenden Lernens nicht bestätigen.

3.1.3 Ansätze zur Qualität von Unterricht: Allgemeine psychologisch-didaktische Konzeptionen

Wie bereits im Einleitungskapitel erwähnt, spielt neben der Quantität vor allem die Qualität des Unterrichts eine entscheidende Rolle für schulisches Lernen. Dabei hat sich im Laufe der jahrzehntelangen Forschung herausgestellt, daß es nicht so sehr einzelne, isolierte Merkmale sind, die erfolgreichen Unterricht kennzeichnen, sondern eher übergreifende, umfassende Konzeptionen. Das folgende Kapitel stellt daher nicht die vielen Einzelmerkmale effektiven Unterrichts vor, sondern beschreibt die zentralen Unterrichtskonzeptionen, die sich als relevant für schulisches Lernen erwiesen haben.

Eine zweite Einschränkung der folgenden Darstellung bezieht sich auf die in der Überschrift bereits angesprochene Berücksichtigung von ausschließlich allgemeinen, fachübergreifenden didaktischen Ansätzen. Obwohl es eine langanhaltende Diskussion zwischen Vertretern der allgemeinen und fachspezifischen Didaktik über die Generalisierbarkeit von Merkmalen erfolgreichen Unterrichts gibt, lassen sich in den Beiträgen einschlägiger Lehr- und Handbücher, die der klassischen Einteilung in allgemeine und fachspezifische Didaktik folgen, kaum Unterschiede zwischen beiden Ansätzen im Hinblick auf die Verwendung von Lerntheorien und paradigmatischen Forschungsansätzen finden. So werden beispielsweise sowohl in Beiträgen der *Enzyklopädie der Psychologie, Serie Pädagogische Psychologie* (Schneewind, 1994; Weinert, 1996, 1997) als auch in jenen des *Handbook of Research on Mathematics Teaching and Learning* (Grouws, 1992) bzw. *Handbook of Research on Science Teaching and Learning* (Gabel, 1993) zum Lernbereich Mathematik und Naturwissenschaft auf dieselben (konstruktivistischen) Ansätze (z. B. genetisches Lernen), Lerntheorien (z. B. von Ausubel, Gagné) und Unterrichtsformen (z. B. direkte Instruktion, Unterrichtsführung) als Maßnahmen zur Förderung des Wissenserwerbs und problemlösenden Denkens zurückgegriffen. Zumindest für den mathematisch-naturwissenschaftlichen Bereich lassen sich keine Unterschiede in der fachwissenschaftlichen Theoriebildung finden – Unterschiede ergeben sich erst auf der Ebene konkreter Umsetzung wissenschaftlicher Theorien in fachspezifische Forschungsdesigns bzw. Lern- und Unterrichtsexperimente. Auch wenn in der vorliegenden Arbeit verschiedene Unterrichtsfächer in die Untersuchung einbezogen werden, erscheint unter diesem Gesichtspunkt die Begrenzung der theoretischen Auseinandersetzung auf allgemeine Unterrichtsansätze gerechtfertigt.

Die folgende Darstellung orientiert sich vor allem an jenen psychologisch-didaktischen Ansätzen, die in der Vergangenheit Gegenstand empirischer Wirksamkeitsstudien waren bzw. deren Ansatz als fruchtbar für zukünftige Forschung erscheint. In Kapitel 3.1.3.1 wird daher zunächst das Konzept des lehrergeleiteten Unterrichts vorgestellt, das im anglo-amerikanischen Sprachraum als direkte Instruktion bekannt ist, und sein Einfluß auf fachliches Lernen diskutiert. Im nachfolgenden Kapitel (Kap. 3.1.3.2) wird sozusagen das Gegenkonzept zur direkten Instruktion, der indirekte bzw. offene Unterricht vorgestellt und seine lernförderlichen Wirkungen anhand empirischer Untersuchungen aufgezeigt. Eine weitere umfassende Konzeption, die stärker an den kognitiven Lernvoraussetzungen, d. h. den alltagstheoretischen Vorstellungen von Schülern ansetzt und den Unterricht darauf aufbaut, stellt der konstruktivistisch orientierte Unterricht dar. Die Beschreibung dieses Ansatzes und seiner Konsequenzen für die Auswahl von Unterrichtsmethoden ist Gegenstand des Kapitels 3.1.3.3. Den Abschluß dieses Teils bildet die Diskussion des Konzepts des adaptiven Unterrichts, welches eine Klammer für die drei zuvor diskutierten Unterrichtsansätze darstellt, da es durch den flexiblen Einsatz ganz unterschiedlicher Methoden eine möglichst optimale Passung zwischen Unterrichtsangebot und individuellen Lernvoraussetzungen von Schülern anstrebt.

3.1.3.1 Lehrergeleitete, direkte Instruktion

Die Bezeichnung *direkte Instruktion* geht auf Rosenshine (1979) zurück, der unter diesem Begriff anglo-amerikanische Forschungen der 70er Jahre zusammenfaßte, die auf der Suche nach erfolgreichem Lehrerhandeln einen effektiven Unterrichtsstil beschrieben, der sich durch einen straff geführten, stark lehrerorientierten Unterricht auszeichnete. Das Konzept der direkten Instruktion entspricht weitgehend dem deutschen Konzept des lehrergeleiteten Unterrichts (Schöler, 1977), das in der Praxis weit verbreitet, in der wissenschaftlichen Reflexion jedoch starker Kritik ausgesetzt ist, da es den reformpädagogischen Zielvorstellungen eines selbstbestimmten, selbstregulierten und aktiven Lerners zu widersprechen scheint.

Basierend auf den Übersichtsartikeln von Rosenshine (1979), Glaser (1979) und Good (1979) läßt sich das Konzept der direkten Instruktion durch folgende Merkmale kennzeichnen (vgl. Treiber & Weinert, 1982, S. 265):

- eine intensive Nutzung der Instruktionszeit;
- eine hohe Lehrstoffrelevanz und Verständlichkeit der Lehreräußerungen bei der Präsentation von Sachstoffen;
- eine hohe Explizitheit der Aufgabenstruktur;
- eine lehrerzentrierte, kontrollintensive Unterrichtssteuerung;
- eine störungspräventive, unterbrechungsarme Klassenführung;

- eine hohe Vorhersagbarkeit des Instruktions- und Interaktionsverhaltens des Lehrers;
- geringe Freiheitsgrade und eingeschränkte Wahlmöglichkeiten für die Schüler;
- ständige Überwachung der Lernwege der Schüler;
- sofortige positive Rückmeldungen beim Auftreten von Lernschwierigkeiten;
- geduldiges Abwarten bei sich verzögernden Schülerantworten;
- geringe Fehlerrisiken bei der Beantwortung knapper, eng umschriebener einfacher Wissensfragen.

Wie diese Aufzählung bereits deutlich macht, basieren diese Erkenntnisse auf Untersuchungen im Rahmen des Produkt-Prozeß-Paradigmas (s. Kap. 3.1.1.2). Dies bedeutet, daß diese Liste eine Zusammenstellung der im Hinblick auf den Erwerb von Fachwissen effektiven Merkmale unterrichtlichen Lehrerhandelns darstellt, die in dieser Vollständigkeit selten in realem Unterricht beobachtet wurden. Trotz der Tatsache, daß diese Aufzählung einen eher artifiziellen Unterricht beschreibt, ist das Konzept *Direkte Instruktion* für die Forschung zur Qualität von Unterricht nutzbar, wenn der Fokus stärker auf das Ausmaß der im Unterricht realisierten Merkmale direkter Instruktion gerichtet ist (wie dies z. B. Giaconia & Hedges (1982) für das Konzept des offenen Unterrichts getan haben, s. Kap. 3.1.3.2), welches im Anschluß mit schulischem Lernen in Verbindung gesetzt wird.

Wie man vielleicht bei der obigen Aufzählung vermuten könnte, bedeutet der direkte lehrergeleitete Unterricht jedoch nicht, daß er nur in Form von Frontalunterricht stattfindet. Bis zu einem gewissen Grad sind Mitwirkungen der Schüler möglich, ebenso sind die Sozialformen variabel (Einzel- oder Gruppenarbeit, Lehrervortrag etc.). Da es sich bei der direkten, lehrergeleiteten Instruktion um eine umfassende Unterrichtskonzeption handelt, lassen sich verschiedene Aspekte lehrergeleiteten Unterrichts unterscheiden. Diese Aspekte beziehen sich auf Lehrmethoden, Sozialformen, Differenzierungsmodelle, Lernmaterialien etc. Bei den Lehrmethoden lassen sich z. B. nach Schöler (1977) drei Formen im Rahmen des lehrergeleiteten Unterrichts unterscheiden: darbietende Lehrverfahren, fragend-entwickelnde Lehrverfahren und Impulsunterricht bzw. entdeckenlassende Lehrverfahren, die sich jeweils durch ihren Strukturierungsgrad und ihr Aktivierungspotential voneinander unterscheiden. Darbietende Lehrverfahren sind die gebundenste, d. h. am stärksten strukturierte Form der Lehrstoffvermittlung im lehrergeleiteten Unterricht, bei dem die Tätigkeit des Schülers auf Zuhören sowie gedankliches Mit- und Nachvollziehen beschränkt bleibt. Da diese Lehrverfahren vor allem in solchen Phasen des Unterrichts vorkommen, in denen neuer Lehrstoff eingeführt oder Ergebnisse zusammengefaßt werden, gehören sie zum unerläßlichen Repertoire eines jeden Lehrers. Fragend-entwickelnde Lehrverfahren haben einen mittleren Strukturierungsgrad und dienen der Analyse von Einzelheiten, dem Herausstellen wesentlicher Begriffsmerkmale, der Anwendung gelernten Wissens auf neue Kontexte sowie der Überprüfung gelernten Wissens bzw. des Verständnisses grundlegender Konzepte (z. B. im naturwissenschaftlichen Unterricht) oder logischer Operationen (z. B. im Mathematikunterricht) (Schöler, 1977; Einsiedler, 1981). Die Tätigkeit der Schüler ist bei diesen Lehrverfahren nicht nur auf Zuhören und gedankliches Nachvollziehen beschränkt, sondern sie aktivieren die Schüler zu zwar gelenktem, aber schlußfolgerndem Denken. Genetisch-sokratisch angelegte Lehrverfahren sind typische Formen des Impulsunterrichts, bei denen der Lehrer im freien Unterrichtsgespräch durch die Thematisierung eines Problems und die Aufforderung der Schüler zur Formulierung von Vermutungen, Hypothesen oder Vorhersagen Impulse für eigenständiges Denken gibt. Die Schüler werden dazu angeregt, die Konsequenzen ihrer Hypothesen zu überprüfen, sie ggf. zu verwerfen und dadurch allmählich zu Lösungsmöglichkeiten zu gelangen.

Einsiedler (1981) beschreibt noch eine vierte Form von Lehrverfahren, die entdeckenlassenden Verfahren, die mit ihrem geringen Strukturierungsgrad eine Übergangsform zwischen lehrergeleitetem und schülerorientiertem, offenen Unterricht (s. Kap. 3.1.3.2) darstellen. Entdeckenlassende Verfahren umfassen sowohl kurze Unterrichtssequenzen, in denen die Schüler z. B. Gelegenheit haben, experimentell Naturgesetze zu entdecken, als auch über längere Wochen andauernde Erkundungsphasen, die durch selbständige Beschaffung von Informationen oder Erstellung von Dokumentationen nach selbstentwickelten Vorgaben, wie dies z. B. im Rahmen der Projektmethode geschieht, gekennzeichnet sind. Kurze, selbsttätige Entdeckungsphasen während einer Unterrichtsstunde können auch im Rahmen eines lehrergeleiteten Unterrichts stattfinden, bei dem der Lehrer den Inhalt, die Planung sowie den Ablauf einzelner Unterrichtssequenzen vorgibt. Über längere Zeit andauernde Erkundungsphasen hingegen sind nicht mehr der aktiven Kontrolle durch den Lehrer unterworfen und gehören damit zu den Formen offenen, schülerorientierten Unterrichts.

Nicht nur im Bereich der Lehrmethoden gibt es unterschiedliche Formen lehrergeleiteten Unterrichts, ebenso können sich Sozial- und Differenzierungsformen unterscheiden. Obwohl die direkte Instruktion vorwiegend in Form des Frontalunterrichts stattfindet, kann die einzelne Unterrichtsstunde Phasen von individueller Still-, Partner- oder Gruppenarbeit enthalten. Kennzeichnend für lehrergeleiteten Unterricht ist auch hier, daß die Abfolge der einzelnen Sozial- und Differenzierungsphasen durch den Lehrer geplant und vorgegeben ist, so daß die Mitwirkungsmöglichkeiten der Schüler– wenn überhaupt – auf die Ausgestaltung dieser einzelnen Phasen beschränkt bleibt. Auch hinsichtlich des

Aspekts der Lernmaterialien kann sich lehrergeleiteter Unterricht voneinander unterscheiden, indem sowohl an der Schule oder Schulform übliche, z. T. administrativ vorgegebene Lehrbücher (Killus, 1996) als auch von Lehrern oder Schülern angefertigte Lernmaterialien eingesetzt werden.

Empirische Studien zur Wirksamkeit direkten, lehrergeleiteten Unterrichts zeigen insgesamt die starke Überlegenheit dieser Unterrichtskonzeption im Hinblick auf den Erwerb von Fachwissen. Die höchsten Durchschnittsleistungen und Lernzuwächse mit geringen Leistungsdivergenzen zeigen Klassen, in denen Lehrer überdurchschnittlich viele Merkmale der direkten Instruktion realisieren (vgl. zusammenfassend Brophy & Good, 1986; Rosenshine & Stevens, 1986). Besonders häufig wurde der Erfolg dieses Unterrichtsansatzes in der Förderung hoher fachlicher Leistungen in Studien nachgewiesen, die traditionellen Unterricht – der in der Regel Formen direkter Instruktion entspricht – mit offenen Unterrichtskonzeptionen verglichen (s. Kap. 3.1.3.2 für eine ausführliche Darstellung dieser Studien).

Trotz der eindeutigen empirischen Befundlage hat der lehrergeleitete Unterricht viel Kritik insbesondere von Protagonisten selbstgesteuerten und aktiven Lernens (vgl. z. B. Gardner, 1993) erfahren. Die Kritik dieser Lern- und Entwicklungspsychologen bezieht sich vor allem auf die Vermutung, daß lehrergeleiteter Unterricht Schüler zu passiven und unmotivierten Lernern mache. Wie Weinert (1996) zu Recht in einem kritischen Artikel „... wider die ‚neuen Lerntheorien' ..." bemerkt, können u. a. auch die Ergebnisse der Münchner Längsschnittstudie an Grundschulen (Weinert & Helmke, 1997) diese Vermutung widerlegen: Ein *unterstützender* lehrerkontrollierter Unterricht steht in positivem Zusammenhang mit Lernzuwächsen, positiven Lerneinstellungen und aufgabenorientiertem Aufmerksamkeitsverhalten, wohingegen *autoritärer* lehrergeleiteter Unterricht mit negativen Lerneinstellungen, hoher Prüfungsängstlichkeit und passiv-unaufmerksamem Verhalten einhergeht. Diese Befunde unterstreichen die Tatsache, daß es auch in einem lehrergeleiteten Unterricht deutlich unterschiedliche Führungs- und Unterrichtsstile gibt, die z. T. entgegengesetzte Lernergebnisse bewirken können. Ergebnisse aus der Berliner Mehrkohortenlängsschnittstudie (Baumert et al., 1996) zeigen außerdem, daß auch aus der Sicht von Schülern eine positive Leistungs- und affektiv-motivationale Entwicklung eher mit Merkmalen direkter Instruktion einhergeht (Gruehn, 1995).

Weniger eindeutige Befunde bestehen zur Bedeutung sogenannter *higher order questions* für die Leistungsentwicklung im Rahmen der direkten Instruktion. Diese Fragen höherer Ordnung finden besonders häufig Anwendung in den weiter oben beschriebenen fragend-entwickelnden Lehrverfahren bzw. im Impulsunterricht. Ergebnisse von Metaanalysen auf der Basis experimenteller Studien (vgl. z. B. Samson et al., 1987) belegen eine tendenzielle Überlegenheit der *higher order questions*, wohingegen Befunde aus naturalistischen Feldstudien überwiegend positive Korrelationen zwischen einfachen Fragen und Schulleistung nachweisen, Fragen mit höherem kognitiven Niveau hingegen keine Korrelationen mit der Leistung zeigen (vgl. Rosenshine, 1979; Einsiedler, 1981; Brophy & Good, 1986). Da dieser Befund aus theoretischen Gründen unplausibel ist, werden für diese Nullkorrelation zum einen Operationalisierungsmängel sowohl in bezug auf die Erfassung solcher Fragen als auch im Hinblick auf die Überprüfung ihrer Effektivität mit Leistungstests, die in der Regel keine Fragen zur Erfassung kritischen, problemorientierten Denkens enthalten (Rosenshine, 1979), verantwortlich gemacht. Zum anderen wird auf die starke Kontextabhängigkeit und damit begrenzte Einsetzbarkeit von Fragen mit höherem kognitiven Niveau hingewiesen (Brophy & Good, 1986). Unter Berücksichtigung dieser Kritik haben Renkl & Helmke (1992) eine Studie durchgeführt, in der Fragen bzw. Aufgaben höherer Ordnung im Hinblick auf ihre differentiellen Wirkungen auf einzelne Dimensionen mathematischen Lernens untersucht wurden. Die Autoren können zeigen, daß die Häufigkeit der Verwendung von Aufgaben niedrigerer rsp. höherer Ordnung jeweils korrespondierende Zusammenhänge mit dem Erwerb von Basiswissen rsp. der Entwicklung von Problemlösefähigkeiten aufweist, wohingegen keine Unterschiede in der Höhe der Korrelation beider Aufgabenarten mit einem Gesamtmaß für mathematisches Lernen bestehen. Dieser Befund unterstreicht die Notwendigkeit sorgfältiger Operationalisierung und differenzierter Analyse, will man Zusammenhänge zwischen Lernen und kognitivem Fragen- bzw. Aufgabenniveau untersuchen.

Neben diesen Befunden zu *durchschnittlichen* Effekten lehrergeleiteten Unterrichts wurden – wenn auch nur selten – Wechselwirkungen zwischen Schülervoraussetzungen und Merkmalen der Unterrichtsgestaltung untersucht. Auch hierzu sind die Ergebnisse eher widersprüchlich. Während in US-amerikanischen Untersuchungen (z. B. Good, Ebmeier & Beckerman, 1978; Ebmeier & Good, 1979) Vorteile der direkten Instruktion vor allem für leistungsschwächere Schüler berichtet werden, belegen insbesondere deutsche Studien in diesem Zeitraum (z. B. Treiber, Weinert & Groeben, 1982; Baumert et al., 1986, 1987a, b) höhere Gewinne für leistungsstärkere Schüler bzw. keine Wechselwirkungen zwischen Leistungsgruppen und Unterrichtsmerkmalen. Eine neuere deutsche Untersuchung, die in den 80er Jahren durchgeführt wurde (Helmke, 1988), berichtet allerdings Befunde, die eher den weiter oben angeführten amerikanischen Studien entsprechen. Die Befundlage ist damit recht uneindeutig, so daß sich keine gesicherten Aussagen zu differentiellen Effekten lehrergeleiteten Unterrichts ableiten lassen.

3.1.3.2 Schülerorientierte, offene Instruktion

Unter dem Begriff *offene Instruktion* bzw. *offener Unterricht* verbergen sich eine Vielzahl von Unterrichtskonzepten, die mehr oder weniger stark Elemente offenen Unterrichts enthalten. Diesen Ansätzen gemeinsam ist das Bemühen, einen geringeren Strukturierungsgrad des Unterrichts als im lehrergeleiteten zu implementieren, der eine stärkere Beteiligung der Schüler an Unterrichtsplanung und -inhalten ermöglicht, damit zu einem erhöhten Aktivierungs- und Motivierungsgrad bei den Lernenden führt und sie zu selbstorganisierten, autonomen Lernern erzieht. Mit dieser Art von Unterricht sollen die zentralen Erziehungsziele Selbständigkeit und Mündigkeit erreicht werden.

Konzeptionen von offenem Unterricht gehen vor allem auf reformpädagogische Forderungen nach einer grundlegenden Neukonzeption von Schule zurück, die insbesondere Ideen des pädagogischen Klassikers Rousseau aufgriffen. Die Forderungen der Reformpädagogen lassen sich am besten mit den Begriffen wie *Selbsttätigkeit* (Kerschensteiner, Montessori), *Pädagogik vom Kinde aus* (Key, Gurlitt, Otto, zusammenfassend in Dietrich, 1972; Gläser, 1920) oder *freie geistige Schularbeit* (Gaudig) beschreiben, die die starke Schülerorientierung dieser Bewegung zum Ausdruck bringen. Im anglo-amerikanischen Sprachraum sind die entsprechenden Konzepte mit den Begriffen *child- rsp. student-centered* und *progressive education* (Dewey) verbunden.

Zur besseren, übersichtlichen Darstellung der zahlreichen Konzepte offenen, schülerorientierten Unterrichts ist die folgende Beschreibung an die Einteilung von Einsiedler (1981) bzw. Giaconia & Hedges (1982) angelehnt. Danach lassen sich die einzelnen Ansätze nach ihrem Grad der Offenheit in verschiedenen Bereichen der Unterrichtsgestaltung differenzieren: der Offenheit der (1) architektonischen Gegebenheiten, (2) Lernmethoden, (3) Organisationsform, (4) Lernmaterialien, (5) Lernzeit, (6) Lernziele und -inhalte sowie (7) der Implementierung alternativer Bewertungskriterien bzw. -maßstäbe.

ad (1): Ein erster Bereich offenen Unterrichts bezieht sich auf den Aspekt, inwieweit die Größe sowie die Ausstattung des Klassenraums variabel und damit für unterschiedliche Ansprüche einzelner Lerneinheiten anpaßbar ist.

ad (2): Die Offenheit der Lernmethoden zielt auf die Möglichkeit, unterschiedliche Lernwege zur Erreichung eines für alle Lernenden verbindlich festgelegten Lehrziels einzuschlagen, indem z. B. den Schülern die Art der Bearbeitung eines Deutsch- oder Geschichtsthemas in Form von Einzelreferaten, Collagen, Interviews, Videobeispielen, Theaterspielen etc. freigestellt wird.

ad (3): Damit verbunden ist die Offenheit der Organisationsform, indem z. B. die Bearbeitung eines solchen Themas sowohl in Einzel- als auch Gruppenarbeit, innerhalb wie außerhalb der Schule oder fächerübergreifend stattfinden kann, der Unterricht in Form eines Team-Teaching-Modells, bei dem mehrere Lehrer eine Klasse unterrichten, oder als altersgemischte Lerngruppen organisiert ist.

ad (4): Auch die Offenheit der Lernmaterialien ist in dem Ausmaß mit den beiden vorherigen Aspekten verknüpft, wie Schülern die Verwendung alternativer Lernmittel bzw. -medien neben den vom Lehrer zur Verfügung gestellten Materialien gewährt wird.

ad (5): Die Offenheit der Lernzeit bezeichnet den Individualisierungsgrad des Unterrichts hinsichtlich des individuellen Lerntempos der Schüler z. B. in Form von Wochenarbeitsplänen, die den Lernenden unterschiedliche, dem individuellen Tempo entsprechende Zeitbudgets für einzelne Aufgaben bereitstellen.

ad (6): Eine besonders ausgeprägte Form offenen Unterrichts besteht dann, wenn auch die Ziele und Inhalte des Unterrichts freigestellt sind, d. h. wenn Schüler sich selbst Themen zur Bearbeitung suchen zu können.

ad (7): Ein letzter Aspekt der Offenheit bezieht sich schließlich auf die Verwendung alternativer Bewertungsmaßstäbe, die eher diagnostischen als den absoluten Leistungsstand bewertenden Charakter haben. Solche Beurteilungskriterien sind an intraindividuellen Lernverläufen orientiert und dienen der Ermittlung gezielter Lernschwächen einzelner Schüler. Die Bewertung erfolgt meist nicht in Form herkömmlicher Noten, sondern individueller Entwicklungsbeschreibungen, sog. Berichtszeugnisse.

Innerhalb der verschiedenen Ansätze zu Formen offenen Unterrichts hat das kooperative Lernen in der empirischen pädagogisch-psychologischen Forschung besondere Aufmerksamkeit erlangt. Kooperatives Lernen bezieht sich vor allem auf den Organisationsaspekt von Unterricht (s. o. Punkt 3) und faßt jene offenen Unterrichtsformen zusammen, in denen Schüler in Kleingruppen von 4 bis 6 Personen gemeinsam einen Lernstoff erarbeiten. Die Schüler fungieren dabei nicht nur als Lerner, sondern auch als Lehrer ihrer Klassenkameraden. Ziel dieser Gruppenarbeit ist es, daß die Schüler sich gegenseitig anregen, Ideen zur Lösung eines Problems zu entwickeln, gemeinsame Lösungswege erarbeiten und sich gegenseitig des Konzeptverständnisses versichern, indem sie dafür Sorge tragen, daß nach der Lösungsphase jedes Gruppenmitglied in der Lage ist, den Lösungsweg zu erklären (Slavin, 1995, 1996).

Im Gegensatz zu vielen anderen Ansätzen schülerorientierten, offenen Unterrichts wie z. B. Projektunterricht (vgl. z. B. Schümer, 1996), fächerübergreifendes Lernen etc. ist die Wirksamkeit kooperativen Lernens empirisch vielfach untersucht worden. Slavin (1995, 1996) hat in einer Metaanalyse die Ergebnisse der zahlreichen Einzelstudien zusamengefaßt. Es wurden nur solche Studien in die Analyse aufgenommen, die mindestens eine vierwöchige Experimentalphase umfaßten und in denen Experimental- und Kontrollgruppe hinsichtlich des kognitiven Eingangsniveaus sowie des Lerninhalts sowohl während der Experimentalphase als auch im abschließenden Lernerfolgstest miteinander vergleichbar waren. Die Ergebnisse belegen eine signifikante Überlegenheit kooperativer Lernformen gegenüber traditionellen bzw. kompetitiv angelegten Unterrichtsmethoden. Interessant dabei ist, daß jene kooperativen Lernformen die höchsten Effektstärken zeigen, die nicht nur Gruppenziele (das Ergebnis der Gruppe wird von einem zufällig ausgewählten Gruppenmitglied vorgestellt und als Gruppenergebnis bewertet), sondern auch individuelle Verantwortlichkeit für das Gruppenergebnis (das durchschnittliche Lernergebnis aller Gruppenmitglieder wird bewertet, d. h. die Gruppe muß dafür sorgen, daß alle Mitglieder den Lernstoff gelernt haben) fördern. Die Effekte lassen sich noch steigern, wenn zusätzlich Formen der reziproken Instruktion (vgl. Palincsar & Brown, 1984) verwendet werden, die den Schülern kognitive Lernstrategien zur Erhöhung des Verständnisses von Texten, mathematischen oder naturwissenschaftlichen Konzepten vermitteln, wie das Generieren von Fragen, Erstellen von Zusammenfassungen, Treffen von Vorhersagen bzw. Klärung von Verständnisschwierigkeiten (vgl. auch Rosenhine & Meister, 1994).

Neben diesen Untersuchungen zum kooperativen Lernen, die nur einen Teilaspekt offener Instruktionsformen abdecken, ist die Wirksamkeit offenen Unterrichts als Gesamtkonzeption vor allem im Rahmen von Vergleichsstudien untersucht worden, die die Effektivität von traditionellem Unterricht mit der von offenen Unterrichtsformen verglichen (für einen Überblick vgl. Rauin, 1987). Traditioneller Unterricht entspricht dabei meist lehrergeleitetem Unterricht (s. Kapitel 3.1.3.1). Während im deutschen Sprachraum eher theoretisch-konzeptuell oder einzelfallanalytisch über mögliche Wirkungen offener Unterrichtsformen diskutiert wird, jedoch selten in größerem Umfang ihre tatsächlichen Wirkungen empirisch untersucht wurden, fanden im anglo-amerikanischen Sprachraum eine Reihe solcher Effektivitätsstudien statt. Besonderes Aufsehen erregte die Studie von Bennett (1976), der anhand einer an nordenglischen Grundschulen durchgeführten Untersuchung zu recht ernüchternden Ergebnissen bzgl. der Wirksamkeit offenen Unterrichts kam: In den drei untersuchten Leistungsbereichen Lesefähigkeit, Rechenfähigkeit und muttersprachliche Kompetenzen zeigten die Schüler traditioneller Klassen deutliche Leistungsvorteile gegenüber Schülern aus offenen Unterrichtsformen. Auch im Kreativitätstest schnitten die nach offener Instruktion unterrichteten Schüler nicht besser ab als jene in traditionellen Unterrichtsarrangements. Ebenso bestanden im motivationalen Bereich keine bzw. leichte Unterschiede zuungunsten des offenen Unterrichts. Vorteile für die offen unterrichteten Schüler ergaben sich nur bei der Sozialstruktur der Schulklassen, die ein integrierteres Muster als traditionelle Klassen aufwiesen.

Neben dieser vielbeachteten und auch viel kritisierten Studie von Bennett (zur

Kritik s. zusammenfassend Einsiedler, 1981) wurden eine Vielzahl weiterer Vergleichsstudien durchgeführt, die z. T. zu ähnlichen, z. T. zu anderen Ergebnissen kamen (vgl. z. B. Harris, 1974; Arlin, 1976; McPartland & Epstein, 1977; Elias & Elias, 1978; Eshel, Wainryb & Shachar, 1987). Eine erste zusammenfassende Metaanalyse über die Wirksamkeit offenen vs. traditionellen Unterrichts wurde 1979 von Horwitz (1979a, 1979b) vorgestellt. In dieser Analyse, die auf knapp 200 Untersuchungen basierte, zeigten sich keine einheitlichen Effekte zugunsten des offenen oder traditionellen Unterrichts. Da die von Horwitz benutzte Methode des *box score*, die nur Signifikanzen, nicht aber Effektgrößen berücksichtigt, besonders Studien mit kleinen Stichproben benachteiligt und wichtige deskriptive Details der einzelnen Studien vernachlässigt, führte Peterson (1979) auf der Basis der von Horwitz berücksichtigten Studien eine zweite Metaanalyse durch, die Effektstärken als Wirksamkeitsmaße verwendete. In dieser Analyse zeigten sich leichte Vorteile der traditionellen Unterrichtsformen im Erwerb von Fachwissen, wohingegen offener Unterricht eher zu besseren affektiv-motivationalen Lernergebnissen führte. Insgesamt waren die Effektstärken jedoch gering, so daß weder der offene noch der lehrergeleitete Unterrichtsansatz als überlegen erschien.

Eine differenziertere Analyse, die mehr Klarheit über die Wirksamkeit beider Ansätze vermittelte und damit auch erschöpfende Pro- und Contra-Argumente in die Diskussion einbrachte, wurde von Giaconia & Hedges (1982) vorgelegt. Die beiden Autoren benutzten zum einen eine korrigierte Formel für die Schätzung der Effektstärken, bezogen zum zweiten Doktorarbeiten mit ein und unterschieden drittens die Studien hinsichtlich ihres Grades an Offenheit im Unterricht. Ein erster globaler Vergleich zwischen offenem vs. nicht-offenem Unterricht erbrachte zunächst ähnliche Ergebnisse wie bei Peterson. Aufgrund der, wie auch bei Peterson (1979) starken Variabilität der Effektgrößen zwischen den berücksichtigten Studien, die nur begrenzt gültige Globalaussagen zulassen, unterschieden Giaconia & Hedges Studien mit besonders großen bzw. besonders kleinen Effekten und untersuchten sie im Hinblick auf die Anzahl implementierter Merkmale offenen Unterrichts. Es zeigte sich, daß jene Studien, die besonders effektiv in der Förderung nichtfachlicher Ziele wie Selbstkonzept, positive Einstellungen zur Schule sowie Kreativität waren, eine größere Anzahl von Merkmalen offenen Unterrichts aufwiesen als die weniger effektiven Studien in diesem Bereich. Umgekehrt zeigte sich, daß die Untersuchungen, die deutlich höhere Werte im fachlichen Bereich (Lesen, Mathematik und Sprachen) erzielten, tendenziell weniger Merkmale offenen Unterrichts realisiert hatten als die weniger erfolgreichen Studien in diesem Bereich. Betrachtet man genauer, welche Elemente offenen Unterrichts für die Gewinne im nichtfachlichen Bereich verantwortlich sind, so sind es im wesentlichen vier Merkmale (Bezeichnungen nach Rauin, 1987): die aktive Rolle des Schülers im Lernprozeß (s. o. der unter Punkt 2 bzw. 3 genannte Offenheitsbereich), die diagnostische Bewertung (s. o. unter 7), handlungsorientiertes Material (s. o. unter 4) sowie individualisierte Instruktion (s. o. unter 5). Diese Merkmale, die auch bei Experten als besonders typisch für offenen Unterricht gelten (vgl. Hofmann, Reichert & Ricken, 1998), zeigen jedoch keine entsprechende positive Wirkung im fachlichen Bereich. In einem letzten Schritt prüften Giaconia & Hedges, ob sich eine Variante offenen Unterrichts finden ließe, die sowohl fachliches als auch nichtfachliches Lernen fördert. Die Befunde sprechen eher dafür, daß beide Lernbereiche inkompatible Ziele für den Unterricht darstellen: Die im nichtfachlichen Bereich erfolgreiche Form offenen Unterrichts wies substantielle Einbußen im fachlichen Bereich auf (schlechtere Lese-, Mathematik- und Sprachleistungen von 0,1 - 0,3 Standardabweichung). Im Gegensatz dazu schnitten Schüler eines effektiven Fachunterrichts deutlich schlechter im Kreativitätstest ab. Allerdings wiesen sie beim Selbstkonzept keine schlechteren Werte als der Durchschnitt der Schüler in allen offenen Unterrichtsformen auf.

Gerade der letztgenannte Befund macht jedoch deutlich, daß motivationale Ziele nicht notwendigerweise inkompatibel mit fachlichen Zielen sein müssen. Aus anderen Untersuchungen (vgl. z. B. Bachman & O'Malley, 1977; Shavelson & Bolus, 1982; Pekrun, 1986; Skaalvik & Hagtvet, 1990; Helmke, 1992a) ist bekannt, daß insbesondere fachbezogene Selbstkonzepte, die in hohem Maße von intraindividuellen Vergleichsprozessen, also vorangegangenen Leistungsrückmeldungen abhängen, mit fachlichem Lernen in einem gleichgerichteten Rückkoppelungsprozeß stehen. Fachliches Lernen und Selbstkonzept weisen daher eine in weiten Teilen parallele Entwicklung auf, so daß die fehlenden Unterschiede nicht weiter überraschen. Dies bestätigen auch zwei deutsche Studien (Helmke & Schrader, 1990; Gruehn,1995), die eine Vereinbarkeit fachlicher und motivationaler Ziele im Unterricht nachweisen können.

Soweit Wechselwirkungen zwischen Leistungsniveau bzw. sozioökonomischem Hintergrund der Schüler und offenem Unterricht untersucht wurden, sind die Befunde z. T. inkonsistent: Entweder bestehen keine unterschiedlichen Wechselwirkungen zwischen direkter und offener Instruktion oder es scheinen bessere Schüler bzw. Schüler mit höherem sozioökonomischen Hintergrund mehr von einem offenen Unterricht zu profitieren, schlechte bzw. aus niedrigeren sozio-ökonomischen Verhältnissen stammende Schüler hingegen eher von direkter Instruktion (für eine Übersicht vgl. Harrison, Strauss & Glaubman, 1981). Letztere Befunde werden in der Regel damit erklärt, daß Schüler mit einer ungünstigen Ausgangsposition (kognitiv bzw. sozioökonomisch) hoch strukturierte Lernumgebungen, klar definierte Lernaufgaben und häufige positive Rückmeldungen des Lehrers brauchen, die vor allem die Lernbereitschaft und

Ausdauer dieser Schüler erhöhen. Offene Lernarrangements führten bei diesen Schülern eher zu Unsicherheit, Überforderung und Ablenkung, wohingegen Schüler mit günstiger Ausgangssituation diese offenen Lernangebote besser nutzen könnten, stärker intrinsisch motiviert seien und sich daher länger und intensiver mit der Aufgabe beschäftigten (vgl. Medley, 1978). In einer jüngeren Studie (Klein & Eshel, 1980; Eshel, Wainryb & Shachar, 1987) zeigten sich jedoch positive Effekte offener Lernarrangements sowohl für Schüler mit ungünstiger als auch mit günstiger sozioökonomischer Ausgangsposition.

Will man die empirischen Ergebnisse zur Wirksamkeit offener Unterrichtsformen im ganzen bewerten, so muß man feststellen, daß fachliches und überfachliches Lernen in einem gewissen Widerspruch zueinander stehen. Aus diesem Dilemma ist nur herauszukommen, wenn versucht wird, eine Balance zwischen der notwendigen Vorstrukturierung des Unterrichts und einer Mindestfestlegung verbindlicher fachlicher Lernziele einerseits und der für eine positive motivationale Lernhaltung andererseits notwendigen Möglichkeit zur Mitbestimmung und aktiven Mitgestaltung des Unterrichts herzustellen. Aus den empirischen Ergebnissen wurde hierbei deutlich, daß zumindest eigene Kompetenzüberzeugungen, die – neben anderen motivationalen Faktoren – als ein wichtiger Lernmotor gelten, nicht substantiell unter Formen direkter Instruktion leiden. Das Problem offener Unterrichtsformen im fachlichen Bereich kann darin bestehen, daß zum einen Lernaufgaben nicht klar genug für alle Schüler definiert sind, so daß die zur Verfügung stehende Unterrichtszeit nicht optimal genutzt wird, zum anderen die Schüler mit zu offener Aufgabenstellung überfordert werden, so daß es zu ineffektiven Lernaktivitäten kommt. Werden Schüler nach und nach an offene Unterrichtsformen herangeführt, die jeweils dem Entwicklungsstand ihrer lernbezogenen Selbststeuerungsmechanismen entsprechen, können viele Nachteile des offenen Unterrichts im fachlichen Lernen vermieden werden, denn „psychologisch betrachtet ist (...) das selbstgesteuerte intentionale Lernen jeweils seine eigene Voraussetzung und zugleich seine langfristige Zielperspektive“ (Weinert, 1996, S. 5).

3.1.3.3 Konstruktivistischer Unterricht

Ansätze im Rahmen konstruktivistisch orientierten Unterrichts haben eine Nähe zu den Ansätzen des offenen Unterrichts – beide nehmen den Schüler mit seinen kognitiven und affektiv-motivationalen Ressourcen zum Ausgangspunkt des Unterrichtens. Während der offene Unterricht jedoch stärker an reformpädagogische Konzepte anknüpft, die besonders das emotionale Wohlbefinden, das Interesse und die Lernmotivation der Schüler im Auge haben, sind konstruktivistische Ansätze vor allem an den kognitiven Prozessen beim Erwerb von Problemlösekompetenzen interessiert.

Da hier nicht der Ort ist, die zahlreichen konstruktivistischen Unterrichtsansätze im einzelnen vorzustellen (vgl. die Übersichten bei Duit, 1995; Duit & Treagust, 1995; Duit & Confrey, 1996; NCTM, 1989, 1991; zur kritischen Diskussion vgl. Terhart, 1999), werden im folgenden die grundlegenden Ideen des Konstruktivismus sowie die mit der Übertragung konstruktivistischer Ideen auf den schulischen Unterricht notwendig gewordenen Erweiterungen kurz skizziert und im Anschluß daran zwei Unterrichtsansätze vorgestellt, die exemplarisch Möglichkeiten der unterrichtlichen Umsetzung aufzeigen.

Theoretischer Hintergrund konstruktivistischer Unterrichtsformen sind die vielfältigen, keineswegs homogenen Ideen und Theorien des wissenschaftlichen Konstruktivismus (Krüssel, 1993), die vom radikalen Konstruktivismus (v. Glasersfeld, 1996) bis zu sozial-konstruktivistischen Positionen reichen (Glasson & Lalik, 1992). Leitvorstellung des wissenschaftlichen Konstruktivismus ist die Auffassung, daß es keine strikte Subjekt-Objekt-Trennung gibt, sondern die Wahrnehmung der Wirklichkeit, also der äußeren Welt, durch bestimmte Vorannahmen des jeweiligen Betrachters beeinflußt wird. Diese Leitidee impliziert einige grundlegende theoretische Annahmen, die den gemeinsamen Kern aller unterschiedlichen konstruktivistischen Ansätze bilden (Noddings, 1990, S. 10):

(1) Jede Form von Wissen basiert auf Konstruktionen.
(2) Es bestehen kognitive Strukturen, die während eines Konstruktionsprozesses aktiviert werden. Diese Strukturen bestimmen das Ergebnis eines solchen Konstruktionsprozesses.
(3) Kognitive Strukturen unterliegen kontinuierlichen Entwicklungen. Absichtsvolle Aktivitäten führen zu einer Transformation bestehender Strukturen. Die Umwelt zwingt den Organismus zu adaptivem Verhalten.
(4) Konstruktivismus als kognitive Position schließt den methodologischen Konstruktivismus mit ein:
    a. Methodologischer Konstruktivismus in der Forschung führt zur Entwicklung von Forschungsmethoden, die mit der Annahme eines kognitiven Konstruktivismus kompatibel sind.
    b. Pädagogischer Konstruktivismus weist auf Unterrichtsmethoden hin, die sich den Ansätzen des kognitiven Konstruktivismus verpflichtet fühlen.

Werden diese Grundannahmen auf den Unterricht übertragen, so müssen jedoch zusätzlich zu diesen konstruktivistischen Prinzipien die sozialen Interaktionsprozesse innerhalb der Klasse berücksichtigt werden, die den Rahmen für individuelles Lernen bilden, da schulisches Lernen sowohl eine interaktive als auch eine individuelle konstruktivistische Aktivität ist (Cobb et al., 1991). Der interaktive Aspekt beim Lernen besteht darin, daß sowohl Lehrer als auch Schüler Interpretationen und Sichtweisen von Gegenständen bzw. Phänomenen konstruieren, die im Unterricht gegenseitig ausgetauscht werden und die Grundlage für das Aushandeln gemeinsamer Wissenskonstruktionen bilden. Dieser Austausch- und Aushandlungsprozeß dient dabei zugleich der Kommunikation über Wissensgegenstände und der Aufrechterhaltung der Lernaktivitäten von Schülern – die individuelle kognitive Entwicklung des einzelnen Schülers ist somit eingebettet in die interaktiven Kommunikationsstrukturen seiner jeweiligen Klasse.

Unter Berücksichtigung dieser bedeutenden Rolle sozialer Interaktionsprozesse für das schulische Lernen haben Cobb et al. (1991) für das Fach Mathematik einen Unterrichtsansatz entwickelt, der auf drei Säulen ruht und problemlos auf andere Fächer übertragbar ist:

(1) Die Einführung eines erkundenden Mathematikunterrichts (*inquiry mathematics*), der – im Gegensatz zu traditionellem Unterricht – nicht auf das Erlernen und Anwenden von Regeln und Konventionen, sondern auf das Verständnis mathematischer Konzepte und Prinzipien angelegt ist.
Ein solcher Unterricht kann nur gelingen, wenn Schüler die Möglichkeit haben, möglichst oft ihre Interpretationen und Lösungen anderen zu erklären, mit anderen darüber zu diskutieren und sie ggf. zu rechtfertigen. Diese Möglichkeiten zum gegenseitigen Austausch und Aushandeln sehen die Autoren am besten durch eine Kombination von Kleingruppenarbeit mit anschließender lehrergeleiteter Klassendiskussion zu den Schwierigkeiten und Lösungsvorschlägen der einzelnen Gruppen verwirklicht.

(2) Eine veränderte Rolle des Lehrers, die weniger im Erzielen vorher festgelegter Lernergebnisse, sondern in der Initiierung und Leitung von Aushandlungsprozessen zu Bedeutung und Verständnis mathematischer Konzepte liegt.
Die Aufgabe des Lehrers besteht z. B. darin, Konflikte zwischen alternativen Interpretationen und Lösungen hervorzuheben, den Schülern bei der Entwicklung effektiver Gruppenarbeitsstrategien zu helfen, den fachbezogenen Dialog zwischen Schülern zu erleichtern, gezielt einzelne Aspekte eines Schülerbeitrags auszuwählen, die als fruchtbar für den weiteren Diskussionsverlauf erscheinen, elaboriertere Fachbegriffe bei der Wiederholung von Erklärungen der Schüler zu verwenden, aber auch bei nicht hilfreichen Verständniskonstruktionen einzelner Schüler zu intervenieren und zum Aufbau geeigneterer Interpretationen beizutragen etc.

(3) Die Entwicklung sozialer Normen in der Klasse, die einen reibungslosen Verlauf von Gruppenarbeitsphasen sowie einen reibungslosen Wechsel zwi-

schen diesen und lehrergeleiteten Unterrichtssequenzen ermöglichen.
Solche Normen umfassen zum einen die Einübung effektiver Gruppenarbeitsweisen wie Ausdauer bei der Lösung herausfordernder Probleme, das gegenseitige Zuhören und Erklären eigener Lösungen sowie das Bemühen um Verständnis der anderen Lösungsvorschläge und das Aushandeln eines Gruppenkonsenses bei konfligierenden Interpretationen. Zum anderen beziehen sie sich auf den Aufbau einer Arbeitskultur, die produktive Lernaktivitäten auch ohne die ständige Kontrolle durch den Lehrer aufrechterhält.

In der empirischen Überprüfung hat sich dieses Unterrichtsmodell, das kooperative und lehrergeleitete Unterrichtsphasen sowie Aspekte der Klassenführung und -organisation mit kognitiv-konstruktivistischen Lehrmethoden verbindet, als sehr erfolgreich und dem traditionellen Unterricht überlegen erwiesen (vgl. Cobb et al. 1991): Die Schüler der Versuchsgruppe erzielten deutlich höhere Resultate in den Leistungstests, die mathematische Konzepte und ihre Anwendungen erfaßten, ohne daß damit Verluste in arithmetischen Grundfertigkeiten verbunden waren.

Ein zweiter Unterrichtsansatz, der weniger umfassend ist und sich stärker auf die kognitiven Aspekte des Unterrichts bezieht, stellt die Theorie des Konzeptwechsels dar (*conceptual change*, vgl. Posner, Strike, Hewson & Gertzog, 1982), deren Grundlage die kognitive Theorie Piagets ist. Im Rahmen dieses Ansatzes sollen Schüler mit Hilfe von Strategien des kognitiven Konflikts dazu gebracht werden, vorhandene Vorstellungen zu bestimmten Phänomenen, die konträr zu wissenschaftlichen Konzepten stehen, zugunsten fachlicher Vorstellungen aufzugeben bzw. zumindest in bestimmten Kontexten durch wissenschaftliche Konzepte zu ergänzen – ein Konzeptwechsel hat dann stattgefunden, wenn diese Konfliktstrategien erfolgreich waren. Es lassen sich drei Arten von kognitiven Konflikten unterscheiden (vgl. Duit, 1995):

(1) Voraussagen der Schüler und tatsächliches Ergebnis eines Experiments stimmen nicht überein;
(2) die Vorstellungen der Schüler stehen im Gegensatz zu wissenschaftlichen Vorstellungen;
(3) die Vorstellungen der Schüler untereinander sind konträr.

Der Ablauf eines Unterrichts, der mit solchen kognitiven Konflikten arbeitet, folgt in der Regel folgendem Schema (a.a.O.): Nach Einführung eines neuen Phänomens werden die Schüler aufgefordert, Vorstellungen zur Deutung dieses Phänomens zu entwickeln und untereinander auszutauschen. Danach folgt die Darstellung der wissenschaftlichen Sichtweise und die Inszenierung kognitiver

Konflikte. Den Abschluß bildet eine Phase, in der die Schüler den Prozeß der Konzeptentwicklung rekapitulieren und die Anwendung der wissenschaftlichen Vorstellung auf neue Beispiele geübt wird. Voraussetzung für einen erfolgreichen Konzeptwechsel ist jedoch, daß (1) die Lernenden die Unzulänglichkeit der eigenen Vorstellungen realisieren und damit unzufrieden sind, (2) die neue Sichtweise für die Schüler logisch und verständlich sowie (3) einleuchtend und plausibel ist und (4) sie einen erfolgversprechenden Forschungsansatz bietet (vgl. Posner, Strike, Hewson & Gertzog, 1982).

Die Theorie des *conceptual change* ist vor allem von Pintrich, Marx und Boyle (1993) kritisiert worden, die darauf hinweisen, daß es zu sehr die kognitiven Aspekte in den Mittelpunkt stellt, motivationale und unterrichtliche Einflußfaktoren des Lernens dagegen vernachlässigt werden, die jedoch wesentliche Bedingungen für die Aufmerksamkeit von Schülern und ihre Beteiligung an Lernaktivitäten sind. Unter einer umfassenden konstruktivistischen Perspektive, wie sie eingangs skizziert wurde (vgl. auch Kap. 3.1.1.5), die die Aufgabe des Lehrers maßgeblich in der Initiierung und Aufrechterhaltung von Lernaktivitäten der Schüler sieht, muß auch das Modell des *conceptual change* in einen Unterricht eingebettet sein, der an die Interessen und Vorerfahrungen der Lernenden anknüpft und ihre Identifikation mit den Lerninhalten durch die Verwendung alltagsnaher Problemstellungen fördert (vgl. Dubs, 1995).

Betrachtet man zusammenfassend die beiden vorgestellten Ansätze, so wird deutlich, daß sich konstruktivistische Unterrichtsansätze vor allem durch folgende allgemeine Merkmale von herkömmlichem Unterricht unterscheiden (Dubs, 1995; vgl. auch Krüssel, 1993; Reich, 1996):

(1) Inhaltlich ist der Unterricht auf das Lösen komplexer Probleme und den Aufbau von Kompetenzen zum Transfer gelernter Sachverhalte auf neue Problemsituationen ausgerichtet. Dies bedeutet, daß das im herkömmlichen Unterricht vorherrschende, „bloß anwendende Üben mit gut strukturierten Problemstellungen" (Dubs, 1995, S. 890) im konstruktivistischen Unterricht durch transfer- und problemorientierte Übungsformen ersetzt wird.

(2) Ausgangspunkt des Unterrichts sind die Vorstellungen der Schüler zu bestimmten Phänomenen und Lerngegenständen, die durch den gegenseitigen Austausch in der Diskussion erweitert, verändert und ggf. restrukturiert werden. Im Rahmen dieses Prozesses sind Fehler erwünscht, um an ihnen Mißkonzeptionen deutlich zu machen und so zu einer wissenschaftlicheren Konstruktion von Wissen beizutragen. Erreicht werden kann dieses Ziel z. B. durch den Einsatz der genetisch-sokratischen Methode, die Wagenschein bereits 1951 für die Naturwissenschafts- und Mathematikdidaktik gefordert

hat (Wagenschein, 1989): Indem die Schüler zum gegenseitigen Austausch ihrer Vorstellungen aufgefordert werden und die Diskussion durch den Lehrer gezielt zu Problemlösungsansätzen gelenkt wird, durchleben die Schüler selbst den kognitiven Entstehungsprozeß von wissenschaftlichen Erklärungen und Theorien, aus dem ein vertieftes Verständnis von Konzepten und Prinzipien resultiert.

(3) Der Unterricht ist auf die Alltagserfahrungen und Interessen der Lernenden ausgerichtet, da die Lerninhalte dann am herausforderndsten sind, wenn sie den realen Erfahrungsschatz und die kontextbezogenen Interessen der Schüler aufgreifen.

3.1.3.4 Adaptiver Unterricht

Aufbauend auf der Erkenntnis, daß bestimmte Instruktionsformen in Abhängigkeit von einzelnen Schülermerkmalen unterschiedlich wirken, versucht das Konzept des adaptiven Unterrichts Instruktionsprozesse so zu gestalten, daß interindividuelle Unterschiede zwischen Schülern einer Klasse durch den Einsatz variabler Unterrichtsmethoden berücksichtigt und damit Lernprozesse optimiert werden.

Das Konzept des adaptiven Unterrichts ist nicht neu – für jeden Lehrer in der Praxis ist es eine selbstverständliche Tatsache, daß die Unterschiedlichkeit ihrer Schüler eine unterschiedliche Vorgehensweise im Unterricht verlangt, um Lehr-Lern-Prozesse erfolgreich in Gang zu setzen. Die wissenschaftliche Beschäftigung mit diesem Konzept führt jedoch zu einer systematischen empirischen Überprüfung solcher intuitiven Verhaltensweisen von Lehrern und kann auf diese Weise einzelne unterrichtliche Adaptationsformen als effektiv oder weniger effektiv für den Lernerfolg bestimmter Schüler oder Schülergruppen bewerten. Ziel dieser Forschung ist es, auf einer wissenschaftlichen Grundlage der Praxis Hinweise für eine methodische Differenzierung des Unterrichts zu geben.

Ähnlich wie das Konzept des zielerreichenden Lernens geht auch dieser Unterrichtsansatz von der Annahme aus, daß fast alle Schüler ein bestimmtes Lernziel erreichen können, wenn der Unterricht an ihrem jeweiligen Kenntnisstand ansetzt, d. h. die Lernbedingungen so verändert, daß jeder Schüler optimale Lerngelegenheiten erhält. Insofern ordnet sich dieses Konzept in den Forschungsansatz des Prozeß-Produkt-Paradigmas ein.

Das Modell des adaptiven Unterrichts geht auf Studien zu Wechselwirkungen zwischen Schülermerkmalen und Unterrichtsmethoden zurück, die vor allem in den 60er und 70er Jahren in den USA unter der Bezeichnung *aptitude-treatment-interaction (ATI)*-Forschung durchgeführt wurden (vgl. die Übersichten bei Schwarzer & Steinhagen, 1975; Terhart, 1979; Koran & Koran, 1984; Snow, 1989). Die Ergebnisse dieser Studien stellten das bis dahin dominante Ziel der Unterrichtsforschung, die „beste", d. h. die im Hinblick auf fachliches Lernen erfolgreichste, Methode zu finden, in Frage, belegten sie doch, daß für unterschiedliche Schülertypen, z. B. hoch ängstliche vs. niedrig ängstliche, unterschiedliche Unterrichtsmethoden besonders effektiv sind. Obwohl die Ergebnisse dieses umfangreichen Forschungsprogramms eher unbefriedigend sind, da die Studien zum einen methodische Mängel aufweisen, zum zweiten die in experimentellen Studien nachgewiesenen ATI-Effekte in naturalistischen Untersuchungen nicht repliziert werden und drittens Interaktionseffekte meist nur für sehr spezielle Schülergruppen belegt werden konnten (vgl. Helmke & Weinert, 1997), scheinen – mit aller Vorsicht[7] – im wesentlichen drei Wechselwirkungen zu bestehen: Für die Schülermerkmale *Ängstlichkeit*, *sozioökonomischer Status* und *Intelligenz* bzw. *Vorkenntnisniveau* zeigen sich differentielle Wirkungen mit Unterrichtsmethoden in der Hinsicht, daß Schüler mit einer ungünstigen Ausprägung dieser Merkmale eher von einem hochstrukturierten Unterricht (auch bei computerunterstützter Instruktion), klar definierten Aufgabenstellungen und Stoffpräsentationen sowie begrenzten Mitbestimmungsmöglichkeiten profitieren, wohingegen Schüler mit einer günstigen Ausprägung der o. g. Merkmale einen eher entgegengesetzt organisierten Unterricht stärker nutzen können (vgl. Snow, 1989, S. 22f., 43, 49; s. auch Kap. 3.1.3.2). Eine gegenüber Kapitel 3.1.3.2 erweiterte Erklärung für diese differentiellen Wirkungen führt Snow (ebda.) an: Er geht von einem Schwellenkonzept aus und nimmt an, daß für jeden Lerner eine kritische Schwelle hinsichtlich der Schwierigkeit und Komplexität einzelner Aufgabenklassen besteht. Bei Aufgaben unterhalb dieser Schwelle kann der Lerner auf bereits erlernte Routinen und Algorithmen zurückgreifen, so daß die Lernhandlung weitgehend automatisch abläuft; Fehler auf dieser Ebene entstehen weniger durch grundlegende Verständnislücken als durch Flüchtigkeit. Oberhalb dieser Schwelle werden zur Lösung einer Aufgabe neue, noch nicht erlernte Algorithmen benötigt, der Lerner muß heuristische und improvisierende Lösungsstrategien an- sowie ein Mindestmaß an Ausdauer und Motivation aufwenden. Je höher die Aufgabe oberhalb der individuellen kritischen Schwelle bzw. der *zone of tolerable problematicity* (Snow, 1989) liegt, desto größer ist die Gefahr, daß die individuell verfügbaren kognitiven Strategien nicht ausreichen und die Aufgabe subjektiv als unbewältigbar und bedroh-

[7] M. W. existiert keine Metaanalyse, die die Zusammenfassung der vielen Einzelergebnisse zu einem solchen Generalbefund belegen könnte. Allerdings scheinen Studien, die diese Wechselwirkungen belegen, gegenüber Studien mit nicht nachweisbaren ATI-Effekten zu überwiegen (vgl. Corno & Snow, 1986; Snow, 1989; Snow & Swanson, 1992).

lich erscheint[8]. Unter der Annahme eines solchen Schwellenkonzepts besteht das Ziel des Unterrichts darin, die individuelle kritische Schwelle im Laufe der Zeit zu erhöhen, so daß immer schwierigere und komplexere Aufgaben mit automatisierten Lösungsroutinen bearbeitet werden können.

Mit Hilfe dieses Schwellenmodells können die z. T. widersprüchlichen ATI-Befunde integriert und für die unterrichtliche Praxis nutzbar gemacht werden. Der adaptive Unterricht versucht in stärkerem Maße als herkömmlicher Unterricht, die didaktischen Möglichkeiten zur Harmonisierung differierender Eingangscharakteristiken der Schüler und unterrichtlicher Lernorganisation auszuschöpfen. In einer der ersten Konzeptionen (Cronbach, 1967, zit. in Schwarzer & Steinhagen, 1975) wurden mehrere Modelle der Unterrichtsanpassung unterschieden, die auf verschiedenen Organisationsebenen (Schule, Klasse) angesiedelt sind und variierende Adaptationsgrade aufweisen. Cronbach unterscheidet Adaptationsmodelle auf einer Makro- und einer Mikroebene[9]. Auf der Makroebene erfolgt die Anpassung in Form von äußerer Differenzierung durch Bildung leistungshomogener Klassen bzw. Schulformen mit unterschiedlicher Schulbesuchsdauer und unterschiedlichen Curricula, die den jeweils mit den entsprechenden Schulabschlüssen verbundenen spezifischen beruflichen Optionen angepaßt sind. Dieser Form der Anpassung entspricht z. B. das bundesdeutsche gegliederte Schulsystem. Auf der Mikroebene wird die Anpassung des Unterrichts durch binnendifferenzierende Maßnahmen vollzogen, die entweder durch zusätzlichen Förderunterricht, der mit dem normalen Unterricht verzahnt ist, oder durch den Einsatz individualisierter Lernaufgaben und -materialien, kooperativen Lernformen, (computerunterstützter) tutorieller Hilfen etc. innerhalb des Klassenunterrichts gekennzeichnet sind. Diese Art der Anpassung wird eher in Einheitsschulsystemen wie z. B. dem Gesamtschulmodell praktiziert und ist der eigentliche Fokus adaptiven Unterrichts.

Unter der Perspektive eines an die individuellen Schülerfähigkeiten angepaßten Unterrichts haben Corno & Snow (1986) versucht, verschiedene Unterrichtsmethoden bzw. -ansätze anhand ihrer Kontroll- und Zielfunktion für unterschiedliche Schülervoraussetzungen zu unterscheiden. Unter Kontrollfunktion wird dabei das Ausmaß an Lehrerkontrolle (*instructional mediation*) im Unterricht verstanden, das von der Fähigkeit des Lernenden abhängig ist, anspruchs-

---

[8] In den neueren Ansätzen zur ATI-Forschung wird allerdings nicht mehr von einer simplen Zweifachinteraktion Fähigkeit x Unterrichtsmethode ausgegangen, sondern es wird ein sechsfaches (!) Wechselwirkungsmodell zugrunde gelegt: Fähigkeit x Lerntyp x Inhaltsgebiet x Unterrichtsmethode x Situation x Population (vgl. Snow & Swanson, 1992). Ein derart komplexes Wechselwirkungsmodell ist allenfalls für individualisierte Lernprogramme verwendbar – für die alltägliche Unterrichtspraxis in Klassen mit 20-30 Schülern stellt es jedoch einen völlig ungeeigneten Ansatz dar.

[9] Die Begriffe „Makro-“ bzw. „Mikroebene“ werden hier in einem organisationsstrukturellen Sinn gebraucht und entsprechen nicht der bei Corno & Snow (1986) verwendeten Bedeutung.

volle kognitive Informationen zu verarbeiten und selbstkontrolliert zu lernen. Mit der Zielfunktion ist der Fähigkeitsbereich gemeint, der besonders durch den Unterricht gefördert werden soll: (1) intellektuelle Fähigkeiten und Fachwissen, (2) metakognitive und Lernstrategien oder (3) motivationale und affektive Kompetenzen. Hinsichtlich der Erfordernisse eines adaptiven Unterrichts hat z. B. die direkte Instruktion die Aufgabe, niedrig intelligenten Schülern durch hochstrukturierte und stark sequenzierte, kleinschrittige Stoffdarbietung die „Last" komplizierter und überfordernder Informationsverarbeitungsprozesse abzunehmen bzw. niedrig motivierte Schüler durch eine straffe Unterrichtsführung „bei der Stange zu halten". Direkte Instruktion dient auf diese Weise der Kompensation fehlender kognitiver oder motivationaler Dispositionen auf Schülerseite. Ansätze zu offenem Unterricht haben demgegenüber die Funktion, vorhandene kognitive und selbstregulative Fähigkeiten der Schüler zu aktivieren und durch entsprechend offene und entdeckenlassende Unterrichtsverfahren weiterzuentwikkeln. Diese Unterrichtsadaptation kann dabei sowohl auf der Makroebene von Schulen oder Schulformen als auch auf der Mikroebene von Schülern einer einzelnen Klasse stattfinden.

Im Gegensatz zu den Verfechtern der jeweiligen Ansätze, die in der Regel für ihre eigene Unterrichtskonzeption den Absolutheitsanspruch vertreten, schließen sich diese Ansätze im Rahmen eines adaptiven Unterrichts auf der Mikroebene nicht aus, sondern stellen ein Kontinuum zwischen fast keiner bis sehr hoher Lehrerkontrolle dar, die je nach Bedürfnisstruktur innerhalb einer Unterrichtsstunde in bezug auf denselben Schüler oder unterschiedliche Schüler variiert werden kann. Auf diese Flexibilität im Einsatz unterschiedlicher Unterrichtsmethoden je nach Entwicklungsstand und Merkmalsstruktur des einzelnen Schülers weisen Corno & Snow (1986) besonders hin, wenn sie adaptiven Unterricht definieren als „ ... *teaching that arranges environmental conditions to fit learner individual differences. As learners gain in aptitude through experience with respect to the instructional goals at hand, such teaching adapts by becoming less intrusive. Less intrusion, less teacher or instructional mediation, increases the learner's information processing and/or behavioral burdens, and with this the need for more learner self-regulation. As the learner adapts, so also must the teacher.*" (S. 621)

Die Definition macht zugleich deutlich, auf welche Fähigkeiten des Lehrers die Aus- oder Fortbildung von Lehrern besonders fokussieren sollte: Der Erwerb von leistungs- und sozialdiagnostischen Fähigkeiten ist unerläßlich für einen erfolgreichen adaptiven Unterricht, der weder leistungsschwache und/oder ängstliche Schüler überfordert noch leistungsstarke Schüler unterfordert.

Angesichts der hohen Anforderungen adaptiven Unterrichts an die diagnostischen und methodischen Kompetenzen von Lehrern, stellt sich allerdings die

Frage, in welchem Ausmaß adaptive Formen im normalen Schulalltag überhaupt realisierbar sind und inwieweit unterschiedliche Behandlungen durch den Lehrer von Schülern innerhalb einer Klasse akzeptiert werden. Die allseitig beklagte (vgl. z. B. Meyer, 1989) und nach wie vor bestehende Methodenmonotonie in der schulischen Praxis (vgl. Engelhardt, 1982; Burns, 1984; Dichanz & Schwittmann, 1986; Lukesch & Kischkel, 1987; Fichten,1993; Roeder, 1997) weist eher auf Probleme der Umsetzung hin. Aus der Sicht von Lehrern ist dies vor allem durch den zusätzlichen Vorbereitungsaufwand, für den im schulischen Alltag die Zeit fehlt, und die zu große Anzahl von Schülern pro Klasse bedingt – ein Argument, das gerade an Gesamtschulen, deren Schülerzusammensetzung in besonderem Maße binnendifferenzierende Maßnahmen verlangt, immer wieder angeführt wird (Roeder, 1997). Aber nicht nur der erhöhte Vorbereitungsaufwand sowie die inadäquate Klassengröße (vgl. zu diesem Punkt auch die Ergebnisse zum individualisierten Unterricht, zusammengefaßt bei Rauin, 1987), sondern auch das Prinzip des Klassenverbandes mit seinen begrenzten pädagogisch-didaktischen Handlungsspielräumen erschwert adaptive Lehrangebote: Jede Form adaptiven Unterrichts ist in ihrem Realisierungsgrad durch die Tatsache eingeschränkt, daß die Klasse als ganzes ein bestimmtes Lernziel erreichen muß, insofern adaptive Maßnahmen nicht zu völlig divergenten und individualisierten Lernverläufen führen dürfen. Nicht zuletzt hat Unterricht neben der individuellen Lernförderung auch das Ziel, Leistungsunterschiede innerhalb einer Klasse zu verringern. Diese beiden Zielfunktionen stellen den Lehrer vor ein Abwägungsproblem, da – wie aus mehreren Untersuchungen bekannt (vgl. Treiber & Weinert, 1985; Baumert et al., 1986, 1987; Helmke, 1988; Treinies & Einsiedler, 1996) – sie nur teilweise miteinander kompatibel sind. Auch unter diesem Gesichtspunkt ist realistischerweise nur ein begrenzter Einsatz adaptiver Unterrichtsmethoden in der Praxis zu erwarten.

Ein weiterer kritischer Punkt in der Anwendung adaptiven Unterrichts könnte darin bestehen, daß die unterschiedliche Behandlung einzelner Schüler durch den Lehrer zu stärkerer Konkurrenz unter Schülern mit den entsprechend negativen Folgen für motivationale und affektive Lernhaltungen führen kann. Obwohl der Einfluß von adaptiven, binnendifferenzierenden Unterrichtsmaßnahmen auf solche affektiv-motivationalen Merkmale von Schülern bisher nicht untersucht wurde, gibt es im Rahmen von Begleituntersuchungen zur Gesamtschule Befunde zur Wirksamkeit von Differenzierungsmaßnahmen, die darauf hinweisen, daß insbesondere leistungsschwächere Schüler unter der permanent negativen Erfahrung einer abwertenden Leistungsgruppierung leiden (für einen Überblick vgl. Morawietz, 1980; Keim, 1987).

Ein letzter, diskussionswürdiger Punkt betrifft die Tatsache, daß das unterrichtliche Verhalten des Lehrers in bedeutender Weise von dem Vorkenntnisstand der zu unterrichtenden Klasse abhängig ist. Kausalanalytische Ergebnisse der Münchner Studie „Unterrichtsqualität und Leistungszuwachs" von Helmke und Weinert (Helmke, Schneider & Weinert, 1986; Helmke, 1992a) zeigen, daß die Klarheit der Instruktion sowie die Nutzung der Unterrichtszeit durch das Vorwissen erheblich beeinflußt wird: Die Pfade vom Vorkenntnisniveau der Klasse (Mathematikleistungstest am Anfang des 5. Schuljahrs) auf diese beiden Unterrichtsmerkmale in Höhe von .37 bzw. .40 sind deutlich höher als die beiden Pfade von den Unterrichtsmerkmalen auf die Nachtestleistung am Ende von Klasse 5 in Höhe von .19 für Klarheit bzw. .29 für Zeitnutzung (Weinert, Schrader & Helmke, 1989; Helmke, 1992a,b). Dieser Befund deutet darauf hin, daß Lehrer ihr Unterrichtsverhalten nicht nur den individuellen Unterschieden innerhalb der Klasse, sondern auch dem Kenntnisstand der gesamten Klasse anpassen. Anders gewendet bedeutet dies auch, daß Lehrer einen qualitativ besseren Unterricht halten, wenn ein günstiges kognitives Eingangsniveau der Klasse vorliegt.

3.2 Ansätze und Befunde in der Schul- und Klassenklimaforschung

Im Gegensatz zum vorangegangenen Abschnitt 3.1, der empirische Befunde und Erklärungsansätze zu Merkmalen erfolgreichen Unterrichts auf der Basis objektiver Beobachtungsdaten vorgestellt hat, sollen im folgenden Abschnitt 3.2 theoretische Ansätze und Befunde diskutiert werden, die aus der Schülerperspektive erfolgreiches unterrichtliches Handeln von Lehrern beschreiben. Im Rahmen dieser Forschungstradition hat sich vor allem die Klimaforschung als einer der bedeutsamsten Ansätze etabliert, die eine Vielzahl von empirischen Untersuchungen stimuliert hat. Da die Berücksichtigung der Schülerperspektive im Rahmen der auf Beobachterdaten basierenden Unterrichtsforschung auf Meßinstrumente zurückgreift, die innerhalb der Klimaforschung entwickelt wurden, bezieht sich der folgende Abschnitt auf die Darstellung der Klimaforschung.

Der Beginn der Schul-/Klassenklimaforschung läßt sich auf die fünfziger Jahre datieren, als zwei Forschungsgruppen um Rudolf Moos und Herbert Walberg in den USA zunächst rahmentheoretische Überlegungen zum Klima vorstellten und auf dieser Basis geeignete Meßinstrumente zur Erfassung von Schulklima entwickelten. In der Folgezeit entstand eine rege Forschungstätigkeit, die ihren Höhepunkt Ende der 70er, Anfang der 80er Jahre hatte (vgl. Dreesmann et al., 1992). Erst in den 70er Jahren wurden auch im deutschen Sprachraum Untersuchungen zum Schul-/Klassenklima durchgeführt, die nicht nur theoretische Erweiterungen (Fend, 1977, 1982) erbrachten, sondern auch zur Entwicklung neuer Instrumente zur Erfassung des Schul-, Unterrichts- und Sozialklimas von

Schulklassen führten (Fend, 1977; Dreesmann, 1978; Lange, Kuffner & Schwarzer, 1983; Saldern, Littig & Ingenkamp, 1986; Eder, 1990). Seit Ende der 80er Jahre ist eine gewisse Stagnation der Forschungstätigkeit auf diesem Gebiet eingetreten, die sich vermutlich zum einen auf die inhaltlichen Probleme und Grenzen zurückführen läßt, die mit dem Konstrukt Klima verbunden sind. Andererseits teilt dieses Forschungsfeld wohl mit anderen Forschungsgebieten dasselbe Schicksal, das Modetrends auch in der Wissenschaft beschieden ist: Nach anfänglich euphorischen Aktivitäten tritt eine Phase der Normalisierung und Konsolidierung mit anschließend nachlassendem Interesse ein, dem eine Hinwendung zu anderen, neu auftauchenden Modethemen folgt.

Bevor diesen Gründen nachlassenden Interesses näher nachgegangen wird, sollen zunächst die theoretischen Wurzeln der Klimaforschung skizziert (Kap. 3.2.1), die wichtigsten Weiterentwicklungen durch Moos und Fend erörtert (Kap. 3.2.2), die empirischen Befunde zum Zustandekommen eines Klimas (Kap. 3.2.3) sowie seine Auswirkungen auf schulisches Lernen (Kap. 3.2.4) präsentiert werden. Im letzten Kapitel dieses Abschnitts (Kap. 3.2.5) werden die Frage nach den Gründen nachlassender Forschungstätigkeit wieder aufgenommen und die Grenzen des Konstrukts Klima diskutiert.

3.2.1 Individuelles und kollektives Klima

Als theoretische Vorläufer der Forschung zum Schulklima gelten Lewins Lebensraumkonzept und Murrays *need-press*-Modell, die hier – in Anbetracht der einschlägigen Übersichten (vgl. Schreiner, 1973; Dreesmann, 1978; Saldern, 1987a, 1992; Eder, 1996; für eine Kurzzusammenfassung der Schul- und Klassenklimaforschung vgl. Eder, 1998) – nur kurz angerissen werden sollen. Das Lebensraumkonzept von Lewin (1982; Lang, 1979) dient dabei als ein Rahmenmodell, mit dem die Beschreibung von Umwelten und ihre Verknüpfung mit individuellem Verhalten in ein theoretisches Gesamtkonzept integriert werden kann. Nach Lewin ist der Lebensraum einer Person durch drei Merkmale charakterisiert: Er repräsentiert das Individuum selbst, etwa seine Bedürfnisse, Ziele oder Wünsche (psychologische Person), einen bestimmten Weltausschnitt, z. B. den Freundeskreis, die Familie etc. (psychologische Umwelt), sowie das durch vorangegangene Wahrnehmung erworbene Wissen über die reale Welt. Der Lebensraum enthält dabei nur solche Ausschnitte der Umwelt, die für die individuelle Person besondere Bedeutung haben. Dieser Lebensraum wird zu unterschiedlichen Zeiten durch unterschiedliche psychologische Felder konstituiert, wobei nur das gegenwärtige psychologische Feld verhaltenswirksam ist (Lewin, 1982, S. 25).

Diese feldtheoretische Konzeption der Person-Umwelt-Beziehung stellt den Anknüpfungspunkt für die Klimaforschung dar: Aus der Tatsache, daß der Lebensraum eine Verknüpfung von Individuum und Umwelt repräsentiert, ergibt sich, daß eine objektive, physikalisch gleiche Umwelt unterschiedlich von einzelnen Personen wahrgenommen werden und dadurch unterschiedliche individuelle Bedeutung bekommen kann. Die Leitvorstellung einer „psychologischen Umwelt" impliziert, daß weniger objektive Merkmale der Umwelt für die Erklärung menschlichen Verhaltens heranzuziehen sind, sondern die subjektiven Deutungen des einzelnen als Grundmotor für das Verhalten einer Person betrachtet werden.

Innerhalb dieser Rahmenkonzeption hat vor allem die US-amerikanische Forschung zum Schulklima Bezug auf Murrays *need-press*-Modell (1963, 7. unveränd. Aufl. der Originalausgabe von 1938) und dessen Erweiterung durch Stern (1970) genommen. Auch Murray geht davon aus, daß Verhalten durch das Zusammenwirken von Umwelteinflüssen, die er als *press (Pl.)* bezeichnet, und individuellen Bedürfnissen, den *needs*, entsteht. Die Umwelteinflüsse sind Faktoren, die die individuelle Bedürfnisbefriedigung sowohl fördern als auch behindern. Da Murray die Antwort auf die Frage schuldig bleibt, wie der Vermittlungsprozeß zwischen Person-Umwelt-Interaktion und individuellem Verhalten konkret zustandekommt (vgl. Saldern, 1987a), hat sein Modell vor allem heuristischen Wert für die Klimaforschung, denn es liefert eine weiterführende Charakterisierung der Umwelt. Murray unterscheidet auf der einen Seite objektive Umweltgegebenheiten, die real existieren – die *alpha press*, und auf der anderen Seite die Wahrnehmung und Interpretation dieser objektiven Umweltgegebenheiten durch eine einzelne Person – die *beta press* (1963, S. 122). Diese wichtige Unterscheidung in objektive und subjektive Umwelten hat Stern (1970) aufgegriffen und weiter differenziert: Er unterteilt *beta press* in *private beta press* und *consensual beta press*. Unter *private beta press* versteht er die idiosynkratische Wahrnehmung der Umwelt durch die einzelne Person, *consensual beta press* bezeichnet die von mehreren Mitgliedern einer Gruppe geteilte Umweltwahrnehmung. Individuelle und kollektiv geteilte Wahrnehmung können ebenso voneinander abweichen, wie beide Formen dieser subjektiven Wahrnehmung von objektiven Umweltgegebenheiten.

Überträgt man diese Umweltcharakterisierung auf den Kontext Schule, so läßt sich eine individuelle Perspektive des einzelnen Schülers und eine kollektive Perspektive der Schulklasse in der Wahrnehmung von Schule und Unterricht unterscheiden. Dem steht die in der Unterrichtsforschung (s. Kap. 3.1) übliche Perspektive des *alpha press* gegenüber, die mit Hilfe von geschulten Unterrichtsbeobachtern quasi objektiv erhoben wird. Der in der Erforschung schulischer Lernumwelten verwendete Klimabegriff umfaßt die beiden Formen des *beta press* und beschreibt die subjektive Wahrnehmung, die subjektive Beurteilung und das subjektive Erleben schulischer und unterrichtlicher Merkmale durch die Schüler (zur Definition vgl. Arbinger & Saldern, 1984). Aus der Sicht einiger Autoren wie z. B. Moos (1979) oder Dreesmann (1978) liegt ein kollektives Klima erst dann vor, wenn eine gewisse Übereinstimmung zwischen den Angaben der Schüler einer Klasse besteht. Die von unterschiedlichen Autoren verwendeten Begriffe Schul-, Unterrichts- und Klassenklima beziehen sich dabei auf den jeweiligen Kontext, in dem das Klima erhoben wird; die von Arbinger & Saldern verwendete Bezeichnung Sozialklima stellt einen eher kontextunabhängigen Oberbegriff dar.

Auf der Grundlage dieser Unterscheidung zwischen individuellem und kollektivem Klima stellt sich nun die Frage, wie es zur Entstehung eines kollektiven Klimas kommt. Mit dieser Frage haben sich nach Eder (1996) vor allem zwei Autoren auseinandergesetzt: Dreesmann (1978) und Pekrun (1985a). Dreesmann versucht auf der Basis eines sozial-kognitiven Ansatzes, die Entstehung eines kollektiv geteilten Unterrichtsklimas durch die Verknüpfung interaktionistischer Vorstellungen mit kommunikativen und gruppendynamischen Prozessen in der Schulklasse zu erklären. Nach Dreesmann ist die Wahrnehmung und Beurteilung des Unterrichts durch die Schüler durch folgende Merkmale charakterisiert (S. 41):

- Die Wahrnehmung und Beurteilung des Unterrichts ist ein kognitiver Prozeß, der zu attributiven, affektiven und erwartungsbezogenen Urteilen über den Unterricht führt.
- In diesen kognitiven Prozeß gehen sowohl habituelle und dispositionale Personenmerkmale als auch Merkmale der Interaktionssituation im Unterricht wie Rollenverteilung, Machtverhältnisse, Zielorientierung etc. ein.
- Aus der Tatsache, daß Merkmale der Interaktionssituation Bestandteile des Wahrnehmungs- und Beurteilungsprozesses sind, folgt, daß Schüler einer Klasse, die sich in derselben Situation befinden, höher in ihren Urteilen übereinstimmen als Schüler unterschiedlicher Klassen.
- Da der Unterricht eine Zwangsveranstaltung ist, deren Inhalt und Struktur weitgehend durch äußere institutionelle Bedingungen festgelegt ist, die die Variabilität im kognitiven Wahrnehmungsprozeß der Schüler begrenzt, wird die Schülerwahrnehmung deutlich durch Merkmale der Unterrichtssituation geprägt.
- Dementsprechend besitzen die individuellen Besonderheiten der Schüler im Vergleich zum situativen Unterrichtskontext nur ein relatives Gewicht für den Wahrnehmungs- und Beurteilungsprozeß.

Unter Rückgriff auf gruppendynamische Aspekte, die die Klasse als Gruppe mit einer gemeinsamen Erlebensgeschichte sowie einer durch die institutionell vorgegebenen hierarchischen Machtverhältnisse zwischen Lehrer und Schülern besonderen Verbundenheit der Schüler untereinander charakterisiert, definiert Dreesmann das Unterrichtsklima als der „allen (Schülern, S. G.) gemeinsame Erlebensanteil bzw. der Ausschnitt der kognitiven Repräsentanz des Unterrichts, der von allen geteilt wird“ (S. 51). Somit sind die individuellen Wahrnehmungen neben den situativen Merkmalen des Unterrichts Konstituenten des kollektiven Klimas, beschreiben zugleich jedoch nicht hinreichend das Phänomen. Das Verhältnis zwischen individueller Wahrnehmung und Unterrichtsklima stellt Dreesmann in Form von unterschiedlich ineinandergreifenden Ellipsen dar, wie sie in Abbildung 3.1 dargestellt sind. Der Überlappungsbereich dieser Ellipsen kennzeichnet den gemeinsamen Erlebensanteil des Unterrichts, das Klima. Klassen können sich in der Größe dieses Überlappungsbereichs unterscheiden – ein großer Überlappungsbereich kennzeichnet nach Dreesmann ein ausgeprägtes, ein geringer Überlappungsbereich ein undeutliches, im Extremfall nicht-existentes Unterrichtsklima.

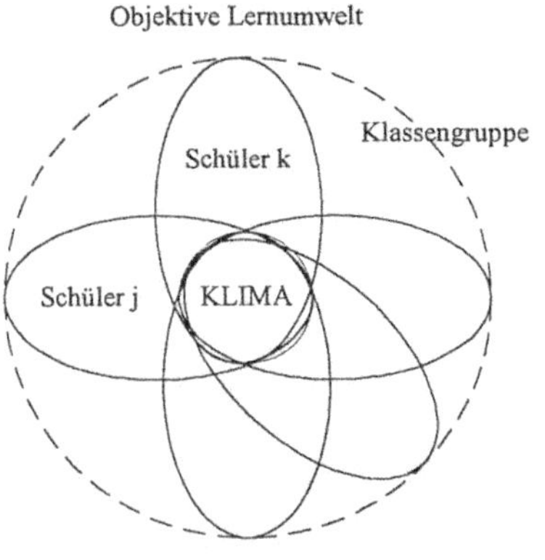

Abbildung 3.1: Dreesmanns sozial-kognitives Modell zum Unterrichtsklima (1978, S. 51)

Diese Definition des Klimas hat sowohl methodische als auch inhaltliche Konsequenzen: Die methodischen Konsequenzen beziehen sich darauf, daß – im Gegensatz zur weitverbreiteten Praxis, ausschließlich den Klassenmittelwert als adäquaten Indikator für das Klassen- oder Unterrichtsklima zu verwenden – ein zweites Kriterium, nämlich die Streuung der Wahrnehmungsurteile innerhalb einer Klasse, zur Bestimmung des kollektiven Klimas herangezogen werden muß. Nach Dreesmann müssen im Extremfall Klassen von weiteren Datenanalysen ausgeschlossen werden, wenn sie eine extrem hohe Varianz in der Wahrnehmung und Beurteilung des Unterrichts aufweisen, die keinen gemeinsamen Erlebensanteil mehr erkennen läßt – in diesem Fall existiert kein Unterrichtsklima. Diese Schlußfolgerung birgt jedoch inhaltliche Probleme in sich: Sowohl in der alltagssprachlichen als auch in der wissenschaftlichen Verwendung des Klimabegriffs kann es so etwas wie „kein Klima" nicht geben – beide Konstituenten des Unterrichtsklimas, subjektive Wahrnehmungen und Beurteilungen des Unterrichts durch die Schüler einerseits sowie gruppendynamische Prozesse innerhalb einer Klasse andererseits, sind allgegenwärtig („man kann nicht nicht kommunizieren" Watzlawick, Beavin & Jackson, 1969). Auch stark voneinander abweichende Schülerwahrnehmungen bilden ein Klima, das sich dann beispielsweise durch einen geringen Interaktions- und Kommunikationsgrad auszeichnet. Die inhaltlichen und methodischen Probleme des Klimabegriffs und seiner je nach Autor spezifischen Definitionen sollen hier nur angedeutet werden; eine ausführliche Diskussion dieser Probleme erfolgt in Kapitel 3.2.5 bzw. Kapitel 4.

Ein zweites Modell, das sich ausführlicher mit der Entstehung eines kollektiven Klimas befaßt hat, stammt von Pekrun (1985a). Er stellt ein transaktionales Rahmenmodell zu schulischen Klimata vor, das einerseits als Ordnungsrahmen für die bisher durchgeführten Klimauntersuchungen fungiert, andererseits der Verzahnung von physikalischer und sozialer Schulumwelt sowie deren Wirkung auf Schüler und Lehrer dienen soll (s. Abb. 3.2). Die im Zusammenhang mit diesem Kapitel wichtigen Komponenten des Modells sind die beiden mittleren Säulen der Abbildung, die *innerschulische Umwelt* und die *Umweltwahrnehmung*. Pekrun unterteilt die innerschulische Umwelt, die ihrerseits durch gesellschaftliche und schulorganisatorische Rahmenbedingungen beeinflußt wird, in eine organisatorische Abläufe und Strukturen umfassende materielle Umwelt und eine Personen und deren Verhalten umfassende soziale Umwelt. Die durch beide Umwelten bzw. deren Interaktion verursachten Umweltereignisse sind Gegenstand der Wahrnehmung und Interpretation eines jeden Schulmitglieds. Werden die Umweltereignisse nicht als singuläre Erscheinungen, sondern als häufig wiederkehrende und typische Phänomene aufgefaßt, so repräsentieren sie Bestandteile der perzipierten Atmosphäre einer Schule und beschreiben demnach individuelle Klimawahrnehmungen. Werden diese individuellen Klimawahrnehmungen von anderen Schulmitgliedern geteilt, weil sie für alle Schüler bedeutsame Ausschnitte der schulischen Umwelt repräsentieren, so stellen sie kollektive Klimawahrnehmungen dar. Von diesen Klimawahrnehmungen unterscheidet Pekrun Klimakognitionen, die nicht aktuelle, sondern aus dem Gedächtnis abgerufene umweltbezogene Bewußtseinsinhalte darstellen und typischerweise in Fragebögen zum Schul- bzw. Klassenklima erfaßt werden.

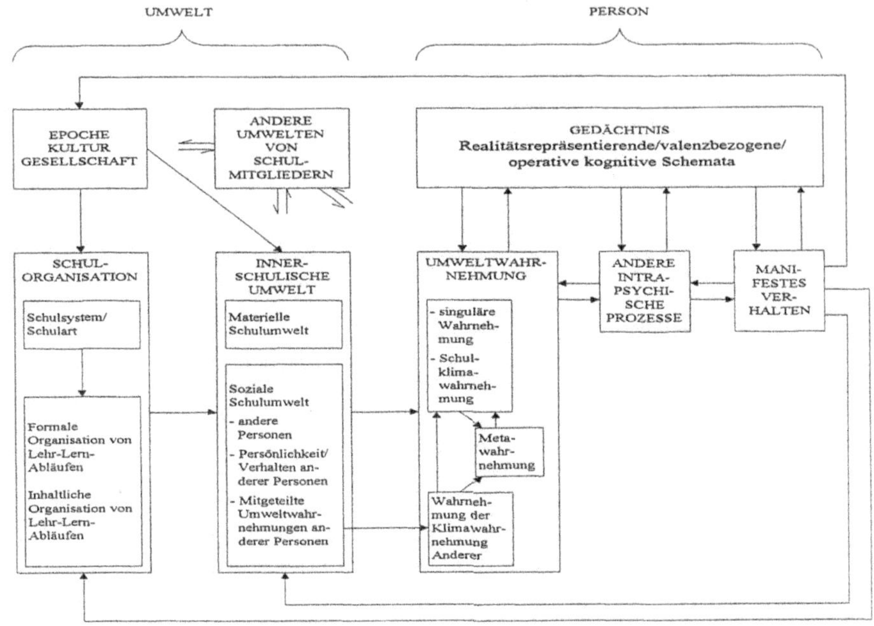

Abbildung 3.2: Pekruns transaktionales Modell schulischer Klimawahrnehmung (1985a, S. 529)

Das Auftreten von Klimawahrnehmungen und -kognitionen ist abhängig von vier Bedingungen:

(1) den tatsächlich existierenden objektiven Umweltabläufen und -strukturen.

(2) den Klimawahrnehmungen anderer Gruppenmitglieder (Klassenkameraden oder Schüler derselben Schule) als spezieller Ausschnitt vorhandener Umwelt.

Die Einflüsse dieser Wahrnehmungen werden um so größer, je weniger eigene Erfahrungen vorliegen, sowie dieser spezielle Umweltausschnitt subjektiv bedeutsam ist, und je mehr andere wichtige Personen ihre Wahrnehmungen mitteilen. Differentielle Wirkungen kann die Übereinstimmung bzw. Diskrepanz zwischen eigener und fremder Wahrnehmung haben. Während die Übereinstimmung die eigene Beurteilung der Umwelt verstärkt, bestehen bei Diskrepanz zwei alternative Handlungskonsequenzen: (a) Die eigene Wahrnehmung wird der Einschätzung der anderen angeglichen, weil diese Personen als ähnlich, sympathisch und/oder mächtig erlebt werden. (b) Die anderen Personen werden als unähnlich, unsympathisch und/oder unbedeutend erlebt, so daß die eigene Wahrnehmung beibehalten bzw. zugunsten der Gegenposition verschoben wird. Ein kollektives Schul- bzw. Klassenklima entsteht dann, wenn die Klimawahrnehmungen der einzelnen Schüler untereinander diskutiert und ausgehandelt werden (z. B. am Anfang eines Schuljahres über die didaktischen und sozialen Fähigkeiten des neuen Klassen- oder Fachlehrers), die zu einer sozial geteilten Meinung führt. Verhaltensrelevant werden die Klimawahrnehmungen erst dann, wenn ein Bewußtsein über das Ausmaß der Übereinstimmung bzw. Diskrepanz zwischen der eigenen und fremden Wahrnehmung der Umwelt vorhanden ist, das Pekrun dann als *Metawahrnehmung* bezeichnet.

(3) den kognitiven Schemata des Wahrnehmenden, die im Gedächtnis gespeicherte Vorstellungen zu Umweltabläufen und -strukturen darstellen.
Diese Wahrnehmungsschemata bestimmen zusammen mit den Valenzschemata, d. h. den kognitiven Repräsentationen über die subjektive Bedeutsamkeit einzelner Umweltausschnitte, welche Vorgänge in der Umwelt wahrgenommen und gespeichert werden.

(4) den intrapsychischen Prozessen des Wahrnehmenden, die vor allem emotionaler und motivationaler Art sind.
Diese intrapsychischen Prozesse, wie z. B. aktuelle Stimmungen, beeinflussen sowohl die Richtung als auch die Bewertung und kognitive Repräsentation von Umweltwahrnehmungen.

Die durch diese vier Komponenten entstandenen Klimawahrnehmungen bzw. -kognitionen können nun zur Auslösung neuer intrapsychischer Prozesse und Abläufe führen, die ihrerseits manifestes Verhalten verursachen. Dieses Verhalten kann einerseits auf die innerschulische Umwelt einwirken – sofern es von anderen wahrgenommen wird – und andererseits Einfluß auf die eigene längerfristige Leistungs- und Persönlichkeitsentwicklung nehmen, indem sie Lernvorgänge auslösen, die zur Veränderung kognitiver Schemata führen.

3.2.2 Dimensionen des Schul- bzw. Klassenklimas

Dimensionen des Klassenklimas stellen Zusammenfassungen unterschiedlicher Merkmale des Klassenklimas in theoretisch abgeleitete und/oder empirisch gewonnene übergeordnete Komponenten dar. Die Einteilung des Klimas in verschiedene Dimensionen und die Zuordnung einzelner Aspekte zu diesen Dimensionen ist in starkem Maße durch die theoretische Verankerung des Forschungsvorhabens sowie die Konzeption von Erhebungsinstrumenten zur Erfassung des Klimas bestimmt. Für die US-amerikanische Klimaforschung war vor allem der

Forschungsansatz von Rudolf Moos und Mitarbeitern in den 70er Jahren wegweisend, im deutschen Sprachraum gaben die Arbeiten von Fend wichtige Impulse. Im folgenden werden die beiden Ansätze sowie weitere Einteilungen vorgestellt, die – weniger theoriegeleitet – eher pragmatischen Charakter haben.

Moos und seine Mitarbeiter haben ihre Arbeiten zur Beschreibung von Umwelten in psychiatrischen Institutionen begonnen und erst später schulische Lernumwelten untersucht. In der 1979 erschienenen zusammenfassenden Darstellung seines Ansatzes zur Erfassung erzieherischer Umwelten stellt Moos ein sozial-ökologisches Modell zum Zusammenhang von Umweltsystem, Personsystem und Stabilität bzw. Wandel von Schülermerkmalen vor. Danach beeinflussen sich Person- und Umweltsystem gegenseitig und lösen jeweils und in der Interaktion miteinander kognitive Mediationsprozesse aus, die zur Aufrechterhaltung oder Veränderung von Verhalten bei Schülern führen. Das Umweltsystem untergliedert Moos in vier Bereiche: physikalische Umwelt, Organisationsfaktoren, Gruppenzusammensetzung und soziales Klima, wobei der Fokus seiner Arbeit auf der Erforschung des Sozialklimas als eines Aspektes des Umweltsystems liegt. Die in unterschiedlichen Kontexten (Familien, Psychiatrien, Schulen, Wohngruppen etc.) durchgeführten Untersuchungen haben gezeigt, daß sich das Sozialklima von Institutionen ganz allgemein durch drei Dimensionen charakterisieren läßt (vgl. Lange, Kuffner & Schwarzer, 1983, zu deutschen Begriffen): Beziehungsdimension (*relationship*), persönliches Wachstum bzw. Zielorientierung (*personal growth or goal orientation*) und Erhaltung bzw. Veränderung des Umweltsystems (*system maintenance and change*). Die Beziehungsdimension ist gekennzeichnet durch das Ausmaß des individuellen Engagements für die jeweilige Institution, der die Personen angehören, der gegenseitigen Unterstützung und Hilfsbereitschaft zwischen den Mitgliedern der Institution sowie der Einschätzung der Offenheit von Kommunikationsstrukturen in dieser Institution. Im Rahmen schulischer Umwelten werden in dieser Dimension Merkmale wie Aufmerksamkeit der Schüler für Klassenaktivitäten, Beteiligung an Diskussionen, emotionale Unterstützung durch den Lehrer etc. erfaßt. Die Dimension der Zielorientierung bzw. persönlichen Entwicklung erfaßt die zugrundeliegenden Ziele der persönlichen Entwicklung im Rahmen des jeweiligen institutionellen Settings. Für den Bereich der Schule umfaßt dieser Aspekt Merkmale wie Aufgabenorientierung des Unterrichts oder Wettbewerbsorientierung in der Klasse. Die dritte Dimension der Systemerhaltung schließlich beschreibt den Grad der Ordnung und Klarheit einer Institution im Hinblick auf ihre Erwartungen, Kontrollen und Innovationsmöglichkeiten. Im schulischen Rahmen wird diese Dimension durch Merkmale wie Regelklarheit, Aufrechterhaltung von Disziplin und Ordnung, Ausmaß der Lehrerkontrolle sowie Unterstützung von neuen Ideen repräsentiert. Auf dieser dreidimensionalen Einteilung des Klimas beruhen alle im anglo-amerikanischen Sprachraum verwendeten Klimafragebögen, die vor allem von den Forschern Walberg und Mitarbeitern sowie Fraser entwickelt wurden.

Im deutschen Sprachraum waren vor allem die Arbeiten von Fend in den 70er Jahren wegweisend. Auch Fend (1977) unterteilt das Klima in drei Aspekte: den Inhaltsaspekt, den Interaktionsaspekt und den Beziehungsaspekt. Diese Dreiteilung beruht auf einem sozialisationstheoretischen Ansatz, der davon ausgeht, daß Schulen gesellschaftlich eingerichtete Orte veranstalteter Sozialisation darstellen, die den institutionalisierten Zielen der Qualifikation, Integration und Selektion verpflichtet sind. Unter dieser institutionellen Perspektive ist vor allem das Klima der Schule (weniger der einzelnen Klasse) von Bedeutung, das nach Fend „die Art und Weise, wie Sozialisationsprozesse in veranstalteter Form durchgeführt werden, die ‚Verlebendigung' institutioneller Verhältnisse durch die Individualität der Lehrer und Schüler und die dabei entstehenden Lebensformen" (Fend, 1977, S. 64) umfaßt. Entsprechend dieser Konzeption sind Merkmale des sozialen Zusammenlebens von Personen, denen eine prägende Rolle für die Schüler zukommt, Gegenstand der Umweltbeschreibung. Dabei läßt sich die Charakterisierung der Umwelt nach den drei bereits weiter oben angeführten Aspekten vornehmen, in denen sich der sozialisatorische Zugriff der Schule auf die Schüler am deutlichsten zeigt. Unter dem Inhaltsaspekt versteht Fend die spezifischen normativen Erwartungen, Wertstrukturen und Interpretationsmuster einer Schule, die zwischen der Forderung nach Konformität auf der einen und Gewährung von Autonomie bzw. Selbstbestimmung auf der anderen Seite schwanken können. Der Interaktionsaspekt beschreibt die Umgangsformen und gegenseitigen Beeinflussungsprozesse zwischen Lehrern und Schülern sowie Schülern untereinander, die zwischen den beiden gegensätzlichen Polen repressiv-autoritäres versus freiheitlich-demokratisches (Führungs-) Verhalten pendeln können. Der Beziehungsaspekt schließlich bezieht sich auf die emotionalen Beziehungen zwischen Lehrern und Schülern im Rahmen der schulisch vorstrukturierten Interaktionsmöglichkeiten, deren Qualität sich vor allem im Ausmaß des gegenseitigen Vertrauens und des Umgangs mit Konflikten zeigt. Das pädagogische Engagement des Lehrers gilt dabei als ein Merkmal dafür, wie sich Lehrer durch emotionale Beteiligung an schulischen Erfolgen bzw. Mißerfolgen und einem Gefühl der Verantwortlichkeit für Lernerfolge ihrer Schüler einerseits sowie einem Interesse an der persönlichen Gesamtsituation des einzelnen Schülers andererseits um eine vertrauensvolle und hilfsbereite Beziehung zu ihren Schülern bemühen. Im Rahmen dieses sozialisationstheoretischen Ansatzes wird damit das Schulklima wesentlich durch das Verhalten und die Einstellungen der Lehrkräfte bestimmt; das Verhalten der Schüler untereinander hat nur nachrangige Bedeutung für die Entstehung des Schulklimas.

Eine eher pragmatisch-deskriptive Einteilung haben Saldern und Littig (1985; Saldern, Littig & Ingenkamp, 1986; Saldern, 1987a) vorgenommen, indem sie die einzelnen Aspekte des Klimas danach unterscheiden, ob sie sich auf Merkmale der Lehrer-Schüler-Beziehung, der Schüler-Schüler-Beziehung oder des Unterrichts beziehen. Diese Dreiteilung diente als Grundlage für die Erstellung eines eigenen Instruments zur Erfassung des Sozialklimas von Schulklassen, der **La**ndauer **S**kalen zum **So**zialklima (LASSO), die einerseits eine Synopse bestehender Klimafragebögen, andererseits eine Neuentwicklung von Skalen darstellen. In Hauptkomponentenanalysen und konfirmatorischen Faktorenanalysen ließ sich diese eher pragmatisch vorgenommene Dreiteilung des Klimas empirisch belegen.

Eder (1996) hat auf der Basis dieser Einteilung des Klimas versucht, bestehende englisch- und deutschsprachige Erhebungsinstrumente den drei Bereichen Lehrer-Schüler-Beziehung, Schüler-Schüler-Beziehung und Merkmale des Unterrichts zuzuordnen, wobei er das Einteilungsschema um eine vierte Dimension, die Lernhaltungen von Schülern, erweitert. Allerdings ist hier nicht ganz einleuchtend, warum Lernhaltungen von Schülern Bestandteile des Klimas sein sollen, stellen sie doch m. E. eher Folgen als Konstituenten des Klimas dar. In Tabelle 3.1 ist diese Einordnung der wichtigsten Klima-Instrumente für die Sekundarstufe I wiedergegeben. Auch wenn die Zuordnung einzelner Skalen, wie Eder selbst anmerkt, nicht ganz ohne Zweifel ist, hat dieses adressatenorientierte Einteilungsschema gegenüber den weiter oben angeführten inhaltlichen Einteilungsvarianten den Vorteil, relativ problemlos die unterschiedlichsten Klimafragebögen in einem Kategoriensystem zusammenzufassen, ohne das dieses Vorgehen besonders willkürlich erscheint. Eine Inspektion der Tabelle zeigt, daß alle gängigen Verfahren zur Messung von Klima wenigstens zwei Aspekte der Lernumweltwahrnehmung erfassen, die Lehrer-Schüler-Beziehung und Merkmale des Unterrichts; in den meisten Fragebögen ist auch der Aspekt der Schüler-Schüler-Beziehung enthalten. Selten dagegen werden Lernhaltungen der Schüler als Bestandteile des Klimas definiert, so daß sie in vielen Meßinstrumenten nicht enthalten sind. Eine genauere Inspektion zeigt jedoch, daß die Skalen innerhalb der vier Klimabereiche inhaltlich sehr variieren, wobei der Bereich der Schüler-Schüler-Beziehungen noch am homogensten zu sein scheint (für eine ausführliche Beschreibung der Skalen der einzelnen Meßinstrumente vgl. Lange, Kuffner & Schwarzer, 1983). Offensichtlich gehen die Auffassungen über einzelne Elemente und konstituierende Bestandteile des Klimas weit auseinander – ein Hinweis darauf, daß es sich in der Klimaforschung keineswegs um eine einheitliche Konzeption des Klimabegriffs handelt, die dieses Konstrukt präzise und für weitere Forschung fruchtbar erscheinen ließe (s. Kap. 3.2.5).

Tabelle 3.1: Komponenten wichtiger Klima-Instrumente (aus Eder, 1996, S. 52f.; eigene Veränderungen und Ergänzungen)

Verfahren	Lehrer-Schüler-Beziehung	Schüler-Schüler-Beziehung	Merkmale des Unterrichts	Lernhaltungen der Schüler
Learning Environment Inventory (LEI) Anderson (1973)	Formalität (*Formality*) Demokratisches Verhalten (*Democratic*) Bevorzugung (*Favoritism*)	(Interessen-)Vielfalt (*Diversity*) Gemeinschaft (*Cohesiveness*) Cliquenbildung (*Cliqueness*) Spannungen (*Friction*) Konkurrenz (*Competitiveness*) Apathie (*Apathy*)	Lerntempo (*Speed*) Zielgerichtetheit (*Goal Direction*) Desorganisation (*Disorganisation*) Schwierigkeit (*Difficulty*) Zufriedenheit (*Satisfaction*) Ausstattung (*Environment*)	
Classroom Environment Scale (CES) Moos & Trickett (1974) *Unterrichts-Klima-Instrument* (UKI) – deutsche Adaptation des CES durch Bessoth (1989)	Lehrerunterstützung (*Teacher Support*)	Klassengemeinschaft (*Affiliation*) Wettbewerbsverhalten (*Competition*)	Aufgabenorientierung (*Task Orientation*) Ordnung und Organisation (*Order and Organization*) Regelklarheit (*Rule Clarity*) Innovation (*Innovation*) Kontrolle der Regeleinhaltung durch den Lehrer (*Teacher Control*)	Beteiligung (*Involvement*)
Individualized Classroom Environment Questionnaire (ICEQ) Fraser (1980)	Persönliche Kontakte (*Personalization*)		Unabhängigkeit (*Independence*) Forschendes Lernen (*Investigation*) Differenzierung (*Differentiation*)	Mitarbeit (*Participation*)
Lern-Situations-Test (LST) Kahl et al. (1977)	Identifikation (des Lehrers) mit der Unterrichtsarbeit	Kohäsion	Leistungsanforderungen im Unterricht Betonung von Wettbewerb und Ordnung	Identifikation (der Schüler) mit der Unterrichtsarbeit
Fragebogen zum Unterrichtsklima (FUK) Dreesmann (1978)	Kooperation zwischen Lehrer und Schüler Kritik am Lehrer Lehrerlenkung Förderung des Selbstvertrauens	Kameradschaft Konkurrenz	Schwierigkeit des Unterrichts Verständlichkeit des Unterrichts Disziplin im Unterricht	
Klima-Skalen Fend (1977)	Restriktiv-kontrollierender Führungsstil d. L. Mitbestimmung Lehrerengagement Anonymität der Sozialbeziehungen Sozialbeziehungen (zusammengefaßte Skala)		Leistungsdruck Disziplindruck Unterrichtsverlauf Anpassungsdruck (zusammengefaßte Skala)	
Landauer Skalen zum Sozialklima (LASSO) Saldern, Littig & Ingenkamp (1986)	Fürsorglichkeit des Lehrers Aggression gegen den Lehrer Zufriedenheit mit dem Lehrer Autoritärer Führungsstil des Lehrers Bevorzugung und Benachteiligung durch den Lehrer	Ausmaß der Cliquenbildung Hilfsbereitschaft der Mitschüler Aggressionen gegen Mitschüler Diskriminierung von Mitschülern Zufriedenheit von Mitschülern Konkurrenzverhalten von Mitschülern	Leistungsdruck Zufriedenheit mit dem Unterricht Disziplin und Ordnung Fähigkeit des Lehrers zur Vermittlung von Lehrinhalten	Resignation der Schüler Reduzierte Unterrichtsteilnahme
Wiener Klima Skalen Oswald et al. (1989)	Engagement des Lehrers Toleranz Anonymität Vertrauen Mitbestimmung	Kohäsion Konkurrenz Toleranz	Betonung von Disziplin Leistungsüberforderung	
Linzer Fragebogen zum Schul- und Klassenklima (LFSK) Eder (1996)	Pädagogisches Engagement Mitsprachemöglichkeit Restriktivität Gerechtigkeit Bezugsnormorientierung	Kohäsion Rivalität Cliquenbildung	Leistungsdruck Unterrichtsdruck Vermittlungsqualität Schülerbeteiligung Kontrolle der Schülerarbeit	Lernbereitschaft Störneigung

3.2.3 Determinanten des Schul- bzw. Klassenklimas

Ein großes Problem bisheriger Klimaforschung besteht darin, daß ihre Ergebnisse fast ausschließlich auf Analysen von Querschnittdaten beruhen, die prinzipiell keine Aussage über die kausale Richtung von aufgefundenen Zusammenhängen zwischen Schülermerkmalen und Sozialklima zulassen. Das Kausalitätsmanko von Querschnittanalysen ist dabei keineswegs nur ein methodisches Problem, sondern zugleich auch ein theoretisches, da ein querschnittlich angelegtes Erhebungsdesign nicht den konzeptionellen Anforderungen der Lernumweltforschung gerecht wird, die eine wechselseitige Beeinflussung zwischen Person und Umwelt postuliert. Es gibt nur wenige Untersuchungen (z. B. Saldern, 1987a; Jansen, 1987; Eder, 1996), die sowohl das Sozialklima als auch Persönlichkeitsmerkmale der Schüler mehrfach erhoben haben, so daß echte Kausalitätsanalysen durchgeführt werden können.

Nach Eder (1996, S. 54) besteht jedoch auch dann, wenn methodisch die Kausalitätsfrage adäquat beantwortet werden kann, das Problem, daß aufgefundene Zusammenhänge zwischen Klima- und Personenmerkmalen entweder als Wahrnehmungseffekte im Sinne von Urteilsverzerrungen oder als „echte" Effekte interpretiert werden können. So kann z. B. das Phänomen, daß Mädchen in koedukativen Schulen das Klima positiver beschreiben als Jungen, entweder durch einen geschlechtstypischen Antwortstil beim Ausfüllen von Fragebögen, durch eine aufgrund geschlechtstypischer Persönlichkeitsmerkmale abweichende Wahrnehmung oder durch eine tatsächlich differierende Umwelterfahrung, die aus der unterschiedlichen Behandlung durch den Lehrer resultiert, erklärt werden.

Das Kausalitätsproblem zeigt sich naturgemäß nur für subjektive Umweltwahrnehmungen, die von den jeweiligen Persönlichkeitsmerkmalen des Wahrnehmenden beeinflußt werden. Objektive Gegebenheiten der Schulumwelt, wie architektonische oder organisatorische Merkmale, können jedoch als echte Antezedenzien der Klimawahrnehmung gelten, da sie nicht von Personenmerkmalen der Schüler beeinflußt werden. Zu den objektiven Konstituenten von Schul- oder Klassenklimata zählen nach Eder (1996) die Zugehörigkeit zu einem bestimmten Schulsystem bzw. zu einer bestimmten Schulart, die regionale und soziale Situierung der einzelnen Schule, die Größe der Schule und der jeweiligen Klasse, die in der jeweiligen Klasse unterrichtenden Lehrer sowie die entsprechende Schulleitung. Von diesen objektiven Determinanten wird in der folgenden Darstellung nur ein Aspekt, die Einflüsse der Schulform, herausgegriffen. Die Auswahl dieses Aspekts erfolgt deshalb, weil die vorliegende Arbeit Fragebogendaten von Schülern aller vier Schulformen des allgemeinbildenden Schulsystems nutzt (für eine ausführliche Diskussion der Effekte anderer objektiver Einflußfaktoren vgl. die Übersichten bei Saldern, 1987b, und Eder, 1996; für einen Gesamtüberblick über englischsprachige Studien zu Einflußfaktoren des Klimas vgl. Fraser, 1986). Darüber hinaus liegt der Schwerpunkt der Diskussion von Klimadeterminanten jedoch auf den subjektiven Klimakonstituenten und ihrer Beeinflussung durch individuelle Schülermerkmale.

Schulsystem und Schularten. Schulform- bzw. schulsystemvergleichende Untersuchungen zum Klassenklima sind vor allem von Fend (1977, 1982) im Rahmen der Evaluationsstudien zur wissenschaftlichen Begleitung von Gesamtschulen und von der Arbeitsgruppe um Schwarzer (Schwarzer & Lange 1980; Lange, Kuffner & Schwarzer, 1983) durchgeführt worden. In den Studien von Fend zeigten sich unterschiedliche Trends in Abhängigkeit vom Modellcharakter der untersuchten Gesamtschulen: Besuchten die befragten Gesamtschüler Modellschulen (wie z. B. in NRW oder Niedersachsen), berichteten sie im Vergleich zu Schülern der traditionellen Schulformen deutlich geringeren Disziplin- und Leistungsdruck, geringere Konformitätserwartungen und höhere Mitbestimmungsmöglichkeiten (Fend, 1982, S. 417; vgl. auch Fend, 1977, S. 136). Hatten die Gesamtschulen demgegenüber Regelschulcharakter, wie im hessischen Flächenversuch Wetzlar, ergaben sich keine Unterschiede in der Klimawahrnehmung zwischen beiden Schulsystemen. Diese Unterschiede zwischen Gesamtschulen mit Regel- bzw. Modellschulcharakter fanden interessanterweise ihre Entsprechung in den differierenden Einstellungsstrukturen der Lehrerschaft in diesen beiden Gesamtschulvarianten: Während sich Gesamtschullehrer und Lehrer herkömmlicher Schulformen im hessischen Flächenversuch nicht in der Progressivität ihrer Erziehungseinstellungen voneinander unterschieden, bestanden solche Unterschiede deutlich in Bundesländern mit modellhaften Gesamtschulen.

Diese offensichtliche Bedeutung des Modell- oder Angebotscharakters von Schulen für die Ausprägung des Klimas hat eine Parallele zu den von Moos und Mitarbeitern (Ellison & Trickett, 1978; Moos, 1979) gefundenen Unterschieden zwischen traditionellen und alternativen amerikanischen Schulen: Schüler alternativer Schulen nahmen ihre Lernumwelt deutlich günstiger wahr (höhere Beteiligung der Schüler am Unterricht, engere Klassengemeinschaft, höhere Unterstützung durch den Lehrer, innovative Lehreraktivitäten, hohe Aufgabenorientierung und Disziplin sowie niedrigere Kontrolle der Regeleinhaltung durch den Lehrer) als Schüler traditioneller Schulen. Ähnliche Unterschiede ergaben sich bei dem Vergleich von privaten und öffentlichen amerikanischen Schulen (vgl. Trickett et al., 1982).

Neben diesen Schulsystemeffekten ließen sich auch innerhalb des dreigliedrigen Schulsystems Unterschiede in der Klimawahrnehmung nachweisen: In der Untersuchung von Fend (1977) gaben die Gymnasiasten den höchsten Leistungsdruck an, was Fend mit den unterschiedlichen gesellschaftlichen Leistungserwartungen an die drei Schularten erklärt. Lange, Kuffner & Schwarzer (1983) können allerdings zeigen, daß dieser Befund von der Jahrgangsstufe abhängig ist (vgl auch nächster Abschnitt): Nur in der 8. und 10. Klasse nehmen die Gymnasiasten den höchsten Leistungsdruck wahr, in den anderen Klassenstufen zeigen die Realschüler den höchsten Wert. Insgesamt ergeben sich jedoch in dieser Studie, die zwei Schülerkohorten jeweils über drei Jahre verfolgte (Kohorte I: 5.-7. Klasse; Kohorte II: 8.-10. Klasse), keine über sechs Schulstufen hinweg konsistenten Unterschiede zwischen den drei Schulformen; einzig die Gesamtschule zeigt über diese sechs Jahre hinweg ein konsistentes Bild, welches sich durch eine besonders positive Lernumweltwahrnehmung auszeichnet.

Ungeachtet dieser Effekte haben jedoch die Vergleichsuntersuchungen zwischen traditionellem und Gesamtschulsystem gezeigt, daß die Unterschiede zwischen diesen beiden Systemen im Vergleich zu den bestehenden Schuldifferenzen innerhalb des jeweiligen Schulsystems marginal sind (vgl. Haenisch & Lukesch, 1980; Fend, 1982). Zudem liegen diese Untersuchungen fast zwei Jahrzehnte zurück; mittlerweile hat sich die Gesamtschule zumindest in den beiden an den Fend-Studien beteiligten Bundesländern NRW und Hessen als vierte Schulform etabliert, so daß sich mit der „ ‚Normalisierung' der Gesamtschule als Regelschule" (AG Bildungsbericht 1994, S. 541) auf der einen und den Reformbemühungen im gegliederten Schulsystem auf der anderen Seite heute vermutlich keine Unterschiede mehr zwischen beiden Schulsystemen nachweisen lassen.

Personenmerkmale von Schülern. Personenmerkmale von Schülern haben eine doppelte Wirkung auf die Klimawahrnehmung, indem sie einerseits als Mitglieder der schulischen Lernumwelt Bestandteile des durch die anderen Mitschüler wahrgenommenen Klimas sind, andererseits zugleich jene Personen darstellen, die das Klima subjektiv wahrnehmen und beschreiben. Dies bedeutet, daß den individuellen Schülermerkmalen eine wesentliche Bedeutung bei der Entstehung des Klimas zukommt.

Im folgenden werden vor allem Einflüsse von jenen Personenmerkmalen berichtet, die unmittelbar für die vorliegende Untersuchung von Bedeutung sind. Damit bleiben z. B. die vor allem im anglo-amerikanischen Sprachraum durchgeführten Untersuchungen zum Zusammenhang von ethnischer Herkunft und Klimawahrnehmung unberücksichtigt.

Bei den klimakonstituierenden Schülermerkmalen können soziodemographische Merkmale wie Alter, Geschlecht und sozioökonomischer Hintergrund von kognitiven und psychosozialen Merkmalen wie Intelligenz, schulische Leistungsfähigkeit, Selbstwertgefühl, Schulfreude, sozialer Status in der Klasse etc. unterschieden werden. Während die soziodemographischen Merkmale – zumindest in bezug auf die Wahrnehmung von Lehrerverhaltensweisen, die an die ganze Klasse gerichtet sind, – eindeutig Determinanten des Klimas darstellen[10], können die psychosozialen Merkmale sowohl Bedingungen als auch Wirkungen des Klimas sein. In der bisherigen Forschung sind sie überwiegend als Konsequenzen des Klimas betrachtet worden, obwohl es kaum längsschnittlich angelegte Untersuchungen gibt, die tatsächlich die Bedeutung der jeweils unterschiedlichen Funktion von Persönlichkeitsfaktoren abschätzen könnten. Leider wurden in der einzigen Längsschnittstudie, die die Prüfung der wechselseitigen Einflußprozesse von Persönlichkeitsmerkmalen und Klimawahrnehmung erlaubt hätte – die Untersuchung von Saldern (1987a) – die dazu notwendigen Analysen nicht durchgeführt. Statt dessen wurde in dieser Studie nur geprüft, wie sich die Stärke des Einflusses von Persönlichkeitsmerkmalen auf das Sozialklima im Verlauf eines Schuljahrs verändert (Stichprobe: 7. Klasse Hauptschule). Die Ergebnisse zeigen, daß der Einfluß von Persönlichkeitsmerkmalen auf die Wahrnehmung des Klimas am Ende des Schuljahres niedriger ist als zu Beginn. Dieses Ergebnis wird noch durch einen weiteren Befund gestützt, der sich darauf bezieht, daß – zumindest im Trend – die Varianz der Schülerwahrnehmungen innerhalb der Klasse gegen Ende des Schuljahres abnimmt. Besonders ausgeprägt (d. h. statistisch signifikant) ist dieser Effekt bei der Klimakomponente *Zufriedenheit mit dem Klassenlehrer*. Dies deutet darauf hin, daß tatsächlich die Klimawahrnehmungen der Schüler einer Klasse durch den klassenkontextbedingten gemeinsamen Erfahrungsschatz im Laufe eines Schuljahres ähnlicher werden, wie dies Dreesmann in seiner Homogenisierungshypothese annimmt, die Schülermerkmale also am Ende des Schuljahres in ihrem Einfluß auf das Klima an Bedeutung verlieren. Da in den meisten Untersuchungen das Sozialklima eher gegen Ende des Schuljahres erhoben wurde (um den Schülern einerseits genügend Erfahrungsmöglichkeiten für eine Gesamtbeurteilung des Unterrichts und der persönlichen Beziehungen zwischen Lehrern und Schülern zu bieten, andererseits möglichst am Ende einer Schulstufe den Leistungsstand bzw. das Niveau der psychosozialen Entwicklung zu erfassen), also zu einem Zeitpunkt, an dem der Persönlichkeitseinfluß auf die Wahrnehmung nicht mehr so stark ist,

[10] Wie bereits im Eingangsbeispiel zu Beginn dieses Kapitels (S. 72) dargestellt, können geschlechtsspezifische Lernumweltwahrnehmungen auch tatsächliche Unterschiede in der Behandlung von Jungen und Mädchen widerspiegeln. Diese geschlechtsdifferenten Behandlungen können sich jedoch nur in individuellen Interaktionen zwischen Lehrern und Schülern bzw. Schülerinnen zeigen, so z. B. bei der Bereitschaft von Lehrern, während des Unterrichts auf persönliche Probleme einzelner Schüler einzugehen, oder bei der Verwendung von individuellen oder sozialen Bewertungsmaßstäben. Werden hingegen allgemeine Unterrichtsmerkmale, wie Disziplin und Ordnung oder Differenzierungsmaßnahmen, beurteilt, die sich auf die gesamte Situation in der Klasse beziehen, lassen sich Unterschiede zwischen Jungen und Mädchen als geschlechtsspezifische Wahrnehmungsverzerrungen interpretieren.

werden auch in dieser Arbeit die kognitiven und psychosozialen Merkmale vorwiegend im Kontext der Klimawirkungen thematisiert. Eine Ausnahme hiervon bildet die Intelligenz, da sie als ein relativ stabiles und überdauerndes Persönlichkeitsmerkmal eher eine Determinante als eine Folge des Klimas darstellt.

Die Ergebnisse zum Zusammenhang zwischen *Schülergeschlecht* und Klimawahrnehmung weisen – wenn überhaupt – eher schwache Korrelationen aus, die auf eine etwas günstigere Wahrnehmung der Lernumwelt durch Schülerinnen hindeuten (vgl. Dreher, 1979; Schwarzer & Lange, 1980; Eder, 1996). Die Ergebnisse von Saldern (1987a, S. 271f.), wonach Schülerinnen ihre Lernumwelt negativer wahrnehmen als Jungen, scheinen demnach eher eine Ausnahme darzustellen. Im anglo-amerikanischen Sprachraum wurden vor allem Untersuchungen zu den Auswirkungen mono- versus koedukativer Schulen auf das Erleben der Lernumwelt durchgeführt (vgl. z. B. Trickett et al., 1982; Lee & Bryk, 1986) bzw. Klassen mit unterschiedlichem Geschlechterverhältnis hinsichtlich ihrer durchschnittlichen Klimawahrnehmung miteinander verglichen (Walberg & Ahlgren, 1970; Moos, 1979; Saldern, 1987a; Eder, 1996). Die Ergebnisse dieser Studien belegen einen einheitlichen Trend dahingehend, daß in reinen Mädchenklassen bzw. in Klassen mit hohem Mädchenanteil ein günstigeres Klima wahrgenommen wird als in reinen Jungenklassen bzw. Klassen mit hohem Jungenanteil. Ob es sich hierbei allerdings um geschlechtsspezifische Wahrnehmungsverzerrungen handelt, ist eher zweifelhaft: Wie dies in Kapitel 4.2 noch zu zeigen sein wird, stellen die auf Klassenebene gefundenen Unterschiede eher Indikatoren für tatsächlich vorfindbare Differenzen zwischen Lernumwelten von Klassen dar und lassen sich daher nicht als individuelle Wahrnehmungseffekte interpretieren.

In den Studien zum Zusammenhang von Klimawahrnehmung und Personenmerkmalen wurde *Intelligenz* meistens als Kontrollvariable für den Zusammenhang von Schulleistung und Klima verwendet. Die Ergebnisse der wenigen Untersuchungen, die den Zusammenhang zwischen Klima und Intelligenz direkt geprüft haben, deuten darauf hin, daß es weder auf Individual- noch auf Klassenebene besonders bedeutsame Zusammenhänge zwischen diesen beiden Merkmalen gibt: Walberg & Ahlgren (1970) fanden z. B. nur zwei signifikante Korrelationen zwischen der Intelligenz und Skalen des LEI. Auch Eder (1996) fand nur eine schwache, signifikante Korrelation von $r = -.09$ (auf Individualebene über drei Intelligenzmaße gemittelt) für die Skala Leistungsdruck (vgl. auch Dreesmann, 1981).

3.2.4 Wirkungen des Schul- bzw. Klassenklimas

Der Schwerpunkt der anglo-amerikanischen Forschung zum Klima liegt vor allem auf den Wirkungen des Klimas auf verschiedene Aspekte der Schülerpersönlichkeit, wobei besonders der Leistungsbereich im Vordergrund steht. In diesen Studien wurden vielfach Testergebnisse aus standardisierten Leistungstests als Kriterium verwendet, die insbesondere in den USA durch die – zumindest in einigen Bundesstaaten – jährlichen schulübergreifenden Leistungskontrollen leicht zugänglich sind. Diese Leistungskontrollen stellen zugleich umfangreiche, curricular valide Aufgabensammlungen dar, die problemlos als Testverfahren für empirische Studien zu Determinanten von Schulleistungen genutzt werden können. Da für den deutschen Sprachraum vergleichbare Leistungstests bisher nicht vorhanden waren, d. h. für jede Untersuchung solche Tests neu entwickelt werden mußten, sind hier vor allem Studien zum Zusammenhang von psychosozialen Schülermerkmalen und der Wahrnehmung der Lernumwelt durchgeführt worden. Im Gegensatz zur anglo-amerikanischen Forschung wurden zudem viele Untersuchungen zur Entstehung und Entwicklung des Lernklimas von Schulklassen durchgeführt. Da in der vorliegenden Arbeit der Zusammenhang von Lernumwelt und Leistungs*entwicklung* im Zentrum der Betrachtung steht, liegt der Schwerpunkt der folgenden Darstellung auf dem Leistungsbereich und stützt sich dabei zwangsläufig stärker auf anglo-amerikanische Untersuchungen. Daneben sollen jedoch auch Befunde zu Klimaeffekten auf einige psychosoziale Merkmale, die in engem Zusammenhang mit der Leistungsentwicklung stehen, vorgestellt werden (zur Übersicht bisher untersuchter Merkmalskomplexe als klimabeeinflussende bzw. klimaabhängige Variablen, vgl. Fraser, 1986 (für englischsprachige Untersuchungen) bzw. Eder, 1996 (als Ergänzung der deutschsprachigen Studien)).

Der Einfluß des Klimas auf die schulische Leistung wurde in der Vergangenheit vor allem mit zwei Leistungskriterien untersucht: mit den Ergebnissen aus standardisierten schulischen Leistungstests einerseits und erzielten Schulnoten andererseits. Im Gegensatz zu Leistungstests stellen Schulnoten jedoch einen weniger geeigneten Indikator für den Leistungsbereich dar, da mit ihnen nicht nur die Leistung des einzelnen Schülers innerhalb eines Schulhalbjahres, sondern auch sein Arbeits- und Sozialverhalten bewertet wird. Darüber hinaus sind Noten klassenreferentiell, d. h. auf den Leistungsvergleich innerhalb der Klasse ausgerichtet, von der Neigung des Lehrers zu strenger oder nachsichtiger Bewertung abhängig und durch institutionelle Rahmenbedingungen wie Schulformzugehörigkeit beeinflußt (vgl. Roeder et al., 1986; Ingenkamp, 1989). Aus diesen Gründen reflektieren Noten nur zum Teil die tatsächliche Leistungsfähigkeit des einzelnen Schülers – ein Sachverhalt, der sich auch durch die in verschiedenen Untersuchungen ermittelten Korrelationen zwischen Noten und Testleistungen in mittlerer Höhe (um r = .50) bestätigen läßt (Dreesmann, 1978; Roeder et al., 1986; Helmke, 1992a; Bildungsverläufe und psychoziale Entwicklung im Jugendalter, 1994). Im folgenden sollen daher nur Studien, die Leistungstests als Kriterium verwendet haben, ausführlich dargestellt werden. Diese Einschränkung ist darüber hinaus auch notwendig, da die vorliegende Arbeit die Abhängigkeit der Leistungs*entwicklung* im Verlauf eines Schuljahres von der wahrgenommenen Lernumwelt in den Mittelpunkt der Betrachtung stellt, und Leistungstests eher geeignet sind, solche Lernverläufe darzustellen als Noten.

Testleistungen. Die meisten und frühesten Untersuchungen zum Zusammenhang von Leistung bzw. Leistungsentwicklung und Lernumwelt entstammen dem *Harvard Project Physics*, einer Studie in den 60er Jahren, die den Einfluß eines neuen, innovativen Physik-Curriculums für die Jahrgangsstufen 10 bis 12 auf die Wahrnehmung der Lernumwelt sowie die Leistungen und schulischen Einstellungen von Schülern untersuchte. Die im Rahmen dieses Projekts verwendeten Daten zur Lernumwelt wurden mit dem von Anderson (1973) entwickelten Fragebogeninstrument LEI erhoben. Weitere Untersuchungen zum Zusammenhang von wahrgenommener Lernumwelt und Schulleistung bzw. -entwicklung, die ebenfalls den LEI verwendeten, wurden Ende der 70er Jahre von Tisher & Power (1978; Power & Tisher, 1979) im Rahmen der Evaluationsstudien zu ASEP, dem *Australian Science Education Project* durchgeführt, einem Modellversuch zur Einführung eines innovativen, individualisierten Curriculums für die Naturwissenschaften. Eine dritte große Serie von Studien zum Einfluß der Lernumwelt auf die schulische Leistung wurde von Fraser und Mitarbeitern Anfang der 80er Jahre in australischen Klassen mit naturwissenschaftlichem Unterricht unternommen (Fraser, 1986, 1994; Fraser & Fisher, 1982). Die einzige deutsche Studie, die statt Noten einen Mathematiktest als Leistungskriterium verwendete *und* Klimawahrnehmungen untersuchte, wurde in den 70er Jahren von Dreesmann (1978) durchgeführt.

Auf der Basis dieser Studien wird in der Klimaforschung immer wieder resümiert, daß das Klima ein wesentlicher Prädiktor von Leistung und Leistungsentwicklung sei und insofern Klimaverbesserungen eine wichtige pädagogische Maßnahme zur Steigerung des Lernens sein könnten (vgl. die Übersicht von Fraser et al., 1986; Wang, Haertel & Walberg, 1993). Als Beleg für diese Feststellung werden die Anteile erklärter Varianz an der in den Leistungsergebnissen bestehenden Gesamtvarianz herangezogen, die je nach Studie zwischen 9 und 35 % liegen. Betrachtet man jedoch die Zusammenhänge zwischen einzelnen Skalen der verwendeten Klimafragebögen und den Leistungskennwerten, so zeigt sich ein wesentlich differenzierteres Bild. In Tabelle 3.2 sind die Befunde jener Studien der o. a. Arbeitsgruppen zusammengetragen, die Korrelationen zwischen den einzelnen Klimaskalen gängiger Fragebogeninstrumente (CES, LEI, ICEQ) und den jeweiligen Leistungskriterien in der Literatur veröffentlicht haben[11]; als einzige deutsche Studie, für die Korrelationen zwischen Klima und Leistung berichtet werden, ist die Untersuchung von Dreesmann (1978) verfügbar. Ein Blick auf die Tabelle zeigt, daß die Höhe der Koeffizienten von Studie zu Studie sehr schwankt, wobei auffällt, daß zwei der von der Arbeitsgruppe um Walberg durchgeführten Untersuchungen (Walberg, Singh & Rasher, 1977 sowie Walberg & Anderson, 1972) deutlich höhere Korrelationen aufweisen als die restlichen Studien. Die sehr hohen Korrelationen in der indischen Studie von 1977 lassen sich dadurch erklären, daß die Datenanalysen nicht auf der Basis von ganzen Klassen durchgeführt wurden, sondern jeweils zehn besonders fleißige bzw. besonders faule Schüler einer Klasse die Analyseeinheiten bildeten, so daß statt der ursprünglich 83 naturwissenschaftlichen und 67 sozialkundlichen Klassen 166 bzw. 134 Analyseeinheiten zur Verfügung standen. Da aus anderen Studien bekannt ist, daß Leistungsmotivation und Klimawahrnehmung zusammenhängen (vgl. z. B. Dreesmann, 1978, 1980, 1981; Schwarzer, 1979; Eder, 1989), überraschen diese überdurchschnittlich hohen Korrelationen auf der Basis solcher Extremgruppen nicht. Der Grund für die im Vergleich zu den anderen Studien relativ hohen Zusammenhänge in der zweiten Studie von 1972 könnte darin liegen, daß als Leistungskriterien die Abschlußtests der kanadischen Sekundarschulen in der Provinz Quebec verwendet wurden, die möglicherweise näher am Curriculum der beteiligten Schulen liegen als die in anderen Studien verwendeten Leistungstests. Sieht man von diesen beiden Studien einmal ab, so bestehen für die meisten Klimaskalen kaum statistisch signifikante Zusammenhänge mit der Leistung: In der Studie von Fraser und Mitarbeitern (s. erste Spalte Tab. 3.2) findet sich nur eine signifikante positive Korrelation mit der Aufgabenorientierung (CES), allerdings auch nur auf der Individualebene; ebenso finden sich bei Walberg (s. dritte Spalte Tab. 3.2) auf Klassenebene nur zwei statistisch signifikante Korrelationen, wobei die mit dem LEI erfragte Zielorientierung des Unterrichts negativ mit der Leistung korreliert; auch in der Studie von Power und Tisher (s. Fortsetzung der Tab. 3.2) besteht nur eine statistisch signifikante negative Korrelation auf Klassenebene mit der wahrgenommenen Apathie; in der Untersuchung von Dreesmann schließlich zeigt sich auf Klassenebene keine einzige statistisch signifikante Korrelation, auf der Individualebene hingegen lassen sich zwei statistisch signifikante Korrelationen für die Skalen *Förderung des Selbstvertrauens* und *wahrgenommene Schwierigkeit* nachweisen.

[11] Nicht in der Tabelle aufgeführt sind sehr frühe Studien von Anderson und Walberg (1968; Walberg & Anderson, 1968), die eine Vorversion des LEI verwendeten – soweit die dort enthaltenen Subskalen den Skalen der Endversion des LEI entsprechen, bestehen nur geringfügige Unterschiede in der Höhe der Korrelationen.

Tabelle 3.2: Synopse der in der Literatur berichteten Korrelationen zwischen einzelnen Klimaskalen und Testleistungskennwerten (Analyseebene: Klassenmittelwerte, falls nicht anders vermerkt)

Lernumweltdimensionen	Fraser, 1986; 1994; Fraser & Fisher, 1982 (CES, ICEQ) Naturwissenschaft (mittl. Korrelation[13])		Walberg, Singh & Rasher, 1977 (LEI)[12] Naturwissenschaft		Sozialwissenschaft		Walberg, 1969a,b; 1972 (LEI) Physik (Korr. mit Nachtest)			Walberg & Anderson, 1972 (LEI) Korrelationen in 8 Fächern (1 MZP)[14]								über alle Fächer
	1 MZP (N=116)	Lern-zuwachs	1 MZP (N=166)	IQ auspar.	1 MZP (N=134)	IQ auspar.	Indivi-duum (N=715)	Klasse (N=144)	Lern-zuwachs (N=144)	M (N=8)	Phy (N=6)	Ch (N=10)	Bio (N=10)	Eng. (N=9)	Gesch (N=10)	Geogr (N=5)	Franz (N=6)	(N=64)
Lehrer-Schüler-Beziehung																		
Unterstützung durch den Lehrer (Teacher Support) CES	–,01	,02																
Formalität (Formality) LEI			,67**	,55**	,72**	,62**	–,18**	–,08	,05	–,13	,55	,09	–,33	–,54	–,12	–,60	,56	–,19
Demokratisches Verhalten (Democratic) LEI			,64**	,48**	,71**	,58**	–,02	–,06	,09	,50	,67	,31	,29	,09	,61	,87	–,24	,39**
Bevorzugung (Favoritism) LEI			–,43**	–,22*	–,59**	–,41**	–,11**	–,10	–,17	–,03	–,15	,11	–,16	–,52	–,59	–,40	–,09	–,36**
Persönliche Kontakte (Personalization) ICEQ	–,05	,05																
Schüler-Schüler-Beziehung																		
Klassengemeinschaft (Affiliation) CES	,11	,07																
Wettbewerbsorientierung (Competition) CES/LEI	,13	,06	,62**	,50**	,74**	,67**				,72	–,83*	,32	–,46	–,19	,26	–,88	,20	,21
Kohäsion (Cohesiveness) LEI			,68**	,51**	,81**	,73**	–,05	–,03	,06	,42	,93**	–,20	,02	,66	,81*	,65	,27	,51**
Vielfalt (Diversity) LEI			,58**	,43**	,70**	,64**	–,04	–,05	–,05	–,13	–,23	–,39	–,53	,36	,03	,14	–,43	–,11
Spannungen (Friction) LEI			–,48**	–,22*	–,58**	–,36**	–,10**	–,14	–,17	–,75	–,83*	–,28	,10	–,42	–,90**	–,79	,11	–,55**
Cliquenbildung (Cliqueness) LEI			–,41**	–,17	–,64**	–,43**	–,03	–,10	–,13	,04	,04	–,16	,06	–,20	–,74*	–,40	–,19	–,31*
Apathie (Apathy) LEI			,65**	,51**	,66**	,51**	,02	,02	–,08	–,79	–,84*	–,09	,06	–,65	–,86**	,05	–,01	–,55**

12 Studie basiert auf Extremgruppenvergleichen.

13 Da im Original Korrelationen mit drei verschiedenen Leistungsmaßen berichtet werden, stellen die hier wiedergegebenen Zahlen eine gemittelte Korrelation (auf der Basis von Fishers Z-Werten) dar.

14 Bis auf die beiden Skalen Ausstattung und wahrgenommene Spannungen, die in Mathematik, Physik und Geschichte bedeutender für die Erbringung von Leistung sind, bestehen lt. Autoren keine signifikant unterschiedlichen Zusammenhänge zwischen der Klimawahrnehmung und der schulischen Leistung in den einzelnen Fächern.

Lernumweltdimensionen	Fraser, 1986; 1994 Fraser & Fisher, 1982; (CES, ICEQ)		Walberg, Singh & Rasher, 1977 (LEI)				Walberg, 1969a,b; 1972 (LEI)			Walberg & Anderson, 1972 (LEI)								
	Naturwissenschaft (mittl. Korr.; N=116)		Naturwissenschaft		Sozialwissenschaft		Physik (Korr. mit Nachtest)			Korrelationen in 8 Fächern (1 MZP)								über alle Fächer (N=64)
	1 MZP (N=116)	Lern-zuwachs	1 MZP (N=166)	IQ auspar.	1 MZP (N=134)	IQ auspar.	Indivi-duum (N=715)	Klasse (N=144)	Lern-zuwachs (N=144)	M (N=8)	Phy (N=6)	Ch (N=10)	Bio (N=10)	Eng. (N=9)	Gesch (N=10)	Geogr (N=5)	Franz (N=6)	
Merkmale des Unterrichts																		
Aufgabenorientierung (Task Orientation) CES	,23*	,04																
Ordnung und Organisation (Order & Organization) CES	,15	,16																
Regelklarheit (Rule Clarity) CES	–,02	,07																
Innovation (Innovation) CES	–,18	–,02																
Lehrerkontrolle (Teacher Control) CES	,02	,10																
Zielgerichtetheit (Goal Direction) LEI			,70**	,57**	,74**	,63**	–,12**	–,18*	–,09	,44	,48	,61	,43	–,06	,66*	–,05	,07	,20
Zufriedenheit (Satisfaction) LEI			,67**	,52**	,75**	,64**	,03	,00	–,02	,63	,56	,40	,19	,58	,63	,08	,04	,47**
Lerntempo (Speed) LEI			,56**	,43**	,67**	,54**	–,05	,14	,16	,32	–,75	–,44	–,13	–,68	–,74*	–,12	–,78*	–,45**
Desorganisation (Disorganization) LEI			–,51**	–,26**	–,59**	–,37**	,02	,03	–,08	–,42	–,09	–,48	–,11	–,06	–,71*	–,53	–,28	–,36**
Schwierigkeit (Difficulty) LEI			,63**	,52**	,61**	,43**	,06	,40***	,31**	,53	–,66	–,26	–,10	–,09	,26	,47	,27	,05
Ausstattung (Environment) LEI			,63**	,43**	,75**	,65**	,03	,04	,07	,88	,93**	,19	–,06	,23	,80**	,06	–,40	,35**
Unabhängigkeit (Independence) ICEQ	,08	–,05																
Forschendes Lernen (Investigation) ICEQ	,09	,12																
Differenzierung (Differentiation) ICEQ	–,11	,02																
Lernhaltungen der Schüler																		
Beteiligung (Involvement) CES	,01	,08																
Mitarbeit (Participation) ICEQ	,14	,08																
R^2 CES	,14*	,10																
R^2 ICEQ + CES	,27**	,14																
R^2 LEI							,09***	,35***	,18**									

Tabelle 3.2: *Fortsetzung*

Lernumweltdimensionen	Power & Tisher, 1979; Tisher & Power, 1978 (LEI) Naturwissenschaft				Dreesmann 1978, 1982 (FUK)	
	Individualebene (mittl. Korr.; N = 315)		Klassenebene (N = 20)		Mathematik (1 MZP; 8. Kl. HS)	
	Nachtest	Lern-zuwachs	Nachtest	Lern-zuwachs	Indivi-duum (N=600)	Klasse (N=34)
Lehrer-Schüler-Beziehung						
Formalität (Formality) LEI	-,09	,04	-,18	-,02		
Demokratisches Verhalten (Democratic) LEI	,02	,03	,02	-,29		
Bevorzugung (Favoritism) LEI	-,15	-,10	-,23	-,09		
Zufriedenheit (Satisfaction) LEI	,03	,00	,12	,18		
Kooperation zwischen Lehrer und Schüler (FUK)					,03	,09
Kritik am Lehrer (FUK)					-,09	-,18
Lehrerlenkung (FUK)					-,07	-,17
Förderung des Selbstvertrauens (FUK)					,23*	,11
Schüler-Schüler-Beziehung						
Wettbewerbsorientierung (Competition) CES/LEI/FUK	,12	,05	,42	,26	-,07	-,18
Kohäsion (Cohesiveness) LEI	,08	,01	,33	-,09		
Vielfalt (Diversity) LEI	,05	,00	,13	-,12		
Spannungen (Friction) LEI	-,10	-,07	-,06	-,22		
Cliquenbildung (Cliqueness) LEI	,01	,02	-,02	-,13		
Apathie (Apathy) LEI	-,21	-,05	-,55*	-,49*		
Kameradschaft (FUK)					-,03	-,06
Merkmale des Unterrichts						
Ziel-/Aufgabenorientierung (Task/Goal Orientation) CES/LEI	,04	,07	,09	,17		
Lerntempo (Speed) LEI	-,01	,02	-,09	-,07		
Desorganisation (Disorganization) LEI	-,17	-,05	-,33	-,39		
Schwierigkeit (Difficulty) LEI/FUK	-,03	,03	,06	-,09	-,12*	-,02
Ausstattung (Environment) LEI	,05	,05	,13	-,06		
Verständlichkeit (FUK)					,17*	-,06
Disziplin (FUK)					,24*	-,03
R^2 FUK					,16*	,13

Angesichts dieser eher marginalen Zusammenhänge zwischen Leistung und Wahrnehmung der Lernumwelt ist es wenig überraschend, daß Haertel, Walberg & Haertel (1981) in ihrer Metaanalyse – auch unter Einbezug der beiden, etwas aus dem Rahmen fallenden Studien von Walberg und Mitarbeitern (zweite und vierte Spalte von Tab. 3.2) – nur eine Durchschnittskorrelation von r = .17 zwischen Leistung und Klimawahrnehmung ermitteln. Um so überraschender ist es jedoch, daß die beiden Hauptvertreter dieser Forschungsrichtung, Fraser und Walberg, wiederholt in unterschiedlichen Publikationen zu der Schlußfolgerung kommen, die schülerperzipierte Lernumwelt habe sich in verschiedenen Untersuchungen als wesentlicher Prädiktor von Schulleistungen herausgestellt, der mitunter stärker sei als individuelle Hintergrundmerkmale von Schülern (so z. B. in Fraser & Walberg, 1981, S. 74; Fraser, 1986, S. 72; Fraser, 1991, S. 13; Fraser, 1994, S. 506 bzw. Fraser & Wubbels, 1995, S. 128[15]; Walberg, 1986; Walberg et al., 1982). Auf der Basis der verfügbaren empirischen Studien läßt sich diese Schlußfolgerung nicht nachvollziehen, denn zur Untermauerung dieser Aussage sind weder (1) die mit allen Skalen der Klimafragebögen errechneten multiplen Korrelationen (s. Tab. 3.2) noch (2) die von Walberg und Mitarbeitern durchgeführten Studien zur Überprüfung seines Produktivitätsmodells (s. Kap. 1.4) geeignet:

ad (1): Die Verwendung von maximal erklärbaren Varianzen auf der Basis statistisch nicht signifikanter Einzelkorrelationen führt durch die Ausschöpfung meßfehlerbedingter Varianzen eher zu systematisch überschätzten als „wahren" Korrelationskoeffizienten (vgl. Pekrun, 1985a).

ad (2): Die Operationalisierung der Lernumwelt in den von Walberg und Mitarbeitern durchgeführten Studien zur Überprüfung des Produktivitätsmodells (Walberg et al., 1982; Welch, Walberg & Fraser, 1986; Reynolds & Walberg, 1991) entspricht nicht den in klassischen Klimafragebögen erhobenen Konstrukten, sondern die dort verwendeten Variablen stellen eher Indikatoren für individuelles Fachinteresse, Leistungsniveau o. ä. dar. Die von Fraser und Walberg selbst zusammengestellten Metaanalysen zum Zusammenhang von Lernumwelt[16], Persönlichkeitsmerkmalen und schulischen Lernergebnissen (Fraser et al., 1987, S. 194-197) machen zudem deutlich, daß im Vergleich zur Klimawahrnehmung der Schüler andere Lernumweltmerkmale wie Quantität der Instruktion, kooperative versus kompetitive Unterrichtsformen oder positive Verstärkung durch den Lehrer eine wesentlich stärkere Bedeutung für das schulische Lernen besitzen.

Sieht man einmal von diesen überzogenen Behauptungen zur Bedeutung des Klassenklimas für die Schulleistung ab und geht von einem zwar schwachen, trotzdem nicht bedeutungslosen Klimaeinfluß auf schulisches Lernen aus, so stellt sich die Frage, welche Art von Klima leistungsförderlich ist. Mit dieser

[15] Hierbei handelt es sich in allen fünf Aufsätzen um identische Textpassagen.

[16] Hier als Oberbegriff für wahrgenommene und objektive Merkmale der Lernumwelt verstanden, d. h. inklusive Unterrichts- und Lehrermerkmale.

Frage haben sich vor allem die Arbeiten von Walberg beschäftigt. In seinen Untersuchungen (Walberg, 1969a,b) kann er anhand von kanonischen Korrelationen zeigen, daß sowohl ein hohes Leistungsniveau als auch der Lernzuwachs von Klassen am besten durch ein Klima vorhergesagt werden kann, welches durch eine hohe wahrgenommene Schwierigkeit und die Abwesenheit von Spannungen unter den Schülern gekennzeichnet ist. Interessant an diesen Analysen ist, daß für leistungsbezogene bzw. motivationale Schülermerkmale jeweils unterschiedliche Klimamerkmale bedeutsam waren. Letztere wurden vor allem durch hohe Zufriedenheit mit dem Unterricht sowie niedrige wahrgenommene Apathie, Cliquenbildung und Spannungen unter den Mitschülern beeinflußt. Dieser Befund weist vor allem darauf hin, daß weniger Merkmale des Unterrichts als Merkmale der Schüler-Schüler-Beziehung entscheidend für das Interesse und die Freude an einem Schulfach zu sein scheinen.

Auf der Basis dieser und anderer Befunde (z. B. Moos, 1979) wird vor allem von deutschen Autoren (Arbinger & Saldern, 1984; Saldern, 1987a; Eder, 1996) immer wieder eine Zusammenfassung von Moos (1979, S. 196) angeführt, die angeblich auf der Basis von Untersuchungen mit der Classroom Environment Scale (CES) zu dem Resümee kommt, daß

(1) gute Leistungen „in Klassen erzielt werden, deren Klima durch hohe Ausprägungen in den Dimensionen ‚Aufgabenorientierung', ‚Wettbewerb', ‚Organisation' und ‚Klarheit' gekennzeichnet ist", und
(2) Leistungssteigerungen am ehesten in einem sozialen Klima erzielt werden, „das durch eine Kombination folgender Merkmale gekennzeichnet ist: freundliches und unterstützendes Verhalten von seiten des Lehrers, Betonung schulischer Aufgaben und Leistungen, mittleres Ausmaß an Klarheit, Ordnung und Strukturierung. Unter diesen Bedingungen zeigen sich auch positive Auswirkungen auf Kreativität, Selbstachtung, Unabhängigkeit." (beide Zitate nach Moos, 1979, S. 196f., in der Übersetzung von Arbinger & Saldern, 1984, S. 94).

Obwohl die Zusammenfassung von Moos richtig zitiert wurde, basieren Moos' Schlußfolgerungen jedoch weniger auf Untersuchungen mit der CES als vielmehr auf einer Zusammenschau der bisherigen Befunde der Unterrichtsforschung (wie sie in Kapitel 3.1 beschrieben wurden) und den von Fraser und Walberg (s. Tab. 3.2) berichteten, wenig substantiellen Ergebnissen zu Klimaeffekten. Die Schlußfolgerungen beziehen sich demnach vor allem auf Untersuchungen, die mit Beobachtungsdaten gearbeitet haben, und können insofern nicht als Beleg für die Ergebnisse der Klimaforschung herangezogen werden.

Psychosoziale Merkmale. Neben dem Einfluß des Klimas auf die Schulleistung wurde auch seine Wirkung auf Personenmerkmale von Schülern untersucht. Aus der Vielzahl von psychosozialen Merkmalen soll ein Merkmalskomplex herausgegriffen werden, der in starkem Zusammenhang mit der Schulleistung steht: das Selbstvertrauen als umfassendes Merkmalssyndrom, das sowohl Fähigkeitsselbstkonzept und Leistungsängstlichkeit als auch Leistungsmotivation umfaßt. Hierzu liegen vor allem deutsche Studien vor – die weiter oben beschriebenen amerikanischen Untersuchungen haben vorzugsweise Einstellungen und Interesse am Fach- bzw. Sachgebiet untersucht und ähnlich heterogene, wenig überzeugende Ergebnisse wie für den Leistungsbereich erbracht.

Theoretisch orientierte Arbeiten stammen vor allem aus dem Bereich der Prüfungsangstforschung (Schwarzer, 1979; Helmke, 1983; Pekrun, 1985b). Ausgehend von einem Erwartungs-mal-Wert-theoretischen Angstmodell wurde in diesen Studien geprüft, inwieweit Lernumweltaspekte wie Leistungsdruck, Bestrafungsverhalten von Lehrern, chaotischer Unterrichtsverlauf sowie Wettbewerb und mangelnde Kooperation innerhalb der Schülerschaft Mißerfolgserwartungen begünstigen, die – unter der Voraussetzung, daß schulische Mißerfolge subjektiv bedeutsam sind – in der Folge zu erhöhten Prüfungsängsten führen. Die empirischen Befunde belegen die Bedeutsamkeit dieser Klimaaspekte für schulische Prüfungsangst (Schwarzer, 1979; Lange, Kuffner & Schwarzer, 1983; Helmke, 1983; Jerusalem, 1984; Pekrun, 1985b). Längsschnittanalysen von Lange, Kuffner & Schwarzer (1983) zeigen dabei, daß der Einfluß der Umweltwahrnehmung (operationalisiert als überindividuelle, klassenspezifische Wahrnehmung) auf die Prüfungsängstlichkeit bzw. auch auf die als weiteres psychosoziales Merkmal berücksichtigte Schulunlust deutlich größer ist als die umgekehrte Einflußrichtung. Ebenso konnten Kuliga & Schwarzer (1984) kausale Einflüsse der wahrgenommenen Lernumwelt zu Beginn des 5. bzw. 6. Schuljahrs auf Leistungsangst und Hilflosigkeit in der zweiten Schuljahreshälfte nachweisen. Die Ergebnisse dieser beiden Längsschnittstudien weisen deutlich darauf hin, daß die psychosoziale Entwicklung von Schülern in substantiellem Maße durch die wahrgenommene Lernumwelt geprägt wird.

In den Querschnittuntersuchungen von Fend (1977) ließen sich auch für das umfassendere Konstrukt *Selbstbewußtsein*, gebildet aus Angst, Erfolgszuversicht, Anomie und Selbstwertgefühl, deutliche Zusammenhänge mit Leistungsdruck, Anpassungsdruck und positiven sozialen Beziehungen unter den Schülern belegen, die – unter Rückgriff auf die oben angeführten Ergebnisse der Längsschnittanalysen – als Einflüsse der Lernumwelt auf die Persönlichkeitsentwicklung der Schüler interpretiert werden können. In dieselbe Richtung weisen die querschnittlichen Befunde von Schwarzer & Lange (1980), die zeigen, daß eine ungünstige Lernumwelt, d. h. hohe/r Leistungsdruck, Konkurrenz und Anonymität sowie ein schleppender Unterrichtsverlauf, mit niedrigem Selbstwertgefühl und niedriger Erfolgszuversicht sowie hoher Hoffnungslosigkeit, Leistungsängstlichkeit sowie Schulunlust einhergehen.

In der jüngsten deutschsprachigen Untersuchung von Eder (1996) lassen sich Effekte des wahrgenommenen Klimas über einen Zeitraum von zwei Jahren auf verschiedene psychosoziale Merkmale von Schülern nachweisen. Im einzelnen wirkten sich eine hohe Schülerzentriertheit positiv auf die Zufriedenheit aller Schüler sowie auf das Selbstkonzept und schulische Interessen von Schülerinnen aus und führten ein hoher Leistungsdruck zum Absinken des globalen Selbstwertgefühls sowie der leistungsbezogenen und sozialen Kompetenzüberzeugungen. Erwartungswidrig zeigte sich ein positiver Einfluß des wahrgenommenen sozialen Drucks, indikatorisiert durch eine soziale Bezugsnormorientierung des Lehrers sowie einen stark lehrerkontrollierten Unterricht, auf das Selbstkonzept – ein Effekt, für den auch der Autor keine schlüssige Erklärung hat, denn er steht im Gegensatz zu den vielfachen Befunden einer *selbstkonzeptförderlichen* Wirkung der *individuellen* Bezugsnormorientierung von Lehrern (vgl. Schwarzer, Lange & Jerusalem, 1982; Rheinberg, 1982). Zusammenfassend läßt sich für den Merkmalsbereich *Selbstvertrauen* sagen, daß er in Zusammenhang mit der wahrgenommenen Lernumwelt steht, wobei der Einfluß der Lernumwelt auf diesen Bereich stärker zu sein scheint als der umgekehrte Einfluß des Selbstvertrauens auf die Wahrnehmung der Lernumwelt.

3.2.5 Kritik des Klimaansatzes

Wie bereits in den vorangegangenen Unterkapiteln deutlich geworden ist, bestehen eine Reihe von Problemen mit dem vorgestellten Klimaansatz, die möglicherweise für den eingangs erwähnten Rückgang der Forschungstätigkeit auf diesem Gebiet (vgl. Kap. 3.2) verantwortlich sind. Im einzelnen lassen sich die folgenden Problembereiche unterscheiden:

(1) Dimensionierung und Erfassung des Klimas
(2) Fehlende Theoriebildung zur Integration der zahlreichen Einzelbefunde
(3) Mangelnde Integration von Befunden aus der Unterrichts- bzw. Lehr-Lern-Forschung
(4) Fehlende theoretische Begründung der Verwendung bestimmter Analyseeinheiten (Schüler- bzw. Klassenebene)
(5) Zusammenhangsbefunde versus kausale Beziehungen

ad (1): Dimensionierung und Erfassung des Klimas
Die bisherige Klimaforschung ist dadurch gekennzeichnet, daß mit jedem neuen, in dieses Forschungsgebiet einsteigenden Wissenschaftler die Neuentwicklung eines Erhebungsinstrumentes zur Erfassung des Klimas verbunden war. Diese Tatsache hat zu einer Vielzahl von Instrumenten geführt, die teilweise unter ähnlichen Namen völlig unterschiedliche Konstrukte erheben (so z. B. erfassen die Skalen *Task Orientation* des CES und *Goal Direction* des LEI unterschiedliche Aspekte des Klimas). Obwohl es in der Vergangenheit nicht an Versuchen gefehlt hat, sowohl die amerikanischen als auch die deutschen Erhebungsinstrumente dem dreiteiligen Klassifikationsschema von Moos unterzuordnen, erscheinen diese Zuordnungen theoretisch oft recht willkürlich und empirisch nicht immer haltbar (vgl. Kahl 1977). Die adressatenbezogene Einteilung von Saldern, Littig & Ingenkamp (s. Kap. 3.2.2) hat gegenüber der inhaltlich orientierten von Moos den Vorzug, daß sich die meisten Skalen der einzelnen Instrumente relativ problemlos danach einteilen lassen, ob sie sich auf die Lehrer-Schüler-Beziehung, die Schüler-Schüler-Beziehung oder Merkmale des Unterrichts beziehen. Innerhalb dieser groben Dreierteilung fokussieren jedoch die einzelnen Instrumente auf unterschiedliche Aspekte des Klimas (s. Tab. 3.1), so daß die Befunde verschiedener Studien weniger zur Replikation bereits gefundener Zusammenhänge, sondern eher zur Kumulation unterschiedlich bedeutsamer Klimaaspekte führen. Angesichts der überwiegend schwachen Korrelationen zwischen erhobenen Klimaelementen und Leistungsniveau bzw. Leistungsentwicklung drängt sich zudem die Frage auf, ob die bisher entwickelten Erhebungsinstrumente die tatsächlich für das Fachwissen bedeutsamen Klimakomponenten überhaupt erfassen. Hier wäre vor allem eine explikative Theoriebildung nötig, die – in Abhängigkeit von dem zu untersuchenden Effektmerkmal – durch theoretische Annahmen gezielt ausgewählte Aspekte der Lernumwelt in den Mittelpunkt der Betrachtung rücken würde.

ad (2): Fehlende Theoriebildung zur Integration der zahlreichen Einzelbefunde
In bezug auf den Zusammenhang zwischen Klimawahrnehmung und Schulleistung, der zumindest in der amerikanischen Forschung lange Zeit den Schwerpunkt der Studien bildete, gibt es m. W. keine einzige amerikanische Publikation, die explizit aus bestehenden Theorien oder empirischen Befunden der Motivationsforschung, Sozial- oder Kognitionspsychologie Hypothesen zum Zusammenhang einzelner Klimaaspekte mit der Schulleistung ableitet. Dreesmann (1978) ist einer der wenigen, der versucht hat, den Einfluß des Klimas auf die Leistung über kognitive Mediationsprozesse zu erklären und damit zumindest ansatzweise ein theoretisches Vorgehen gewählt hat. Die fehlende theoretische Anbindung hat in der Vergangenheit dazu geführt, daß Unterschiede zwischen

einzelnen Studien im Hinblick auf statistisch bedeutsame Klima-Leistungs-Zusammenhänge weitgehend ignoriert wurden und sich die wissenschaftliche Auseinandersetzung auf den Anteil maximal erklärbarer Leistungsvarianz beschränkte. Letztlich bedeutet ein solches Vorgehen auch, daß die unterschiedlichen Aspekte, die durch die verschiedenen Skalen der Fragebogeninstrumente repräsentiert werden sollen, theoretisch offensichtlich als bedeutungslos angesehen werden – somit könnte das zu untersuchende Klima auch sehr viel sparsamer erhoben werden. Unter diesem Gesichtspunkt ließe sich auch der Begriff des Klimas rechtfertigen, der auf ein einheitliches Phänomen abzielt. Soll jedoch weiterhin davon ausgegangen werden, daß die Lernumwelt aus einzelnen, voneinander unterscheidbaren Aspekten oder zumindest aus mehr als zwei Dimensionen besteht, die zu Recht differenziert erhoben werden sollten, stellt sich allerdings die Frage, ob mit dem metaphorischen Begriff des Klimas ein solches Konstrukt analytisch sinnvoll beschrieben ist. Verzichtete man auf den Begriff des Klimas zugunsten der neutraleren Bezeichnung Wahrnehmung, hätte dies den Vorteil, den Unterricht und die dort stattfindenden Interaktionsprozesse unter dem Gesichtspunkt unterschiedlicher Wahrnehmungsperspektiven der daran Beteiligten untersuchen zu können. Hiermit würde sich auch der Anschluß zu den Ergebnissen der auf Beobachtungsdaten beruhenden Unterrichts- bzw. Lehr-Lern-Forschung eröffnen, der unter Punkt (3) diskutiert werden soll.

ad (3): Mangelnde Integration von Befunden aus der Unterrichts- bzw. Lehr-Lern-Forschung

Die Klimaforschung stellt – trotz der bereits 1984 von Arbinger & Saldern geforderten Integration anderer Forschungstraditionen wie z. B. der Lehrereffektivitätsforschung bzw. der im etwas umfassenderen Bereich der Lehr-Lern-Forschung angesiedelten Forschungsfelder – ein nach wie vor relativ isoliertes Forschungsfeld dar. Dies zeigt sich u. a. darin, daß man den Klimabegriff vergeblich in zentralen Nachschlagewerken wie der *Enzyklopädie für Psychologie* (Serie *Pädagogische Psychologie*, hrsg. v. Schneewind, 1994; Weinert, 1996, 1997) oder dem *Handbook of Research on Teaching* (Wittrock, 1986) sucht, obwohl es gerade in der Lehrereffektivitätsforschung eine lange Forschungstradition gibt, die Sicht der vom unterrichtlichen Lehrerhandeln betroffenen Schüler einzuholen (vgl. z. B. Gerstenmaier, 1975; Hagstedt & Hildebrand-Nilshon, 1980; Haecker & Werres, 1983; Wittrock, 1986; Czerwenka et al., 1990; Nölle, 1995). In bezug auf die Untersuchung der Wirkungen von Klimawahrnehmungen oder allgemeiner von Lernumweltwahrnehmungen sind vor allem die Befunde aus den Bereichen der (a) auf Beobachtungsdaten beruhenden Unterrichtsforschung, (b) der Forschung zu nicht-klimatischen Schüler- und Lehrerkognitionen, d. h. beispielsweise zu Leistungsattributionen, zu paradoxen Effekten von Lob und

Tadel des Lehrers etc. sowie (c) der Psychologie kognitionsinduzierten Erlebens und Verhaltens, einschließlich der kognitiven Entwicklungspsychologie, bedeutsam (vgl. Dreesmann et al., 1992). Würden z. B. die Befunde zur direkten versus indirekten Instruktion aus der Unterrichtsforschung aufgegriffen, ließen sich gezielte Hypothesen über die Effekte bestimmter Klimaaspekte auf fachliches als auch affektiv-motivationales Lernen ableiten.

ad (4): Fehlende theoretische Begründung der Verwendung bestimmter Analyseeinheiten (Schüler- versus Klassenebene)

Ein großes Problem der Klimaforschung besteht darin, daß nicht genau genug die unterschiedlichen Aggregierungsebenen im Hinblick auf ihre inhaltliche Bedeutung voneinander abgegrenzt werden, d. h. es wird selten die mehrebenenspezifische Struktur der Daten für die inhaltliche Interpretation von Zusammenhängen zwischen Klima und Leistung berücksichtigt (vgl. auch den Überblicksartikel von Saldern, 1998). So z. B. stellt Walberg (1972) bei der Gegenüberstellung von Korrelationen zwischen Lernergebnissen und Skalen des LEI auf der Individual- und Klassenebene nur lapidar fest, daß „generally the correlations for classes are higher; and neither is an accurate estimate of the other." (S. 71). Warum die Korrelationen auf Klassenebene höher sind und sich z. T. – zumindest bei anderen Studien (s. Tab. 3.2) – auch in der Richtung des Zusammenhangs von den Korrelationen auf Individualebene unterscheiden, wird nicht thematisiert (vgl. auch Fraser & Fisher, 1982). Abgesehen von methodischen Gründen, die den Anstieg der Korrelation auf Klassenebene durch die Reduktion des Stichprobenumfangs erklären (Jansen, 1987), lassen sich jedoch auch inhaltliche Erklärungen anführen: Während der bei Walberg (1972) auf Klassenebene gefundene starke Zusammenhang zwischen Unterrichtsschwierigkeit und dem Leistungsniveau bzw. der Leistungsentwicklung in Physik von $r = .40$ bzw. $r = .31$ (s. Tab. 3.2, dritter Spaltenabschnitt) den Einfluß eines hohen unterrichtlichen Anforderungsniveaus auf das Lernen wiedergibt, überdeckt die auf Individualebene gefundene Nullkorrelation ($r = .06$) möglicherweise klassenspezifische Negativkorrelationen, die dadurch bedingt sind, daß vor allem schwächere Schüler, die diesen Leistungsanforderungen nicht gewachsen sind, den Unterricht als schwierig erleben. Für zukünftige Untersuchungen der Zusammenhänge zwischen Leistung und Wahrnehmung der Lernumwelt sollte daher die Wahl und Interpretation der Analyseebene sorgfältig überlegt und theoretisch abgeleitet sein.

ad (5) : Zusammenhangsbefunde versus kausale Beziehungen

Wie bereits in Kapitel 3.2.4 diskutiert wurde, beruhen viele der Ergebnisse zum Zusammenhang von Klimawahrnehmung und schulischem Lernen auf Befunden aus querschnittlichen Untersuchungen. Die im anglo-amerikanischen Sprachraum durchgeführten Studien umfassen zwar z. T. zwei Meßzeitpunkte, an denen jeweils Leistungstestdaten erhoben wurden, so daß der Zusammenhang zwischen Klima und *Lernen* untersucht werden kann (vgl. Tab. 3.2). Da jedoch das Klima meist nur einmal zwischen den beiden Leistungsmessungen erhoben wurde, lassen sich auch bei einem solchen Untersuchungsdesign nur begrenzt kausale Wirkungen des Klimas ableiten, da die Stärke der umgekehrten Wirkungsrichtung (Leistung → Klima) nicht berechnet werden kann. Zu fordern wären hier Studien, die ein längsschnittliches Design verwirklichen, das die Analyse solcher *cross-lagged*-Beziehungen ermöglichte, wobei als Indikatoren für den Lernzuwachs nicht Noten, sondern Leistungstests verwendet werden müßten. Noten sind für dieses Kriterium wenig brauchbare Indikatoren, da sie einerseits aufgrund ihrer faktischen Fünferskalierung zu grob, andererseits durch ihre Dekkelung nach oben und nach unten zumindest für sehr gute bzw. sehr schlechte Schüler nicht brauchbar für die Erfassung von Leistungsveränderungen innerhalb eines Schuljahres sind.

4 Zusammenfassende Bewertung der beiden Forschungstraditionen

Während das vorangegangene Kapitel 3 der Darstellung der beiden Forschungslinien in der Lernumweltforschung gewidmet war, versucht das folgende Kapitel, unter verschiedenen Gesichtspunkten eine zusammenfassende Bewertung der mit diesen Ansätzen verbundenen unterschiedlichen Perspektiven auf Schule vorzunehmen. Die Darstellung der beiden Forschungstraditionen in Abschnitt 3.1. und 3.2 hat gezeigt, daß mit den verschiedenen Zugängen zur Erforschung der Lernumwelt unterschiedliche theoretische und methodische Fragestellungen und auch Forschungsprobleme verbunden sind. In Kapitel 4.1 sollen zunächst die mit der Verwendung unterschiedlicher Erhebungsquellen verbundenen Konsequenzen für die Frage nach den leistungsförderlichen Merkmalen der Lernumwelt dargestellt werden, im anschließenden Kapitel 4.2 werden die mit der Mehrebenen-Problematik solcher Datenquellen verbundenen forschungsmethodischen Implikationen diskutiert und im letzten Teilkapitel 4.3 wird auf offene Fragen der Lernumweltforschung eingegangen.

4.1 Konsequenzen der Verwendung unterschiedlicher Quellen der Unterrichtsbeschreibung – Schüler versus Beobachter

Die Erforschung leistungsförderlicher Merkmale der Lernumwelt im Rahmen der Unterrichtsforschung hat grundsätzlich das Ziel, reale, d. h. beobachtbare, unterrichtliche Bedingungen herauszufinden, die in besonderer Weise schulisches Lernen fördern. Dabei hat vor allem die am Prozeß-Produkt-Paradigma (s. Kap. 3.1.1.2) orientierte Unterrichtsforschung beobachtetes Lehrerverhalten direkt mit fachlichen und affektiv-motivationalen Lernergebnissen der Schüler in Beziehung gesetzt. So z. B. schneiden Schüler, die einen eher lehrergeleiteten Unterricht erhalten, besser in standardisierten Leistungstests ab als Schüler in Klassen mit eher offenen Unterrichtsangeboten (s. Kap. 3.1.3.1 und Kap. 3.1.3.2). Dies bedeutet, daß zumindest für fachliches Lernen ein klar strukturierter, auf die Fachinhalte fokussierender Unterricht deutlich bessere Lernergebnisse hervorbringt als weniger strukturierte, stärker schülerorientierte Unterrichtsformen. Wodurch ist jedoch dieser Zusammenhang vermittelt? Es ist eher nicht davon auszugehen, daß ein klar strukturierter Unterricht unmittelbar zu erhöhtem Lernen führt. Vielmehr bestehen eine Vielzahl von vermittelnden kognitiven Prozessen zwischen dem Lehrverhalten des Lehrers und dem Erwerb von Fachwissen.

Trotz der zahlreichen und z. T. beeindruckenden Befunde der Unterrichtsforschung sind die vermittelnden Mechanismen zwischen dem beobachteten Lehrerverhalten einerseits und den Lernergebnissen der Schüler andererseits noch nicht ausreichend untersucht worden. Sofern in den bisherigen Studien Mediationsprozesse zwischen Lehrverhalten und fachlichem Lernen berücksichtigt wurden, standen entweder die tatsächlich aktiv für das Lernen verwendete Zeit des Schülers innerhalb einer Schulstunde oder die auf den fachlichen Wissenserwerb bezogenen informationsverarbeitenden Prozesse auf seiten des Schülers (vgl. Renkl, 1996) im Mittelpunkt der Betrachtung (vgl. Kapitel 3.1.1.2). Selten wurden jedoch die Unterrichtswahrnehmungen der Schüler als Mediationsvariablen zwischen unterrichtlichem Lehrerhandeln und schulischen Leistungen der Schüler untersucht. Eine der wenigen Studien, die die Schülerperspektive berücksichtigte, die internationale *Classroom Environment Study* der IEA (Anderson, Ryan & Shapiro, 1989), hat zwar systematisch die Ergebnisse der beobachtenden Unterrichtsforschung aufgegriffen und drei Kernmerkmale des als erfolgreich identifizierten Unterrichts bei Schülern erhoben. Doch auch diese Studie hat nicht die Ansätze und Befunde der Klimaforschung zur Kenntnis genommen.

Die Klimaforschung wiederum hat sich bei der Entwicklung ihrer Erhebungsinstrumente kaum an den Ergebnissen der Unterrichtsforschung orientiert, sondern – eher im klassischen Verständnis des Klimabegriffs – die Erfassung der emotionalen Aspekte der Lehrer-Schüler- und Schüler-Schüler-Beziehung als auch der Unterrichtsmerkmale in den Vordergrund gestellt (s. Tab. 3.1 in Kap. 3.2.2). Die bestehenden Klimafragebögen enthalten allerdings einige Komponenten, die unmittelbar zu Ergebnissen der Unterrichtsforschung in Beziehung gesetzt werden können: So erfassen die Skalen *Aufgabenorientierung*, *Ordnung und Organisation* sowie *Regelklarheit* des CES bzw. *Lerntempo*, *Zielgerichtetheit* und *Desorganisation* des LEI sowie *Leistungsdruck* und *Disziplin und Ordnung* der LASSO Merkmale eines direkten, lehrergeleiteten Unterrichts. Eine hohe Aufgabenorientierung und eine klare Anforderungsstruktur (indikatorisiert durch die Skalen *Aufgabenorientierung* bzw. *Zielgerichtetheit*), eine intensive Nutzung der Instruktionszeit in Verbindung mit einer störungspräventiven, unterbrechungsarmen Klassenführung (indikatorisiert durch die Skalen *Ordnung und Organisation*, *Desorganisation* bzw. *Disziplin und Ordnung*), ein geduldiges Abwarten bei sich verzögernden Antworten sowie sofortige positive Rückmeldungen bei auftretenden Lernschwierigkeiten (indikatorisiert durch die Skalen *Lerntempo* und *Leistungsdruck*) sind Kernmerkmale der direkten Instruktion, die sich in der bisherigen beobachtenden Unterrichtsforschung als besonders leistungsfördernd erwiesen haben. Betrachten wir die in Tabelle 3.2 ausgewiesenen Korrelationen dieser Skalen mit der Testleistung (unter Nichtbeachtung der Studie von Walberg et al., 1977, da sie auf Extremgruppen basiert), so bestehen zwar schwache und in der Regel nicht signifikante, aber in der Tendenz der Erwartung entsprechende Zusammenhänge: *Aufgabenorientierung* sowie *Ordnung und Organisation* korrelieren positiv (s. erster Spaltenabschnitt) bzw. *Desorganisation* negativ (s. die mit dem LEI durchgeführten Untersuchungen), *Zielgerichtetheit* (LEI) korreliert ebenfalls überwiegend positiv sowie *Lerntempo* überwiegend negativ mit der Leistung (bis auf die Untersuchung von Walberg, 1969a,b, 1972, s. dritter Spaltenabschnitt, die jeweils bei beiden Skalen Korrelationen in umgekehrter Richtung ausweist).

Auch wenn diese Befunde nur tendenziell ähnliche Zusammenhänge mit der Leistung aufweisen wie die auf Beobachtungsdaten beruhenden Studien, so zeigt sich doch offensichtlich eine gewisse Übereinstimmung in der Unterrichtsbeschreibung von Beobachtern und Schülern. Dies bedeutet zum einen, daß Schüler durchaus kompetente Beurteiler des Unterrichts sind, die nicht nur emotionale Aspekte, die ein wie auch immer geartetes Klima beschreiben, sondern auch methodisch-didaktische Komponenten des Unterrichtsgeschehens bewerten können. Andererseits deutet dies auch darauf hin, daß die subjektive Sicht der Schüler auf den Unterricht durchaus einen Teil der unterrichtlichen Realität, die auch Beobachter wahrnehmen, widerspiegelt.

In bezug auf einzelne Merkmale der direkten Instruktion scheinen die Angaben von Beobachtern und Schülern übereinstimmend ein erfolgreiches Unterrichtsmodell für fachliches Lernen zu beschreiben. Im Hinblick auf das Konzept des adaptiven Unterrichts scheint sich allerdings ein solch einheitlicher Konsens nicht abzuzeichnen. Die einzige Skala, die im Rahmen von Klimafragebögen einzelne Elemente eines mikro-adaptiven Unterrichts (im Sinne des in Kap. 3.1.3.3 beschriebenen Konzepts) erfaßt, ist die Skala *Differenzierung* des ICEQ. Fraser (1982, 1986, 1994; Fraser & Fisher, 1982) berichtet für diese Skala eine schwache, statistisch nicht signifikante negative Korrelation (s. Tab. 3.2) in Höhe von $r = -.11$, die allerdings verschwindet, wenn der Lernzuwachs als Kriterium verwendet wird. Hier scheinen empirische Befunde der beobachtenden Unterrichtsforschung und Unterrichtswahrnehmungen von Schülern zu nicht kongruenten Zusammenhangsmustern mit der Schulleistung zu führen. Das effektive Konzept adaptiven Unterrichts geht in der Wahrnehmung von Schülern mit einem geringen Leistungsniveau einher bzw. steht nicht mit einer positiven Leistungsentwicklung in Beziehung. Für diesen Befund sind mehrere alternative Erklärungen denkbar: (1) Binnendifferenzierende Unterrichtsmaßnahmen werden von Lehrern vor allem in solchen Klassen angewandt, die relativ heterogen sind und insofern im Mittel eher auf einem niedrigen Leistungsniveau liegen. (2) Binnendifferenzierende Maßnahmen werden nicht als solche von den Schülern erkannt bzw. Hilfestellungen des Lehrers für einzelne Schüler außer von den betroffenen selbst nicht bemerkt. (3) Binnendifferenzierende Maßnahmen des Lehrers werden von Schülern als negative, weil ungerechte, das Konkurrenzverhalten stärkende Unterrichtsmethoden erlebt, die zu einer negativen Evaluation des Lehrers bzw. des Unterrichts führen. Da die Zufriedenheit mit dem Lehrer bzw. dem Unterricht sowohl mit einem höheren Leistungsniveau als auch mit einem höheren Lernzuwachs einhergeht, ist der negative Zusammenhang zwischen der Skala *Differenzierung* und der Leistung durch die negative Korrelation dieser Skala mit der Zufriedenheit vermittelt. Während die erste Erklärung unterstellt, daß die Schülerangaben einen Ausschnitt der Unterrichtsrealität beschreiben, gehen die beiden anderen Erklärungen davon aus, daß Schüler aus ihrer Perspektive der unmittelbar Betroffenen die Unterrichtsrealität anders wahrnehmen bzw. nur einen Teilausschnitt davon tatsächlich erleben – sie betonen damit vor allem die je spezifischen Wahrnehmungsperspektiven der am Unterrichtsgeschehen Beteiligten. Ohne sich an dieser Stelle auf eine Erklärungsalternative festlegen zu wollen, macht dieses Beispiel jedoch deutlich, daß je nach Standpunkt des Betrachters unterschiedliche Interpretationsmöglichkeiten favorisiert werden, die unabhängig vom Einfluß der jeweils herangezogenen Wahrnehmungsperspektive sind.

Die Konzeptualisierung der Schülerwahrnehmung als ein vermittelnder Prozeß zwischen Unterrichtsbeobachtung und schulischem Lernen wurde bisher nur in der bereits erwähnten internationalen *Classroom Environment Study* (Anderson, Ryan & Shapiro, 1989) vorgenommen. In dieser Studie wurden drei Kernmerkmale des Unterrichts erhoben: die Lehrstofforientierung des Lehrers, die Klarheit und Verständlichkeit sowohl des Unterrichts als auch der Lehrstoffpräsentation sowie Ausmaß und Angemessenheit von Leistungsrückmeldungen. Da leider in vielen der teilnehmenden Länder keine ausreichende Anzahl von Schulklassen untersucht wurde, konnte das ehrgeizige theoretische Modell, welches u. a. sowohl Beobachtungsdaten als auch Lehrer- und Schülerangaben zum Unterricht miteinander verbinden sollte, empirisch nicht überprüft werden[17]. Statt dessen wurde ein reduziertes Modell geprüft, das außer den schülerperzipierten Unterrichtswahrnehmungen nur noch die Lehrerangaben zur Lerngelegenheit der in den Leistungstests verwendeten Aufgaben (OTL) sowie die auf Beobachtungsdaten beruhenden Angaben zu der von Schülern einer Klasse aktiv genutzten Lernzeit (*time on task*) enthielt. Die Ergebnisse zeigen für alle sieben Teilnehmerländer (Australien, englisch- bzw. französischsprachiges Kanada-Ontario, Ungarn, Korea, die Niederlande und Thailand) einen schwachen, doch konsistenten Einfluß der wahrgenommenen Klarheit und Strukturiertheit des Unterrichts auf die Leistungsentwicklung. Für die deutsche Stichprobe dieser Studie (Helmke, Schneider & Weinert, 1986), deren Daten erst zwei Jahre später erhoben wurden, so daß die deutsche Stichprobe nicht in die internationalen Vergleichsanalysen aufgenommen werden konnte, ließ sich aufgrund der ausreichenden Stichprobe von 39 Schulklassen eine reduzierte Version des ursprünglichen theoretischen Modells empirisch überprüfen. Auch wenn es sich in der folgenden Abbildung 4.1 um ein inhaltsleeres Modell handelt – da dort *alle* unidirektionalen Pfade, die möglich sind, auch spezifiert wurden – soll es hier trotzdem dargestellt werden, um zu verdeutlichen, wie Beobachtungsdaten und Schülerurteile miteinander in Beziehung gesetzt werden. Das Modell spezifiert sowohl die Schülerwahrnehmung des Unterrichts als auch die aktiv genutzte Lernzeit der Schüler als Mediationsvariablen zwischen den tatsächlich beobachtbaren Unterrichtsprozessen und den Leistungsresultaten der Schüler. Zusätzlich wird das kognitive und affektive Ausgangsniveau der Schüler berücksichtigt, das nicht nur den erreichten Entwicklungsstand am Schuljahresende, sondern auch das Lehrerverhalten im Unterricht im Sinne adaptiver Unterrichtsstrategien beeinflußt.

[17] Trotz des geringen Stichprobenumfangs wurde allerdings ein Modell auf Klassenebene geprüft, das nur Lehrer- und Beobachtungsdaten sowie die Leistungstestdaten der Schüler enthielt. Vermutlich aufgrund dieses geringen Stichprobenumfangs ließen sich kaum signifikante Zusammenhänge zwischen dem beobachteten Lehrerverhalten und dem mittleren Leistungszuwachs einer Klasse nachweisen.

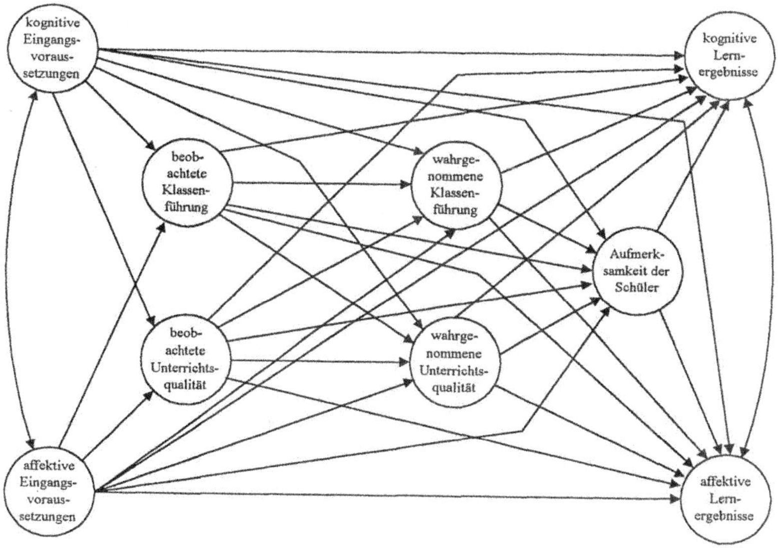

Abbildung 4.1: Reduziertes theoretisches Modell zum Zusammenhang von Unterricht und schulischem Lernen (Helmke, Schneider & Weinert, 1986, S. 5)

Die latenten Variablen *Unterrichtsführung* und *Instruktionsqualität* wurden sowohl bei Beobachtern als auch Schülern durch jeweils zwei Merkmale indikatorisiert: Aufgabenorientierung des Lehrers sowie effektive Überwachung und Kontrolle des Unterrichtsablaufs bilden das Konstrukt Unterrichtsführung ab, Klarheit der Lehrstoffpräsentation sowie Korrektheit der mathematischen Erklärung (Beobachterangaben) bzw. angemessene Aufgabenstellung im Hinblick auf den Leistungsstand des einzelnen Schülers (Schülerangaben) repräsentieren die Instruktionsqualität. Die beobachteten Unterichtsmerkmale basieren sowohl auf niedrig- als auch hoch-inferenten Ratings geschulter Beobachter.

Einfache Korrelationsanalysen auf Klassenebene (s. Tab. 4.1) zeigen für beide Datenquellen (Beobachter und Schüler) signifikante Zusammenhänge zwischen dem Leistungsniveau am Ende des fünften Schuljahres (3. Meßzeitpunkt) und dem Konstrukt *Unterrichtsführung* (für die Schülerangaben läßt sich nur ein statistisch signifikanter Zusammenhang mit dem Merkmal *Aufgabenorientierung* nachweisen).

Tabelle 4.1: Korrelationen zwischen Mathematikleistung und Unterrichtsmerkmalen, getrennt nach Datenquelle (reduziert aus Helmke, Schneider & Weinert, 1986, S. 11)

	Testergebnis am Ende von Klasse 5 in	
	Arithmetik	**Textaufgaben**
Unterrichtsführung		
Niedrig-inferente Beobachtungen		
Zeitnutzung	,35 *	,29
Kontrolle	,49 **	,52 ***
Schülerangaben		
Aufgabenorientierung	,52 ***	,35 *
Unterrichtsführung	,26	,21
Hoch-inferente Beobachtungen		
Aufgabenorientierung	,50 ***	,42 **
Effektivität von Regeln	,52 ***	,57 ***
Instruktionsqualität		
Niedrig-inferente Beobachtungen		
Klarheit	,33 *	,23
Hinweise	,01	–,11
Schülerangaben		
Klarheit	,22	,17
Angemessenheit	,26	,15
Hoch-inferente Beobachtungen		
Klarheit	,42 **	,42 **
Korrektheit mathematischer Aussagen	,46 **	,48 **

Varianzanalysen zeigen jedoch, daß beide Datenquellen (Beobachter und Schüler) vergleichbare Anteile der Leistungsunterschiede zwischen Klassen erklären können: Zusammen mit den individuellen Eingangsvoraussetzungen der Schüler können jeweils 16 % bzw. 15 % der Leistungsunterschiede zwischen Schulklassen durch Unterschiede in den beobachteten bzw. schülerperzipierten Unterrichtsmerkmalen erklärt werden.

In Abbildung 4.2 sind die Ergebnisse der empirischen Überprüfung des theoretischen Modells (s. Abb. 4.1) abgetragen; dargestellt sind nur signifikante Pfade zwischen den latenten Variablen. Das Modell soll hier nicht in allen Einzelheiten, sondern nur in bezug auf die für diese Arbeit relevanten Aspekte – d. h. hinsichtlich bestehender (kausaler) Beziehungen zwischen beobachteten und schülerperzipierten Unterrichtsmerkmalen sowie mathematischer Schulleistung – diskutiert werden.

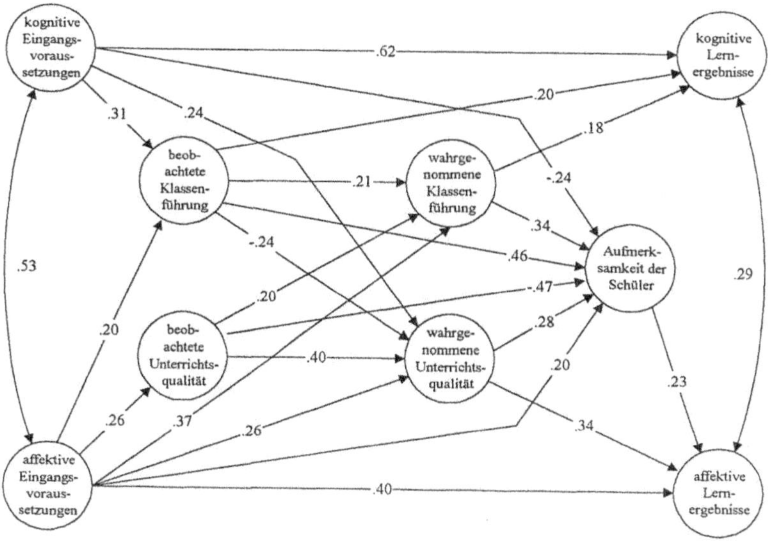

Abbildung 4.2: Empirisches Modell zum Zusammenhang von Unterricht und schulischem Lernen (PLS-Kausalmodell aus Helmke, Schneider & Weinert 1986, S. 14)

Wie in der Abbildung zu sehen ist, bestehen positive Zusammenhänge zwischen den beobachteten und den schülerperzipierten Unterrichtsvariablen, wobei die Beziehungen für das Konstrukt *Instruktionsqualität* enger sind als für *Unterrichtsführung*. Gleichwohl haben nur die beiden Indikatoren des letztgenannten Konstrukts einen signifikanten Einfluß in vergleichbarer Höhe auf das erreichte Leistungsniveau am Ende des Schuljahrs, auch bei Kontrolle des Vorwissens zu Beginn des Schuljahres. Dies bedeutet, daß das schulische Lernen in substantieller Weise sowohl von der beobachteten als auch von Schülern wahrgenommenen effizienten Unterrichtsführung abhängig ist. Erstaunlicherweise trifft dieses Beziehungsmuster nicht für das Konstrukt *Instruktionsqualität* zu: Weder die beobachtete noch die wahrgenomme Qualität des Unterrichts hat einen Einfluß auf die Leistungsentwicklung. Die Autoren erklären diesen Befund mit der möglicherweise mangelhaften Operationalisierung dieses Konstrukts – im Gegensatz zu den niedrig-inferenten Beobachtungen korrelieren die hoch-inferenten Angaben zu diesem Konstrukt hoch mit der Leistung (s. Tab. 4.1), so daß die Verbindung beider Angaben zu einer latenten Variablen kausale Wirkungsmechanismen verdeckt[18]. Hinsichtlich der Schülerangaben läßt sich diese Erklärung je-

[18] In späteren Arbeiten (z. B. Weinert, Schrader & Helmke, 1989) haben die Autoren nur das Merkmal Klarheit der Instruktion als latente Variable verwandt und können mit einem solch operationalisier-

doch nicht anführen, da beide Indikatoren dieses Konstrukts nicht signifikant mit der Schulleistung korrelieren – möglicherweise sind aus Schülersicht andere Indikatoren der Unterrichtsqualität für das Lernen bedeutsamer[19].

Die Befunde dieser Studie sprechen im übrigen nicht unbedingt für die vielfach geäußerte Vermutung, daß das Schülerurteil über den Unterricht zutreffender sei als Beobachterangaben, da es sich auf die Gesamtzahl der in einem Schuljahr erhaltenen Unterrichtsstunden beziehe und insofern typische Abläufe einer Schulstunde beim jeweiligen Fachlehrer beschreibe (vgl. Fraser & Walberg, 1981; Helmke, Schneider & Weinert, 1986). Würde dies zutreffen, sollten sich höhere Beziehungen zwischen der Unterrichtswahrnehmung der Schüler und dem schulischen Lernen nachweisen lassen. Die Ergebnisse weisen eher darauf hin, daß sich im Urteil der Beobachter und Schüler sowohl gemeinsame als auch je spezifische Erlebensanteile des Unterrichts spiegeln.

Die bisher angeführten Überlegungen und empirischen Befunde zeigen, daß die Unterrichtswahrnehmung von Schülern durchaus differenziert und facettenreich ist, die zu den aus der beobachtenden Unterrichtsforschung bekannten Befunden in Beziehung gesetzt werden kann. Die Klimaforschung hat demgegenüber die Lernumweltwahrnehmungen von Schülern vor allem als ein Gesamtkonstrukt behandelt, das als Ganzes spezifische Wirkungen auf das Lernen hat. Die Verwendung eines solchen Globalkonstruktes verhindert einerseits differenzierte Betrachtungen und rückt andererseits stärker die emotionalen Aspekte der Lernumwelt in den Mittelpunkt[20]. Die Befunde der Forschung zur direkten versus offenen Instruktion belegen jedoch, daß für den Erwerb fachlichen Wissens weniger emotionale als qualitative und quantitative Aspekte des Unterrichts eine entscheidende Rolle spielen (vgl. Kap. 3.1.3.2). Aufgrund dieser Überlegungen wird für die vorliegende Arbeit nicht der Klimabegriff zur Beschreibung der Lernumwelt aus Schülersicht verwendet, sondern der neutralere Begriff der Unterrichtswahrnehmung, der eher auch differenzierende Betrachtungen erlaubt.

---

ten Unterrichtskonstrukt einen substantiellen Einfluß auf den Leistungszuwachs innerhalb eines Schuljahres nachweisen.

[19] Im übrigen steht dieser Befund in Einklang mit Ergebnissen einer Studie von Reynolds & Walberg (1992), die das Produktivitätsmodell von Walberg (1981, 1983, 1986) empirisch überprüfte. Auch hier zeigten sich keine Einflüsse der schülerperzipierten Instruktionsqualität, operationalisiert u. a. durch die wahrgenommene Klarheit des Unterrichts und das Ausmaß wahrgenommer individueller Hilfen, auf den Lernzuwachs in Mathematik.

[20] Diese Betonung der emotionalen Lernumweltkomponenten wird z. B. deutlich in den Studien von Walberg und Mitarbeitern (Walberg et al., 1982; Welch, Walberg & Fraser, 1986; Reynolds & Walberg, 1991), in denen eine empirische Überprüfung seines Produktivitätsmodells vorgenommen wird. Dort wird z. B. die schülerperzipierte Lernumwelt durch das moralische Klima einer Klasse oder den Spaß am Unterricht operationalisiert.

4.2 Forschungspraktische Implikationen aus der Mehrebenen-Eigenschaft der Datenquellen

Unabhängig von den inhaltlichen Konsequenzen der Verwendung von Beobachter- versus Schülerdaten ergeben sich auch aus der Tatsache, daß Untersuchungen der Lernumwelt von Schülern in der Regel auf Klassenstichproben basieren, forschungsmethodische Implikationen. Diese betreffen (1) die Verwendung angemessener statistischer Verfahren, die die hierarchische Strukturierung der Daten berücksichtigen und (2) die der Fragestellung jeweils angemessene Verwendung der unterschiedlichen Analyseebenen Individuum, Klasse oder/und Schule.

ad (1): Die Erforschung schulischer Lernumwelten ist – im Gegensatz zu anderen Forschungsobjekten – gekennzeichnet durch die hierarchische Struktur des zu untersuchenden Gegenstandes. Die Basiseinheit für die Ziehung von Stichproben ist die einzelne Schule bzw. Schulklasse – die auf diese Art gewonnenen Schüler sind nicht individuell, sondern aufgrund ihrer Zugehörigkeit zu einer Schule bzw. Schulklasse zufällig ausgewählt. Dies bedeutet, daß Schüler unter Schulklassen geschachtelt sind, Schulklassen wiederum unter Schulen, diese unter Schulformen usw. Die Schachtelung von Daten hat zur Folge, daß die verschiedenen hierarchischen Ebenen im Schulsystem jeweils voneinander beeinflußt werden. Individuelles Verhalten von Schülern und Lehrern kann demnach durch Wirkfaktoren der unterschiedlichsten Ebenen bedingt sein. So ist z. B. die Wahrnehmung der Lernumwelt in einer Klasse z. T. durch die Geschlechtszusammensetzung dieser Klasse oder die Zugehörigkeit dieser Klasse zu einer bestimmten Schulform bestimmt (s. Kap. 3.2.3). Ebenso ist das unterrichtliche Handeln des Lehrers durch Kontextmerkmale wie das Wissens- bzw. Fähigkeitsniveau der Klasse, die Geschlechtszusammensetzung etc. beeinflußt. Diese Abhängigkeit des individuellen Verhaltens von klassenspezifischen und schulischen Kontextmerkmalen wird in den herkömmlichen statistischen Verfahren, die entweder die Individual- oder die Klassenebene verwenden, nicht ausreichend berücksichtigt. Verfahren, die die Interdependenz der verschiedenen Ebenen ausreichend in ihrer Modellbildung berücksichtigen, stellen die sog. Mehrebenenanalysen dar. Bei diesen Verfahren gehen sowohl Individual- als auch (aggregierte) Daten anderer Ebenen simultan in die Regressionsgleichung ein, werden also zu gleichen Teilen für die Vorhersage des Kriteriums benutzt. Diese Modelle bieten den Vorteil, daß die oft problematische Verwendung des Klassenmittelwertes, der nur ein künstlich aggregiertes Merkmal darstellt, das aufgrund variierender Verzerrungstendenzen nur begrenzt das reale Merkmal repräsentiert, durch das Hinzuziehen der Individualdaten ein Korrektiv erhält. Auch bei der Verwendung von Beobachtungsdaten, bei denen einer Klasse nur ein Beobachtungswert pro Merkmal zugeordnet wird, sind Mehrebenenanalysen das Verfahren der Wahl, da sie auch die Unterschiede zwischen den Schülern einer Klasse mit berücksichtigen.

ad (2): Wie bereits unter dem ersten Punkt angesprochen, stellen Lernumweltmerkmale immer Mehrebenendaten dar. Im Falle der Verwendung von Schülerangaben zum unterrichtlichen Handeln von Lehrern lassen sich Zusammenhänge mit der Schulleistung auf unterschiedlichen Ebenen analysieren. Zu trennen ist hierbei zwischen der Beobachtungsebene, der Analyseebene und der Interpretationsebene (Eder, 1996). Die Beobachtungsebene stellt jene Ebene dar, auf der die Daten erhoben werden – im Falle der Befragung von Schülern zum Unterricht ist es der einzelne Schüler einer Klasse, also die Individualebene, im Falle der Erhebung von Schulmerkmalen die Schulebene. Die Analyseebene bezeichnet jene Ebene, auf der die Datenauswertungen vorgenommen werden – die Angaben von Schülern zum Unterricht können z. B. sowohl auf der Individual-, der Klassen- als auch der Schul- bzw. Schulformebene analysiert werden. Die Interpretationsebene schließlich beschreibt jene Ebene, auf der die Ergebnisse der Datenanalyse interpretiert werden. Stimmen Interpretations- und Analyseebene nicht überein, liegt ein ökologischer Fehlschluß vor (Scheuch, 1973; vgl. Saldern, 1986, 1987a, 1998). Bei der Verwendung von Schülerwahrnehmungen der Lernumwelt bedeutet dies konkret, daß die Analyse von Zusammenhängen zwischen diesen Wahrnehmungen und schulischem Lernen auf verschiedenen Ebenen je unterschiedliche Interpretationen nach sich ziehen muß. Ist die Analyseebene der einzelne Schüler, so kann z. B. ein gefundener negativer Zusammenhang zwischen wahrgenommener Desorganisation des Unterrichts und dem Leistungsniveau eines Schülers nicht als Beleg für die leistungsabträgliche Wirkung eines bestimmten Lehrerverhaltens herangezogen werden. Da die Klassenzugehörigkeit bei Analysen auf Individualebene völlig außer acht gelassen wird, ist es in diesem Fall unklar, ob es sich hier lediglich um subjektive Wahrnehmungen einzelner Schüler handelt, die im Extremfall mit keinem der anderen Schüler derselben Klasse übereinstimmen müssen, oder ob diese Einschätzungen tatsächlich ein vorfindbares kollektives Unterrichtsmerkmal beschreiben. Die Interpretation in diesem Fall muß lauten, daß ein individuell wahrgenommenes hohes Ausmaß an Desorganisation mit einem geringen individuellen Leistungsniveau einhergeht. Wird dagegen bei der Auswertung auf Individualebene die Klassenzugehörigkeit berücksichtigt, indem Intraklassenkorrelationen berechnet werden, so muß dieser Zusammenhang eher als eine von der jeweiligen Leistungsposition innerhalb der Klasse verzerrte Wahrnehmung des Unterrichts interpretiert werden. Dies würde bedeuten, daß leistungsschwächere Schüler einer Klasse den Unterricht desselben Lehrers als desorganisierter erleben als leistungsstärkere Schüler. Findet sich dagegen derselbe Zusammenhang auf Klassenebene, so kann dies als ein Hinweis für die leistungsabträgliche Wirkung eines tatsächlich vorfindbaren unorganisierten Unterrichtshandelns des Lehrers gewertet werden – im Gegensatz zu den beiden Analysen auf Individualebene ist erst in diesem Fall auch die umgekehrte kausale Interpretation (Unterricht wirkt auf Leistung) gerechtfertigt.

In der bisherigen Klimaforschung ist diese unterschiedliche inhaltliche Bedeutung der Ebenen nicht ausreichend berücksichtigt worden. So z. B. führt Dreesmann (1982a,b) in einem Abschnitt sowohl die Befunde von Walberg (1969a,b, 1972) als auch seine eigenen zur prädiktiven Erklärungskraft von Klimamerkmalen im Hinblick auf schulische Leistungen an, ohne dabei zu unterscheiden, daß die berichteten Zusammenhänge von Walberg auf Klassenebene, seine eigenen jedoch nur auf Individualebene gefunden wurden.

4.3 Offene Forschungsfragen

Die bisherigen Ausführungen haben zum einen Gemeinsamkeiten zwischen der Klimaforschung und der beobachtenden Unterrichtsforschung, zum anderen aber auch spezifische Probleme vor allem bei der Verwendung von Schülerangaben zum Unterricht aufgezeigt. Da sich die vorliegende Arbeit auf Unterrichtsbeurteilungen durch die betroffenen Schüler stützt, liegt der Schwerpunkt der Darstellung auf solchen offenen Forschungsfragen, die sich durch die Verwendung von Schüler- statt Beobachtungsdaten zum Unterricht ergeben.

(1) Sowohl die Klimaforschung als auch die Unterrichtsforschung ist bei der Suche nach Merkmalen erfolgreichen Unterrichts für den Erwerb von Fachwissen stets davon ausgegangen, daß es allgemeingültige leistungsförderliche Unterrichtsmerkmale gibt, die in jedem Schulfach mit überdurchschnittlichem Lernen verbunden sind. Bisher ist diese Annahme kaum überprüft worden – es gibt nur wenige Studien, die simultan mehrere Fächer untersucht haben, so daß für alle Fächer die Erhebungsbedingungen und Erhebungsinstrumente identisch sind. In der Studie von Walberg & Anderson (1972, s. Tab. 3.2) wurden insgesamt acht Fächer in die Auswertungen einbezogen. Die Korrelationen zwischen den Fachleistungen und der Lernumweltwahrnehmung schwanken sowohl in der Höhe als auch in der Richtung zwischen den verschiedenen Fächern – aber aufgrund des extrem geringen Stichprobenumfangs (zwischen 5 und 10 Schulklassen) sind die Unterschiede bis auf die Skalen Spannungen und Ausstattung nicht signifikant (dies gilt im übrigen auch für die meisten Korrelationen). Im Hinblick auf die Frage nach der überfachlichen Generalisierbarkeit leistungsförderlicher Unterrichtsmerkmale kann diese Studie jedoch letztlich keine Auskunft geben, da die Wahrnehmung des Unterrichts und des Lehrers nicht fachspezifisch, sondern als allgemeine Einschätzung aller in der jeweiligen Klasse unter-

richtenden Lehrkräfte erhoben wurde. Der letztgenannte Punkt leitet zugleich zur nächsten offenen Forschungsfrage über.

(2) Die vor allem in Deutschland entwickelten Klimafragebögen verwenden Items, die sich auf alle in einer Klasse unterrichtenden Lehrkräfte beziehen. Die befragten Schüler sind dadurch gezwungen, in Gedanken einen Mittelwert aus den Einzeleinschätzungen des jeweiligen Fachunterrichts bzw. Fachlehrers zu bilden. Für die Erhebung eines allgemeinen Lernklimas, das Auswirkungen auf das allgemeine Wohlbefinden und die Zufriedenheit mit der Schule hat, mag diese Form der Erhebung angemessen sein. Für die Vorhersage von fachlichen Leistungen und Lernzuwächsen ist es jedoch fraglich, ob eine solche Globalbeurteilung der Lehrerschaft einer Klasse brauchbar ist: Untersuchungen zur Lehrerpersönlichkeit belegen z. B. deutliche Unterschiede zwischen Fachlehrern des mathematisch-naturwissenschaftlichen und des sprachlich-gesellschaftskundlichen Lernbereichs im Hinblick auf Begabungskonzepte, Lehrstile etc. (vgl. z. B. Koch, 1972) – Mathematik- und Naturwissenschaftslehrer sind sowohl bei der Verwendung moderner Unterrichtsformen als auch in bezug auf Einstellungen zu Begabung und Leistung konservativer als ihre Kollegen. Aber nicht nur Unterschiede zwischen Lehrern verschiedener Lernbereiche oder Fächer, sondern auch die inhaltlichen Gegenstände einzelner Fächer bedingen möglicherweise unterschiedliche Unterrichtsmethoden. So läßt sich beispielsweise eine Mitbestimmung der Schüler bei der Stoffauswahl eher in sprachlich-gesellschaftskundlichen als mathematisch-naturwissenschaftlichen Fächern realisieren. Die globale Erfassung der Unterrichtsmerkmale in den herkömmlichen Klimafragebögen könnte mit eine Ursache für die geringen Korrelationen mit der Leistung sein – es bleibt somit eine offene Frage, ob die Zusammenhänge zwischen der Unterrichtswahrnehmung der Schüler und ihren Leistungen enger werden, wenn sie, ebenso wie die Leistungen, fachspezifisch erfaßt werden.

(3) Wird die Einschätzung des Unterrichts durch Schüler nicht als Personenmerkmal verstanden, sondern als Merkmale der Lernumgebung, so dürfen sich Analysen zur prädiktiven Kraft von Unterrichtsmerkmalen konsequenter nur auf Zeiträume erstrecken, in denen von Anfang bis Ende derselbe Lehrer den Unterricht erteilt hat. Es macht z. B. wenig Sinn, wenn die Leistungen einer Klasse am Ende des 7. Schuljahres von einem Unterricht der fünften Klasse vorhergesagt werden sollen, wenn inzwischen ein anderer Lehrer diese Klasse unterrichtet. Leider haben die bisherigen Längsschnittstudien wenig auf diesen Punkt geachtet und dieses Problem nicht explizit thematisiert. So hat z. B. Eder (1996) über drei Jahre hinweg einmal pro Schuljahr das Klima erhoben und auf der Basis der Klimawahrnehmung des ersten Jahres die Schulnoten zwei Jahre später vorhergesagt – inhaltlich interpretierbar sind allerdings die so gewonnenen Er-

gebnisse nur, wenn sich die Unterrichtseinschätzung tatsächlich auf dieselben Lehrer bezieht.

(4) Eine vierte noch offene Forschungsfrage ergibt sich daraus, daß die bisherigen Klimainstrumente als auch die Erfassung von Unterrichtsmerkmalen aus Schülersicht im Rahmen der *IEA Classroom Environment Study* nur Teilaspekte des Unterrichts erhoben haben, die sich auf die Klarheit der Präsentation, die Unterrichts- und Klassenführung, die individuellen Hilfestellungen sowie Differenzierungsmaßnahmen im Unterricht beziehen. Didaktische Komponenten des Unterrichts, wie z. B. die Verwendung eines konstruktivistischen Vorgehens zur Förderung des Verständnisses mathematischer oder naturwissenschaftlicher Konzepte und Prinzipien, die damit verbundene Art von Übungsaufgaben, die Häufigkeit von Übungen etc., wurden bisher eher nicht in Schülerfragebögen thematisiert. Hier stellt sich die Frage, ob die Schüler zu diesen Komponenten des Unterrichts ähnlich valide Angaben machen können wie zu den anderen Unterrichtsmerkmalen.

5 Zentrale Fragestellungen der Arbeit

Gegenstand der vorliegenden Arbeit ist es, aus der Sicht von Schülern zentrale leistungsförderliche Merkmale des Unterrichts zu identifizieren. Um Merkmale des Unterrichts als kausale Motoren des Lernprozesses von Schülern interpretieren zu können, sind nur Zuwachsmaße über einen bestimmten Zeitraum als Leistungskriterien zulässig. Da Schulnoten keinen zuverlässigen Wachstumsindikator darstellen (s. Kap. 3.2.5), verwendet die vorliegende Arbeit die Leistungsentwicklung innerhalb eines Schuljahres als Lernkriterium.

Die Darstellung der offenen Forschungsfragen im vorangegangenen Teilkapitel (Kap. 4.3) hat gezeigt, daß es bisher kaum Studien gibt, die die Lernumweltwahrnehmung von Schülern fachspezifisch erfassen. Diese Untersuchung möchte einen Beitrag zu der Frage leisten, inwieweit eine fachspezifische Erfassung der Lernumwelt zu engeren Zusammenhängen mit der Schulleistung im korrespondierenden Fach führt als die bisher in der Klimaforschung berichteten. Voraussetzung für höhere Korrelationen ist eine valide Messung der Schülerwahrnehmung. Die Validität der Schülerangaben kann geprüft werden, indem die Angaben der Schüler für die einzelnen Schulfächer miteinander verglichen werden. Dabei sollten sich die Schülerangaben pro Fach in distinkter Weise voneinander unterscheiden.

Da in Kapitel 4.1 die – zumindest tendenzielle – Übereinstimmung zwischen Schüler- und Beobachtungsangaben in bezug auf leistungsrelevante Aspekte der Lernumwelt aufgezeigt wurde, lassen sich für die vorliegende Studie Hypothesen ableiten, die vorwiegend auf den Ergebnissen der in Kapitel 3.1 beschriebenen Unterrichtsforschung beruhen. Unter der Voraussetzung der fachspezifischen Validität der Schülerangaben lassen sich damit folgende Hypothesen für den Zusammenhang zwischen Lernumwelt und Lernen ableiten, die für alle Schulfächer zutreffen sollten:

(1) Formen der direkten Instruktion stellen auch aus der Schülersicht erfolgreiche Unterrichtsmethoden dar, die zu höheren Leistungszuwächsen führen (s. Kap. 3.1.3.1).
(2) Eine wahrgenommene effiziente Unterrichtsführung, die zugleich Bestandteil des Konzepts der direkten Instruktion ist als auch einen Aspekt der Quantität von Unterricht repräsentiert, erhöht die Zahl der Lerngelegenheiten und führt damit zu höheren Lernergebnissen (s. Kap. 3.1.2.2).
(3) Wahrgenommene kognitiv-konstruktivistische Unterrichtsansätze, soweit sie in allgemeinbildenden Schulen realisiert werden, führen zu einem besseren Konzeptverständnis und damit zu nachhaltigerem Lernen (s. Kap. 3.1.3.3).
(4) Schülerorientierte Ansätze, soweit sie sich nicht auf kooperative Sozialformen beziehen, stehen in eher negativem Zusammenhang mit dem Lernen (s. Kap. 3.1.3.2).
(5) Binnendifferenzierende bzw. individualisierende Maßnahmen führen zu erhöhtem Leistungszuwachs (vgl. Kap. 3.1.3.4).
(6) Im Vergleich zu den inhaltlich-didaktischen Aspekten des Unterrichts spielen emotionale Komponenten nur eine vergleichsweise marginale Rolle für die Leistungsentwicklung (vgl. Kap. 3.2.4 bzw. Kap. 4.1).

Entsprechend der makro-adaptiven Struktur unseres Bildungssystems in Form einer äußeren Leistungsdifferenzierung (s. Kap. 3.1.3.4) sollten sich in Abhängigkeit von der Schulart unterschiedlich effektive Unterrichtsmodelle zeigen, wobei nur nach Gymnasien und Nicht-Gymnasien getrennt werden soll, da zwischen diesen beiden Gruppen die Unterschiede im kognitiven Eingangsniveau der Schüler am größten sind (vgl. Köller, 1996):

(7) Ein geringes Unterrichtstempo, binnendifferenzierende sowie remediale Maßnahmen sollten in besonderer Weise bei Nicht-Gymnasien zu einer positiven Leistungsentwicklung beitragen.
(8) Ein anspruchsvoller, konstruktivistischer Unterricht sollte besonders leistungsförderlich bei Gymnasiasten wirken.
(9) Auf der Ebene von Schulklassen innerhalb einer Schulform sollten sich ebenfalls adaptive Verhaltensweisen des Lehrers zeigen: Das resultierende unterrichtliche Handeln des Lehrers ist in entscheidendem Ausmaß vom mittleren Leistungsniveau der Klasse zu Beginn eines Schuljahres abhängig,

die sich in Form von reziproken Mechanismen zwischen der Unterrichtsqualität und der Leistungsentwicklung nachweisen lassen.

Um das methodologische Problem der Wahl der Analyseebene zu lösen, werden in der vorliegenden Arbeit hierarchische Mehrebenenmodelle verwendet, die die simultane Analyse intra- und interklasslicher Zusammenhänge erlauben. Mit Hilfe dieser Modelle lassen sich auch empirische Hinweise zur Kausalität von Lernumweltmerkmalen und Lernentwicklung ableiten (s. die Ausführungen in Kap. 4.2, S. 101f).

III Datengrundlage und methodisches Vorgehen

Die empirische Datenbasis zur Überprüfung der im vorangegangenen Kapitel dargelegten Fragestellungen ist ein Teildatensatz der Mehrkohortenlängsschnittstudie „Bildungsverläufe und psychosoziale Entwicklung im Jugendalter (BIJU)“. Die Anlage und das Untersuchungsdesign dieser Studie werden in Kapitel 6 zunächst kurz skizziert. Im Anschluß daran (Kap. 7) wird die für die vorliegende Untersuchung verwendete Stichprobe beschrieben und ausgewählte Merkmale im Hinblick auf die Überprüfung systematischer Verzerrungen mit der Gesamtstichprobe verglichen. In Kapitel 8 wird die Durchführung der drei Erhebungswellen im 7. Schuljahr kurz skizziert. Kapitel 9 dient der Beschreibung der verwendeten Erhebungsinstrumente, wobei die zentralen Variablen ausführlicher besprochen werden als die sonstigen verwendeten Merkmale. In Kapitel 10 schließlich wird auf das Rationale von mehrebenenanalytischen Verfahren, insbesondere des hier verwendeten HLM-Ansatzes eingegangen und das in dieser Arbeit gewählte methodische Vorgehen bei der Modellierung mehrebenenanalytischer Prozesse dargestellt.

6 Anlage und Untersuchungsdesign der Längsschnittstudie „Bildungsverläufe und psychosoziale Entwicklung im Jugendalter (BIJU)“

Die Studie BIJU am Max-Planck-Institut für Bildungsforschung (Projektleiter: Prof. Dr. J. Baumert) untersucht die Qualität der schulischen Bildung in der Sekundarstufe I und II und ihre Bedeutung für den Aufbau eines soliden Fachwissens sowie einen erfolgreichen Prozeß der Identitätsfindung, der sowohl durch ein reflektiertes Verhältnis zur bestehenden politischen Ordnung als auch durch eine aktive Gestaltung des eigenen beruflichen und privaten Werdegangs gekennzeichnet ist.

Die Untersuchung umfaßt vier zentrale Forschungsschwerpunkte mit jeweils spezifischen Fragestellungen. Der erste Schwerpunkt bezieht sich auf die Untersuchung des schulinstitutionellen Wandels in den neuen Bundesländern und seine Auswirkungen auf zentrale Dimensionen der Persönlichkeitsentwicklung, die durch die Sicherung von institutionellen und individuellen Ausgangsdaten im ersten Jahr der Umstellung des ostdeutschen Einheitsschulsystems (mit Ausnahme Sachsens) auf das gegliederte westdeutsche Bildungswesen ermöglicht wird. Der zweite Forschungskomplex richtet sich auf die Analyse fachspezifischer Lernprozesse in Abhängigkeit von sozialen und kognitiven Ressourcen, Vorkenntnissen, motivationalen Orientierungen, Lernstrategien, Merkmalen des Unterrichts und institutionellen Rahmenbedingungen. Die vorliegende Studie ordnet sich in diesen Forschungsschwerpunkt ein. Ein dritter Forschungsakzent liegt auf der Untersuchung langfristiger psychosozialer Entwicklungsverläufe im Jugendalter unter variierenden Schul- und Unterrichtsbedingungen. Der vierte Untersuchungskomplex schließlich umfaßt die Übergangsphase in die berufliche Erstausbildung am Ende der Sekundarstufe I und bezieht sich auf die Bewältigung dieses Berufsfindungsprozesses in Abhängigkeit von persönlichen Ressourcen und den Bedingungen eines restriktiven Ausbildungs- und Arbeitsmarktes sowie die langfristige Entwicklung individueller Lebenspläne, Zukunftsvorstellungen und Gesellschaftsbilder.

Im Rahmen des Forschungsschwerpunktes zu fachspezifischen Lernverläufen wurde zusätzlich auf die Anschlußfähigkeit der erhobenen Schulleistungsdaten in den Fächern Mathematik, Biologie, Physik und Englisch an internationale Schulvergleichsstudien der 80er und 90er Jahre geachtet, die von der *International Association of Educational Achievement (IEA)* durchgeführt wurden. Bei der Entwicklung der Fachleistungstests für Mathematik und die Naturwissenschaften wurde deshalb eine enge Verzahnung der Testaufgaben mit den in der zweiten und dritten internationalen Mathematik- und Naturwissenschaftsstudie verwendeten Items vorgenommen.

Die grundlegenden Fragestellungen des Projekts erforderten eine Stichprobe, die sowohl über Bundesländer wie über Schulformen streute, um dem Gesichtspunkt der Schuljahrgangsrepräsentativität für die Bundesrepublik Deutschland Rechnung zu tragen. Es wurden daher alle drei bzw. vier Regelschulformen des allgemeinbildenden Schulsystems (Hauptschule, Realschule, Gymnasium und Gesamtschule) aus den Ländern Nordrhein-Westfalen (NRW), Mecklenburg-Vorpommern (MV) und Sachsen-Anhalt (SA) einbezogen. Mit der zweiten Erhebungswelle wurde die Stichprobe um das Land Berlin erweitert, um den institutionellen Wandel des Schulsystems in einem Bundesland zu dokumentieren, das unter besonderem Anpassungsdruck stand.

Die Studie wurde mit der ersten Längsschnittkohorte im Schuljahr 1991/92 in der 7. Jahrgangsstufe begonnen und umfaßte drei Erhebungszeitpunkte zu Beginn, in der Mitte und am Ende des Schuljahres (s. Abb. 6.1). Mit dem Ende des 7. Schuljahres fand gleichzeitig eine Befragung der Fachlehrer der beteiligten Schulklassen in den vier Fächern Mathematik, Biologie, Physik und Englisch statt. Die vierte Erhebung des ersten Längsschnitts am Ende des 10. Schuljahres – durchgeführt im Mai/Juni 1995 – stellt die letzte Befragung aller Teilnehmer im Klassenverband dar. Die zwei Jahre später erfolgte fünfte Erhebung bestand daher aus zwei Befragungsabschnitten: Im ersten Abschnitt wurden im Januar/Februar 1997 die Gymnasiastinnen und Gymnasiasten, die sich zu diesem Zeitpunkt in der 12. Jahrgangsstufe befanden, erneut befragt. Da in den neuen Bundesländern die allgemeine Hochschulreife (Abitur) bereits nach 12 Jahren erworben wird, stellte diese Erhebung für die Schüler aus Mecklenburg-Vorpommern und Sachsen-Anhalt zugleich die Abschlußbefragung in der Schule dar. In den beiden alten Bundesländern Nordrhein-Westfalen und Berlin wurde dieser Meßzeitpunkt um eine Querschnitterhebung des Abschlußjahrgangs der beteiligten Gymnasien bzw. gymnasialen Oberstufen an Gesamtschulen (13. Jahrgangsstufe) erweitert, um Vergleichsdaten für das erreichte Bildungsniveau am Ende der Sekundarstufe II zu erhalten. Für einen Teil der westdeutschen Teilnehmer des Längsschnitts (ca. 25 % der in der 12. Klasse befragten westdeutschen Schüler) wurde eine erneute Befragung mit identischen Leistungstests im Januar/Februar 1998 durchgeführt (Welle 5a), um Basisdaten für den Lernerfolg von Klasse 12 nach 13 zu gewinnen.

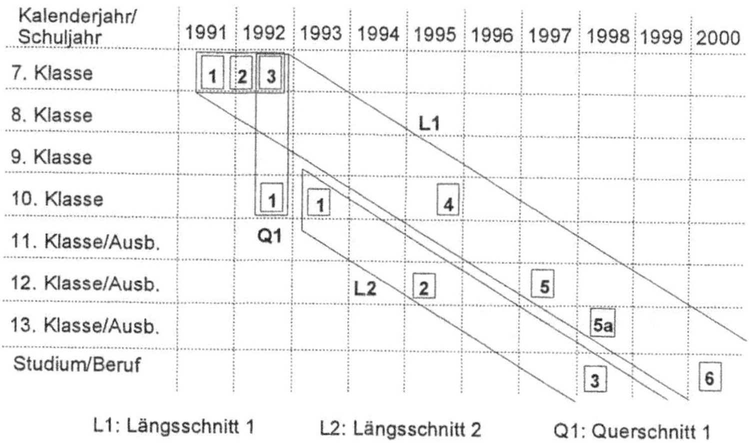

Abbildung 6.1: Kohorten- und Erhebungsdesign der Studie „Bildungsverläufe und psychosoziale Entwicklung im Jugendalter (BIJU)"

Der zweite Erhebungsabschnitt umfaßte die postalische Befragung der Schulabgänger der vierten Welle sowie jener Schüler, die die gymnasiale Oberstufe besuchten, aber aufgrund eines Schul(form)wechsels nicht an der Schulbefragung teilgenommen hatten. Weitere Erhebungen dieser Kohorte sind geplant, wenn sich die jungen Erwachsenen in der beruflichen/ schulischen Erstausbildung bzw. im Studium befinden (Welle 6) sowie an der sog. zweiten Schwelle, dem Übergang von der Ausbildung in den Beruf, angekommen sein werden (Welle 7). Parallel zum dritten Meßzeitpunkt am Ende der Jahrgangsstufe 7 (L1) wurde

– finanziell unterstützt vom Bundesministerium für Bildung, Wissenschaft, Forschung und Technologie (BMBF) – eine Querschnitterhebung in den zehnten Klassen der Teilnehmerschulen durchgeführt, die die politischen Einstellungen und Kenntnisse Jugendlicher in einer durch die deutsche Vereinigung bedingten Phase rapiden Wandels dokumentieren sollte. Zugleich wurden bei den Schulabgängern Daten zu Aspekten der Berufswahl und Berufseinmündung erfaßt (Details hierzu s. Roeder & Schnabel, 1995).

Mit dem Schuljahr 1992/93 schließlich wurde die Studie um eine zweite Längsschnittkohorte von Jugendlichen der 9. und 10. Jahrgangsstufe des drei- bzw. viergliedrigen Schulsystems in Nordrhein-Westfalen, Mecklenburg-Vorpommern und Sachsen-Anhalt erweitert (s. Abb. 6.1). Diese Jugendlichen wurden 1995 erneut postalisch befragt. Im Mittelpunkt des Forschungsinteresses stehen bei dieser Kohorte vor allem Aspekte des Übergangs in die berufliche Erstausbildung bzw. des weiteren schulischen Werdegangs sowie die damit verbundene berufliche bzw. schulische Sozialisation politischer Einstellungen und Werthaltungen. Im Gegensatz zur Querschnitterhebung liegen für diese Kohorte auch Daten aus Fachleistungstests vor, die am Ende der 9. bzw. 10. Klasse erhoben wurden. Eine dritte Befragung der Teilnehmer dieses Längsschnitts wird derzeit vorbereitet, die Aspekte des Übergangs von der Erstausbildung in den Beruf bzw. von der Schule ins Studium erfassen soll (zu weiteren Details s. Heyn, Schnabel & Roeder, 1997).

Empirische Grundlage der vorliegenden Arbeit sind die ersten drei Erhebungswellen der ersten Längsschnittkohorte in der Jahrgangsstufe 7. Da die Arbeit den Einfluß des Unterrichts auf den *Lernverlauf* innerhalb eines Schuljahres untersucht, bleiben die Angaben der Berliner Schüler wegen des Fehlens der ersten Erhebungswelle unberücksichtigt. Da zum vierten Meßzeitpunkt ebenfalls Angaben der Schüler zum Unterricht in den Fächern Mathematik und Physik erhoben wurden, allerdings aufgrund des im Regelfall zwischen dem 8. und 9. Schuljahr erfolgten Fachlehrerwechsels ihr Einfluß auf den Lernverlauf nicht untersucht werden kann, werden diese Daten ausschließlich zu Validierungszwecken zusätzlich zu den anderen Meßzeitpunkten herangezogen.

7 Beschreibung der Stichprobe

Für die erste Längsschnittkohorte sollte pro Bundesland ein für die drei bzw. vier Schulformen repräsentatives Schulsample realisiert werden. Da jedoch zum Zeitpunkt der Erstbefragung gerade die Umstellung des ostdeutschen Schulsystems auf das gegliederte Bildungswesen der Bundesrepublik erfolgte, bestand in den neuen Bundesländern zunächst nur ein sehr reduziertes und vorläufiges Schulformangebot, das weiteren Wandlungen im Verlauf des Schuljahres 1991/92 unterlag. Dies hatte zur Folge, daß in Sachsen-Anhalt zunächst nur Gymnasien und Sekundarschulen eingerichtet wurden, wobei letztere sowohl reine Haupt- oder Realschulen als auch nach Klassen getrennte Haupt- und Realschulgänge unter einem Dach bzw. Mischklassen ohne äußere Differenzierung (ähnlich dem Gesamtschulprinzip) umfaßten. In Mecklenburg-Vorpommern wurde zwar keine die beiden unteren Schularten vereinigende Schulform geschaffen, jedoch nur in ganz geringem Umfang selbständige Hauptschulen eingerichtet. Aufgrund dieser Schulsituation zu Beginn der Umstellung wurde in den neuen Bundesländern nur eine nach Gymnasium und Nicht-Gymnasium stratifizierte Schulstichprobe gezogen. In Nordrhein-Westfalen dagegen konnte aufgrund des Schulsamples eine Stichprobe realisiert werden, die weitgehend repräsentativ für die Schülerpopulation der vier Schultypen dieses Bundeslandes im Schuljahr 1991/92 ist (zu weiteren Einzelheiten des Schulsamples s. Schnabel, 1998a).

Insgesamt liegen für 3787 Schüler Längsschnittdaten aus den ersten drei Erhebungswellen vor, die die *Bruttostichprobe* (Schnabel, 1998a) für die vorliegende Arbeit bilden. Um Schul- und Klasseneffekte trennen zu können, und damit ein wesentliches Manko bisheriger Schulleistungsstudien aufzuheben, wurden nach Möglichkeit zwei Parallelklassen pro Schule untersucht. Die 3787 Jugendlichen stammen daher aus 117 Schulen (51 aus NRW, 25 aus MV und 41 aus SA) bzw. 217 Klassen (99 aus NRW, 45 aus MV und 73 aus SA).

Die statistischen Datenauswertungen dieser Arbeit basieren jedoch nur auf den Angaben solcher Schüler, für die vollständige Datensätze zu den Leistungstests, den Selbsteinschätzungen der eigenen Fachkompetenzen (fachspezifisches Fähigkeitsselbstkonzept) sowie den Unterrichtswahrnehmungen vorliegen. Da die Analysen sowohl auf Individual- als auch Klassenebene durchgeführt werden, können zudem nur ausreichend große Klassen (Mindestgröße: fünf Schüler mit vollständigen Datensätzen pro Klasse[21]) berücksichtigt werden. Zur Überprüfung der Generalisierbarkeit von Befunden der Unterrichtsforschung über verschiedene Schulfächer werden die Auswertungen für die drei Fächer Mathematik, Biologie und Physik vorgenommen. Insgesamt konnten in Mathematik

[21] Nur bei 4-5 % der Klassen in Biologie und Physik liegt die Klassengröße bei nur fünf Schülern. In Mathematik beträgt dieser Prozentsatz knapp 10 %. Der erhöhte Anteil in Mathematik ist durch die Leistungsdifferenzierung dieses Faches an Haupt- und Gesamtschulen bedingt, wodurch die Klassen dieser beiden Schulformen in jeweils zwei Niveaukurse mit entsprechend niedrigerer Schüleranzahl aufgeteilt werden mußten. Ein zusätzlicher Datenverlust entstand durch fehlende Angaben der Kurszugehörigkeit bei einigen Schülern. Im übrigen liegt die durchschnittliche Klassengröße der berücksichtigten Klassen in Biologie und Physik bei über 13 Schülern sowie in Mathematik bei knapp 11, so daß das etwas niedrig erscheinende Kriterium für die Mindestgröße der Klasse unproblematisch ist.

1766 Schüler bzw. 165 Klassen, in Biologie 1573 Schüler bzw. 115 Klassen und in Physik 1589 Schüler bzw. 119 Klassen berücksichtigt werden. Tabellen 7.1-a und b geben die Verteilung der Bruttostichprobe[22] sowie der jeweils in den drei Fächern berücksichtigten Teilstichproben auf Schüler- und Klassenebene wieder.

Tabelle 7.1-a: Verteilung der Gesamtstichprobe und der hier berücksichtigten Teilstichproben in Mathematik (M), Biologie (B) und Physik (P), getrennt nach Bundesland, Schulform und Geschlecht (Schülerebene)

	NRW				MV				SA				Gesamt	
	weiblich		männlich		weiblich		männlich		weiblich		männlich			
	N	%	N	%	N	%	N	%	N	%	N	%	N	%
Hauptschule														
Bruttostichprobe	176	4,7	193	5,1	20	0,5	18	0,5	11	0,3	26	0,7	444	11,8
Teilstichprobe: M	65	3,4	61	3,5	3	0,2	2	0,1	6	0,3	15	0,8	152	8,6
B	34	2,2	43	2,7	2	0,1	6	0,4	9	0,6	15	1,0	109	6,9
P	22	1,4	22	1,4	10	0,6	4	0,3	8	0,5	16	1,0	82	5,2
Realschule														
Bruttostichprobe	297	7,9	320	8,5	107	2,9	103	2,7	170	4,5	145	3,9	1142	30,5
Teilstichprobe: M	204	11,5	164	9,3	43	2,4	30	1,7	100	5,7	74	4,2	615	34,8
B	193	12,3	167	10,6	7	0,4	10	0,6	122	7,8	85	5,4	585	37,2
P	167	10,5	175	11,0	36	2,3	34	2,1	106	6,7	84	5,3	603	37,9
Gymnasium														
Bruttostichprobe	372	9,9	194	5,2	264	7,0	195	5,2	481	12,8	347	9,3	1853	49,4
Teilstichprobe: M	213	12,1	82	4,6	120	6,8	59	3,3	266	15,1	161	9,1	903	51,1
B	134	8,5	68	4,3	2	0,1	8	0,5	353	22,4	230	14,6	795	50,5
P	13	0,8	10	0,6	105	6,6	81	5,1	343	21,6	247	15,5	800	50,3
Gesamtschule														
Bruttostichprobe	107	2,9	123	3,3	–	–	–	–	37	1,0	44	1,2	311	8,3
Teilstichprobe: M	38	2,1	31	1,8	–	–	–	–	13	0,7	16	0,9	98	5,5
B	23	1,5	17	1,1					25	1,6	20	1,3	85	5,4
P	25	1,6	30	1,9					30	1,9	21	1,3	106	6,7

		NRW N	NRW %	MV N	MV %	SA N	SA %	Gesamt N	Gesamt %
Gesamt:	Brutto	1782	47,5	707	18,9	1261	33,6	3750	100
	M	858	48,6	257	14,5	651	36,9	1766	100
	B	679	43,1	35	2,2	859	54,6	1573	100
	P	464	29,2	270	17,0	855	53,8	1589	100

Anmerkungen: Bei den unter Sachsen-Anhalt aufgeführten Gesamtschülern handelt es sich nicht um Gesamtschüler, sondern um Jugendliche gemischter Haupt- und Realschulklassen, die dadurch keiner der beiden Schulformen zuzuordnen sind – sie werden daher, entsprechend der amtlichen Statistik, unter Gesamtschülern aufgeführt.

Die Stichproben in den beiden naturwissenschaftlichen Fächern sind deutlich kleiner, weil ein Teil der Klassen aufgrund von Epochalunterricht bzw. jahr-

[22] Da sieben Klassen der Bruttostichprobe aus weniger als fünf Schülern bestehen und von 21 Schülern die Angaben zum Geschlecht fehlen, reduziert sich die Bruttostichprobe auf 3750 Schüler.

gangsweisem Wechsel zwischen Biologie-, Chemie- und Physikunterricht von vornherein ausgeschlossen werden mußten. So war in Mecklenburg-Vorpommern aufgrund eines ministeriellen Erlasses kein Biologieunterricht im 7. Schuljahr vorgesehen. Einige Schulen haben dennoch einen solchen Unterricht erteilt. In Nordrhein-Westfalen wurde in den meisten Gymnasialklassen[23] kein Physik in der Jahrgangsstufe 7 unterrichtet, so daß die Gymnasialklassen in der Physik-Stichprobe fast ausschließlich von ostdeutschen Gymnasien stammen.

Tabelle 7.1-b: Verteilung der Gesamtstichprobe und der hier berücksichtigten Teilstichproben in Mathematik (M), Biologie (B) und Physik (P), getrennt nach Bundesland und Schulform (Klassenebene)

		NRW		MV		SA		Gesamt	
		N	%	N	%	N	%	N	%
Hauptschule									
Bruttostichprobe		23	11,0	4	1,9	3	1,4	30	14,3
Teilstichprobe:	M	17	10,3	1	0,6	2	1,2	20	12,1
	B	9	7,8	1	0,9	2	1,7	12	10,4
	P	6	5,0	2	1,7	2	1,7	10	8,4
Realschule									
Bruttostichprobe		31	14,8	15	7,1	21	10,0	67	31,9
Teilstichprobe:	M	31	18,8	9	5,5	16	9,7	56	33,9
	B	24	20,9	2	1,7	16	13,9	42	36,5
	P	23	19,3	8	6,7	15	12,6	46	38,7
Gymnasium									
Bruttostichprobe		28	13,3	24	11,4	44	21,0	96	45,7
Teilstichprobe:	M	24	14,5	17	10,3	37	22,4	78	47,3
	B	14	12,2	1	0,9	40	34,8	55	47,8
	P	2	1,7	14	11,8	39	32,8	55	46,2
Gesamtschule									
Bruttostichprobe		12	5,7	–	–	5	2,4	17	8,1
Teilstichprobe:	M	8	4,8	–	–	3	1,8	11	6,7
	B	2	1,7			4	3,5	6	5,2
	P	3	2,5			5	4,2	8	6,7
Gesamt									
Bruttostichprobe		94	44,8	43	20,5	73	34,8	210	100
Teilstichprobe:	M	80	48,5	27	16,4	58	35,2	165	100
	B	49	42,6	4	3,5	62	53,9	115	100
	P	34	28,6	24	20,2	61	51,3	119	100

Anmerkungen: Bei den unter Sachsen-Anhalt aufgeführten Gesamtschulklassen handelt es sich um kombinierte Haupt- und Realschulklassen, die keiner der beiden betreffenden Schulformen zuzuordnen sind – sie werden daher, entsprechend der amtlichen Statistik, unter Gesamtschulen aufgeführt. Da Mathematik an Gesamtschulen sowie einem Teil der Hauptschulen in NRW leistungsdifferenziert unterrichtet wird, ist die Analyseebene in diesem Fach nicht die Klasse, sondern der jeweilige Leistungsniveaukurs.

[23] Von allen 42 beteiligten Gymnasialklassen aus NRW erhielten nur 8 Klassen Physikunterricht auf der siebten Jahrgangsstufe. Legt man nur die 30 Klassen zugrunde, die an allen drei Erhebungswellen im 7. Schuljahr teilnahmen, reduziert sich diese Zahl auf 4 Klassen.

Wie die Aufsplittung in Bundesland, Schulform und Geschlecht zeigt, verschieben sich die prozentualen Anteile der einzelnen Bundesländer an den hier verwendeten Teilstichproben aufgrund der bundeslandspezifischen Regelungen des naturwissenschaftlichen Unterrichts deutlich im Vergleich zur Bruttostichprobe. Ebenso besteht eine Überrepräsentation von Realschülerinnen und Gymnasiastinnen aus Nordrhein-Westfalen in Biologie bzw. Mathematik sowie von Gymnasiastinnen aus Sachsen-Anhalt in Biologie und Physik. Insgesamt liegt der Anteil der Mädchen mit 60,7 % in Mathematik und 57,5 % in Biologie etwas höher als in der Bruttostichprobe (54,4 %), in Physik entspricht der Anteil exakt der Bruttostichprobe. Beiden Verschiebungseffekten wird deshalb in den Analysen des Ergebnisteils durch Kontrolle der Bundeslandzugehörigkeit sowie des Geschlechts Rechnung getragen.

Die Verteilung der hier verwendeten Teilstichproben auf Klassenebene zeigt im Vergleich zur Bruttostichprobe eine leichte Überrepräsentation von Realschulklassen sowie eine leichte Unterrepräsentation von Haupt- und Gesamtschulklassen in den beiden naturwissenschaftlichen Fächern insbesondere in Nordrhein-Westfalen. Der überproportionale Ausfall von Klassen dieser beiden Schulformen ist dadurch bedingt, daß einerseits an Gesamtschulen die naturwissenschaftlichen Fächer nur epochal unterrichtet oder als Wahlpflichtfächer angeboten werden, andererseits an Hauptschulen undifferenzierter oder ebenfalls epochaler Unterricht in den Naturwissenschaften erteilt wird. Biologie und Physik wurde zudem an einem Teil der Haupt- bzw. Gesamtschulen im 7. Schuljahr nicht unterrichtet. Im Gegensatz zu den beiden naturwissenschaftlichen Fächern zeigt die hier verwendete Teilstichprobe für Mathematik im Hinblick auf Schulform und Bundesland keine substantiellen Abweichungen zur Brutto-Stichprobe.

Bei den drei Teilstichproben handelt es sich nur z. T. um identische Schüler – die Schnittmenge gemeinsamer Schüler aller drei Teilstichproben liegt bei N = 684, d. h. von 684 Schülern liegen Angaben zu den Leistungen und den Unterrichtswahrnehmungen in allen drei Fächern vor (die Schnittmenge zwischen der Biologie- und Physikstichprobe beträgt N = 1144, zwischen Physik- und Mathematikstichprobe N = 891 und zwischen Biologie- und Mathematikstichprobe N = 924).

8 Durchführung der Datenerhebungen in der 7. Jahrgangsstufe

Die Datenerhebungen im 7. Schuljahr umfaßten 4-5 Schulstunden und fanden in der Regel an zwei aufeinanderfolgenden Tagen im Klassenverband statt. Zur Gewährleistung der zeitlichen Parallelität der einzelnen Erhebungen wurde den teilnehmenden Schulen ein verbindliches Zeitfenster von sechs Wochen zu jedem Meßzeitpunkt vorgegeben. Aus schulorganisatorischen Gründen wie z. B. Asbestsanierung, Stundenausfall wegen Hitzefrei, Klassenfahrten etc. ließen sich jedoch Ausnahmen von diesen Vorgaben nicht vermeiden. Die Erhebungen wurden durch zuvor geschulte Studentinnen und Studenten der den Schulorten nächstgelegenen Universitäten durchgeführt. Die Teilnahme der Schüler an der Untersuchung war, auch bei Vorliegen der zuvor eingeholten Einwillligung der Eltern, prinzipiell freiwillig – im Regelfall beteiligten sich jedoch alle Schüler einer Klasse an der Befragung. Die Fragebögen waren so konzipiert, daß ein Bogen innerhalb einer Schulstunde vollständig bearbeitet werden konnte. Sie enthielten in der Regel einen Fachleistungs- und/oder Intelligenztest sowie verschiedene Skalen zur Erfassung fachspezifischer und allgemeiner psychosozialer Merkmale. Der Verlauf einer Erhebungsstunde folgte weitgehend einem einheitlichen Schema: Nach dem Eintrag der individuellen Kennungsvariablen, die die Zuordnung der verschiedenen Fragebögen zu einer Person unter Wahrung ihrer Anonymität ermöglichten, bearbeiteten die Schüler unter Vorgabe eines festgelegten Zeitlimits die Leistungstests (*speed*-Testung, die je nach Test bei 15 bzw. 25 Minuten lag). Im Anschluß wurden allgemeine Fragen zu unterschiedlichen Persönlichkeits- und Situationsbereichen vorgelegt, die bis zum Ende der Stunde bearbeitet werden konnten. Die verschiedenen Befragungsteile bestanden überwiegend aus geschlossenen Fragen bzw. Ratingskalen, die Leistungstests enthielten, bis auf wenige Ausnahmen, Mehrfachwahlaufgaben (*multiple choice items*) mit drei bis fünf Antwortalternativen.

Die Zusammenstellung der Fachleistungstests erfolgte nach zwei Differenzierungsgesichtspunkten: Zum einen wurde dem unterschiedlichen Fremdsprachenunterricht in den neuen und alten Bundesländern Rechnung getragen, indem auf die Erhebung von Englischkenntnissen in Mecklenburg-Vorpommern, Sachsen-Anhalt und Berlin-Ost in der 7. Jahrgangsstufe, in der dort meist erst mit dem Englischunterricht begonnen wurde, verzichtet wurde[24]. Zum anderen wurde durch die Konzeption zweier unterschiedlich schwieriger Testformen für Mathematik und Englisch die breite Leistungsstreuung zwischen den Schularten berücksichtigt (Haupt- und Gesamtschulform versus Realschul- und Gymnasialform). Auf eine Leistungsdifferenzierung der naturwissenschaftlichen Fachleistungstests wurde verzichtet, da es sich hier um Fächer handelt, die nur mit einer geringen Stundenzahl unterrichtet werden und der fachdifferenzierte Unterricht erst später einsetzt. Somit wurde hier von einer geringeren Leistungsstreuung zwischen den Schularten ausgegangen.

[24] Dieses Fach wurde erst zum vierten Meßzeitpunkt (Ende Klasse 10) auch in den neuen Bundesländern erhoben.

9 Beschreibung der Instrumente

Das folgende Kapitel dient nicht dazu, einen Überblick über alle in der BIJU-Studie eingesetzten Erhebungsinstrumente zu geben (hier sei der interessierte Leser auf Baumert et al., 1997, verwiesen), sondern hat das Ziel, die in dieser Arbeit verwendeten Tests und Skalen genauer zu beschreiben. In den beiden ersten Teilkapiteln werden daher die für die Fragestellung zentralen Instrumente zur Leistungsmessung und Lernumweltwahrnehmung vorgestellt (Kap. 9.1 und 9.2). Im dritten Teilkapitel werden alle weiteren verwendeten Erhebungsinstrumente beschrieben, die vornehmlich der statistischen Kontrolle anderer Einflußgrößen auf den Zusammenhang von Lernen und Unterricht dienen (Kap. 9.3).

9.1 Die Fachleistungstests

Die Darstellung der Instrumente zur Erfassung der Fachleistungen ist in vier Abschnitte gegliedert, die die Entwicklung der Leistungstests, die Prüfung ihrer curricularen Validität und Eindimensionalität, die Skalierung dieser Tests auf der Basis der *Item-Response*-Theorie (IRT) sowie den Umgang mit hierarchischen Datenquellen beschreiben. Da bereits an anderer Stelle (vgl. Schnabel, 1998a, S.102-108; Köller, 1998, S. 65-90) ausführlich auf diese Aspekte der im Rahmen von BIJU durchgeführten Fachleistungsmessung eingegangen wurde, erfolgt hier nur eine kurze Diskussion der genannten Punkte.

Entwicklung der Fachleistungstests. Im Rahmen der Vorarbeiten zur BIJU-Studie wurden Testaufgaben aus älteren nationalen und internationalen Schulleistungsuntersuchungen, aus kommerziellen Schultests und Schulbüchern für die Fächer Deutsch, Englisch, Mathematik, Biologie und Physik gesichtet und umfangreiche Aufgabensammlungen unter dem Gesichtspunkt der praktischen Eignung für Erhebungszwecke (Bearbeitung sollte ohne Verwendung von Hilfsmitteln wie Taschenrechnern, Wörterbüchern etc. sowie innerhalb eines angemessenen Zeitrahmens erfolgen) zusammengestellt. Diese Aufgabensammlungen wurden Lehrplanexperten der an der Studie beteiligten Bundesländer vorgelegt, die die grundsätzliche Eignung einer jeden Aufgabe in dieser Sammlung für die Erfassung gelernten Unterrichtsstoffes der Sekundarstufe unter Angabe der jeweiligen Schulstufe beurteilten. Die Aufgabentexte in Mathematik und den Naturwissenschaften wurden zudem von Didaktikern auf ihre sprachliche Präzision überprüft, um eine möglichst hohe Korrespondenz zur verwendeten Sprache in den schulischen Lehrbüchern zu erhalten. Auf der Basis beider Expertenurteile sowie empirischer Gütekriterien (mit Hilfe von IRT-Modellen berechnete Itemfitstatistiken), die mit den Datensätzen der internationalen Schulleistungsstudien SIMS und SISS bzw. der nationalen Gymnasiastenstudie des MPIfB von 1969 (vgl. Edelstein, 1970; Baumert et al., 1986) ermittelt wurden, entstanden zunächst Pilotversionen, die unter Realbedingungen, d. h. Durchführung im Klassenverband unter Zeitvorgaben, in 7. Klassen erprobt wurden. Diese Pilotversionen wurden auf der Grundlage der in der Vortestung erzielten testtheoretischen Gütekriterien (Schwierigkeiten und Trennschärfen) weiter optimiert, wobei auf eine Berücksichtigung mehrerer Stoffgebiete innerhalb eines Faches geachtet wurde. Die so erhaltenen Endversionen wurden erneut mit Hilfe der landesspezifischen Lehrpläne hinsichtlich ihrer curricularen Validität für die beteiligten Bundesländer geprüft. Zusammenfassend läßt sich aufgrund des mehrstufigen Vorgehens für die in dieser Arbeit berücksichtigten Fächer Mathematik, Biologie und Physik festhalten, daß eine sehr gute Entsprechung zwischen den Fachleistungstests und dem Lehrplan erreicht werden konnte.

Um einerseits Erinnerungseffekte zu minimieren, andererseits die Bandbreite der durch die Aufgabensammlung abgedeckten Stoffgebiete möglichst zu erhalten, wurden zusätzlich zur Differenzierung nach Schularten unterschiedliche Testversionen für die drei Erhebungswellen in der 7. Jahrgangsstufe entwickelt. Jede Testversion enthielt daher neben einem Kern von Aufgaben (Ankeritems), die mindestens zu zwei Meßzeitpunkten eingesetzt wurden, auch Items, die nur zu einem Zeitpunkt vorgegeben wurden. Diese einmalig eingesetzten Aufgaben hatten vor allem die Funktion, Stoffgebiete abzudecken, die entweder erst im Laufe des Schuljahres behandelt werden, insofern erst am Ende des Jahres sinnvoll getestet werden können, oder Gegenstand früherer Schulstufen sind, die im Verlauf des aktuellen Schuljahres zu leicht werden. Durch dieses Vorgehen entstanden Testversionen mit zunehmender Schwierigkeit pro Erhebung, wobei Überlappungen sowohl zwischen den Schulartversionen als auch den Versionen der einzelnen Erhebungswellen bestanden. Das zweifache Anker-Design (Schulart x Meßzeitpunkt) verlangt allerdings das Methodeninventar der *Item-Response*-Theorie (IRT), mit dessen Hilfe nicht nur die in allen Wellen und allen Schularten eingesetzten Testaufgaben als Lernindikatoren verwendet werden können (dies würde aufgrund der geringen Itemanzahl gleichzeitig den Verlust der curricularen Validität bedeuten), sondern die gesamte Information der erhobenen Leistungsdaten für die Analyse von fachspezifischen Lernverläufen nutzbar ist.

Curriculare Validität und Eindimensionalität der Fachleistungstests. Die im vorangegangenen Abschnitt beschriebene curriculare Validität der mathematischen und naturwissenschaftlichen Leistungstests gilt zunächst nur für die in Kapitel 3.1.2.1 diskutierte oberste Ebene des schulischen Curriculums, das *inten-*

dierte Curriculum. Inwieweit die jeweiligen Leistungstests das in den einzelnen Klassen tatsächlich unterrichtete bzw. *implementierte* Curriculum erfassen, läßt sich erst über die Befragung der Fachlehrer ermitteln. Da sich Leistungstests notwendigerweise nur auf das intendierte Curriculum beziehen können, wenn sie Daten für vergleichende Analysen liefern sollen (andernfalls müßten klassenspezifische Leistungstests entwickelt werden, die im Extremfall nicht mehr miteinander vergleichbar wären), stellt die auf das implementierte Curriculum bezogene Validität kein Problem der Testkonstruktion, sondern eines der statistischen Analyse bzw. inhaltlichen Interpretation dar: Für Untersuchungen zum Zusammenhang von Motivation und Lernen beispielsweise lassen sich mit Hilfe mehrebenenanalytischer Verfahren gemittelte klassenspezifische Korrelationen bzw. Regressionskoeffizienten berechnen, die die Zusammenhangsstruktur innerhalb einer Klasse wiedergeben. Da die z. B. durch Krankheit einer Fachlehrerin bedingte geringere Anzahl von Lerngelegenheiten für alle Schüler einer Klasse gleich ist, handelt es sich bei diesen Koeffizienten um die Abbildung „echter", d. h. kontextunspezifischer Zusammenhänge. Demgegenüber stellt für Untersuchungen zum Einfluß von Lernumweltmerkmalen auf die Leistungsentwicklung die implementierte curriculare Validität des Leistungstests nicht nur ein statistisches Problem dar, sondern spiegelt zugleich auch ein Qualitätsmerkmal des Unterrichts wider – das Ausmaß der Umsetzung des intendierten Curriculums in den tatsächlich unterrichteten Lehrplan ist sowohl ein Produkt der tatsächlich erteilten Unterrichtsstunden, als auch ein Maß für die Fähigkeit des Lehrers, einen lehrstofforientierten Unterricht durchzuführen.[25] Für Fragestellungen letzterer Art wird man demnach nicht nur Lehrerangaben zum unterrichteten Curriculum als statistische Kontrollvariablen bei der Analyse von Zusammenhängen heranziehen, sondern ebenso Merkmale der Führungs- und Organisationskompetenz von Lehrern berücksichtigen, die u. a. als Indikatoren für die Qualität des Unterrichts dienen können.

Mit der Erfassung fachspezifischer Schulleistungen und ihrer Verläufe über ein Schuljahr durch Tests, die sowohl verschiedene Bereiche der einzelnen Stoffgebiete innerhalb eines Faches als auch unterschiedliche (kognitive) Schwierigkeitsgrade abdecken, stellt sich das Problem der Dimensionalität solcher Tests: Liegen den Leistungen in verschiedenen Stoffgebieten und Schwierigkeitsstufen unterschiedliche, voneinander unterscheidbare Fähigkeiten zugrunde oder lassen sie sich auf eine einzige (latente) Fähigkeitsdimension zurückführen?

In bezug auf diese Frage lassen sich zwei verschiedene Diskussionslinien un-

[25] Daneben spielen selbstverständlich auch noch Kontextmerkmale wie das durchschnittliche Leistungsniveau und die leistungsbezogene Heterogenität einer Klasse eine Rolle.

terscheiden, die jeweils Einwände gegen die Annahme einer einzigen latenten Fähigkeit vorbringen (vgl. Köller, 1998). Aus didaktischer Perspektive wird vielfach argumentiert, daß die unterschiedlichen Stoffgebiete innerhalb eines Faches (z. B. Geometrie und Algebra in Mathematik bzw. Optik und Mechanik in Physik) verschiedene Wissensbereiche abdeckten, die nicht notwendigerweise Voraussetzung für das Verständnis des jeweils anderen Sachgebiets seien. Aus psychologischer Sicht wird oft eingewendet, daß Textaufgaben in Mathematik bzw. Aufgaben zur Versuchsanordnung für die Überprüfung bestimmter Hypothesen in Physik oder Biologie andere kognitive Anforderungen haben als Aufgaben, die die bloße Reproduktion von Faktenwissen (Biologie und Physik) bzw. das Abrufen einfacher Rechenoperationen (z. B. bei Arithmetik-Aufgaben in Mathematik) erfordern. Frühe Arbeiten von Roeder und Treumann (1974), die einen Überblick über die bis dahin veröffentlichten Forschungen zu mathematischen und fremdsprachlichen Leistungen geben und eine Systematisierung der bisherigen Befunde vornehmen, weisen auf eine Mehrdimensionalität der Leistungen in beiden Bereichen hin. Allerdings zeigte sich in vielen der referierten Untersuchungen zu mathematischen Fähigkeiten ein starker *g*-Faktor. Auch neuere Arbeiten von Stern (1992) beispielsweise verweisen auf die Unterschiede im kognitiven Anforderungsniveau zwischen eingekleideten und nicht-eingekleideten mathematischen Aufgaben.

Die von Köller (1998) auf der Basis der deutschen TIMSS-Stichprobe (s. S. 84-90) durchgeführten Hauptachsenanalysen zur curricularen Dimensionalität zeigen jedoch, daß sich bei aller Unterschiedlichkeit der sechs berücksichtigten mathematischen Stoffgebiete[26] die Leistungen in diesen Teilbereichen analytisch nicht trennen lassen, sondern im wesentlichen auf eine einzige globale Fähigkeitsdimension zurückgehen. In die gleiche Richtung gehen jene Befunde von TIMSS (Baumert, Lehmann et al., 1997), die belegen, daß die Stabilität der internationalen Leistungsrangfolge der Länder in Mathematik und Naturwissenschaften auch dann erhalten bleibt, wenn nur einzelne Sachgebiete bei der Analyse berücksichtigt werden. Hinsichtlich der kognitiv-psychologischen Dimensionalität weisen die ebenfalls von Köller (1998) auf der Basis der BIJU-Daten durchgeführten Analysen für kognitiv anspruchsvolle und weniger anspruchsvolle Aufgaben in den Fächern Mathematik und Englisch auf eine einzige globale Fähigkeitsdimension hin. Die für beide Untertests getrennt geschätzten Personenparameter (s. Abschnitt *Skalierung der Leistungstests auf der Basis der Item-Response-Theorie (IRT)*), die die Fähigkeit einer Person zur Lösung dieser Subtests abbilden, korrelieren meßfehlerkorrigiert zu r = .95 bzw. r = .96. Die Er-

[26] Folgende Sachgebiete wurden berücksichtigt: Zahlen und Zahlenverständnis, Messen und Maßeinheiten, Algebra, Geometrie, Proportionalität sowie Darstellung und Analyse von Daten/Wahrscheinlichkeitsrechnung.

gebnisse der Analysen weisen somit darauf hin, daß die in BIJU entwickelten Leistungstests zwar durchaus verschiedene Teilfähigkeiten erfassen, diesen aber ein komplexes Fähigkeitssyndrom zugrunde liegt, das offensichtlich im jeweiligen Fachunterricht entsprechend trainiert wird, so daß sich die einzelnen Teilkomponenten empirisch nicht mehr unterscheiden lassen. Dies bedeutet, daß für die Untersuchung globaler fachspezifischer Leistungsfähigkeiten und ihrer Veränderung über die Zeit die Eindimensionalitätsannahme der konstruierten Leistungstests gerechtfertigt erscheint.

Skalierung der Leistungstests auf der Basis der Item-Response-Theorie (IRT). Im Hinblick auf die Erfassung eines eindimensionalen Merkmals (hier: Fachleistungen in verschiedenen Schulfächern) mit Hilfe dichotomer Testaufgaben (hier: Fachleistungstests mit richtiger bzw. falscher Antwort) geht die klassische Testtheorie davon aus, daß die wahre Ausprägung eines Merkmals (Fähigkeit) mit Hilfe von Testitems unter Berücksichtigung von Meßfehlern direkt gemessen werden kann. Im Gegensatz dazu basiert die *Item-Response*-Theorie auf der zentralen Annahme, daß die Lösung bzw. Nicht-Lösung eines Testitems nur ein Indikator für die latente Fähigkeit einer Person ist, der die Wahrscheinlichkeit dieser Person, zu einer richtigen Lösung zu gelangen, angibt. Mit zunehmender Fähigkeit einer Person steigt ihre Lösungswahrscheinlichkeit an, allerdings nicht linear, wie bei den Annahmen der klassischen Testtheorie, sondern logistisch, da der Deckeneffekt (die Lösungswahrscheinlichkeit kann 1 nicht überschreiten) berücksichtigt werden muß (Rost, 1996; vgl. Schnabel, 1998a). Auf der Basis dieser logistischen Wahrscheinlichkeitsfunktion können im Rahmen von IRT-Modellen Personenparameter, die die Fähigkeiten der einzelnen Personen abbilden, und Itemparameter, die die Schwierigkeiten der Testitems wiedergeben, berechnet werden. Die Beziehung zwischen beiden Parametern wird als *Itemcharakteristik* bezeichnet. Voraussetzung für die Anwendung von IRT-Modellen sind monoton steigende Itemcharakteristiken. Dies bedeutet, daß mit steigender Personenfähigkeit generell die Wahrscheinlichkeit einer richtigen Lösung steigt.

Das Grundmodell im Rahmen der IRT ist das einparametrische Raschmodell (Rasch, 1960), das von der Annahme variierender Itemschwierigkeiten, aber gleicher Trennschärfen für alle Items ausgeht (vgl. Rost, 1996). Da diese Annahme für viele Daten nicht haltbar ist, wurde von Birnbaum (1968) ein Zwei-Parameter-Modell entwickelt, das zusätzlich einen Diskriminationsparameter (Trennschärfe) einführt, der die Variation der Items hinsichtlich ihrer Trennschärfe erlaubt. Im dreiparametrischen Modell kann noch zusätzlich die Ratewahrscheinlichkeit der Items berücksichtigt werden. Wie Köller (1998) zeigen konnte, ließen sich für die in BIJU verwendeten Leistungstests am besten die zweiparametrischen Modelle anpassen.

Aufgrund des zweifachen Anker-Designs der BIJU-Studie (s. o.), dem unterschiedliche Itemzusammenstellungen für verschiedene Gruppen von Personen zugrunde liegen, wurden sog. *Test-Equating*-Prozeduren notwendig, um die volle Information der Tests nutzen zu können. Zunächst wurden pro Schulartversion innerhalb eines Meßzeitpunkts mit Hilfe des Zwei-Parameter-Modells die Item- und Personenparameter geschätzt und mit Hilfe des Computerprogramms *Equate 2.0* (Baker, 1994) auf der Basis der Ankeriteminformationen Transformationsvorschriften bestimmt, die die unterschiedlichen Item- und Personenparameter auf eine gemeinsame latente Dimension transformierten. In analoger Weise wurden die verschiedenen Item- und Personenparameter der einzelnen Meßzeitpunkte auf eine gemeinsame latente Dimension überführt, so daß am Ende dieser Prozeduren jede Person insgesamt drei individuelle Werte auf der latenten Variablen *Leistungsfähigkeit in Mathematik* (bzw. *Biologie, Physik, Englisch)* besaß (s. ausführlich hierzu Köller, 1998). Durch diese Art des Vorgehens konnten trotz unterschiedlicher Testversionen die Informationen aller vorgegebenen Testaufgaben einer Person für die Bildung eines Gesamtleistungsscores genutzt werden. Schließlich wurden die Personenparameter aller drei Erhebungswellen linear so transformiert, daß die jeweiligen Fachleistungen zum ersten Meßzeitpunkt in der Gesamtstichprobe auf einer Skala mit einem Mittelwert von 100 und einer Standardabweichung von 30 liegen. Leistungszuwächse sollten sich hierbei in einer Verschiebung des Mittelwerts größer als 100 zum zweiten und dritten Erhebungszeitpunkt zeigen.

Der Umgang mit hierarchischen Datenquellen. Die Anlage der BIJU-Studie mit der Erhebung von zwei Parallelklassen pro Schule ermöglicht es, das Auftreten von Leistungsunterschieden auf die verschiedenen Ebenen des Schulsystems – Schulform, Schule, Klasse und Schüler – zurückzuführen. Diese hierarchische Varianzzerlegung erfordert keine komplizierten Analysen mit Hilfe von Mehrebenenverfahren, wie sie z. B. Ditton & Krecker (1995) verwandt haben, sondern läßt sich mit Hilfe einfacher Varianzanalysen durchführen: Es müssen zunächst nacheinander drei univariate Varianzanalysen mit der Schulform, Schul- und Klassenzugehörigkeit als unabhängige Variablen und den jeweiligen Fachleistungstests als abhängige Variablen berechnet werden. Hierbei erhält man für jede unabhängige Variable spezifische Quadratsummen (QS) sowie eine Gesamt-Quadratsumme. Durch Division von $QS_{Schulform}$ durch QS_{Total} erhält man die ausschließlich auf die Schulformzugehörigkeit zurückgehende Varianz. Die Differenz aus QS_{Schule} und $QS_{Schulform}$ geteilt durch QS_{Total} ergibt den Anteil der Schulen (innerhalb der Schulform), die Differenz aus QS_{Klasse} und QS_{Schule} geteilt durch QS_{Total} ergibt den Anteil der Klassen (innerhalb von Schulen) an der Gesamtstreuung (vgl. Köller, 1998; zu technischen Details s. Schnabel, 1998a).

Führt man auf diese Weise eine hierarchische Varianzzerlegung der Leistungstests für Mathematik, Biologie und Physik durch, so ergeben sich folgende prozentuale Varianzverteilungen (s. Tabelle 9.1a-c).

Tabelle 9.1a-c: Ergebnisse der hierarchischen Varianzzerlegungen der IRT-Leistungsscores für Mathematik, Biologie und Physik zu den drei Meßzeitpunkten (dargestellt sind die Quadratsummen für die einzelnen Quellen sowie in Klammern ihr prozentualer Anteil an der Gesamtvarianz)

(a) Mathematik

Quelle	Welle 1	Welle 2	Welle 3
Schüler	760439,96 (51,6 %)	1093018,36 (39,1 %)	1105141,36 (38,0 %)
Klasse	90457,95 (6,0 %)	138660,30 (5,0 %)	136276,25 (4,7 %)
Schule	185338,05 (12,4 %)	468653,76 (16,7 %)	464936,98 (15,9 %)
Schulform	465827,33 (31,0 %)	1094229,65 (39,2 %)	1203519,66 (41,4 %)
Total	1502063,30 (100 %)	2794561,94 (100 %)	2909874,15 (100 %)

(b) Biologie

Quelle	Welle 1	Welle 2	Welle 3
Schüler	698082,53 (55,3 %)	776025,92 (56,7 %)	1270092,88 (52,4 %)
Klasse	55018,48 (4,4 %)	57755,85 (4,3 %)	90690,21 (3,7 %)
Schule	94900,90 (7,5 %)	112783,61 (8,2 %)	242540,50 (10,0 %)
Schulform	413313,54 (32,8 %)	421114,62 (30,8 %)	822644,87 (33,9 %)
Total	1261315,45 (100 %)	1367680,01 (100 %)	2425968,46 (100 %)

(c) Physik

Quelle	Welle 1	Welle 2	Welle 3
Schüler	716073,32 (63,8 %)	828644,16 (60,4 %)	1154840,90 (55,8 %)
Klasse	44121,87 (3,9 %)	60093,47 (4,4 %)	103415,64 (5,0 %)
Schule	124221,14 (11,1 %)	166820,52 (12,1 %)	284923,44 (13,8 %)
Schulform	238381,49 (21,2 %)	316929,81 (23,1 %)	525011,45 (25,4 %)
Total	1122797,82 (100 %)	1372487,96 (100 %)	2068191,43 (100 %)

Für alle drei Fächer erweisen sich die Schülerebene und die Ebene der Schulform als die wichtigsten Varianzquellen, wobei die Schulform in Physik einen deutlich niedrigeren Anteil (21-25 %) an der Gesamtvarianz hat als in den beiden anderen Fächern. Auf die Klassenzugehörigkeit (innerhalb von Schulen) entfällt der geringste Anteil der Gesamtvarianz (zwischen 4-6 %), die Unterschiede zwischen Schulen innerhalb von Schulformen haben einen deutlich höheren Anteil an der Gesamtvarianz (8-17 %). Dieser Unterschied in der Bedeutsamkeit von Schule und Klasse für die Fachleistung ist jedoch nur schwer inhaltlich zu interpretieren, da in der Studie nur sehr lückenhafte Informationen zum Anteil von Parallelklassen mit identischen Fachlehrern vorliegen. Sollte es sich beispielsweise bei einem Drittel der Fälle um Klassen mit identischen Fachlehrern handeln, würde dies automatisch den Anteil der durch die Schulzugehörigkeit erklärten Varianz erhöhen, da Fehlzeiten des Lehrers, sein Unterrichtsmanagement, sein Unterrichtsstil etc. die Zahl der Lerngelegenheiten als wesentliche Voraussetzungen von Lernen in beiden Klassen substantiell beeinflussen. Insgesamt zeigt sich in allen drei Fächern eine Zunahme der Varianz in den Schulleistungen von der ersten zur dritten Erhebungswelle, die zumindest in Mathematik und Physik wesentlich durch die institutionellen Faktoren bedingt ist. Vor diesem Hintergrund läßt sich für die weiteren Analysen festhalten, daß substantielle Leistungsunterschiede zwischen Klassen bzw. Schulen bestehen, nach deren Ursachen (z. B. unterschiedliche Lernumwelten) sinnvollerweise gesucht werden kann.

9.2 Die Skalen zur Wahrnehmung des Fachlehrers und des Fachunterrichts

Auch für diese Studie – wie für alle anderen, die sich mit Lernumweltwahrnehmungen aus der Schülerperspektive befassen – ist kennzeichnend, daß die verwendeten Skalen zur Erfassung der Unterrichts- und Lehrerwahrnehmung, unter Rückgriff auf die verfügbaren Klimainstrumente, vornehmlich im Projekt entwickelt wurden. Maßgeblicher Grund für die Eigenentwicklung war jedoch das Anliegen, die in der beobachtenden Unterrichtsforschung als erfolgreich identifizierten Konzepte auf die Forschung zur Schülerwahrnehmung zu übertragen und mit klassischen Konstrukten der Klimaforschung zu verbinden. Dies zog notwendigerweise auch eine fachspezifische Erhebung der Konstrukte nach sich. Durch die Anbindung an die Unterrichtsforschung lag der Fokus der Untersuchung stärker auf der Wahrnehmung der Lehrperson sowie ihres Fachunterrichts. Der Bereich der Schüler-Schüler-Beziehungen wurde demgegenüber nur am Rande durch zwei Skalen zur Hilfsbereitschaft und Konkurrenz unter den

Mitschülern erfaßt – da, mit Ausnahme von Gesamtschulen und einigen Hauptschulen, der Fachunterricht in der Regel im Klassenverband stattfindet, entfiel in diesem Bereich auch die fachspezifische Erhebung dieser Konstrukte. Die beiden Skalen werden jedoch in dieser Arbeit nicht verwendet, da es hier vornehmlich um die Prüfung der Replizierbarkeit der Befunde der beobachtenden Unterrichtsforschung auf der Basis von Schülerangaben geht.

Insgeamt wurden einmalig zum dritten Meßzeitpunkt 21 Skalen zur Erfassung der Lernumweltwahrnehmung in den Fächern Mathematik, Biologie und Physik eingesetzt. Lernumweltmerkmale, die zur Vorhersage von fachspezifischen Leistungsverläufen genutzt werden sollen, erst am Ende des Schuljahres zu erheben, ist zwar nicht unproblematisch, erscheint aber aus mehreren Gründen gerechtfertigt:

(1) Die Schüler müssen zunächst genügend Erfahrungen mit den Fachlehren gesammelt haben, um sie überhaupt reliabel einschätzen zu können.
(2) Die Einflüsse von Persönlichkeitsmerkmalen auf die Lernumweltwahrnehmung sind am Ende des Schuljahres geringer als zu Beginn (vgl. Saldern, 1987a; s. auch Kap. 3.2.3, S. 75).
(3) In der Studie von Saldern (1987a) deutet sich zudem an, daß die Varianz der Schülerurteile innerhalb einer Klasse gegen Ende des Schuljahres abnimmt. Dies weist darauf hin, daß sich kollektive Lernumweltwahrnehmungen (bzw. -kognitionen) im Sinne Pekruns (s. Kap. 3.2.1, S. 65ff.) am ehesten am Ende des Schuljahres erfassen lassen.
(4) Die Itemformulierungen wurden so gewählt, daß sie sich auf häufig wiederkehrende oder typische Ereignisse im Unterricht bzw. Handlungen des Lehrers beziehen. Damit wurde die Erfassung überdauernder, allgemeiner Merkmale der Lernumwelt sichergestellt, die als Prädiktoren für Leistungsentwicklungen verwendet werden können.

Die Skalen wurden unter dem Gesichtspunkt ausgewählt bzw. neu entwickelt, inwieweit sie als Indikatoren für die im dritten Kapitel beschriebenen Unterrichtskonzepte *Klassenführung*, *lehrergeleiteter Unterricht*, *schülerorientierte* oder *konstruktivistische Ansätze* sowie *adaptive Unterrichtsformen* verwendet werden können bzw. die *emotionale Qualität der Lehrer-Schüler-Beziehung* erfassen. Tabelle 9.2 stellt die Einzelskalen unter den entsprechenden Unterrichtskonzepten, die sie indikatorisieren, dar und führt die Herkunft[27] und Reliabilitäten dieser Skalen auf. Zusätzlich sind dort Itembeispiele für jede Skala wieder-

[27] Wird hier auf BIJU verwiesen, so stellen die Skalen Projektentwicklungen dar, deren vollständige Dokumentation in Anhang 1 und 2 sowie bei Baumert et al. (1997) zu finden ist. Darüber hinaus sind dort auch alle anderen hier verwendeten Skalen dokumentiert.

gegeben. Da die Reliabilitäten der einzelnen Skalen aufgrund ihrer unterschiedlichen Testlänge nur schwer miteinander vergleichbar sind, wurde für alle Skalen zusätzlich die interne Konsistenz (Cronbachs Alpha) für eine verlängerte Skalenversion von 10 Items berechnet (zur Formel vgl. Rost, 1996, S. 357). Die realen internen Konsistenzen (vgl. Spalte 3) liegen – mit einer Ausnahme bei der Skala *Ineffektive Behandlung von Unterrichtsstörungen* in Biologie und Physik – für alle Skalen in allen drei Fächern zwischen $\alpha = 0{,}62$ und $\alpha = 0{,}88$. In Anbetracht der auf 10 Items hochgerechneten Reliabilitäten, die für alle Skalen Werte von über $\alpha = 0{,}80$ ausweisen, können diese internen Konsistenzen als zufriedenstellend bezeichnet werden. Für alle Skalen wurde ein einheitliches vierstufiges *forced-choice*-Antwortformat (d. h. ohne Mittelkategorie) mit den Ausprägungen 1 = „trifft überhaupt nicht zu", 2 = „trifft eher nicht zu", 3 = „trifft eher zu" und 4 = „trifft voll und ganz zu" verwendet. Die für die Analysen verwendeten Skalenwerte wurden durch Addieren der Itemausprägungen mit anschließender Division durch die Anzahl der Items gebildet. Die Skalenwerte konnten dementsprechend Werte zwischen 1 und 4 annehmen. Im folgenden werden die einzelnen Konstrukte näher beschrieben.

Regelklarheit. Diese Skala wurde dem CES (Moos & Trickett, 1974) entnommen und stellt eine drei Items umfassende Kurzfassung der Skala *Rule Clarity* dar. Sie bezieht sich auf den Grad expliziter, klar definierter Verhaltensregeln sowie ihrer Konsequenzen bei Nichtbeachtung und erfaßt damit das Ausmaß konsistenten Lehrerverhaltens bei Regelüberschreitungen.

Zeitverschwendung. Mit dieser 4-Item-Skala wird die Wahrnehmung von Leerlaufphasen im Unterricht erfaßt, die typischerweise zu Beginn des Unterrichts oder während des Wechsels von Sozialformen entstehen. Diese Phasen sind gekennzeichnet durch ungenutztes Verstreichen bzw. Vertrödeln von Unterrichtszeit aufgrund z. B. fehlender Unterrichtsmaterialien, Zuspätkommens oder unterrichtsfremder Aktivitäten einzelner Schüler zu Beginn der Stunde etc. Die Skala ist damit ein Negativindikator für eine lehrstoffintensive Unterrichtsorganisation. Die Items entstammen der Fendschen Skala *Unterrichtsverlauf* (Fend, 1977, abgedruckt in Lange, Kuffner & Schwarzer, 1983, S. 333) bzw. *Zeitverschwendung*[28] (Fend & Specht, 1986) und wurden in leicht abgewandelter Form in BIJU eingesetzt.

Unterrichtsstörungen. Die Skala bezieht sich auf das Ausmaß von Unruhe und Störungen während einer typischen Unterrichtsstunde im betreffenden Schulfach, das durch unterschwellige, unterrichtsfremde Unterhaltungen zwischen den Tischnachbarn oder gezielte Störaktionen einzelner Schüler typischerweise entsteht und dem der Lehrer z. B. durch Anheben der Stimme zu begegnen sucht. Theoretischer Ausgangspunkt für die Entwicklung dieser Skala sind die Forschungsarbeiten von Eder (1985) zu Unterrichtsstörungen durch Schüler. Die bei Eder zur Erfassung des individuellen Personmerkmals *Störverhalten* konstruierte Skala wurde in BIJU als Grundlage für die Entwicklung einer Skala verwendet, die Unterrichtsstörungen als Merkmal der Lernumwelt bzw. der Führungsqualitäten von Lehrern erfaßt. Die 4-Item-Skala hat sich im Hinblick auf die interne Konsistenz in allen drei Fächern sehr gut bewährt.

[28] Diese Skala wird in den Publikationen bzw. Skalendokumentation von Fend und Mitarbeitern unter zwei Namen geführt; es handelt sich aber jeweils um dieselben 11 Items.

Tabelle 9.2: Eingesetzte Skalen (Cronbachs α und α_{10} für alle drei Fächer in der Reihenfolge Mathematik, Biologie, Physik)

Skalenname (Itemanzahl)	Beispiel-Item	α	α_{10}	Herkunft
UNTERRICHTSFÜHRUNG				
Regelklarheit (3)	Im Mathematik-/Biologie-/Physikunterricht ist klar, was man machen darf und was nicht.	0,85 0,81 0,77	0,95 0,93 0,92	CES
Zeitverschwendung (4)	Im Mathematik-/Biologie-/Physikunterricht dauert es zu Beginn der Stunde sehr lange, bis die Schüler ruhig werden und zu arbeiten beginnen.	0,86 0,84 0,80	0,94 0,93 0,91	Lange et al., 1983; Fend, 1977; Fend & Specht, 1986
Unterrichtsstörungen (4)	Im Mathematik-/Biologie-/Physikunterricht muß der Lehrer andauernd brüllen.	0,87 0,88 0,85	0,94 0,95 0,93	BIJU, in Anlehnung an Eder (1985)
Störungspräventive Überwachung der Schülertätigkeiten (3)	Unser Mathematik-/Biologie-/Physiklehrer merkt sofort, wenn Schüler beginnen, etwas anderes zu treiben.	0,75 0,71 0,65	0,91 0,89 0,86	BIJU; Fend & Specht, 1986
Ineffektive Behandlung von Unterrichtsstörungen (2)	Unser Mathematik-/Biologie-/Physiklehrer reagiert meistens zu spät, wenn Schüler Unsinn machen, so daß er dann massiv werden muß.	0,65 0,56 0,44	0,90 0,86 0,80	BIJU
UNTERRICHTSTEMPO				
Leistungsdruck (4)	Wenn wir nicht am Wochenende lernen, schaffen wir nicht, was von uns verlangt wird.	0,82 0,81 0,76	0,92 0,91 0,89	LASSO
Interaktionstempo (4)	Unser Mathematik-/Biologie-/Physiklehrer läßt uns bei Fragen kaum Zeit zum Nachdenken.	0,87 0,87 0,84	0,94 0,94 0,93	BIJU
Zügiges Voranschreiten im Unterricht (4)	Unser Mathematik-/Biologie-/Physiklehrer geht im Stoff zügig voran, ohne uns zu überfordern.	0,76 0,74 0,71	0,89 0,88 0,86	BIJU
KLARHEIT DES UNTERRICHTS				
Klarheit/Strukturiertheit d. Unterrichts (4)	Unser Mathematik-/Biologie-/Physiklehrer kann gut erklären.	0,85 0,81 0,82	0,93 0,91 0,92	BIJU; Fend & Specht, 1986, LASSO
Sprunghaftigkeit (3)	Unser Lehrer unterbricht die Einzelarbeit oft mit Aufforderungen, die an die ganze Klasse gerichtet sind, wenn ihm bei einem Schüler irgendetwas auffällt.	0,72 0,70 0,62	0,90 0,89 0,84	BIJU, in Anlehnung an Kounin
REMEDIALE UNTERRICHTSMAẞNAHMEN				
Repetitives Üben (2)	Wir kommen sehr langsam voran, weil wir soviel üben und wiederholen.	0,77 0,78 0,71	0,94 0,95 0,92	BIJU

Tabelle 9.2: *Fortsetzung*

Skalenname (Itemanzahl)	Beispiel-Item	α	α_{10}	Herkunft
ADAPTIVER UNTERRICHT				
individuelle Bezugsnormorientierung (4)	Wenn ein Schüler seine Leistung verbessert, wird er vom Lehrer gelobt, auch dann, wenn er im Vergleich zur Klasse unter dem Durchschnitt liegt.	0,86 0,81 0,81	0,94 0,91 0,91	SPLB
Diagn. Kompetenz im Leistungsbereich (5)	Unser Mathematik-/Biologie-/Physiklehrer merkt sofort, wenn man etwas nicht verstanden hat.	0,88 0,86 0,84	0,94 0,92 0,91	BIJU; Fend & Specht, 1986
Verwendung binnendifferenzierender Maßnahmen (4)	Im Mathematik-/Biologie-/Physikunterricht haben die Schüler oft verschiedene Aufgaben.	0,74 0,76 0,72	0,88 0,89 0,87	BIJU, ICEQ
SCHÜLERORIENTIERTER UNTERRICHT				
Schülermitbestimmung (3)	Im Unterricht gibt uns der Mathematik-/Biologie-/Physiklehrer Stoffe und Themen zur Auswahl.	0,87 0,83 0,82	0,96 0,94 0,94	BIJU
KONSTRUKTIVISTISCHER UNTERRICHT				
Genetisch-sokratisches Vorgehen (4)	Im Unterricht akzeptiert der Lehrer manchmal auch Fehler und läßt uns damit weiter machen, bis wir selbst sehen, daß etwas nicht stimmen kann.	0,81 0,78 0,74	0,91 0,90 0,88	BIJU
Anspruchsvolles Üben (3)	Unter den Übungsaufgaben sind oft Aufgaben, bei denen man wirklich sieht, ob man etwas verstanden hat.	0,77 0,71 0,69	0,92 0,89 0,88	BIJU
AFFEKTIVE QUALITÄT DER LEHRER-SCHÜLER-BEZIEHUNG				
Sozialorientierung des Lehrers (5)	Unser Mathematik-/Biologie-/Physiklehrer nimmt sich immer Zeit, wenn die Schüler etwas mit ihm bereden wollen.	0,90 0,86 0,87	0,95 0,92 0,93	LASSO
Diagn. Kompetenz im Sozialbereich (3)	Unser Mathematik-/Biologie-/Physiklehrer sieht schnell, wenn es zwischen Schülern Streit gegeben hat.	0,82 0,81 0,75	0,94 0,93 0,91	BIJU
Motivierungsfähigkeit (3)	Unser Mathematik-/Biologie-/Physiklehrer kann auch trockenen Stoff wirklich interessant machen.	0,86 0,85 0,84	0,95 0,95 0,95	BIJU
Zufriedenheit mit dem Fachlehrer (4)	Mit unserem Mathematik-/Biologie-/Physiklehrer bin ich sehr zufrieden.	0,81 0,81 0,85	0,91 0,91 0,93	BIJU, LASSO

Störungspräventive Überwachung der Schülertätigkeiten. Diese drei Items umfassende Skala mißt die von den Schülern wahrgenomme Fähigkeit des Lehrers, im Sinne von Kounin (1976) „allgegenwärtig" zu sein. Gemeint sind damit Verhaltensweisen des Lehrers, die den Schülern signalisieren, daß er genau weiß, was in der Klasse vor sich geht und ihre offen oder verdeckt stattfindenden (unterrichtsfremden) Aktivitäten im Blick hat – er also zu erkennen gibt, daß er quasi über „Augen im Hinterkopf" verfügt. Zwei der drei Items sind dem Lehrerverhaltensinventar von Fend und Specht (1986) entnommen, das dritte Item wurde für die Untersuchung neu formuliert.

Ineffektive Behandlung von Unterrichtsstörungen. Diese 2-Item-Skala umfaßt Aussagen zu

Verhaltensweisen des Lehrers in bezug auf auftretende Unterrichtsstörungen, die eher inkompetente Reaktionen zur Sanktionierung von Störungen beschreiben (zweites Item: Unser Mathematik-/Biologie-/Physiklehrer unterbricht lange den Unterricht, wenn jemand Unsinn macht.). Die Skala stellt eine Eigenentwicklung dar, die jedoch vor allem in Biologie und Physik nur eine geringe interne Konsistenz besitzt.

Leistungsdruck. Mit dieser Skala wird das Ausmaß und die Höhe belastender, schwer bewältigbarer Leistungsanforderungen des jeweiligen Fachunterrichts an die Schüler erfaßt. Der Leistungsdruck stellt ein Kernkonzept der Klimaforschung dar, das Bestandteil einer Vielzahl von Fragebogeninstrumenten ist. Die hier verwendete Skala entstammt den Landauer Skalen zum Sozialklima (LASSO) von Saldern, Littig & Ingenkamp (1986), die wiederum Items der von Fend und Mitarbeitern (Fend, 1977; Fend & Specht, 1986) konstruierten gleichnamigen Skala verwendet.

Interaktionstempo. Diese Skala richtet sich auf die Tendenz des Lehrers, sofortige Antwort nach z. T. unberechenbaren Fragen zu erwarten sowie relativ schnell den nächsten Schüler aufzurufen, wenn keine Antwort des ersten Schülers erfolgt. Die Skala stellt eine Eigenentwicklung dar, deren theoretischen Hintergrund zwei Aspekte der direkten Instruktion (s. Kap. 3.1.3.1) bilden: hohe Vorhersagbarkeit des Instruktions- und Interaktionsverhaltens des Lehrers sowie geduldiges Abwarten bei sich verzögernden Schülerantworten. Die Skala erfaßt somit ein wesentliches Element eines erfolgreichen lehrergeleiteten Unterrichts.

Zügiges Voranschreiten im Unterricht (Pacing). Im Gegensatz zum Leistungsdruck erfaßt diese Skala kein überforderndes, sondern angemessenes Tempo im Vorangehen des Lehrstoffes und die Wahrnehmung subjektiven Lernerfolgs in einer einzelnen Stunde (Beispiel: „Unser Mathematik-/Biologie-/Physiklehrer geht so schnell voran, daß man in jeder Stunde das Gefühl hat, etwas Neues dazugelernt zu haben."). Auch diese Skala ist eine Projektentwicklung, die auf dem Versuch beruht, eine Skala zu konstruieren, die aus Schülersicht ein angemessenes Anforderungsniveau des Unterrichts erfaßt, das sich in der Unterrichtsforschung als ein wichtiges Merkmal erfolgreichen Unterrichts gezeigt hat.

Klarheit und Strukturiertheit der Präsentation. Ziel dieser Skala ist die Erfassung der Verständlichkeit der Erklärungen des Lehrers, seines Bemühens, durch klare Erklärungen auch schwierige Aufgaben für alle Schüler bewältigbar zu machen sowie des Anwendens von Strukturierungshilfen wie z. B. Zusammenfassungen von behandeltem Unterrichtsstoff. Die Skala erfaßt damit auch einen wesentlichen Aspekt der direkten Instruktion. Die verwendeten Items sind einerseits Neuformulierungen, andererseits entstammen sie dem Lehrerverhaltensinventar von Fend & Specht (1986) bzw. den LASSO.

Sprunghaftigkeit. Diese Skala wurde in Anlehnung an Kounin (1976) entwickelt und bezieht sich auf Verhaltensweisen des Lehrers, die zur Störung oder Unterbrechung gerade stattfindender Tätigkeiten der Schüler führen und damit den reibungslosen Ablauf des Unterrichts gefährden. Sprunghaftes Verhalten, wie es im Beispielitem der Tabelle beschrieben wird, verhindert dabei eine effektive Steuerung des Unterrichtsablaufs.

Repetitives Üben. Diese, zwei Items umfassende, Skala bezieht sich auf das Ausmaß wiederholenden Übens im Unterricht, das ein schnelles Vorankommen im Unterrichtsstoff verhindert. Den theoretischen Hintergrund zur Konstruktion dieser Skala bilden Befunde jüngerer deutscher Studien (vgl. Baumert et al., 1986, 1987), die im Gegensatz zu den Untersuchungen zur direkten Instruktion nachweisen, daß ein remedialer, auf Ausgleich bedachter Unterricht zu vernachlässigenden Vorteilen für leistungsschwächere Schüler, aber zu deutlichen Nachteilen für leistungsstärkere Schüler in bezug auf die Leistungsentwicklung führen.

Individuelle Bezugsnormorientierung. Die Items dieses Instruments wurden der Skala zur Erfassung der Schülerperzipierten Lehrer-Bezugsnorm-Orientierung (SPLB) von Schwarzer, Lange & Jerusalem (1982) entnommen und messen die Tendenz des Lehrers, Leistungsveränderungen von Schülern anhand eines intraindividuellen Vergleichsmaßstabs zu bewerten. Der theoretische Hintergrund dieser Skala basiert auf der Annahme (die auch wiederholt empirisch bestätigt werden konnte), daß eine von Schülern wahrgenommene individuelle Bezugsnormorientierung des Lehrers zu einer günstigen Entwicklung selbstbezogener Kognitionen wie positiveren Kompetenzüberzeugungen, geringerer Leistungsängstlichkeit und Hilflosigkeit sowie zu einem insgesamt zufriedenerem Befinden führen (a.a.O.; vgl. auch Rheinberg, 1982; Krampen, 1987).

Diagnostische Kompetenz des Lehrers im Leistungsbereich. Diese Skala erfaßt das auf diagnostischen Informationen beruhende Wissen des Lehrers um den aktuellen Leistungsstand jedes einzelnen Schülers sowie der Klasse insgesamt. Die Items wurden z. T. neu konzipiert, z. T. entstammen sie dem Lehrerverhaltensinventar von Fend & Specht (1986). Theoretisch knüpft diese Skala an Untersuchungen zu Formen adaptiven Unterrichts an, die zeigen, daß individualisierende Maßnahmen nur dann zu steigenden Lernraten führen, wenn die jeweiligen Lehrer hohe leistungsdiagnostische Fähigkeiten besitzen (Helmke & Schrader, 1988; Schrader, 1989; Helmke, 1992b; Schrader, 1998).

Verwendung binnendifferenzierender Maßnahmen. Die Skala wurde in gekürzter und leicht abgeänderter Form dem Individualized Classroom Environment Questionnaire (ICEQ) von Fraser (1980) entnommen. Sie bezieht sich auf individualisierende Unterrichtsstrategien im Hinblick auf leistungsrelevante Aufgabenstellungen durch Vergabe unterschiedlicher Lernmaterialien sowie leistungsabhängige Anforderungsniveaus bei Lehrerfragen.

Schülermitbestimmung. Diese Skala wurde entwickelt, um Elemente schülerorientierten Unterrichts zu erfassen. Sie bezieht sich auf Unterrichtsformen, die aktiv Schüler bei der Auswahl von Unterrichtsthemen beteiligen bzw. auf aktuelle Schülerwünsche bzgl. des Lerngegenstandes eingehen. Die Beteiligung der Schüler an der Lehrstoffauswahl wird hierbei als ein Indikator für eine schülernahe, offene Unterrichtsgestaltung betrachtet.

Genetisch-Sokratisches Vorgehen. Ziel dieser neuentwickelten Skala ist die Erfassung konstruktivistischer Elemente des Unterrichtsgesprächs, die sich an der Methode des sokratischen Dialogs bzw. des genetischen Lehrens, wie es z. B. Wagenschein (1989^8) beschrieben hat, orientieren. Im einzelnen beschreibt die Skala ein didaktisches Vorgehen, das Alltagsvorstellungen der Schüler zur Erklärung von Phänomenen aufgreift, die Schüler zu Vermutungen über die Konsequenzen ihrer alltagstheoretischen Erklärungen ermuntert und durch gezieltes Nachfragen zur Falsifizierung der vorwissenschaftlichen Vorstellungen bzw. zu wissenschaftlichen Erklärungen des betrachteten Phänomens gelangt. Dahinter steht die Idee, den Lernenden nicht nur das Ergebnis jahrzehnte- bzw. jahrhundertelanger wissenschaftlicher Bemühungen mitzuteilen, sondern sie am Erkenntnisprozeß zu beteiligen, indem sie zum eigenen Durchschreiten dieses Erkenntnisprozesses bewegt werden (genetisches Prinzip). Der sokratische Dialog soll dabei helfen, die Eigenkräfte des Lernenden zu wecken, indem verborgene Fähigkeiten und verborgenes Wissen (re-)aktiviert werden.

Anspruchsvolles Üben. Diese Skala mißt das Ausmaß der Verwendung von Übungsaufgaben, die Transferleistungen verlangen, so daß Übungssequenzen keine simple Wiederholung des behandelten Stoffes darstellen, sondern der Prüfung des Konzept- bzw. Prinzipverständnisses dienen. Auch diese Skala wurde im Projekt neu entwickelt und weist sehr zufriedenstellende Reliabilitäten auf.

Sozialorientierung des Lehrers. Diese Skala entstammt den LASSO und erfaßt das Interesse des Lehrers an den persönlichen Wünschen und Bedürfnissen seiner Schüler sowie seine Bereitschaft, bei persönlichen Problemen zu helfen.

Diagnostische Kompetenz des Lehrers im Sozialbereich. Die Skala stellt das Pendant zur leistungsdiagnostischen Kompetenz dar und mißt die Fähigkeit des Lehrers, emotionale Stimmungen einzelner Schüler sowie soziale Spannungen zwischen Schülern wahrzunehmen. Sie wurde im Projekt neu entwickelt und knüpft theoretisch an Überlegungen zur Entwicklung sozialer Kompetenzen im schulischen Kontext an.

Motivierungsfähigkeit des Lehrers. Die Skala ist ebenfalls eine Projektentwicklung und erfaßt die wahrgenommene Fähigkeit des Lehrers, durch eine interessante Gestaltung des Unterrichts die Schüler für ein bestimmtes Sachgebiet zu begeistern und mitzureißen. Theoretisch knüpft die Skala an Forschungsarbeiten zur Interessengenese und -entwicklung an, die dem Unterricht eine nicht unerhebliche Rolle bei der Entstehung von Interessen zuschreiben (vgl. z. B. Krapp, 1992).

Zufriedenheit mit dem Fachlehrer. Die Skala wurde den LASSO entnommen und stellt ein globales Rating über die Zufriedenheit mit und empfundene Sympathie für den jeweiligen Fachlehrer dar. Sie dient damit der Erfassung eines abschließenden Globalurteils über die emotionale Beziehung zum Fachlehrer, welches als Kontrolle für sympathiebedingte Verzerrungen der Schülerwahrnehmung des unterrichtlichen Handelns von Lehrern verwendet werden kann.

Konstruktvalidierung der eingesetzten Lernumweltskalen. Da es sich bei den meisten Skalen um Neuentwicklungen handelt, wurden in verschiedenen Schritten umfangreiche Analysen zur Konstruktvalidierung vorgenommenen. Zunächst wurden die in der Klimaforschung üblichen Analysen zur diskriminanten Validität (vgl. Fraser, 1986, 1991) durchgeführt, indem für jede Skala einerseits die durchschnittliche Korrelation mit den anderen Lernumweltskalen, andererseits der Anteil erklärter Varianz, der nicht auf Wahrnehmungsunterschiede zwischen Schülern einer Klasse zurückgeht, mittels Varianzanalysen berechnet wurde. Die zuletztgenannten Varianzanalysen stellen dabei eine Prüfung dar, inwieweit sich Klassen hinsichtlich ihrer Wahrnehmung der Lernumwelt voneinander unterscheiden – eine wesentliche Voraussetzung für die weiteren Analysen zum Zusammenhang zwischen Lernumwelt und Leistungsentwicklung, da erst deren Erfüllung den Rückschluß auf tatsächliche Unterschiede in der Lernumwelt von Klassen zuläßt. In Tabelle 9.3 sind die Ergebnisse der beiden Analysevarianten für die drei Fächer Mathematik, Biologie und Physik dargestellt, wobei die Berechnungen sowohl auf Individual- als auch Klassenebene (Verwendung von Klassenmittelwerten) durchgeführt wurden. Die mittlere Korrelation mit den anderen Skalen wurde durch Transformation der Einzelkorrelationen in Fishers Z-Werte, Aufsummierung dieser Z-Werte ohne Berücksichtigung des Vorzeichens, Division durch die Anzahl der Skalen (= 21) sowie anschließende Rückführung des ermittelten durchschnittlichen Z-Wertes in den entprechenden Korrelationskoeffizienten berechnet. Bei den in den ersten drei Spalten abgetragenen Korrelationen handelt es sich damit um Beträge der mittleren Interkorrelation der jeweiligen Skalen.

Auf Schülerebene sind die mittleren Interkorrelationen insgesamt eher niedrig, sie reichen von $|r_M| = .14$ für die Skala *Unterrichtsstörungen* in Physik bis $|r_M| = .32$ für die Skalen *Klarheit und Strukturiertheit der Präsentation* bzw. *Sozialorientierung des Lehrers* in Mathematik. Allerdings verdeckt diese Art der

Tabelle 9.3: Diskriminante Validität (Betrag der mittl. Korrelation mit den anderen Skalen) sowie durch Klassen-, Schul- bzw. Schulformzugehörigkeit erklärte Varianz (η^2) für die Lernumweltskalen pro Fach (M = Mathematik, B = Biologie, P = Physik)

Skala	Analyse-ebene	Mittlere Interkorrelation $\lvert r_M \rvert$			η^2 (in %)		
		M	B	P	M	B	P
Regelklarheit	Schüler	,22	,20	,16	18	15	14
	Klasse	,36	,30	,29			
Zeitverschwendung	Schüler	,18	,19	,17	25	20	22
	Klasse	,36	,35	,33			
Unterrichtsstörungen	Schüler	,16	,18	,14	29	29	30
	Klasse	,33	,36	,29			
Störungspräventive Überwachung der Schülertätigkeiten (Monitoring)	Schüler	,26	,26	,20	19	15	18
	Klasse	,42	,37	,33			
Ineffektive Behandlung von Unterrichts-Störungen	Schüler	,15	,15	,14	22	15	15
	Klasse	,33	,25	,31			
Leistungsdruck	Schüler	,17	,19	,14	19	16	18
	Klasse	,30	,27	,26			
Interaktionstempo	Schüler	,18	,19	,18	21	18	19
	Klasse	,32	,31	,29			
Zügiges Voranschreiten im Unterricht (Pacing)	Schüler	,22	,21	,19	13	12	11
	Klasse	,30	,17	,26			
Klarheit und Strukturiertheit der Präsentation	Schüler	,32	,31	,30	28	18	23
	Klasse	,53	,48	,49			
Sprunghaftigkeit	Schüler	,19	,20	,15	16	15	12
	Klasse	,29	,29	,22			
Repetitives Üben	Schüler	,21	,21	,16	20	18	19
	Klasse	,23	,29	,26			
Individuelle Bezugsnormorientierung des Lehrers	Schüler	,29	,29	,26	18	15	23
	Klasse	,48	,39	,43			
Diagnostische Kompetenz des Lehrers im Leistungsbereich	Schüler	,31	,31	,28	20	15	17
	Klasse	,50	,44	,45			
Verwendung binnendifferenzierender Maßnahmen	Schüler	,21	,21	,18	15	13	14
	Klasse	,19	,24	,21			
Schülermitbestimmung	Schüler	,21	,22	,19	21	20	21
	Klasse	,26	,26	,21			
Genetisch-sokratisches Vorgehen	Schüler	,25	,26	,21	18	12	16
	Klasse	,38	,26	,35			
Anspruchsvolles Üben	Schüler	,24	,22	,17	17	11	18
	Klasse	,38	,22	,27			
Sozialorientierung des Lehrers	Schüler	,32	,32	,29	29	23	30
	Klasse	,52	,45	,44			
Diagnostische Kompetenz des Lehrers im Sozialbereich	Schüler	,27	,26	,24	19	16	19
	Klasse	,42	,35	,36			
Motivierungsfähigkeit	Schüler	,29	,30	,28	27	16	25
	Klasse	,46	,45	,46			
Zufriedenheit mit dem Lehrer	Schüler	,27	,27	,27	37	24	35
	Klasse	,48	,41	,43			

Darstellung systematisch differentielle Zusammenhangsmuster zwischen Untergruppen von Skalen[29], so daß die Befunde dieser Analysen nicht überinterpretiert werden sollten. Ablesen läßt sich jedoch auch von einer solchen Darstellung, daß diejenigen Skalen, die Aspekte der Lehrer-Schüler-Beziehung erfassen (z. B. Sozialorientierung, Motivierungsfähigkeit, leistungsdiagnostische Kompetenz), im Durchschnitt deutlich höher mit den anderen Skalen korrelieren als Skalen, die sich auf Merkmale des Unterrichts beziehen (z. B. Zeitverschwendung, Unterrichtsstörungen, Leistungsdruck). Eine Ausnahme besteht allerdings für die Skala *Klarheit und Strukturiertheit der Präsentation*, die – eher als ein Merkmal des Unterrichts konzipiert – relativ hohe Korrelationen mit anderen Skalen aufweist, insbesondere mit den Skalen zum Bereich der Lehrer-Schüler-Beziehung wie *leistungsdiagnostische Kompetenz*, *Motivierungsfähigkeit*, *Sozialorientierung*, *individuelle Bezugsnormorientierung*, *Zufriedenheit mit dem Fachlehrer* sowie der Skala *störungspräventive Überwachung der Schülertätigkeiten* (dies zeigt eine Inspektion der hier nicht dargestellten Interkorrelationsmatrix). Diese höheren Durchschnittskorrelationen der Skalen des Lehrer-Schüler-Bereichs sind ein Hinweis darauf, daß diese Skalen möglicherweise engere Beziehungen untereinander aufweisen als die Skalen zur Charakterisierung des Unterrichts.

Auf Klassenebene sind die mittleren Interkorrelationen deutlich höher als auf Individualebene, was sich wohl damit erklären läßt, daß offensichtlich eine hohe Fehlervarianz innerhalb der Klassen besteht, die durch die Aggregierung eliminiert wird. Sie schwanken zwischen $|r_M| = .17$ für die Skala *Zügiges Voranschreiten im Unterricht* in Biologie und $|r_M| = .53$ für die *Klarheit und Strukturiertheit der Stoffpräsentation* durch den Mathematiklehrer. Die Struktur der Zusammenhänge entspricht allerdings weitgehend der auf Schülerebene gefundenen. Auch hier zeigen die Skalen des Lehrer-Schüler-Bereichs deutlich höhere Interkorrelationen als die anderen Skalen. Insgesamt deuten die Ergebnisse hier bereits an, daß die Skalen z. T. ähnliche Aspekte der Lernumwelt erfassen, so daß die Zusammenfassung einzelner Skalen zu den weiter oben beschriebenen übergeordneten Unterrichtskonzepten erfolgversprechend erscheint.

Die in den letzten drei Spalten der Tabelle 9.3 aufgeführten Varianzanteile enthalten nicht nur Varianzen zwischen Klassen, sondern ebenso zwischen Schulen und Schulformen, wie bereits die Ausführungen in Kapitel 9.1 dargelegt haben. Aufgrund der hierarchischen Schachtelung von Schülerstichproben ist das allein mit der Klassenvariablen ermittelte Eta-Quadrat die zwischen den verschiedenen Ebenen des Schulsystems (Klasse, Schule und Schulform) konfun-

[29] Diese Darstellungsart wurde nur deshalb hier gewählt, um den Anschluß an US-amerikanische Publikationen herzustellen.

dierte Varianz. In vielen Untersuchungen (z. B. zusammenfassend bei Fraser, 1986, 1991) wird dieses durch Klassenzugehörigkeit gewonnene Eta-Quadrat deshalb irreführend als der zwischen Klassen bestehende Anteil an der Gesamtvarianz bezeichnet. Die nicht auf Wahrnehmungsunterschiede zwischen Schülern einer Klasse zurückgehenden Varianzanteile in Tabelle 9.3 schwanken zwischen 11 % für die Skalen *Zügiges Voranschreiten im Unterricht* in Physik sowie *Anspruchvolles Üben* in Biologie und 37 % für die *Zufriedenheit* mit dem Mathematiklehrer.

Auch hier wurde, analog dem Vorgehen in Kapitel 9.1, diese konfundierte Varianz pro Skala in die einzelnen Varianzkomponenten zerlegt. Da eine ausführliche Dokumentation dieser Analysen den Rahmen des Kapitels sprengen würde (sie sind im Anhang 3 aufgeführt), sollen im folgenden nur zwei ausgewählte Befunde kurz berichtet werden:

(1) Zum einen zeigen die Ergebnisse, daß nur geringe Unterschiede in der Lernumweltwahrnehmung zwischen den vier verschiedenen Schulformen bestehen – in der Regel liegt der Anteil an der Gesamtstreuung bei 0,1-2,9 %. Erwartungsgemäß zeigen sich jedoch bei einigen ausgewählten Skalen Ausnahmen von der Regel: Das Ausmaß der Zeitverschwendung und auftretender Unterrichtsstörungen einerseits sowie die Intensität repetitiven Übens andererseits (Varianzanteil: 4-8 % in Biologie und Physik, in Mathematik liegen diese Anteile bei 2-3 %) wird zwischen den Schularten unterschiedlich wahrgenommen. Dieser Befund ist ein erster unterstützender Hinweis für die in Kapitel 5 formulierten Annahmen zu makroadaptiven Unterrichtsformen.

(2) In bezug auf die spezifischen Anteile von Schul- und Klassenzugehörigkeit ergeben sich auch hier im Mittel höhere Anteile für die Schulzugehörigkeit. Aufgrund des in Kapitel 9.1 geschilderten Problems der nicht bekannten Anzahl identischer Fachlehrer in den erhobenen Parallelklassen einer Schule sollten auch hier die gefundenen Unterschiede in den Varianzanteilen inhaltlich nicht interpretiert werden, da die Klassenunterschiede notwendigerweise kleiner werden, sobald sich die Lernumweltbeurteilungen tatsächlich auf denselben Lehrer beziehen. Insgesamt läßt sich jedoch festhalten, daß ein substantieller Anteil der in Tabelle 9.2 berichteten Unterschiede in der Lernumweltwahrnehmung auf die Klassenzugehörigkeit zurückgeht, der sich als Unterschiede im unterrichtlichen Handeln von Lehrern interpretieren läßt.

Zur Validierung der Schülerangaben wurde in einem nächsten Schritt geprüft, inwieweit sie differenzierte Wahrnehmungen hinsichtlich der verschiedenen Fachlehrer darstellen. Die fachdifferenzierte Wahrnehmung könnte hierbei aus zwei Gründen eingeschränkt sein: Zum einen könnten sich individuelle Wahrnehmungsverzerrungen in den Beurteilungen widerspiegeln, da dieselben Personen die Lernumwelten der drei verschiedenen Fächer beurteilten. Zum anderen könnte eine methodisch bedingte Einschränkung der Unterschiede in der fachspezifischen Unterrichtswahrnehmung aufgrund des identischen Wortlauts der eingesetzten fachspezifischen Lernumweltskalen, die sich nur durch ihren Bezug auf verschiedene Fächer unterscheiden, resultieren. Zur Überprüfung der Bedeutung personen- oder methodischbedingter Wahrnehmungsverzerrungen, die potentiell für systematische Unterschiede in der Umweltbeurteilung verantwortlich sein könnten, wurde mit Hilfe von LISREL 8 für jede Lernumweltskala eine hierarchische Modelltestung von drei verschiedenen Faktorenmodellen durchgeführt (s. Abb. 9.1).

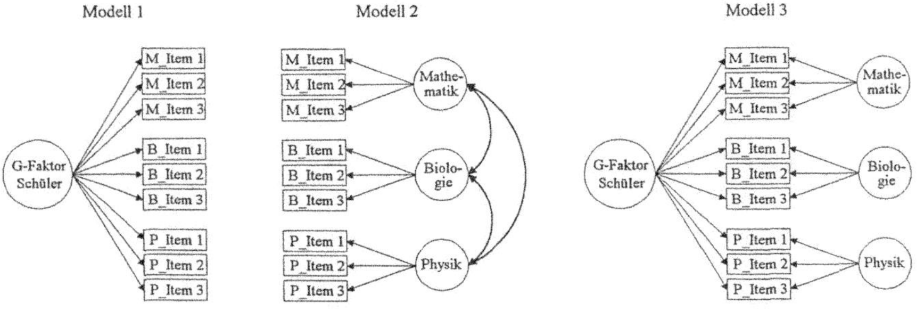

Abbildung 9.1: Darstellungsbeispiel für die hypothetischen Faktorenmodelle zur Erklärung der Varianz und Kovarianz in der Lernumweltwahrnehmung in den drei Fächern Mathematik, Biologie und Physik

Als oberste Modellvariante (Modell 1) wurde ein Modell mit einem Generalfaktor spezifiziert, der nur die individuellen Beurteilungsvoreingenommenheiten der Schüler sowie die methodische Ähnlichkeit der eingesetzten Items repräsentiert. Mit M_Item 1 – 3 sind dabei beispielsweise die drei Items der Skala *Regelklarheit in Mathematik*, mit B_Item 1 – 3 bzw. P_Item 1 – 3 die entsprechenden Items in Biologie bzw. Physik gekennzeichnet. Im zweiten Modell wurden nur drei Fachfaktoren spezifiziert, so daß sämtliche Varianz als fachspezifisch differenzierte Beurteilungen abgebildet wird. D. h., die für das Fach Mathematik vorgegebenen Items der Skala Regelklarheit z. B. indizieren den Faktor *Regelklarheit in Mathematik*, dieselben für die beiden anderen Fächer vorgegebenen Items repräsentieren entsprechend *Regelklarheit in Biologie* bzw. *Physik*. Die zugelassene Interkorrelation der drei Fachfaktoren ermöglicht jedoch die Identifizierung von Ähnlichkeiten in der Wahrnehmung unterschiedlicher Lernumwelten, z. B. wie stark die Wahrnehmung der Regelklarheit in Mathematik mit der in Biologie oder Physik zusammenhängt. Das letzte Modell stellt eine Kombination der beiden vorangegangenen Modelle dar, indem es sowohl individuelle Urteilstendenzen und methodische Ähnlichkeiten als auch fachspezifisch differenzierte Beurteilungsmuster repräsentiert. Da keine Interkorrelation zwischen den Faktoren zugelassen ist, spiegeln die Höhe der Ladungen jeweils die Bedeutsamkeit des General- versus Fachfaktors für die Varianz in der fachspezifischen Wahrnehmung des betreffenden Lernumweltmerkmals wider.

Mit Ausnahme der Skalen *repetitives Üben* und *ineffektiver Umgang mit Unterrichtsstörungen*, die mit zwei Items eine zu geringe Itemanzahl für solche Analysen besitzen, wurde für alle Skalen die Anpassungsgüte dieser drei Modelle getestet. Da die Analysen auf Itemebene durchgeführt wurden, mußten zuvor für die Items jeder Skala polychorische Korrelationsmatrizen berechnet werden. In Tabelle 9.4 sind die Ergebnisse der Modellgütetests für die 19 Skalen mit ausreichender Itemanzahl dargestellt.

Tabelle 9.4: Anpassungsgüte der drei Modelle (Modell 1: ein g-Faktor; Modell 2: drei korrelierende Fachfaktoren; Modell 3: ein g-Faktor + drei unkorrelierte Fachfaktoren)

Skala		Modell 1	Modell 2	Modell 3	$\Delta\chi^2$ M2 – M3
Regelklarheit (N = 2282)	χ^2 (df)	790,23 (27)	85,88 (24)	79,07 (18)	n. s.
	AGFI	,91	,99	,99	
	RMSEA	,11	,034	,039	
Zeitverschwendung (N = 2147)	χ^2 (df)	1090,83 (54)	294,44 (51)	244,12 (42)	***
	AGFI	,92	,98	,98	
	RMSEA	,095	,047	,047	
Unterrichtsstörungen (N = 2263)	χ^2 (df)	1375,50 (54)	205,70 (51)	178,08 (42)	**
	AGFI	,91	,99	,98	
	RMSEA	,10	,037	,038	
Störungspräventive Überwachung der Schülertätigkeiten (N = 2166)	χ^2 (df)	779,74 (27)	143,38 (24)	124,67 (18)	**
	AGFI	,89	,98	,97	
	RMSEA	,11	,048	,052	
Leistungsdruck (N = 2291)	χ^2 (df)	1604,66 (54)	522,12 (51)	409,38 (42)	***
	AGFI	,89	,96	,96	
	RMSEA	,11	,064	,062	
Interaktionstempo (N = 2158)	χ^2 (df)	1010,44 (54)	241,06 (51)	174,41 (42)	***
	AGFI	,92	,98	,98	
	RMSEA	,091	,042	,038	
Zügiges Voranschreiten im Unterricht (N = 2118)	χ^2 (df)	625,64 (54)	132,59 (51)	118,39 (42)	n. s.
	AGFI	,94	,99	,98	
	RMSEA	,071	,027	,029	
Klarheit der Präsentation (N = 2113)	χ^2 (df)	1165,28 (54)	184,20 (51)	134,89 (42)	***
	AGFI	,90	,98	,99	
	RMSEA	,099	,035	,032	

Tabelle 9.4: *Fortsetzung*

Skala		Modell 1	Modell 2	Modell 3	$\Delta\chi^2$ M2 – M3
Sprunghaftigkeit (N = 2243)	χ^2 (df)	557,97 (27)	153,56 (24)	117,67 (18)	***
	AGFI	,92	,98	,98	
	RMSEA	,097	,049	,050	
Individuelle Bezugsnormorientierung (N = 2126)	χ^2 (df)	1117,48 (54)	221,49 (51)	166,92 (42)	***
	AGFI	,91	,98	,98	
	RMSEA	,096	,040	,037	
Diagn. Kompetenz im Leistungsbereich (N = 2139)	χ^2 (df)	1298,08 (90)	398,81 (87)	317,90 (75)	***
	AGFI	,92	,98	,98	
	RMSEA	,079	,041	,039	
Verwendung binnendifferenzierender Maßnahmen (N = 2061)	χ^2 (df)	774,50 (54)	304,95 (51)	277,93 (42)	**
	AGFI	,92	,97	,97	
	RMSEA	,081	,049	,052	
Schülermitbestimmung (N = 2339)	χ^2 (df)	1215,86 (27)	116,40 (24)	101,57 (18)	*
	AGFI	,89	,99	,99	
	RMSEA	,14	,041	,045	
Genetisch-sokratisches Vorgehen (N = 2244)	χ^2 (df)	1036,09 (54)	264,37 (51)	227,88 (42)	***
	AGFI	,91	,98	,98	
	RMSEA	,090	,043	,044	
Anspruchsvolles Üben (N = 2244)	χ^2 (df)	560,48 (27)	87,23 (24)	74,62 (18)	*
	AGFI	,92	,99	,98	
	RMSEA	,094	,034	,037	
Sozialorientierung des Lehrers (N = 2108)	χ^2 (df)	1550,43 (90)	319,45 (87)	294,55 (75)	*
	AGFI	,91	,98	,98	
	RMSEA	,088	,036	,037	
Diagn. Kompetenz im Sozialbereich (N = 2168)	χ^2 (df)	850,99 (27)	88,90 (24)	78,09 (18)	n. s.
	AGFI	,89	,99	,98	
	RMSEA	,12	,035	,039	
Motivierungsfähigkeit (N = 2196)	χ^2 (df)	1198,96 (27)	43,28 (24)	36,40	n. s.
	AGFI	,86	,99	,99	
	RMSEA	,14	,019	,022	
Zufriedenheit mit dem Fachlehrer (N = 2066)	χ^2 (df)	2198,62 (54)	382,93 (51)	378,17 (42)	n. s.
	AGFI	,85	,97	,97	
	RMSEA	,14	,056	,062	

*** $p \leq 0{,}001$, ** $p \leq 0{,}01$, * $p \leq 0{,}05$

Die Güteindizes für die erste Modellvariante zeigen bei allen Skalen eine deutliche Fehlanpassung an die empirischen Daten, so daß ein Modell, das die Wahrnehmungsunterschiede allein durch individuelle Beurteilungsvoreingenommenheiten der Schüler erklären will, verworfen werden muß. Sowohl das zweite als auch das dritte Modell reproduzieren die empirisch gefundenen Korrelationsmatrizen der jeweiligen Skalenitems sehr zufriedenstellend. Nur bei den beiden Skalen *Leistungsdruck* und *Zufriedenheit mit dem Fachlehrer* bestehen nicht ganz so gute, jedoch noch akzeptable Modellanpassungen: Dort liegen die *root mean square errors of approximation (RMSEA)* – ein Maß für die pro Freiheitsgrad gefundene Abweichung der empirischen Kovarianz- bzw. Korrelationsmatrix von der modellimpliziten Populationsmatrix – über 0,05. Nach Browne & Cudeck (1993, zit. in Jöreskog & Sörbom 1993) indiziert ein RMSEA von unter 0,05 einen sehr guten Modellfit, als Grenzwert für eine noch zufriedenstellende Anpassung schlagen sie einen RMSEA von 0,08 vor. Die χ^2-Differenz zwischen Modell 2 und Modell 3 ist bei fast allen Skalen statistisch signifikant, allerdings verbessert sich der RMSEA bzw. AGFI des dritten Modells nur bei fünf Skalen: *Leistungsdruck*, *Interaktionstempo*, *Klarheit der Präsentation*, *individuelle Bezugsnormorientierung* und *diagnostische Kompetenz im Leistungsbereich*. Unter Berücksichtigung des „Sparsamkeitskriteriums", nach dem bei zwei Modellen mit vergleichbarer Passung jenes akzeptiert werden soll, das mit weniger Parametern die empirische Kovarianz- und Korrelationsmatrix zufriedenstellend reproduziert, erweist sich für die übrigen Skalen das zweite Modell mit interkorrelierten Fachfaktoren ohne G-Faktor als die bessere Modellvariante. Dieses Ergebnis bedeutet, daß es sich bei den Angaben der Schüler zur Lernumwelt offensichtlich um fachspezifische Wahrnehmungsurteile handelt, die nur begrenzt durch individuelle Voreingenommenheiten beeinflußt sind, und die Interkorrelationen der Fachfaktoren damit Ähnlichkeiten zwischen den (tatsächlichen) Lernumwelten verschiedener Fächer wiedergeben. Die Korrelationen zwischen den drei Fächern sind für jede einzelne Skala in Tabelle 9.5 wiedergegeben.

Die (meßfehlerfreien) Korrelationen sind, mit einer Ausnahme, schwach bis moderat. Nur die *Verwendung binnnendifferenzierender Maßnahmen* zeigt eine hohe Ähnlichkeit zwischen den Fächern, die vor allem zwischen den beiden naturwissenschaftlichen Fächern besonders ausgeprägt ist. Offensichtlich sind solche Maßnahmen in allen drei Fächern ein gleichermaßen seltenes Ereignis – dies legen zumindest die in Anhang 2 dargestellten Mittelwerte nahe. Es zeigen sich bis auf zwei Skalen keine wesentlichen Unterschiede in der Höhe der Interkorrelationen. Bei der *Motivierungsfähigkeit* und *Zufriedenheit mit dem Fachlehrer* bestehen allerdings deutlich höhere Zusammenhänge zwischen der Beurteilung des Mathematik- und Physiklehrers. Hier kommt vermutlich die Einschätzung dieser Fächer als eher schwierig und folglich weniger beliebt zum Tragen. Insgesamt betrachtet verweisen die Korrelationen auf Ähnlichkeiten zwischen den Lernumwelten der Fächer, doch ihre schwache bis moderate Beziehung belegt eine deutlich fachdifferenzierte Wahrnehmung durch die Schüler.

Tabelle 9.5: Interkorrelation der drei latenten Fachfaktoren pro Skala

Skala	Korrelation zwischen		
	Mathe/Bio	Mathe/Physik	Bio/Physik
Regelklarheit	,41	,42	,46
Zeitverschwendung	,38	,42	,46
Unterrichtsstörungen	,30	,35	,34
Störungspräv. Überwachg. d. Schülertätigk.	,28	,37	,41
Leistungsdruck	,37	,43	,40
Interaktionstempo	,43	,41	,45
Zügiges Voranschreiten im Unterricht	,37	,39	,45
Klarheit der Präsentation	,26	,36	,31
Sprunghaftigkeit	,37	,41	,54
Individuelle Bezugsnormorientierung	,34	,35	,40
Diagn. Kompetenz im Leistungsbereich	,36	,40	,37
Verwendung binnendiff. Maßnahmen	,52	,50	,64
Schülermitbestimmung	,30	,41	,39
Genetisch-sokratisches Vorgehen	,34	,40	,32
Anspruchsvolles Üben	,39	,44	,49
Sozialorientierung des Lehrers	,26	,33	,28
Diagn. Kompetenz im Sozialbereich	,27	,29	,29
Motivierungsfähigkeit	,17	,33	,19
Zufriedenheit mit dem Fachlehrer	,17	,31	,04

Für die fünf Skalen, bei denen das dritte Modell besser die empirische Korrelationsmatrix reproduziert, sind zusätzlich die Ergebnisse des dritten Faktorenmodells mit einem G-Faktor und drei unkorrelierten Fachfaktoren in Tabelle 9.6 wiedergegeben. Aus Platzgründen ist dort nur der Schwankungsbereich der Itemladungen des G-Faktors und der jeweiligen Fachfaktoren dargestellt.

Wie die Tabelle zeigt, sind die Itemladungen auf den Fachfaktoren deutlich höher als auf dem G-Faktor. Bei den ersten vier Skalen besteht nur für eines von 12 Items eine höhere Ladung auf dem G-Faktor als auf dem entsprechenden Fachfaktor. Bei der Skala *Diagnostische Kompetenz im Leistungsbereich* lädt pro Fach jeweils eines von fünf Items höher auf dem G-Faktor als auf dem entsprechenden Fachfaktor. Auch dieses Ergebnis spricht deutlich für eine fachlich differenzierte Bewertung der Lernumwelt und weist individuellen Wahrnehmungsvoreingenommenheiten nur eine untergeordnete Rolle zu.

Tabelle 9.6: Schwankungsbereich der Ladungen des G-Faktors und der jeweiligen Fachfaktoren ($\lambda \cdot 100$) für die fünf Skalen, für die Modell 3 die empirische Korrelationsmatrix am besten reproduziert

Skala (Anzahl der Items)	Schwankungsbereich der Ladungen des			
	G-Faktors	Mathe-F.	Bio-F.	Physik-F.
Leistungsdruck (4)	38 – 69	64 – 76	42 – 76	61 – 73
Interaktionstempo (4)	46 – 64	63 – 73	60 – 72	59 – 71
Klarheit der Präsentation (4)	40 – 61	57 – 77	49 – 78	43 – 71
Individuelle Bezugsnormorientierung (4)	42 – 60	66 – 75	30 – 81	56 – 71
Diagn. Kompetenz im Leistungsbereich (5)	39 – 62	55 – 72	51 – 76	43 – 75

Nach dem Nachweis der schulfachbezogenen faktoriellen Validität der Schülerangaben wurde in einem zweiten Schritt die Konstruktvalidität gemäß den o. a. theoretischen Überlegungen geprüft. Zu diesem Zweck wurden die in Tabelle 9.2 genannten Faktoren zweiter Ordnung gebildet, die übergreifende Grunddimensionen der Lernumwelt erfassen sollen. Der Faktor zur Indikatorisierung der affektiven Qualität der Lehrer-Schüler-Beziehung dient dabei vor allem der Kontrolle systematischer Wahrnehmungsverzerrungen. Die durch Einzelindikatoren repräsentierten Unterrichtskonzepte *schülerorientierter Unterricht* bzw. *remediale Maßnahmen* blieben bei diesen Analysen notwendigerweise unberücksichtigt. Auf der Basis konfirmatorischer Faktorenanalysen wurde pro Fach die Anpassungsgüte eines 6-Faktoren-Modells geprüft, das die folgende Struktur aufwies:

1. *Unterrichtsführung*	• Regelklarheit • Zeitverschwendung • Unterrichtsstörungen • Störungspräventive Überwachung der Schülertätigkeiten • Ineffektive Behandlung von Unterrichtsstörungen
2. *Unterrichtstempo*	• Leistungsdruck • Interaktionstempo • Zügiges Voranschreiten im Unterricht
3. *Klarheit des Unterrichts*	• Klarheit und Strukturiertheit der Präsentation • Sprunghaftigkeit
4. *Konstruktivistischer Unterricht*	• Genetisch-Sokratisches Vorgehen • Anspruchsvolles Üben
5. *Adaptiver Unterricht*	• Individuelle Bezugsnormorientierung • Diagnostische Kompetenz im Leistungsbereich • Verwendung binnendifferenzierender Maßnahmen

6. *Affektive Qualität der Lehrer-Schüler-Beziehung*	• Zufriedenheit mit dem Fachlehrer • Motivierungsfähigkeit • Sozialorientierung • Diagnostische Kompetenz im Sozialbereich

Da die Ergebnisanalysen sowohl auf Individual- als auch Klassenebene durchgeführt werden sollten, wurde dieses 6-Faktoren-Modell für beide Ebenen geprüft. In keinem der drei Fächer ließ sich jedoch das Faktorenmodell reproduzieren, was sich im wesentlichen auf fünf Gründe zurückführen läßt:

(1) Der Faktor *Klarheit des Unterrichts* ließ sich nicht identifizieren – trotz inhaltlicher Plausibilität der Indikatorisierung messen die beiden Skalen *Sprunghaftigkeit* und *Klarheit der Präsentation* aus der Sicht von Schülern offensichtlich grundsätzlich unterschiedliche Aspekte des Unterrichts (dies legen auch die Nullkorrelationen auf Schülerebene bzw. die zwar statistisch signifikanten, doch schwachen Korrelationen auf Klassenebene zwischen beiden Konstrukten nahe).
(2) Obwohl die beiden Skalen *Regelklarheit sowie Störungspräventive Überwachung der Schülertätigkeiten* inhaltlich Komponenten der Klassenführung erfassen, werden sie aus Schülersicht offenbar mit anderen Aspekten des Unterrichts assoziiert (beide Skalen wiesen Ladungen von $\lambda \leq .15$ auf Schüler- bzw. $\lambda \leq .43$ auf Klassenebene auf).
(3) Die Skala *Zügiges Voranschreiten im Unterricht* wies schwache positive (Schülerebene) oder negative bis positive Ladungen (Klassenebene) auf dem durch *Leistungsdruck* und *Interaktionstempo* markierten Faktor *Unterrichtstempo* auf, obwohl dieses Konstrukt theoretisch in einer negativen Beziehung zu den beiden anderen Merkmalen stehen sollte – auch hier wurde das Konstrukt anders von den Schülern interpretiert als theoretisch beabsichtigt.
(4) Die wahrgenommene *Verwendung binnendifferenzierender Maßnahmen* weist nur geringe inhaltliche Überlappung mit den anderen beiden individualisierenden Aspekten des Lehrerverhaltens auf – die Ladungen streuen zwischen $\lambda = .22$-$.30$ auf Schüler- und $\lambda = .02$-$.25$ auf Klassenebene.
(5) Da die Skala *Zufriedenheit mit dem Fachlehrer* auf Klassenebene zu viele Nebenladungen aufwies, wurde sie ebenfalls von der weiteren Faktorenprüfung ausgeschlossen.

Das um den Faktor *Klarheit des Unterrichts* sowie die entsprechenden niedrigladenden Skalen reduzierte Faktorenmodell wurde erneut einer Prüfung unterzogen und mit Hilfe der LISREL-Modifikationsindizes optimiert. Die Ergebnisse des endgültigen Modells sind in Tabelle 9.7 dargestellt. Auf Schülerebene be-

Tabelle 9.7: Standardisierte Ladungsmatrix des Fünf-Faktorenmodells auf Schüler- und Klassenebene für Mathematik (M), Biologie (B) und Physik (P)

		Faktor I			Faktor II			Faktor III			Faktor IV			Faktor V		
		M	B	P	M	B	P	M	B	P	M	B	P	M	B	P
Mangelnde Unterrichtsführung																
Zeitverschwendung	Ind.	,77	,81	,78												
	Kl.	,94	,95	,89												
Unterrichtsstörungen	Ind.	,64	,70	,63												
	Kl.	,81	,85	,89												
Ineffektive Behandlung von	Ind.	,56	,54	,56												
Unterrichtsstörungen	Kl.	,69	,71	,76												
Unterrichtstempo																
Leistungsdruck	Ind.				,66	,72	,60									
	Kl.				,79	,77	,78									
Interaktionstempo	Ind.				,64	,73	,66									
	Kl.				,80	,79	,82									
Konstruktivist. Unterricht																
Genetisch-sokratisches	Ind.							,64	,59	,60						
Vorgehen	Kl.							,76	,53	,70						
Anspruchsvolles Üben	Ind.							,62	,52	,57						
	Kl.							,79	,33	,70						
Adaptivität des Lehrerverhaltens																
Individuelle Bezugsnorm-	Ind.										,84	,79	,78			
orientierung	Kl.										,92	,85	,91			
Diagnostische Kompetenz im	Ind.										,82	,78	,74			
Leistungsbereich	Kl.										,91	,84	,85			
aff. Qualität d. Lehrer-Schüler-Bez.																
Sozialorientierung	Ind.													,81	,77	,73
	Kl.													,92	,90	,82
Sozialdiagn. Kompetenz	Ind.				,19	,12	,18							,64	,59	,62
	Kl.				,32	,05	,40							,91	,75	,95
Motivierungsfähigkeit	Ind.													,67	,68	,70
	Kl.													,80	,86	,82

Anpassungsgüte der drei Faktorenmodelle für Individual-/Klassenebene: Mathematik: GFI (AGFI) = .99 (.97)/.93 (.88); RMSEA = .038/.058; χ^2 (df) = 155.90(44)/69.68(45)
Biologie: GFI (AGFI) = .98 (.97)/.87 (.78); RMSEA = .043/.11; χ^2 (df) = 171.50(44)/114.24(48)
Physik: GFI (AGFI) = .98 (.97)/.89 (.82); RMSEA = .044/.096; χ^2 (df) = 179.34(44)/ 93.74(45)

steht in allen drei Fächern eine sehr gute Anpassung dieses 5-Faktorenmodells an die empirischen Daten. Die GFI bzw. AGFI liegen um 0,98, die RMSEA sind kleiner als 0,05. Auf Klassenebene lassen sich nicht so gute Anpassungen erzielen[30]: Die GFI erreichen hier Werte um 0,90, der AGFI liegt z. T. deutlich darunter. Der RMSEA in Mathematik ist jedoch nach dem von Browne & Cudeck (1993, zit. in Jöreskog & Sörbom, 1993) vorgeschlagenen Grenzwert von 0,08 noch zufriedenstellend. Dieser Wert wird in Physik knapp verfehlt, in Biologie besteht jedoch eine deutliche Fehlanpassung. Eine Inspektion der Ladungsmatrizen zeigt den Grund für die schlechte Modellanpassung in Biologie: Im Gegensatz zu den anderen beiden Fächern, in denen sich die Faktoren durch die jeweiligen Skalen auf beiden Ebenen gut reproduzieren lassen, fällt die Ladung der Skala *Anspruchsvolles Üben* auf den Faktor *Konstruktivistischer Unterricht* ziemlich niedrig aus. Aus Gründen der Vergleichbarkeit bei späteren Analysen wird jedoch dieser Faktor in Biologie beibehalten. Substantielle Nebenladungen bestehen nur für die Skala *Sozialdiagnostische Kompetenz des Lehrers* auf dem Faktor *Unterrichtstempo*, die jedoch deutlich niedriger als die Hauptladungen des betreffenden Faktors sind.

Die Interkorrelation der fünf Faktoren auf Schüler- und Klassenebene ist in Tabelle 9.5 dargestellt.

Tabelle 9.5: Interkorrelation der fünf Faktoren auf Individual- und Klassenebene für Mathematik (M), Biologie (B) und Physik (P)

		(1) mang. Unter.führg.			(2) Unterrichtstempo			(3) Adaptivität			(4) Konstr. Unterricht		
		M	B	P	M	B	P	M	B	P	M	B	P
(2)	Ind.	,65	,57	,56	—	—	—						
	Kl.	,64	,43	,40	—	—	—						
(3)	Ind.	-,01	-,03	-,01	-,11	-,08	-,22	—	—	—			
	Kl.	-,42	-,24	-,25	-,41	-,43	-,44	—	—	—			
(4)	Ind.	,04	,08	-,04	,16	,17	,01	,76	,96	,77	—	—	—
	Kl.	-,32	-,26	-,38	-,22	,09	-,33	,85	1,00	,79	—	—	—
(5)	Ind.	-,16	-,15	-,18	-,15	-,18	-,40	,79	,94	,87	,83	,97	,71
aff. Qual.	Kl.	-,46	-,40	-,34	-,48	-,46	-,64	,90	1,00	,96	,82	1,00	,63

[30] Die unterschiedlichen Freiheitsgrade zwischen Individual- und Klassenebene ergaben sich durch Modelloptimierungen, die auf Schülerebene zur Freisetzung eines zusätzlichen Parameters, der Residual-Kovarianz zwischen den beiden Skalen *Sozialorientierung* und *Sozialdiagnostische Kompetenz*, führte. Die zusätzlichen Freiheitsgrade in Biologie (Klassenebene) entstanden durch Fixierung der Interkorrelationen der Faktoren 3-5, bei denen *Heywood-Cases* (Bollen, 1989), d. h. Parameterschätzungen im illegalen Parameterraum, auftraten.

Während die ersten beiden Faktoren nur gering bis mittelhoch mit den anderen Faktoren korrelieren, bestehen sehr hohe Interkorrelationen zwischen den Faktoren 3-5, die in Biologie sogar nahe 1 waren, so daß diese dort gefixt werden mußten (s. Fußnote 30). Dies bedeutet, daß die drei Faktoren analytisch kaum getrennt werden können – in der Wahrnehmung von Schülern sind diese Merkmale der Lernumwelt offensichtlich stark voneinander abhängig. Wenn die Trennung dennoch für die nachfolgenden Analysen aufrechterhalten wird, so geschieht dies vor allem aus den Gründen, (a) die verschiedenen Konstrukte der Unterrichtsforschung getrennt voneinander abzubilden und (b) ggf. bestehende differentielle Effekte auf der Makroebene Schulform prüfen zu können.

9.3 Weitere verwendete Erhebungsinstrumente

Im folgenden werden die weiteren verwendeten Instrumente, die aus verschiedenen Gründen vornehmlich der Kontrolle möglicher Zusammenhänge zwischen Leistungsentwicklung und Lernumweltwahrnehmung dienen sollen, vorgestellt. In Kapitel 9.3.1 werden zunächst die Skalen zur Erfassung der fachspezifischen Fähigkeitsselbstkonzepte, die als Kontrollvariablen für systematische Verzerrungen der Umweltwahrnehmung fungieren sollen, beschrieben, Kapitel 9.3.2 dient der Darstellung des Instruments zur Kontrolle des Intelligenzeinflusses auf den Lernverlauf, und in Kapitel 9.3.3 schließlich wird der Fragebogen zur Erfassung der Lehrerangaben zum unterrichteten Curriculum skizziert, der ebenfalls als Kontrollvariable für die Leistungsveränderung eingesetzt wird.

9.3.1 Die Skalen zur Erfassung des fachspezifischen Fähigkeitsselbstkonzepts

Die Items zur Erfassung des fachspezifischen Fähigkeitsselbstkonzepts sind dem von Jopt (1978) verwendeten Fragebogen zur Erfassung des *Selbstkonzepts eigener Fähigkeit für Mathematik (SKM)* bzw. der von Jerusalem (1984) modifizierten Form dieser Skala entnommen. Die ursprüngliche Skala von Jopt enthält insgesamt 10 Items. Da jedoch einige dieser Items nicht Kompetenzüberzeugungen im eigentlichen Sinn erfassen, sondern Freude bzw. Spaß am Fach messen, die eher eine gefühlsbezogene Komponente des fachlichen Interesses darstellen, wurden in BIJU nur fünf der Items eingesetzt, die explizit auf Einschätzungen der eigenen Fähigkeiten Bezug nehmen. Diese fünf Items wurden in allen drei Fächern zu allen drei Meßzeitpunkten im 7. Schuljahr vorgegeben, wobei jeweils das entsprechende Fach in den Itemtext eingesetzt wurde (Beispiele: „Mathematik/Biologie/Physik liegt mir nicht besonders." oder „Mathematik/Biologie/Physik würde ich viel lieber machen, wenn das Fach nicht so schwer wäre."). Auch hier wurden die Items in einem vierstufigen *forced-choice*-Antwortformat vorgelegt, das – wie bei den Skalen zur Wahrnehmung der Lernumwelt – von 1 = „trifft voll und ganz zu" bis 4 = „trifft überhaupt nicht zu" reichte. Die internen Konsistenzen (Cronbachs α) dieser fachspezifischen Skalen in den drei Erhebungswellen liegen zwischen $\alpha = 0{,}85$ und 0,91. Für die weiteren Analysen wurde der Mittelwert der fünf Items als Skalenwert verwendet.

Werden auch hier, wie bei den Lernumweltskalen, die Varianzen in individuelle und institutionelle Komponenten zerlegt, so erklären die Unterschiede zwischen Schülern einer Klasse zwischen 82 % und 90 % der Gesamtvarianz – hier sind die institutionellen Unterschiede deutlich geringer als bei der Wahrnehmung der Lernumwelt. Zwischen den Schulformen besteht so gut wie keine Varianz (0-2 %), zwischen Klassen innerhalb von Schulen nur schwache (2-5 %) und zwischen Schulen innerhalb von Schularten substantielle Unterschiede (6-12 %). Für die Analysen zum Einfluß der Lernumwelt auf die Leistungsentwicklung bedeutet dieses Ergebnis, daß das fachspezifische Fähigkeitsselbstkonzept vor allem auf der Individualebene als Kontrollvariable verwendet werden kann, auf Klassenebene hingegen lassen diese Befunde nur geringe Kontrolleffekte dieser Variablen erwarten.

9.3.2 Die Skala zur Erfassung der kognitiven Grundfähigkeit

Die kognitive Grundfähigkeit wurde mit dem Untertest *Figurenanalogien* des Kognitiven Fähigkeitstests (KFT 4-13) von Heller, Gaedicke & Weinläder (1976) gemessen. Der Test stellt ein in der Intelligenzdiagnostik vielfach verwendetes sprachfreies Instrument dar, das der Erfassung der Grundintelligenz durch Erkennen von Gemeinsamkeiten bzw. Unterschieden zwischen Figuren bzw. Relationen dient (vgl. Köller, 1998). Im Rahmen des ersten Erhebungszeitpunktes wurde dieser Test gemäß der Instruktionen im Testmanual durchgeführt. Die interne Konsistenz (Cronbachs α) liegt in den drei Stichproben zwischen 0,92 und 0,95. Als Maß für die Grundfähigkeit wurde der Summenwert der 25 dichotomen Items (0 = nicht gelöst, 1 = gelöst) des Tests verwendet, der zwischen 0 und 25 schwanken konnte.

Die hierarchische Varianzzerlegung dieses Summenscores belegt, ähnlich wie bei den Leistungstests, die hohe kognitive Eingangsselektivität der Schulformen, auf deren Varianz zwischen 20 % und 23 % der Gesamtstreuung entfallen. Die Unterschiede zwischen Schulen innerhalb von Schulformen erklären ebenfalls einen beträchtlichen Anteil von 11-20 % der Gesamtvarianz, der Anteil der Klassenzugehörigkeit ist auch noch substantiell, wenngleich wesentlich niedriger (5-6 %). Die Unterschiede zwischen Schülern einer Klasse sind für 51-62 % der Gesamtvarianz verantwortlich. Diese Befunde legen es nahe, die Intelligenz sowohl auf der Individual- als auch Klassenebene als Kontrollvariable zu verwenden.

9.3.3 Lehrerangaben zum implementierten Curriculum

In der postalischen Lehrerbefragung, die am Ende des 7. Schuljahres unter den Mathematik-, Biologie, Physik- und Englischlehrern der an der Studie beteiligten Klassen durchgeführt wurde, wurden die Fachlehrer u. a. um die Einschätzung der curricularen Validität der in den Leistungstests verwendeten Aufgaben gebeten. Im einzelnen sollten die Lehrkräfte ihre Beurteilung der einzelnen Aufgaben unter den zwei in Kapitel 3.1.2.1 und Kapitel 9.1 diskutierten Aspekten des intendierten und implementierten Curriculums vornehmen. Der Kasten 9.6 zeigt ein Beispiel der Aufgabenbeurteilung aus dem Fragebogen für Mathematiklehrer: Die erste Frage bezieht sich auf das jeweils unterrichtete Curriculum, die zweite Frage erfaßt die Einschätzung der Lehrer zur curricularen Validität der Aufgaben bzgl. des intendierten Lehrplans. Diese Aufgabenbeurteilung wurde für alle Leistungstestitems des dritten Meßzeitpunktes sowie einen Teil der Testitems des zweiten Meßzeitpunktes erbeten.

Kasten 9.6: Aufgabe aus dem Mathematiktest des dritten Meßzeitpunkts

Peter und Paul haben sich entschieden, Geld zu sparen. Peter kann monatlich 3 DM, Paul kann monatlich 5 DM sparen. Wenn sich das nicht verändert, nach wievielen Monaten hat dann Paul exakt 10 DM mehr als Peter?

Das Stoffgebiet der Aufgabe wurde in meiner Klasse
- ❒ vorausgesetzt
- ❒ ausführlich behandelt
- ❒ behandelt
- ❒ für später vorgesehen

Gehört die Aufgabe zum Stoff des Lehrplans
- ❒ der 6. Klasse oder niedriger
- ❒ der 7. Klasse
- ❒ der 8. Klasse oder höher
- ❒ kein Lehrplanstoff

Aufgrund der zugesicherten Anonymität erfolgte der Versand der Fragebögen an die Schulen mit der Bitte, die entsprechenden Bögen an die einzelnen Fachlehrer zu verteilen. Die Rücklaufquote der Fragebögen betrug 21 % für das Fach Biologie, 17 % für Physik und 22 % für Mathematik. Diese niedrigen Rücklaufquoten lassen sich auf mehrere Gründe zurückführen:

(1) Aufgrund des Umstands einer anonymen Befragung, in der die Fragebögen nicht direkt an die einzelnen Fachlehrer versandt werden konnten, hat ein Teil der Fragebögen vermutlich nie die eigentlichen Adressaten erreicht, sondern ist in der Verwaltung der jeweiligen Schule „verlorengegangen".
(2) Als eine Folge der Umstrukturierung der Schullandschaft in den neuen Bundesländern fanden eine Reihe von Lehrerversetzungen an andere Schulen bzw. Schultypen statt, so daß ein Teil der Lehrer am Ende des Schuljahres kaum noch aufzufinden war.
(3) Die Motivation der ostdeutschen Lehrer, in dieser Phase beruflicher Unsicherheit einen umfangreichen Fragebogen auszufüllen, war verständlicherweise nicht allzu ausgeprägt.

Die geringe Rücklaufquote hat zur Folge, daß aufgrund einer zu kleinen Schnittmenge die Lehrerangaben nicht unmittelbar mit den Schülerdaten in Beziehung gesetzt werden können. Sie können dennoch auf einer aggregierten Ebene (z. B. Schulform oder neue versus alte Bundesländer) als ein Indikator für systematisch bedingte Unterschiede im Grad der Umsetzung des intendierten Curriculums auf bestimmten Aggregatstufen dienen. In der vorliegenden Arbeit werden die Lehrerangaben als Indikatoren für unterschiedliche Lerngelegenheiten in den neuen bzw. alten Bundesländern – da in ersteren die Naturwissenschaften viel kontinuierlicher und mit einem teilweise höheren Stundenanteil unterrichtet werden – sowie in den verschiedenen Schultypen verwandt. Dazu wurden die Angaben der Lehrer zum unterrichteten (erste Frage in Kasten 9.6) und intendierten Curriculum (zweite Frage in Kasten 9.6) als jeweils vier dichotome Variablen (= Anzahl der Antwortkategorien pro Frage) mit den Ausprägungen 0 = nein und 1 = ja codiert und diese über die Anzahl der vorgegebenen Aufgaben aufsummiert. Auf diese Weise erhält man insgesamt 8 Variablen, die jeweils die Anzahl der Aufgaben angeben, die von den Lehrern als (1) vorausgesetzt, (2) ausführlich behandelt, (3) behandelt, (4) für später vorgesehen, (5) dem Lehrplanstoff der 6. Klasse zugehörig, (6) dem Lehrplanstoff der 7. Klasse entsprechend, (7) dem Lehrplanstoff der 8. Klasse entsprechend und (8) kein Lehrplanstoff beurteilt wurden. Tabelle 9.7 gibt die mittlere Anzahl der Aufgaben pro Kategorie wieder (berücksichtigt wurden hier nur Angaben von Lehrern aus Nordrhein-Westfalen, Mecklenburg-Vorpommern und Sachsen-Anhalt).

Wie die Tabelle zeigt, entsprechen die Aufgaben des Mathematiktests im Mittel weitgehend sowohl dem intendierten (nach Einschätzung der Lehrer) als auch dem implementierten Curriculum der untersuchten 7. Jahrgangsstufe. Für die beiden naturwissenschaftlichen Fächer fällt die Übereinstimmung mit dem Curriculum der 7. Klasse nicht so ganz hoch aus: Immerhin wird ein Drittel der Aufgaben beider Tests als Lehrplanstoff der 8. Klasse und höher eingestuft. Dieser Einschätzung entsprechen auch die Angaben der Lehrer zum unterrichteten Curriculum – auch hier ist ein Drittel der Testaufgaben erst für spätere Schulstufen vorgesehen. Allerdings bestehen bei der Beurteilung der curricularen Validität der Testaufgaben große Unterschiede zwischen den Lehrern, was sich deutlich an den hohen Standardabweichungen erkennen läßt. Offensichtlich verbergen sich hinter diesen Mittelwerten deutliche Unterschiede zwischen den Schulformen als auch zwischen alten und neuen Bundesländern.

Tabelle 9.7: Mittlere Anzahl der Aufgaben pro Antwortkategorie (in Klammern Standardabweichungen)

	Mathematik $N_{Lehrer} = 62$ $N_{Aufgaben} = 39$	Biologie $N_{Lehrer} = 31$ $N_{Aufgaben} = 30$	Physik $N_{Lehrer} = 33$ $N_{Aufgaben} = 32$
Stoffgebiet der Aufgabe wurde			
vorausgesetzt	13,8 (7,2)	5,9 (4,7)	6,9 (5,2)
ausführlich behandelt	7,8 (5,2)	4,1 (4,1)	5,3 (2,3)
behandelt	8,6 (6,1)	6,6 (4,5)	7,6 (4,0)
für später vorgesehen	7,8 (6,4)	12,4 (4,8)	10,8 (4,0)
Aufgabe gehört zum Stoff des Lehrplans			
der Klasse 6 und niedriger	16,0 (5,1)	11,7 (3,4)	7,4 (5,4)
der Klasse 7	14,2 (3,5)	4,6 (3,9)	11,2 (3,8)
der Klasse 8 und höher	5,6 (4,6)	10,6 (4,1)	10,1 (3,7)
kein Lehrplanstoff	1,5 (2,0)	2,3 (2,7)	2,3 (2,6)

In einem zweiten Schritt wurden deshalb zweifaktorielle Varianzanalysen mit Schulform und Ost-/West-Zugehörigkeit als unabhängige und den 8 Kategorien als abhängige Variablen berechnet. Um ein klareres Bild zu erhalten, wurden zusätzlich die ersten drei Kategorien zum unterrichteten Curriculum zu einer einzigen Variablen zusammengefaßt, die die Anzahl der als vorausgesetzt oder (ausführlich) behandelt beurteilten Aufgaben enthält. In Tabelle 9.8 sind die statistisch signifikanten Ergebnisse dieser Varianzanalysen dargestellt, wobei sich – von einer Ausnahme in Biologie abgesehen (*Aufgabe gehört zum Stoff des Lehrplans der Klasse 8 und höher*, s. Tabelle) – nur statistisch signifikante Haupteffekte ergaben. Mit *O/W* ist daher der Haupteffekt Ost-/West-Zugehörigkeit, mit *GY/and.* der Haupteffekt Schulformzugehörigkeit, dichotomisiert nach Gymnasium versus andere Schularten, bezeichnet. In Physik ergab sich die Besonderheit, daß keine Angaben von Gymnasiallehrern aus Nordrhein-Westfalen vorlagen, so daß die Analysen zu Ost-/West- bzw. Schulart-Effekten jeweils getrennt voneinander und nur für die entsprechenden Subgruppen vorgenommen werden konnten. Das Plus- bzw. Minuszeichen in der ersten Zeile gibt jeweils den Vorteil bzw. Nachteil für die im Tabellenkopf erstgenannte Subgruppe (Ost oder Gymnasium) an, dahinter folgt die Differenz zwischen beiden Gruppen in Form der mittleren Aufgabenanzahl. In der zweiten Zeile wird als ein Maß der praktischen Signifikanz der durch den jeweiligen Haupteffekt erklärte prozentuale Anteil an der Gesamtvarianz berichtet (η^2).

Tabelle 9.8: Ergebnisse der zweifaktoriellen Varianzanalysen (nur signifikante Haupteffekte)

	Mathematik		Biologie		Physik	
	O/W	GY/and.	O/W	GY/and.	O/W[b]	GY/and.[c]
Stoffgebiet der Aufgabe wurde						
vorausgesetzt	+ 5,7 (18%)					+ 4,7 (25%)
ausführlich behandelt		+ 3,0 (8%)		+ 2,4 (14%)	– 1,8 (19%)	+ 1,6 (18%)
behandelt						
für später vorgesehen	– 8,3 (40%)	– 4,7 (7%)	– 5,4 (31%)		+ 4,2 (22%)	
Zusammengefaßt:						
vorausgesetzt/behandelt	+ 9,1 (44%)		+ 5,5 (33%)		+ 4,9 (28%)	
Aufgabe gehört zum Stoff des Lehrplans						
der Klasse 6 und niedriger	+ 6,2 (34%)					
der Klasse 7				– 2,5[a] (31%)		
der Klasse 8 und höher	– 5,0 (27%)					
kein Lehrplanstoff		– 1,5 (12%)		– 2,3 (21%)		

[a] η^2 des Interaktionseffekts, der darauf zurückgeht, daß sich nur im Osten die Angaben von Gymnasiallehrern und anderen Lehrern unterscheiden.

[b] Varianzanalysen beziehen sich nur auf Angaben von Haupt-, Real- und Gesamtschullehrern, da keine Fragebögen von Gymnasiallehrern aus NRW vorliegen.

[c] Varianzanalysen beziehen sich nur auf Angaben von ostdeutschen Lehrern wegen des Fehlens von Gymnasiallehrerangaben aus NRW.

Eine Inspektion der Tabelle zeigt, daß die Ost-/West-Effekte gegenüber den Schulformeffekten deutlich überwiegen, nicht nur in der absoluten Zahl, sondern auch in ihrer praktischen Signifikanz.In Mathematik bestehen die ausgeprägtesten Unterschiede im unterrichteten Curriculum zwischen den neuen und alten Bundesländern: Für die kumulierte Variable *vorausgesetzter bzw. behandelter Unterrichtsstoff,* die die Unterschiede besonders akzentuiert, geben ostdeutsche Lehrer an, knapp ein Viertel der Testitems (9,1 von insgesamt 39 Aufgaben) mehr im Unterricht behandelt oder vorausgesetzt zu haben als ihre Kollegen in Westdeutschland (34 vs. 25 Aufgaben) – dieser Unterschied erklärt 44 % der Varianz dieser Variablen. Dieser Effekt ergibt sich vor allem durch Unterschiede in der Anzahl vorausgesetzter bzw. für später vorgesehener Aufgaben. Auch in Biologie geben die ostdeutschen Lehrer bei der zusammengefaßten Variablen an, knapp 6 Aufgaben des Leistungstests mehr im Unterricht behandelt bzw. vorausgesetzt zu haben als ihre westdeutschen Kollegen (20 vs. 14,5 Testitems), wobei dieser Unterschied vor allem auf Aufgaben zurückzuführen ist, die erst später behandelt werden sollen. Bei diesen beiden Variablen werden jeweils 33 % bzw. 31 % der Varianz durch Unterschiede zwischen den Angaben ost- und westdeutscher Lehrer erklärt.

In Physik ergeben sich entgegengesetzte Ost-/West-Unterschiede, die sich allerdings nur auf Haupt-, Real- und Gesamtschulen beziehen: Hier geben die westdeutschen Physiklehrer an, knapp 5 der Testaufgaben mehr im Unterricht behandelt zu haben als ihre ostdeutschen Kollegen (23 vs. 18 Items) – ein Effekt, der ebenfalls vor allem durch die Unterschiede in den für später vorgesehenen bzw. ausführlich behandelten Stoffgebieten zustande kommt.

Die Unterschiede im unterrichteten Curriculum zwischen den Schulformen sind deutlich schwächer, wenngleich durchaus substantiell: So werden in Mathematik und Biologie an Gymnasien mehr Aufgaben des Leistungstests während des Schuljahres ausführlich behandelt als an anderen Schulformen. In Physik dagegen trifft der umgekehrte Fall zu, der sich jedoch dadurch erklärt, daß die Gymnasiallehrer wesentlich mehr Aufgaben als bekannt voraussetzen als die Lehrer anderer Schulformen – bei der Anzahl der insgesamt vorausgesetzten bzw. behandelten Aufgaben geben die Gymnasiallehrer in der Tendenz eine höhere Anzahl an.

Den Ost-/West-Unterschieden im implementierten Curriculum in Mathematik entsprechen die Ost-/West-Unterschiede in den Angaben zum intendierten Curriculum: Ostdeutsche Lehrer geben an, daß knapp 19 Aufgaben des Leistungstests dem Lehrplan der 6. Klasse entsprechen, die entsprechende Einschätzung liegt bei westdeutschen Lehrern bei nur knapp 13 Aufgaben. Demgemäß beurteilen letztere auch 8 Testaufgaben als dem Lehrplanstoff der 8. Klasse zugehörig – diese Einschätzung nehmen ostdeutsche Lehrer nur bei 3 Testaufgaben vor.

Unterschiede zwischen den Schulformen bestehen nur bei der Einschätzung von Aufgaben als nicht lehrplanvalide, wobei es sich hier nur um 2 (Haupt-, Real- und Gesamtschullehrer) bzw. 1 Item handelt, für das diese Beurteilung zutrifft. In Biologie bestehen nur statistisch signifikante Schulformunterschiede, die sich ebenfalls in der Einschätzung nicht lehrplanvalider Testitems bzw. nicht Lehrplanstoff der 7. Klasse niederschlagen – in beiden Fällen geben Nicht-Gymnasiallehrer eine höhere Zahl von Aufgaben an.

Zusammenfassend läßt sich festhalten, daß große Unterschiede im unterrichteten Curriculum zwischen den alten und neuen Bundesländern, hingegen geringe, dennoch substantielle Unterschiede zwischen den Schulformen bestehen. Für die Analysen des Ergebnisteils dieser Arbeit ist es daher unerläßlich, beide Merkmale als Kontrollvariablen zu verwenden.

10 Hierarchische Analysen

Im theoretischen Teil dieser Arbeit, insbesondere in den Kapiteln 3.2.5 und 4.2, sowie bei der Beschreibung der Erhebungsinstrumente in diesem Teil (Kap. 9) wurde darauf hingewiesen, daß es sich bei Schülerstichproben (a) immer um geschachtelte Datensätze handelt, die entsprechende statistische Auswertungsverfahren erfordern, und (b) bei Analysen zum Zusammenhang von schülerperzipierter Lernumweltwahrnehmung und schulischem Lernen unterschiedliche Analyse- und Interpretationsebenen berücksichtigt werden müssen. Beide Problemkonstellationen verlangen eine Analysestrategie, die simultan die Schülerebene und die Klassenebene in den Mittelpunkt der Betrachtung rücken und auf diese Weise Intra- und Interklassen-Effekte dekomponieren können. Die Klimaforschung hat dieses Problem bisher nur unbefriedigend gelöst, indem sie sämtliche Analysen sowohl auf Individual- als auch Klassenebene durchgeführt hat. Allerdings hat bereits 1980 Sirotnik darauf hingewiesen, daß eine Gesamtanalyse auf Individualebene (*total analysis*) nur dann angemessen ist, wenn angenommen wird, daß Gruppierungsmerkmale für die Fragestellung irrelevant sind. In bezug auf die Frage nach Zusammenhängen zwischen Lernumwelt und Leistung ist jedoch unmittelbar klar, daß dem Gruppierungsmerkmal *Klasse* eine entscheidende Rolle für die Untersuchung dieser Frage zukommt. Demnach kommen für die Analyse solcher Zusammenhänge nur zwei Auswertungsstrategien in Betracht (Sirotnik, 1980): Analysen *innerhalb* (*within analysis*) und *zwischen* (*between analysis*). Analysen *innerhalb* sind zwar auch auf der Individualebene lokalisiert, der entscheidende Unterschied zur Gesamtanalyse besteht jedoch darin, daß hier Klassenunterschiede konstant gehalten werden, indem die Berechnungen auf der Basis der Individuen einer einzelnen Klasse vorgenommen werden, d. h. so viele Analysen wie Klassen durchgeführt werden. Die Ergebnisse dieser Analysen können, falls es die Fragestellung erfordert, gemittelt werden (*pooled-within analyses*), so daß man *gepoolte* Daten erhält. Analysen *zwischen* nutzen die Klasse als Dateneinheit, indem sie den Mittelwert der Mitglieder einer Klasse verwenden. Mehrebenenanalytische Verfahren haben den entscheidenden Vorteil, daß sie genau diese beiden, für die Untersuchung von Einflüssen der Lernumwelt auf die Leistungsentwicklung angemessenen, Analysestrategien in einer einzigen Gesamtanalyse vereinen. Das Prinzip dieser Verfahren sowie seine Anwendung auf die Modellierung individueller Entwicklungsverläufe, das eine Reihe herkömmlicher Probleme der Veränderungsmessung überwindet, soll im folgenden Teilkapitel kurz skizziert werden (für eine ausführlichere Darstellung s. Schnabel, 1998a; Köller, 1998).

10.1 Zum Prinzip der Mehrebenenanalyse und ihre Verwendung für die Modellierung individueller Entwicklungsverläufe

Die folgende Darstellung lehnt sich an die Arbeiten von Bryk, Raudenbush & Congdon (1996) im Rahmen des *Hierarchical Linear Modeling* (HLM) an, da die späteren Analysen mit dem von diesen Autoren entwickelten Programm HLM/3L durchgeführt wurden. In diesem Programm können insgesamt drei Ebenen unterschieden werden, als Ebene 1 z. B. die Schüler einer Klasse, als Ebene 2 entsprechend die Klassen innerhalb von Schulen und als Ebene 3 die Schulen selbst (die inhaltliche Zuordnung von Gruppierungsmerkmalen zu Ebenen ist völlig beliebig und hängt nicht zuletzt von den Fragestellungen und den zur Verfügung stehenden Datensätzen ab). Da die Mehrebenenanalyse zu den regressionsanalytischen Verfahren gehört, wird für jede Ebene eine allgemeine Regressionsgleichung formuliert, wobei die Gewichte der Regressoren der unteren Ebene zu Regressanden der nächsthöheren Ebene werden. An einem Beispiel sei dies verdeutlicht: Das individuelle Abschneiden einer einzelnen Schülerin im Leistungstest (Ebene 1: Schüler) wird auf Merkmale der Lernumwelt zurückgeführt (Ebene 2: Klasse). Diese Merkmale können hinsichtlich ihrer Ausprägungen zwischen Klassen variieren, so daß die Unterschiede in diesen (Klassen-)Ausprägungen auf Merkmale beispielsweise der Schulorganisation oder des Lehrerkollegiums (Ebene 3: Schule) zurückgeführt werden können. Jede der drei ebenenspezifischen Regressionsgleichungen enthält neben den Regressionsgewichten dieser Variablen zusätzlich einen Fehlerterm. Aufgrund des Prinzips, daß das Gewicht eines jeden Prädiktors (Regressors) der untersten Ebene zu einer Kriteriumsvariablen (Regressanden) der nächsthöheren wird, können durch gegenseitiges Einsetzen die drei Ebenengleichungen in eine einzige Regressionsgleichung überführt werden. Diese unterscheidet sich von der „normalen“ Regressionsgleichung lediglich darin, daß sie drei Fehlerterme statt nur einem besitzt, so daß die unterschiedlichen Fehlerquellen dekomponiert werden können (für eine ausführlichere Darstellung vgl. Bryk & Raudenbush, 1988; Bryk et al., 1996; Schnabel, 1998a; Köller, 1998). Alle Regressionskoeffizienten der drei Ebenengleichungen sowie die Varianzen der Regressionsschätzungen auf Klassen- und Schulebene werden simultan geschätzt, wobei empirische Bayes-Schätzer und Maximum-Likelihood-Schätzungen zur Anwendung kommen (zu Details s. Bryk & Raudenbush, 1992). Die Abhängigkeit der drei Ebenenmodelle voneinander hat zur Folge, daß die Einführung neuer Prädiktoren auf Ebene 1 (z. B. das Selbstkonzept eigener Kompetenz als Prädiktor für Leistung) schnell zu einer Inflation der Modellparameter führen kann, wenn dieser Regressionskoeffizient zwischen den Klassen variiert und dieser Unterschied auf Merkmale des Unterrichts (Klassenebene) zurückgeführt wird, deren Regressionsgewichte wiederum zwischen den Schulen variieren können. Auch aus diesem Grund ist es für die vorliegende Arbeit äußerst wichtig, die in Kapitel 9.2 beschriebenen Lernumweltskalen zu einigen wenigen Dimensionen zusammenzufassen.

Für die Analyse von individuellen Entwicklungsverläufen, z. B. der Leistungsentwicklung in Mathematik, wird dieses Mehrebenenmodell einfach erweitert, indem wiederholte Messungen der Mathematikleistung bei denselben Schülern als innerhalb von Personen geschachtelte Daten betrachtet werden und diese die unterste Ebene des hierarchischen Modells bilden. In diesem Fall kann die *Zeit* als Prädiktor für die sich zwischen den einzelnen Meßzeitpunkten verändernden Leistungsmaße eingeführt werden. Auf der nächsten Ebene, in diesem Fall der Individualebene, können für die Leistungsentwicklung bedeutsame personenspezifische Prädiktoren, wie z. B. die Intelligenz, berücksichtigt werden. Auf der dritten Ebene schließlich können Merkmale des Mathematikunterrichts hinsichtlich ihres Einflusses auf die Leistungsentwicklung untersucht werden. Die Modellierung von Veränderungskurven stellt somit einen Spezialfall der Anwendung mehrebenenanalytischer Verfahren dar.

Ein zusätzlicher Vorteil dieser Veränderungsmodellierung besteht darin, daß bei Vorliegen mindestens dreier Meßzeitpunkte sowohl lineare als auch quadratische Trendkomponenten zur Beschreibung individueller Wachstumskurven bestimmt werden können.

10.2 Zur Verwendung von HLM in der eigenen Arbeit

Im Rahmen dieser Arbeit wird der HLM-Ansatz für zwei Gruppen von Analysen herangezogen. Zum einen wird HLM dazu genutzt, individuelle Lernverläufe von Schülern innerhalb einer Klasse sowie klassenbezogene Lernverläufe zu berechnen, die mit den ebenfalls intra- sowie interklassenbezogenen Schülerwahrnehmungen der Lernumwelt in Beziehung gesetzt werden. Die auf der Basis dieser Werte gewonnenen Korrelationskoeffizienten stellen insofern eine Verbesserung der bisherigen korrelativen Ergebnisse dar, als daß (1) das Leistungsmaß keine Zweipunkt-Messung, sondern eine „echte" Entwicklungskurve beschreibt und (2) die Analysen auf Individualebene keine Gesamtanalyse, sondern eine *pooled-within analysis* sowie eine *between analysis* repräsentieren.

Zum zweiten werden die HLM-Analysen dazu genutzt, simultan Intra- und Interklassenbeziehungen zwischen Leistungsentwicklung und Lernumwelt zu berechnen, die eine Abschätzung der jeweiligen Bedeutung der Lernumwelt als Prädiktor auf den einzelnen Ebenen erlaubt und entsprechende Implikationen für die Interpretation gefundener Zusammenhänge nahelegt. Da die Varianzzerlegungen in den vorangegangenen Kapiteln gezeigt haben, daß Varianz sowohl zwischen Schülern einer Klasse als auch zwischen Klassen bzw. Schulen besteht, werden auf Ebene 2 (der Individualebene) die klassenzentrierten Lernumweltvariablen (d. h. individuelle Abweichung vom Klassenmittelwert), auf Ebene 3 (der Klassenebene) die Klassenmittelwerte dieser Lernumweltvariablen als Prädiktoren für das fachliche Lernen eingeführt. Ergänzend werden auf beiden Ebenen Kontrollvariablen hinzugezogen – auf Ebene 2 sind dies Geschlecht, Intelligenz und fachbezogenes Fähigkeitsselbstkonzept, auf Ebene 3 übernehmen diese Funktion die Bundeslandzugehörigkeit (*dummy*-Kodierung), die Schulform (Gymnasium versus andere Schulformen) sowie das mittlere Intelligenzniveau der Klasse.

IV Ergebnisse

Die Darstellung der Ergebnisse gliedert sich in drei Teile. Im ersten Teil (Kap. 11) werden zunächst deskriptive Befunde zur Leistungsentwicklung sowie zur Einschätzung der Lernumwelt berichtet. Im Anschluß daran (Kap. 12) wird zunächst korrelativ, später mehrebenenanalytisch geprüft, welche Merkmale der Lernumwelt aus der Sicht von Schülern einen Einfluß auf das Lernen haben. Dabei werden entsprechend den in Kapitel 5 genannten Hypothesen die aus der beobachtenden Unterrichtsforschung bekannten Merkmale erfolgreichen Unterrichts im Hinblick auf ihre Gültigkeit aus der Perspektive von Schülern geprüft sowie nach lernförderlichen Merkmalen des Lehrers bzw. Unterrichts, z. B. der affektiven Qualität der Lehrer-Schüler-Beziehung, gesucht, denen vor allem aus Schülersicht besondere Bedeutung zukommen könnte. Im letzten Teil (Kap. 13) wird die Abhängigkeit des unterrichtlichen Lehrerhandelns von Kontextmerkmalen der Klasse, insbesondere dem durchschnittlichen kognitiven Eingangsniveau (Intelligenz und bereichsspezifisches Vorwissen), untersucht.

11 Deskriptive Befunde

Dieses Kapitel dient dazu, einen Überblick über die Entwicklung der fachspezifischen Testleistungen im Verlauf eines Schuljahres (Kap. 11.1) sowie die Ausprägungen der Lernumweltwahrnehmung auf der Basis der im vorangegangenen Methodenteil entwickelten Konstrukte (Kap. 11.2) zu geben.

11.1 Leistungsentwicklung im Verlauf eines Schuljahres in drei Fächern

In Kapitel 9.3.3 wurde gezeigt, daß sowohl zwischen Schulformen als auch zwischen neuen und alten Bundesländern Unterschiede im unterrichteten Curriculum bestehen. Die Lernverläufe wurden daher in jedem Fach getrennt für Gymnasien und andere Schulformen sowie neue und alte Bundesländer (Mecklenburg-Vorpommern und Sachsen-Anhalt versus Nordrhein-Westfalen) berechnet. Die gefundenen Unterschiede wurden mit Hilfe von mehrfaktoriellen Varianzanalysen mit Meßwiederholungsdesign (MANOVA) auf ihre Signifikanz geprüft. In den Abbildungen 11.1 a – c sind zunächst die individuellen Lernverläufe in Mathematik, Biologie und Physik für die vier o. g. Untergruppen dargestellt. Die Dichotomisierung der Schulformvariable in Gymnasium vs. andere Schulformen stellt zwar einen gewissen Informationsverlust dar. Die bei Schnabel (1998a) und Köller (1998) dargestellten schulformspezifischen Lernverläufe desselben Datensatzes rechtfertigen allerdings dieses Vorgehen, zeigen sie doch die größten Unterschiede zwischen Gymnasien und Nicht-Gymnasien. Da die Klassenebene in der vorliegenden Arbeit eine wesentliche Aggregierungsebene darstellt, wurden die Lernverlaufsanalysen zusätzlich auch auf der Klassenebene durchgeführt. Auf eine graphische Darstellung dieser Verläufe wurde jedoch verzichtet, da sie sich nicht wesentlich von den individuellen Verlaufskurven unterscheiden.

(a) Mathematik (N = 1766)

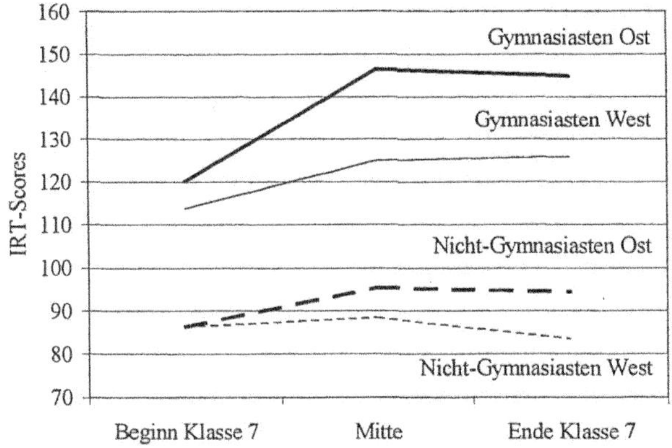

(b) Biologie (N = 1573)

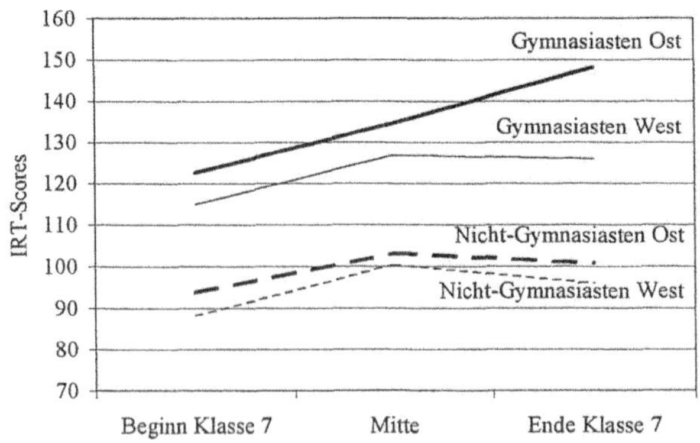

(c) Physik (N = 1589)

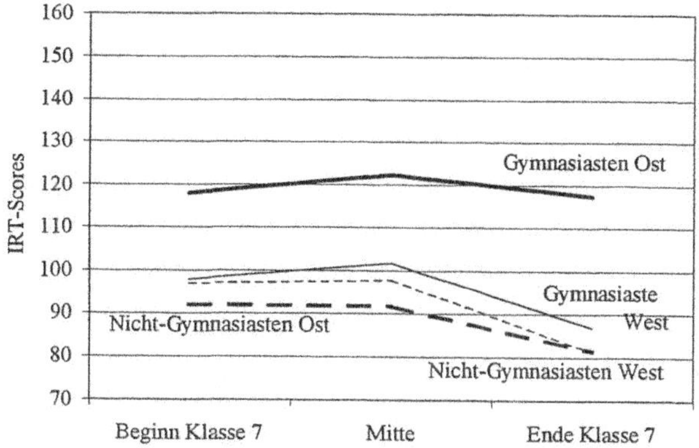

Abbildung 11.1: Entwicklung der Testleistungen in Mathematik, Biologie und Physik, getrennt nach Schulform und Herkunft (Schülerebene)

Da in Physik der Lernverlauf der Gymnasiasten aus NRW (= West) nur auf zwei Klassen mit insgesamt 23 Schülern basiert, wird diese Gruppe von den Signifikanzprüfungen ausgeschlossen. Dies bedeutet, daß die Signifikanzprüfung für den Haupteffekt Ost/West und seine Wechselwirkung mit der Zeit nur auf der Basis der Nicht-Gymnasiasten bzw. für den Haupteffekt Gymnasium/andere sowie seine Wechselwirkung mit der Zeit nur auf der Basis der neuen Bundesländer durchgeführt wird.

Im Gegensatz zum Verlauf der Lernkurven, die sich auf Schüler- und Klassenebene nicht voneinander unterscheiden, bestehen jedoch große Differenzen hinsichtlich der Schätzung der Effektstärken sowie der Signifikanzgrenzen. Die Signifikanzprüfungen auf Schülerebene (S) weisen alle drei Haupteffekte (*Ost/West*, *Gymnasium/andere* und *Zeit*) sowie alle zweifachen Wechselwirkungen und in Mathematik (M) und Biologie (B) auch die dreifache Wechselwirkung als statistisch signifikant aus (s. Tabelle 11.1, erste Zeile). Betrachtet man allerdings die Anteile aufgeklärter Varianz (η^2) als Maß für die inhaltliche Relevanz der gefundenen Unterschiede, so erweisen sich insbesondere die Haupteffekte *Zeit* und *Schulform* als sehr bedeutsam, der *Ost/West*-Haupteffekt hingegen ist vergleichsweise gering, ebenso die zwei- bzw. dreifachen Wechselwirkungen.

In Physik (P) ergibt sich auf der Basis der Oststichprobe im Gegensatz zu den anderen beiden Fächern kein besonders starker Zeiteffekt (nur 3,6 % Varianzaufklärung); für die Nicht-Gymnasiasten liegt dieser Effekt mit gut 13 % in vergleichbarer Höhe wie in den anderen Fächern. In diesem Fach indiziert der Zeiteffekt allerdings keinen Lern*zuwachs*, sondern eine Stagnation (Gymnasiasten Ost) bzw. einen Lern*verlust* (Nicht-Gymnasiasten) im Verlauf des Schuljahres.

Auf Klassenebene (K) zeigt sich ein etwas anderes Bild (s. Tab. 11.1, zweite Zeile): Die dreifache Wechselwirkung wird nur noch in Biologie statistisch signifikant, auch die zweifachen Interaktionen sind nur z. T. statistisch bedeutsam. Allerdings nehmen die Haupteffekte, insbesondere der Ost/West-Effekt, in ihrer substantiellen Bedeutung zu.

Tabelle 11.1: Ergebnisse der Signifikanzprüfungen der Lernverläufe (η^2 in %)
(M = Mathematik; B = Biologie; P = Physik; S = Schülerebene; K = Klassenebene)

		Haupteffekte						Wechselwirkungen							
		(A) O/W		(B) GYM		(C) Zeit		(A) + (B)		(A) + (C)		(B) + (C)		(A), (B) + (C)	
		F	η^2	F	η^2	F	η^2	F	η^2	F	η^2	F	η^2	F	η^2
M	S	74,0	4,0	1039,0	37,1	221,3	11,2	15,0	0,8	55,3	3,0	90,2	4,9	5,9	0,3
	K	21,6	11,8	292,7	64,5	70,7	30,5	ns	—	20,7	11,4	34,9	17,8	ns	—
B	S	48,3	3,0	687,2	30,5	179,4	10,3	11,2	0,7	17,5	1,1	31,9	2,0	15,0	0,9
	K	15,5	12,2	211,6	65,6	80,0	41,9	ns	—	5,6	4,8	14,8	11,8	6,1	5,2
P[a]	S			489,4	30,4	42,2	3,6					17,9	1,6		
	K			179,1	68,3	16,5	16,6					8,0	8,7		
P[b]	S	5,3[c]	0,7			120,4	13,3			5,8	0,7				
	K	ns	—			50,1	44,7			ns	—				

alle Effekte sind signifikant auf dem 1 %-Niveau;
[a]nur neue Bundesländer; [b]nur Nicht-Gymnasiasten; [c]nur auf dem 5 %-Niveau signifikant

Inhaltlich lassen sich die Ergebnisse der Signifikanzprüfungen wie folgt zusammenfassen:

- In Biologie und Mathematik bestehen deutliche Leistungszuwächse im Verlauf eines Schuljahres, wobei der Zuwachs in der zweiten Jahreshälfte erheblich geringer ausfällt als in der ersten bzw. stagniert. In Physik läßt sich demgegenüber nur ein geringes Wachstum in der ersten Hälfte mit einem z. T. deutlichen Verlust in der zweiten Hälfte des Schuljahres nachweisen. Gemeinsam ist jedoch allen drei Verläufen die starke Verflachung bzw. das Absinken der Lernkurve zum Ende des Schuljahres. Dieses Phänomen ist keineswegs ein Einzelfall dieser Studie, sondern steht in Einklang mit Befunden aus US-amerikanischen Schuluntersuchungen (vgl. Köller, 1998). So belegen z. B. Bryk & Raudenbush (1988) über einen Zeitraum von drei Jahren mit 5 Erhebungszeitpunkten saisonale Schwankungen im Lernzuwachs für die Fächer Mathematik und Muttersprache: Während für das Zeitintervall Herbst bis Frühjahr deutliche Leistungszuwächse nachweisbar waren, ergab sich für den Zeitraum Frühjahr bis Herbst eine stagnierende Lernkurve. Die Autoren sehen in den dazwischen liegenden Sommerferien eine wesentliche Ursache für das Absinken der Lernkurve. Auch wenn in dieser Studie keine Sommerferien zwischen den einzelnen Meßzeitpunkten liegen, zeigt der Verweis auf andere Studien dennoch, daß schulisches Lernen durchaus in unterschiedlich starken Wachstumsphasen verlaufen kann.

- In allen drei Fächern dominieren die Unterschiede zwischen Gymnasien und anderen Schulformen alle anderen Effekte. Dies bedeutet nicht nur, daß Gymnasiasten auf einem höheren Wissensniveau das Schuljahr beginnen, sondern daß sie auch im Vergleich zu Schülern anderer Schulformen höhere Leistungszuwächse insbesondere im ersten Schulhalbjahr haben (s. die statistisch signifikanten Wechselwirkungen zwischen *Gymnasium/andere* und *Zeit* in Tab. 11.1). Dieses Phänomen ist in Mathematik am ausgeprägtesten (zu Details s. Schnabel, 1998a, sowie Köller, 1998).
- Für Biologie und Mathematik belegen die Signifikanzprüfungen ein leicht höheres Ausgangsniveau zu Beginn des Schuljahres sowie steilere Lernkurven für die ostdeutschen Schüler, die ebenfalls besonders prägnant in Mathematik sind. Auf Klassenebene steigt neben diesem Ost/West-Haupteffekt insbesondere der letztgenannte Interaktionseffekt im Vergleich zu anderen Wechselwirkungen deutlich an.

11.2 Wahrnehmung der Lernumwelt in drei Fächern

Um einen Eindruck zu gewinnen, wie sich die Lernumwelt aus Schülersicht darstellt, d. h. in welchem Ausmaß z. B. ein hohes Unterrichtstempo empfunden oder adaptive Verhaltensweisen des Lehrers wahrgenommen werden, sind in Abbildung 11.2 a – c auf der Basis von Klassen die Mittelwerte ausgewählter Merkmale der Lernumwelt in den drei Fächern Mathematik, Biologie und Physik abgetragen. Da makroadaptive Unterrichtsstrategien von Lehrern geprüft werden sollen (s. Kap. 5), wurden die Mittelwerte für Gymnasien und andere Schulformen getrennt berechnet. Auf der Basis der in Kapitel 9.2 durchgeführten Analysen zur Konstruktvalidierung wurden die folgenden 11 Lernumweltmerkmale ausgewählt: Die Konstrukte *mangelnde Unterrichtsführung*, *Regelklarheit*, *Unterrichtstempo*, *Klarheit der Präsentation*, *Sprunghaftigkeit sowie Adaptivität des Lehrerverhaltens* stellen wesentliche Merkmale der direkten Instruktion dar, die mit ihrer Präsenz bzw. Abwesenheit im Unterricht lernförderliche Bedingungen repräsentieren. Obwohl die beiden Skalen *Klarheit der Präsentation* sowie

Sprunghaftigkeit (als Negativmerkmal) keine gemeinsame latente Dimension bilden, stellen sie dennoch wesentliche Merkmale eines gut strukturierten, übersichtlichen Unterrichtsablaufs dar, weshalb sie bei den folgenden Analysen weiterhin berücksichtigt werden. Ebenso repräsentiert die Skala *Regelklarheit* ein wesentliches Merkmal direkter Instruktion, das offensichtlich nicht durch das Konstrukt mangelnde Unterrichtsführung abgedeckt wird – dies belegen zumindest die Ergebnisse der konfirmatorischen Faktorenanalysen (s. Kap. 9.2). Von konstruktivistisch orientierten Unterrichtsstrategien wird angenommen, daß sie in stärkerem Maße das Verständnis von mathematischen oder naturwissenschaftlichen Konzepten und Phänomenen fördern, als dies herkömmliche Lehrverfahren tun. Binnendifferenzierende Maßnahmen sowie repetitives Üben stellen Unterrichtsstrategien dar, die insbesondere in heterogenen Klassen mit einem niedrigen Wissensniveau zum Einsatz kommen. Die *Beteiligung von Schülern an der Auswahl von Unterrichtsstoffen* stellt ein Element eher schülerorientierter Unterrichtsansätze dar – von diesem Merkmal wird allerdings ein negativer Zusammenhang mit Lernen angenommen, da schülerorientierte Unterrichtsformen in der Regel mehr Unterrichtszeit beanspruchen als Formen lehrergeleiteten Unterrichts. Die *affektive Qualität der Lehrer-Schüler-Beziehung* bzw. die *Zufriedenheit mit dem Fachlehrer* als globales Sympathie-Rating dienen vor allem als Variablen zur Kontrolle sympathiebedingter Wahrnehmungsverzerrungen. Alle verwendeten Konstrukte stellen Mittelwertsbildungen der untergeordneten Skalen bzw. Einzelitems dar, deren Ausprägungen zwischen 1 = *trifft überhaupt nicht zu* und 4 = *trifft voll und ganz zu* schwanken können. In den drei Abbildungen 11.2 a – c werden neben den Mittelwertverläufen beider Gruppen auch die Signifikanzniveaus und die inhaltliche Bedeutsamkeit der gefundenen Unterschiede in Form des Eta-Quadrats (η^2) mitgeteilt. Als Analyseebene wurde die Klasse gewählt, um Unterschiede zwischen Klassen, d. h. zwischen unterrichtenden Lehrern deutlich zu machen. Inwieweit der Klassenmittelwert hierfür einen adäquaten Schätzer darstellt, soll in Kapitel 12 nochmals genauer untersucht werden.

Der Verlauf der Mittelwertprofile ist in allen drei Fächern mehr oder weniger gleich, wobei sich die beiden naturwissenschaftlichen Fächer etwas stärker ähneln. Die Mittelwerte schwanken alle um den theoretischen Mittelwert der Skalen von 2,5, wobei es deutliche Ausschläge sowohl zur Zustimmungs- (3-4) als auch Ablehnungsseite (2-1) gibt. Insgesamt wird eine mangelhafte Unterrichtsführung, ein hohes Unterrichtstempo, wiederholendes Üben, binnendifferenzierende Maßnahmen sowie eine Beteiligung der Schüler bei der Stoffauswahl eher seltener wahrgenommen, eine klare Präsentation des Lehrstoffes, eine hohe Adaptivität des Lehrerverhaltens sowie eine hohe Zufriedenheit mit den Lehrkräften hingegen wird den Lehrern häufiger bescheinigt.

(a) Mathematik (N = 165)

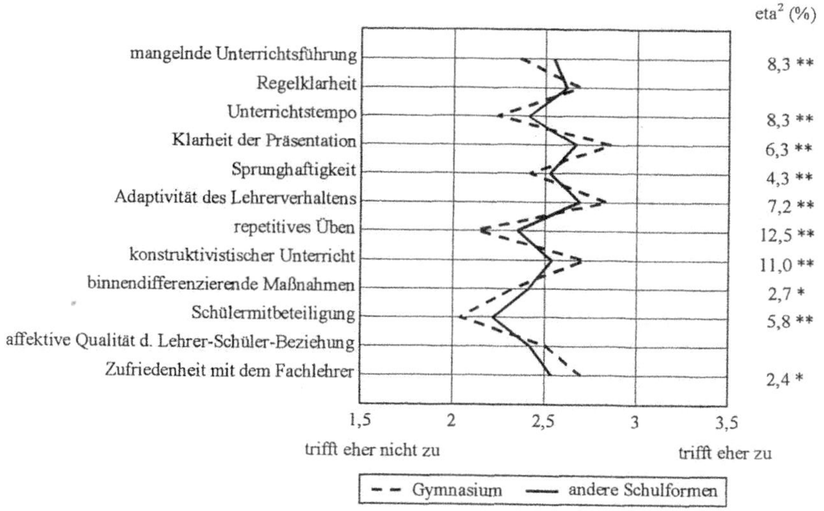

(b) Biologie (N = 115)

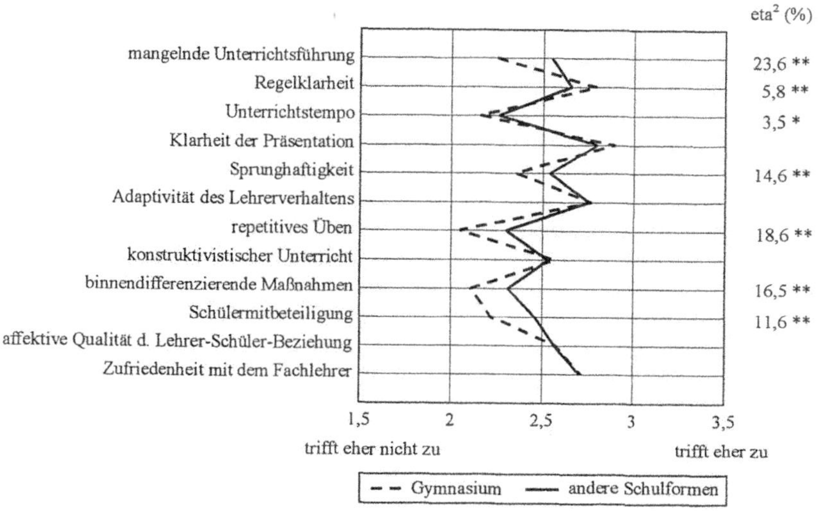

(c) Physik (N = 119)

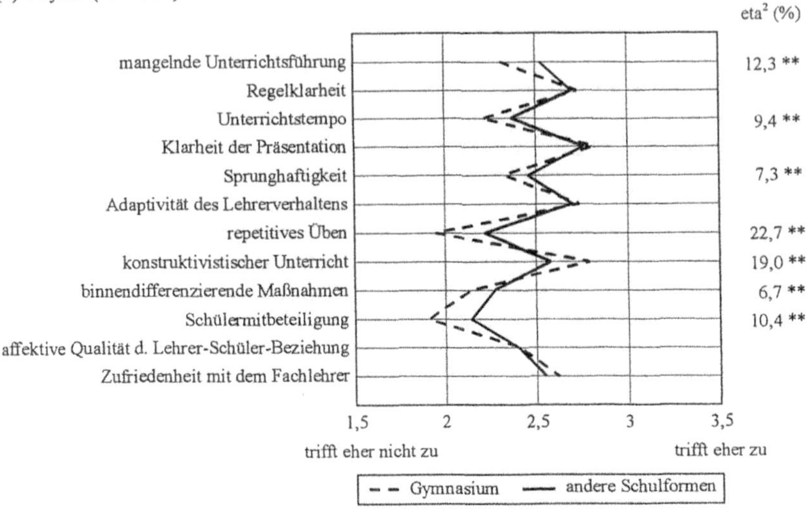

Abbildung 11.2: Lernumweltwahrnehmung in Mathematik, Biologie und Physik, getrennt nach Schulform (Klassenebene)

Trotz dieser Gemeinsamkeiten gibt es deutliche Unterschiede im Grad der Zustimmung bzw. Ablehnung dieser Unterrichts- und Lehrermerkmale zwischen Gymnasiasten und Schülern anderer Schulformen. Besonders starke Unterschiede bestehen im wahrgenommenen Ausmaß repetitiven Übens sowie konstruktivistischer Unterrichtsansätze in erwartungskonformer Richtung – bis zu 23 % dieser Unterschiede können durch die Schulformzugehörigkeit erklärt werden. Ebenso nehmen Gymnasiasten erwartungsgemäß eine bessere Klassenführung wahr als Nicht-Gymnasiasten sowie einen selteneren Einsatz binnendifferenzierender Maßnahmen. Schülerorientierte Unterrichtsansätze werden in der Regelschule eher selten praktiziert, und wenn, dienen sie offenbar eher der Motivationssteigerung in lernschwachen Klassen, wie die Unterschiede zwischen Gymnasiasten und Schülern anderer Schulformen belegen. Diese Befunde sind ein deutlicher Hinweis darauf, daß sich in den Schülerangaben durchaus die Unterrichtsrealität widerspiegelt und können als ein erster Beleg für die kriteriale Validität der Schülerwahrnehmung gelten.

12 Zusammenhänge zwischen wahrgenommener Lernumwelt und Leistungsentwicklung in drei Fächern

In diesem Kapitel wird die zentrale Fragestellung dieser Arbeit zum Zusammenhang zwischen Lernumwelt und schulischer Leistungsentwicklung untersucht. Dabei werden zunächst in Kapitel 12.1 korrelative Zusammenhänge zwischen beiden Variablengruppen berichtet und anschließend im zweiten Teilkapitel (Kap. 12.2) die Vorhersagekraft der Lernumweltmerkmale für die Leistungsentwicklung über ein Schuljahr mit Hilfe mehrebenenanalytischer Verfahren geprüft.

12.1 Korrelative Befunde

In Kapitel 4.2 sowie Kapitel 10 wurde ausgeführt, daß zur Untersuchung von Zusammenhängen zwischen Lernumweltwahrnehmung und schulischem Lernen nur zwei Auswertungsstrategien in Betracht kommen, deren Ergebnisse inhaltlich sinnvoll interpretiert werden können: die gepoolte Analyse innerhalb von Klassen (*pooled-within analysis*) und die Analyse zwischen Klassen (*between analysis*). Im ersten Fall erhält man klassenspezifische Zusammenhänge, die als individuelle, personenbedingte Wahrnehmungstendenzen interpretiert werden können, im zweiten Fall spiegeln die gefundenen Zusammenhänge tatsächlich bestehende Unterschiede zwischen dem unterrichtlichen Handeln verschiedener Lehrer und damit verbundener differentieller Lerneffekte wider. Um diese beiden Phänomene auseinanderzuhalten, wurden in der vorliegenden Arbeit die Korrelationen auf Schülerebene mit jeweils am Klassenmittelwert standardisierten Variablen sowie auf Klassenebene mit den jeweiligen Klassenmittelwerten berechnet. In Tabelle 12.1 sind diese Korrelationen für die im vorherigen Teilkapitel beschriebenen Lernumweltmerkmale sowohl mit dem Vorkenntnisniveau (1. Meßzeitpunkt) als auch dem Leistungszuwachs (HLM-Schätzung des linearen Zuwaches auf der Basis von drei Meßzeitpunkten) dargestellt. Der üblichen Notation folgend, bezeichnen zwei Sternchen ein Signifikanzniveau von $p \leq 0{,}01$, ein Sternchen eines von $p \leq 0{,}05$.

Die Korrelationen wurden zunächst für Gymnasiasten und Schüler anderer Schulformen getrennt berechnet, um makroadaptive Unterrichtsstrategien von Lehrern identifizieren zu können. Erwartet wurden unterschiedliche Korrelationen vor allem für die Unterrichtsmerkmale *repetitives Üben* und *binnendifferenzierende Maßnahmen* (s. Kap. 5), die insbesondere in den unteren Schulformen zu einer positiven Leistungsentwicklung beitragen sollten. Da die Korrelationen jedoch keine differentiell bedeutsamen Unterschiede zwischen den beiden Schulformgruppen aufwiesen, sind in Tabelle 12.1 die Korrelationen für die Gesamtstichprobe der jeweiligen Fächer eingetragen. Dieser Befund weist damit darauf hin, daß die in Kapitel 11.2 gefundenen Unterschiede im Grad der Ausprägung der o. g. Unterrichtsmethoden zwischen Gymnasial- und Nicht-Gymnasialklassen zwar makroadaptive Unterrichtsstrategien darstellen, aber offensichtlich keine differentiellen Wirkungen auf fachliches *Lernen* haben.

Tabelle 12.1: Korrelationen zwischen Merkmalen der Lernumwelt und Vorkenntnisniveau bzw. linearem Leistungszuwachs (HLM-Schätzung) auf Schüler- und Klassenebene (am Klassenmittelwert standardisierte Korrelationen auf Schülerebene)

Lernumweltmerkmal		Mathematik		Biologie		Physik	
		Vork.	Zuw.	Vork.	Zuw.	Vork.	Zuw.
Mangelnde Unterrichtsführung	Sch.	–,05	–,03	–,03	–,05*	–,05*	–,04
	Kl.	–,28*	–,27**	–,49*	–,34**	–,25*	–,34**
Regelklarheit	Sch.	,03	,02	,01	,06*	–,01	,03
	Kl.	,17	,14	,43*	,22*	,20*	,18*
Unterrichtstempo	Sch.	–,05	–,03	–,06*	–,07*	–,07*	–,06*
	Kl.	–,26*	–,26**	–,28*	–,22*	–,35*	–,27**
Klarheit der Präsentation	Sch.	,01	,00	,01	,01	,00	,05*
	Kl.	,25*	,19*	,22*	,16	,15	,13
Sprunghaftigkeit	Sch.	–,01	–,02	–,03	–,04	–,09*	–,02
	Kl.	–,21*	–,28**	–,43*	–,43**	–,08	–,22**
Adaptivität des Lehrerverhaltens	Sch.	–,01	,00	–,01	,01	–,05*	,01
	Kl.	,26*	,18*	,08	–,05	,12	,08
Binnendifferenzierende Maßnahmen	Sch.	,01	–,01	–,02	–,05*	–,02	–,04
	Kl.	–,12	–,20*	–,45*	–,30**	–,25*	–,28**
Repetitives Üben	Sch.	–,03	–,02	,00	–,05	,00	–,02
	Kl.	–,34*	–,38**	–,48*	–,41**	–,43*	–,47**
Konstruktivistischer Unterricht	Sch.	,02	,01	–,03	,01	,00	,04
	Kl.	,36*	,28**	,18	,08	,44*	,38**
Schülermitbestimmung	Sch.	–,06*	–,03	,00	–,04	–,08*	–,04
	Kl.	–,24*	–,30**	–,40*	–,39**	–,28*	–,31**
Affektive Qualität der Lehrer-Schüler-Beziehung	Sch.	,02	,00	–,01	,02	–,02	,01
	Kl.	,14	,05	,07	–,06	,11	,05
Zufriedenheit mit dem Fachlehrer	Sch.	,01	,02	,02	,05	,01	,04
	Kl.	,16*	,13	,06	–,01	,06	,07

Für die drei Fächer stellt sich ein recht einheitliches Befundmuster dar: Auf Schülerebene bestehen keine wesentlichen klassenspezifischen Korrelationen zwischen der individuellen Wahrnehmung der Lernumwelt und dem individuellen Lernen – aufgrund der gesättigten Stichprobenumfänge werden zwar einige Korrelationen statistisch signifikant, sie sind jedoch wegen ihrer geringen Höhe unbedeutend. Offensichtlich bestehen keine durch die Leistungsposition innerhalb der Klasse bedingten systematischen Wahrnehmungsverzerrungen der Lernumwelt.

Auf Klassenebene hingegen bestehen deutliche Zusammenhänge zwischen dem Leistungszuwachs und Merkmalen der Lernumwelt. Besonders ausgeprägt sind diese für *repetitives Üben*, *mangelnde Unterrichtsführung*, *Unterrichtstempo* sowie *Schülermitbestimmung* – bei letzterer erwartungskonform negativ. Damit läßt sich auch hier der Befund bestätigen, daß schülerorientierte Unterrichtsformen mit einem geringeren Lernzuwachs einhergehen. Erwartungswidrig hingegen ist die negative Korrelation zwischen der Verwendung binnendifferenzierender Maßnahmen und dem Lernzuwachs. Möglicherweise haben diese Maßnahmen eher kompensatorischen Charakter und werden daher vorwiegend in leistungsschwachen Klassen eingesetzt. Dieser Frage wird noch einmal gezielter in Kapitel 12.2 nachgegangen. Diese adaptiven Unterrichtsmaßnahmen scheinen aber völlig unabhängig von adaptiven Bewertungsstrategien der Lehrkraft zu sein: Im Gegensatz zur Binnendifferenzierung korreliert die Adaptivität des Lehrerverhaltens (zur Erinnerung: dieses Konstrukt umfaßt die individuelle Bezugsnormorientierung sowie leistungsdiagnostische Kompetenzen des Lehrers) positiv mit der Leistungsentwicklung, wenn auch statistisch signifikant nur in Mathematik. Damit bestätigen sich hier auch die Ergebnisse der konfirmatorischen Faktorenanalysen zur Konstruktvalidierung (s. Kap. 9.2), die die Adaptivität des Lehrerverhaltens und binnendifferenzierende Maßnahmen als getrennte Konstrukte ausweisen.

Ebenso wie bei den o. g. Unterrichtsmerkmalen ergibt sich auch bei dem Unterrichtsmerkmal *Sprunghaftigkeit* ein für alle drei Fächer einheitliches negatives Zusammenhangsmuster mit dem Leistungszuwachs, mit dem Vorkenntnisniveau hingegen besteht in Physik keine statistisch signifikante Korrelation. Konstruktivistische Unterrichtsansätze korrelieren nur in Biologie nicht mit der Leistung, was wenig überraschend ist, da sich das Konstrukt in Biologie nur schlecht reproduzieren ließ (s. Kap. 9.2). Die *Regelklarheit* hingegen korreliert statistisch signifikant nur mit der Leistung in den beiden naturwissenschaftlichen Fächern. Möglicherweise ist dies ein Hinweis auf fachspezifische Zusammenhänge, die darin bestehen, daß dieses Merkmal vor allem in jenen Fächern besonders bedeutsam für erfolgreichen Unterricht ist, in denen häufige Wechsel zwischen Sozialformen, verschiedenen Lernaktivitäten und Unterrichtssequenzen stattfinden, wie dies typischerweise für naturwissenschaftliche Fächer zutrifft. Klar abgesprochene Regeln und Verhaltensroutinen sichern hierbei reibungslose Übergänge zwischen häufig wechselnden Tätigkeiten.

Überraschende Ergebnisse zeigen sich für die *Klarheit der Präsentation,* die nur in Mathematik statistisch signifikante positive Zusammenhänge mit dem Lernen aufweist, obwohl sie ein Merkmal darstellt, welches als zentrale Voraussetzung für erfolgreichen Unterricht gilt. Möglicherweise hängt dieser Befund mit der Operationalisierung dieses Konstruktes zusammen: Das Markieritem dieser Skala ist die Aussage „Unser Mathematik-/Biologie-/Physiklehrer kann gut erklären.". Offensichtlich ist die Einschätzung der Erklärungsgüte des Fachlehrers in starkem Maße von der empfundenen Sympathie für diesen Lehrer abhängig, denn diese Skala korreliert sehr hoch mit der *Zufriedenheit mit dem Fachlehrer*, seiner *Sozialorientierung* sowie seiner *Motivierungsfähigkeit* – Skalen, die die affektive Qualität der Lehrer-Schüler-Beziehung beschreiben. Und dieses Konstrukt zeigt ebenfalls keine statistisch signifikanten Zusammenhänge mit der Leistungsentwicklung. Dieser Befund verweist damit auf die relative Unbedeutsamkeit einer emotional warmen Lernatmosphäre für fachliches Lernen und steht damit im Widerspruch zu den Thesen der Klimaforscher, die einem solchen Klimamerkmal besondere Bedeutung für die Leistungsentwicklung beimessen, auch wenn dieses bisher noch nicht empirisch bestätigt werden konnte[31].

Als letzter Punkt zu den korrelativen Ergebnissen auf Klassenebene sei noch darauf hingewiesen, daß die Lernumweltmerkmale sowohl mit dem Vorkenntnisniveau als auch dem Lernzuwachs bedeutsam korrelieren <u>und</u> die Höhe dieser Korrelationen nicht systematisch zwischen beiden kognitiven Merkmalen variiert, d. h. die Zusammenhänge mit dem Vorkenntnisniveau nicht systematisch höher sind als mit dem Zuwachs. Dies ist um so erstaunlicher, als sich in den Korrelationen mit dem Vorkenntnisniveau vor allem die Unterschiede zwischen den Schulformen widerspiegeln, wohingegen die Zusammenhänge mit dem Leistungszuwachs vom Vorkenntnisniveau bereinigte Korrelationen zwischen Lernumweltwahrnehmung und Lernen darstellen. Erwartungsgemäß sollten sich deshalb höhere Korrelationen mit dem Ausgangsniveau ergeben. Dieser fehlende Unterschied in der Höhe der Korrelationen mit beiden Leistungsmaßen deutet daraufhin, daß die Anpassung des unterrichtlichen Lehrerhandelns an das kognitive Ausgangsniveau der Klasse einerseits und die Gestaltung des Unterrichts durch die Verwendung bestimmter Lehrmethoden andererseits unabhängig voneinander variieren. Im einzelnen soll dieser Vermutung in Kapitel 12.2 nachgegangen wer-

[31] Der fehlende Zusammenhang zwischen diesen beiden Variablen kann auch nicht durch fehlende Varianz im Merkmal *affektive Qualität der Lehrer-Schüler-Beziehung* erklärt werden, da dieses Merkmal mit Abstand die höchsten Unterschiede zwischen Klassen bzw. Schulen aufweist (s. Tab. 9.3 sowie Anhang 3). Offensichtlich variieren das emotionale Klima der Lehrer-Schüler-Beziehung und die Leistungsentwicklung weitgehend unabhängig voneinander.

den, wenn die mit Hilfe von HLM gewonnenen einflußreichsten Unterrichtsmerkmale pfadanalytisch auf ihre Abhängigkeit vom kognitiven Eingangsniveau der Klasse geprüft werden.

Zum Abschluß soll noch einmal auf die unterschiedlichen Ergebnisse auf Schüler- und Klassenebene eingegangen werden. Die Befunde zeigen, daß der Klassenmittelwert offenbar ein guter Schätzer für die „reale" Lernumwelt darstellt. Demgegenüber sind die innerhalb einer Klasse variierenden individuellen Einschätzungen eher als Fehlervarianz im varianzanalytischen Sinn zu betrachten, denn sie stehen in keinem bedeutsamen Zusammenhang mit dem Vorwissen oder der Leistungsentwicklung. Inwieweit diese Schlußfolgerung aufrechtzuerhalten ist, soll im nächsten Teilkapitel mit Hilfe mehrebenenanalytischer Berechnungen geprüft werden.

Zusammenfassend lassen sich auf der Basis der korrelativen Befunde folgende Schlußfolgerungen in bezug auf die in Kapitel 5 genannten Hypothesen ziehen:

- *Aus Schülerperspektive wahrgenommene Formen der direkten Instruktion zeigen einen hohen positiven Zusammenhang mit dem schulischen Lernen. In Physik bedeutet dieser Zusammenhang zunächst, daß die Lernverluste in Klassen, in denen ein eher lehrergeleiteter Unterricht stattfindet, weniger groß sind als in anderen Klassen. Inwieweit in solchen Klassen möglicherweise sogar Lernerfolge zu verzeichnen sind, kann an dieser Stelle noch nicht geklärt werden, sondern bleibt den Ergebnissen der Mehrebenenanalysen vorbehalten (s. Kap. 13.2).*
- *Konstruktivistische Ansätze gehen – mit Ausnahme von Biologie – mit hohen Leistungszuwächsen bzw. geringeren Lernverlusten (in Physik) einher.*
- *Erwartungskonform stehen eher schülerorientierte Unterrichtsmethoden in einem negativen Verhältnis zum fachlichen Lernen.*
- *Erwartungswidrig zeigen sich insbesondere in den Naturwissenschaften stark negative Zusammenhänge zwischen dem Einsatz binnendifferenzierender Maßnahmen und dem Lernen. Auch adaptive Verhaltensweisen des Lehrers im Hinblick auf Leistungsrückmeldungen stehen nur in einem schwach positiven Zusammenhang mit dem Leistungszuwachs von Klassen.*
- *Im Vergleich zu den organisatorisch-didaktischen Komponenten des Unterrichts stehen die affektiven Aspekte der Lehrer-Schüler-Beziehung in keinem bedeutsamen Zusammenhang mit dem fachlichen Lernen.*
- *Die statistisch signifikanten Korrelationen zwischen Ausgangsniveau und Unterrichtsmerkmalen belegen zwar makroadaptive Verhaltensweisen von Lehrern. Hinsichtlich ihrer Wirkungen auf fachliches Lernen weisen sie jedoch keine schulformspezifischen Effektmuster auf – die berichteten Zusammenhänge mit dem Leistungszuwachs lassen sich, wenn auch mit leichten Schwankungen nach oben und nach unten, in beiden Schulformgruppen wiederfinden.*

12.2 Mehrebenenanalytische Befunde

Die folgenden Mehrebenenanalysen dienen der Prüfung vor allem dreier Fragestellungen:

(1) Unter der Berücksichtigung von Kontextmerkmalen der Klasse sowie kognitiver Eingangscharakteristiken von Schülern soll geklärt werden, in welchem Ausmaß Merkmalen der Lernumwelt zusätzliche Erklärungskraft zukommt.

(2) Bei simultaner Betrachtung beider Analyseebenen soll im zweiten Schritt geprüft werden, welche der Ebenen am erklärungsstärksten für die Leistungsentwicklung im Verlauf eines Schuljahres ist.

(3) Mit Hilfe dreier Fächer wird zudem der Frage nachgegangen, ob für diese Fächer dieselben lernförderlichen Unterrichtsmerkmale identifiziert werden können, die auf allgemeine leistungssteigernde Bedingungen schließen lassen, oder ob es fachspezifisch lernrelevante Aspekte der Lernumwelt gibt.

Wie bereits in Kapitel 10 beschrieben, können bei der Verwendung mehrebenenanalytischer Verfahren für die Untersuchung von Lernverläufen mit mehr als zwei Meßzeitpunkten sowohl eine lineare als auch eine quadratische Trendkomponente für den Leistungszuwachs geschätzt werden. Damit kann vor allem geprüft werden, inwieweit die Beschreibung des Lernverlaufs als eines linearen Zuwachses der tatsächlichen Entwicklung schulischen Lernens während eines Schuljahres entspricht. In vorangegangenen Arbeiten, die ebenfalls Daten des BIJU-Projekts nutzten (Schnabel, 1998a; Köller, 1998), konnte gezeigt werden, daß beide Trendkomponenten die Leistungsentwicklung adäquat beschreiben. Die von Schnabel (1998a) vorgenommene Trendkomponentenanalyse belegt jedoch deutlich, daß die meiste Varianz in der Leistungsveränderung auf die lineare Trendkomponente zurückgeführt werden kann, der quadratische Trend hingegen eine eher untergeordnete Rolle spielt. Sofern ein quadratischer Trend vorhanden ist – dies gilt vor allem für Physik und Mathematik – weist er einen negativen Koeffizienten aus, der dahingehend zu interpretieren ist, daß der Lernverlauf in der zweiten Schuljahreshälfte verlangsamt ist bzw. zum Stillstand kommt oder gar auf das Niveau zu Beginn des Schuljahres zurückfällt. Dieser Effekt war bereits an den in Kapitel 11.1 dargestellten Lernverläufen deutlich erkennbar.

Da in der vorliegenden Arbeit keine Daten verfügbar sind, die zur Prüfung gezielter Hypothesen zum Einfluß des Unterrichts auf den quadratischen Trend der Leistungsentwicklung geeignet wären, wurden die HLM-Analysen auf die Untersuchung des linearen Zuwachses beschränkt. Diese Beschränkung entspricht zudem dem Gebot einer sparsamen Parametrisierung (s. Kap. 10), durch das die Zahl der zu schätzenden Parameter begrenzt werden soll, um Modellinstabilitäten vorzubeugen. In Vorab-Analysen wurde jedoch geprüft, inwieweit sich auch für die hier verwendeten Stichproben linearer und quadratischer Trend nachweisen lassen. Die Ergebnisse entsprechen den Befunden von Schnabel (1998a) und Köller (1998), so daß auf eine Darstellung hier verzichtet wird. Als weitere Maßnahme einer sparsamen Parametrisierung wurden die HLM-Analysen für Gymnasiasten und Schüler anderer Schulformen getrennt berechnet, um zumindest für die Gymnasiasten die Schulform als Erklärungsgröße konstant zu halten und dadurch „Freiheitsgrade“ für die schulformunabhängige Wirksamkeit anderer Variablen zu gewinnen. In Physik schließlich wurden die beiden einzigen Gymnasialklassen aus Nordrhein-Westfalen von den weiteren Analysen ausgeschlossen, da aufgrund der geringen Anzahl keine statistische Kontrolle der Ost-/West-Zugehörigkeit möglich war. Die Gymnasialstichprobe in Physik besteht daher ausschließlich aus Schülern der beiden neuen Bundesländer. In Biologie und Physik mußten zudem noch eine bzw. drei Klassen aufgrund fehlender Angaben im Intelligenztest von den weiteren Analysen ausgeschlossen werden.

In den folgenden HLM-Analysen wurde der lineare Trend mit 0 für den ersten, 1 für den zweiten und 2 für den dritten Meßzeitpunkt kodiert, so daß der Basisparameter das geschätzte durchschnittliche Leistungsniveau zu Beginn des 7. Schuljahres wiedergibt. Der geschätzte lineare Trend gibt die Anzahl von Leistungspunkten an, die zwischen zwei Meßzeitpunkten hinzugewonnen oder auch verloren werden. Zur Überprüfung des Einflusses der Lernumwelt auf die Leistungsentwicklung wurden sowohl auf Schülerebene als auch auf Klassenebene Merkmale der Lernumwelt als potentielle Prädiktoren eingeführt. Wie bereits in Kapitel 10 erläutert, müssen die beiden Ebenen jedoch inhaltlich voneinander getrennt werden, um zu adäquaten Schätzungen des Einflusses individueller und kompositioneller Lernumweltmerkmale auf die Leistungsentwicklung zu kommen. Dort wurde argumentiert, daß in hierarchisch strukturierten Datensätzen nur mit der *pooled-within*-Analyse echte Individualeffekte identifiziert werden können (vgl. hierzu auch Bryk & Raudenbush, 1992, S. 117ff.; Ditton, 1998, S. 84ff.). Wie Bryk & Raudenbush (1992) und Ditton (1998) allerdings zeigen können, stellen auch die auf der Basis von aggregierten Individualdaten gefundenen Zusammenhänge auf Klassenebene, d. h. die Ergebnisse der *between*-Analyse, noch keine reinen Kontexteffekte dar. Denn als solche Effekte können nur jene bezeichnet werden, die über den auf der Schülerebene bestehenden Zusammenhang hinaus auftreten, d. h. technisch gesprochen, bestehen Kontexteffekte bei aggregierten Variablen nur dann, wenn sich auch nach der statistischen Kontrolle des Individualeffektes Zusammenhänge auf der Klassenebene nachweisen lassen (vgl. Bryk & Raudenbush, 1992, S. 121ff.; Ditton, 1998, S. 90ff.).

Individual- und Kontexteffekte bei Drei-Ebenen-Modellen lassen sich im Rahmen des HLM-Ansatzes auf zwei Wegen ermitteln, die sich lediglich in der Art der Zentrierung der Prädiktoren auf Schülerebene (Ebene 2) unterscheiden: Verwendet man die Zentrierung um den Klassenmittelwert (dies entspricht der *pooled-within*-Analyse), so erhält man bereits eine korrekte Schätzung des Individualeffekts, bevor die Prädiktoren der dritten Ebene (Klassenebene) im Modell berücksichtigt werden. Im vollständigen Drei-Ebenen-Modell läßt sich der Kontexteffekt dann als der Anteil bestimmen, um den der Klasseneffekt den Effekt auf Schülerebene übersteigt (d. h. der Individualeffekt wird vom Klasseneffekt substrahiert). Bei der Verwendung der Zentrierung um den Gesamtmittelwert erhält man direkt den Kontexteffekt, da der Koeffizient auf Klassenebene um den Anteil des von der Klassenzugehörigkeit unabhängig bestehenden individuellen Effekts bereinigt ist. Den korrekten Individualeffekt erhält man bei dieser Zentrierungsvariante allerdings erst bei Berücksichtigung der aggregierten Prädiktoren auf Klassenebene.

Beide Berechnungsverfahren sind aus zweierlei Gründen für das Anliegen der vorliegenden Arbeit nur suboptimal. Erstens lassen sich identische Ergebnisse in beiden Berechnungsarten nur auf der Basis identischer Klassengrößen ermitteln[32]. Da identische Klassengrößen in der Realität jedoch selten vorkommen, müßten die Klassengrößen nachträglich per Zufallsauswahl einander angeglichen werden – dies würde bedeuten, daß ein großer Teil der Stichprobe für die weiteren Analysen nicht genutzt werden könnte. Zweitens ist in dieser Arbeit weniger die absolute Höhe der ermittelten Koeffizienten von Bedeutung, sondern vielmehr ihre praktische Relevanz, d. h. ihre Erklärungskraft für das fachliche Lernen.

Für die vorliegende Arbeit wurde daher ein pragmatisches Vorgehen gewählt: Alle HLM-Analysen wurden nach beiden Berechnungsvarianten durchgeführt. Analog zum Verfahren der Zentrierung der Individualvariablen um den Gesamtmittelwert, mit dem man direkt den Kontexteffekt erhält, wurde bei der Ermittlung des Varianzanteils, der auf den Klassenkontext zurückgeht, vorgegangen. Als Kontexteffekt wurde jener Varianzanteil interpretiert, der zusätzlich nach Kontrolle des um den Gesamtmittelwert zentrierten Prädiktors auf Schülerebene durch die Klassenvariable erklärt werden kann. Für die Ermittlung des Varianzanteils, der auf reine Individualeffekte zurückgeht, wurde die Zentrierung um den Klassenmittelwert gewählt – der durch derart zentrierte Variablen auf Schülerebene erklärte Varianzanteil gibt den von Kontexteffekten unabhängig bestehenden Zusammenhang zwischen Lernumweltwahrnehmung und Leistungsentwicklung wieder. Darüber hinaus besteht ein Restanteil aufgeklärter Varianz, bei dem sich die Einflüsse der verschiedenen Ebenen nicht trennen lassen. Dieser Bereich wird im folgenden als ebenenkonfundierter Varianzanteil bezeichnet. Ein Vergleich der

[32] Unterschiedliche Klassengrößen führen zu einer unterschiedlichen Gewichtung einzelner Klassen und ihrer innerklasslichen Varianzen bei der Berechnung der Koeffizienten.

Ergebnisse beider Zentrierungsvarianten zeigt, daß die Zentrierung um den Gesamtmittelwert zu vergleichsweise konservativeren Schätzungen der Kontexteffekte, die Zentrierung um den Klassenmittelwert hingegen zu eher konservativeren Schätzungen der Individualeffekte führt. Da der Schwerpunkt der vorliegenden Arbeit vor allem auf den Kontexteffekten liegt, werden im folgenden nur die Koeffizienten der Berechnungen mit der Gesamtmittelwertzentrierung berichtet. Werden Anteile erklärter Varianz dargestellt, so liegt diesen die zu Beginn dieses Absatzes geschilderte Berechnungsvariante zugrunde.

Die Mehrebenenanalysen wurden insgesamt in drei Stufen durchgeführt. Zunächst wurde für jedes Fach ein Basismodell ohne Prädiktoren berechnet, indem nur das Leistungsniveau zu Beginn des 7. Schuljahrs und der lineare Zuwachs sowie die Leistungs- und Zuwachsvarianz innerhalb der Klasse (Ebene 2) und zwischen den Klassen (Ebene 3) geschätzt wurde. Auf der zweiten Stufe wurde das Basismodell zunächst um individuelle Kontrollvariablen auf Schülerebene und Kontextmerkmale auf Klassenebene erweitert. Dies bedeutet, daß auf Schülerebene das Geschlecht und das fachspezifische Fähigkeitsselbstkonzept, denen in der Klimaforschung ein (wenn auch schwacher) Einfluß auf die individuelle Lernumweltwahrnehmung nachgewiesen wird, als Kontrollvariablen eingeführt wurden. Zusätzlich wurde die kognitive Grundfähigkeit als Kontrolle für die Lernentwicklung berücksichtigt. Als Kontextmerkmale auf Klassenebene wurden entsprechend der in Kapitel 9.4 beschriebenen unterschiedlichen Lerngelegenheiten und der in Kapitel 11.1 empirisch gefundenen Unterschiede zwischen neuen und alten Bundesländern die Ost-/West-Zugehörigkeit, die Schulform (nur bei der Gruppe der Nicht-Gymnasiasten), das mittlere Intelligenzniveau der Klasse sowie die mittlere fachspezifische Kompetenzüberzeugung eingeführt. Auf der dritten Stufe wurde dann geprüft, inwieweit einzelne Merkmale der Lernumwelt über die Kontrollvariablen hinaus zu einer Erklärung der Leistungsunterschiede beitragen können. Hier wurden zunächst im ersten Schritt nur Prädiktoren der Schülerebene eingeführt, im zweiten Schritt folgten dann die Prädiktoren der Klassenebene. In Tabelle 12.2 sind zunächst die Ergebnisse der Basismodelle wiedergegeben.

Es zeigen sich in allen drei Fächern erwartungsgemäß Unterschiede in der Ausgangsleistung zwischen den Schulformen, die in Mathematik am größten sind.[33] Dort beträgt das durchschnittliche Leistungsniveau zu Beginn der 7. Klasse knapp 122 Punkte bei den Gymnasiasten gegenüber 87 Punkten bei Haupt-, Real- und Gesamtschülern. In Physik besteht mit 24,5 Punkten der geringste Leistungsabstand zwischen beiden Gruppen. Die Unterschiede zwischen den Fächern deuten

---

[33] Auch wenn die t-Tests für das Leistungsniveau zu Beginn des 7. Schuljahres arbiträr sind, da der Mittelwert willkürlich auf 100 festgelegt wurde und somit das Ausgangsniveau automatisch von 0 verschieden ist, werden die Daten dennoch der Vollständigkeit halber hier berichtet.

darauf hin, daß die einzelnen Schulfächer in unterschiedlichem Ausmaß kumulative Lernprozesse ermöglichen: In Mathematik wird im Vergleich zu den beiden anderen Fächern offensichtlich ein stärker aufeinander aufbauender Unterrichtsstoff vermittelt, so daß sich dort deutliche Selektionseffekte in Ostdeutschland bzw. unterschiedliche Lernmilieus des gegliederten Schulsystems in Westdeutschland zeigen. Demgegenüber scheinen die Unterrichtsinhalte in Physik nicht so stark aufeinander aufzubauen, so daß hier die geringsten Leistungseffekte zwischen den Schulformen zu verzeichnen sind. Besonders deutlich wird diese Vermutung durch den Befund gestützt, daß im Gegensatz zu den anderen Fächern in Physik im Durchschnitt kein bzw. ein negativer Lernzuwachs nachzuweisen ist. Dies bedeutet nicht unbedingt, daß dort kein Lernen stattgefunden hat. Da die Leistungstests in Physik unterschiedliche Sachgebiete des Physik-Curriculums der 7. Jahrgangsstufe abdecken, kann es hier zu einem Nullsummenspiel bzw. zu Lernverlusten kommen, da Inhalte vorangegangener Unterrichtsthemen in einem Sachgebiet (z. B. Mechanik) nicht notwendige Voraussetzung für das Verstehen aktueller Unterrichtsgegenstände in einem anderen Teilgebiet (z. B. Optik) sind.

Tabelle 12.2: Ergebnisse der HLM-Analysen: Geschätzte Wachstumsparameter und ihre Reliabilitäten in den drei Fächern Mathematik, Biologie und Physik, getrennt nach Schulform

Wachstumsparameter		Gesamtdurchschnitt			Reliabilitäten	
		M	*t*-Wert	*p*	zwischen Schülern einer Klasse	zwischen Klassen
Leistungsniveau zu Beginn Klasse 7						
Mathematik	Gym.	121,88	75,91	,000	,54	,99
	Andere	87,15	58,01	,000	,44	,99
Biologie	Gym.	121,03	104,63	,000	,50	,99
	Andere	91,28	48,60	,000	,30	,99
Physik	Gym.	119,50	119,90	,000	,46	,99
	Andere	94,92	50,34	,000	,44	,99
Linearer Zuwachs						
Mathematik	Gym.	10,05	10,90	,000	,07	,99
	Andere	– 0,06	– 0,09	,933	,04	,99
Biologie	Gym.	10,87	12,73	,000	,24	,99
	Andere	3,74	4,02	,000	,21	,99
Physik	Gym.	– 0,54	– 0,48	,630	,23	,99
	Andere	– 6,93	– 7,49	,000	,15	,99

Die statistisch hochsignifikante Varianz im Lernfortschritt zwischen Klassen (s. Tab. 12.3) belegt allerdings deutliche Unterschiede im Lernverlauf von Klassen. Diese könnten zwei Ursachen haben:

(1) Zum einen könnte es auf eine relativ schlechte Passung zwischen Test und unterrichtetem Curriculum hindeuten, denn stärker als in den beiden anderen Fächern bestehen in Physik große Handlungsspielräume für den einzelnen Lehrer hinsichtlich der Auswahl und Reihenfolge der zu behandelnden Stoffgebiete[34]. Dies würde zu einer von Klasse zu Klasse deutlich variierenden Meßgüte des Leistungstests führen.

(2) Zum anderen könnten sich darin Unterschiede in der Unterrichtsqualität zwischen Klassen spiegeln, die vor allem in der Fähigkeit des Lehrers zum Ausdruck käme, die einzelnen Teilgebiete der Physik inhaltlich so miteinander zu vernetzen, daß kumulatives Lernen ermöglicht wird. Während die letztere Möglichkeit erst später bei der Untersuchung der prädiktiven Kraft der Lernumweltmerkmale geprüft wird, kann der ersten Erklärungsvariante mit Hilfe der einzelnen Klassentestscores aus den drei Erhebungswellen nachgegangen werden. Sollten die großen Unterschiede im Lernverlauf der Klassen tatsächlich durch die variierende Paßgenauigkeit des Leistungstests bedingt sein, so müßten sich diskontinuierliche Leistungssprünge zwischen den einzelnen Meßzeitpunkten zeigen.

Vergleicht man für die Gruppe der Gymnasien die Mittelwerte der Leistungsscores der drei Meßzeitpunkte zwischen den Klassen mit einem positiven und Klassen mit einem negativen geschätzten Wachstumsparameter (jeweils 50 % der Klassen), so bestehen bei beiden Gruppen kontinuierliche Leistungsverläufe: Die lernpositive Gruppe (25 Klassen) beginnt mit einem Wert von 118 Punkten auf der IRT-Metrik (Gesamtmittelwert = 100, Standardabweichung = 30 zu Beginn des Schuljahres), erreicht zum zweiten Meßzeitpunkt 128 Punkte und liegt am Ende des Schuljahres bei 129 Punkten. Die lernnegative Gruppe (ebenfalls 25 Klassen) beginnt mit einem leicht höheren Wert von 119 Punkten, sinkt zur zweiten Welle auf 117 Punkte leicht ab und liegt am Ende bei nur noch 106 Punkten.

[34] In Physik sind in allen drei Bundesländern nur etwa 70 % der zur Verfügung stehenden Unterrichtszeit inhaltlich durch Vorgaben der landesspezifischen Lehrpläne festgelegt. Zudem kann der einzelne Lehrer bzw. die Fachlehrerkonferenz der einzelnen Schule die Reihenfolge der obligatorischen Stoffkomplexe innerhalb eines Schuljahres selbst bestimmen (vgl. z. B. die vorläufigen Rahmenrichtlinien des Landes Sachsen-Anhalt für die Sekundarschule, die für das Schuljahr 1991/92 verbindlich waren). Demgegenüber bestehen für die beiden anderen Fächer zumindest in Nordrhein-Westfalen und z. T. in Sachsen-Anhalt (beispielsweise in den vorläufigen Rahmenrichtlinien für das Gymnasium im Fach Biologie) deutlich verbindlichere Vorgaben, die keine frei gestaltbaren Vertiefungszeiten für den einzelnen Lehrer vorsehen.

Eine Inspektion der Verläufe einzelner Klassen belegt nur in der lernnegativen Gruppe diskontinuierliche Leistungssprünge für einzelne Klassen. Auch für die Nichtgymnasialklassen bestehen überwiegend kontinuierliche Lernverläufe, allerdings mit deutlich negativem Trend (nur 6 von 59 Klassen weisen einen stagnierenden bzw. positiven Wachstumsparameter auf). Diese Ergebnisse sprechen damit gegen die Annahme von Effekten der Testpassung, die für die differentiellen Lernverläufe verantwortlich sein könnten. Im Gegenteil, sie legen eher Effekte der Unterrichtsqualität nahe, so daß auch Physik in die weiteren Analysen zur Wirkung von Lernumwelten auf die Leistungsentwicklung einbezogen wird.

In Mathematik und Biologie ist bis auf die Gruppe der Nichtgymnasiasten in Mathematik der mittlere lineare Zuwachs statistisch hoch signifikant. Ebenso wie in Physik zeigen sich jedoch auch für letztere Gruppe deutliche Unterschiede im Lernfortschritt sowohl innerhalb als auch zwischen Klassen, so daß auch hier die Suche nach varianzerklärenden Variablen sinnvoll ist. Insgesamt erzielen Gymnasiasten deutlich höhere Lerngewinne bzw. geringere Verluste als Schüler an Haupt-, Real- und Gesamtschulen. In Mathematik beispielsweise beträgt der Zuwachs der Gymnasiasten pro Halbjahr 10 Punkte auf der IRT-Metrik, d. h. bis zum Ende des Schuljahres lernen sie 20 Punkte hinzu. Demgegenüber sind die Lernraten bei den Nicht-Gymnasiasten so unterschiedlich, daß sich kein für die Stichprobe repräsentativer Zuwachsparameter schätzen läßt. In Biologie dagegen lassen sich für beide Gruppen statistisch signifikante mittlere Lernzuwächse schätzen. Hier beträgt der Unterschied im Lernfortschritt am Ende von Klasse 7 über 14 Punkte zwischen Gymnasiasten und Schülern anderer Schulformen (21,74 vs. 7,48 Punkte) – dies entspricht einer halben Standardabweichung. Bedenkt man, daß der Lernzuwachs über alle Schüler gemittelt knapp 12 Punkte pro Schuljahr beträgt, also gut eine drittel Standardabweichung, so entspricht der Unterschied zwischen Gymnasiasten und Nicht-Gymnasiasten im Fach Biologie knapp eineinhalb Schuljahren.

In den Reliabilitäten der Leistungsmaße zeigen sich deutliche Unterschiede zwischen den beiden Ebenen. Auf Klassenebene sind sowohl Ausgangswert als auch Veränderungsmaß in allen drei Fächern hoch reliabel. Dies ist insbesondere für die Gruppe der Gymnasiasten erstaunlich, wurde doch durch die getrennte Analyse ein großer Teil der Varianz eliminiert (s. die Ergebnisse der Varianzzerlegungen in Kap. 9.1). Offensichtlich bestehen jedoch auch innerhalb der gymnasialen Schulform große Unterschiede zwischen einzelnen Schulen und Klassen, die in der Folge hohe Reliabilitäten bewirken. Auf Schülerebene hingegen bestehen nur für den Ausgangswert zufriedenstellende Reliabilitäten. Für den linearen Trendparameter lassen sich nur geringe Werte absichern, die aber nicht generell gegen die Verwendung solcher Veränderungsmaße sprechen. Hohe Reliabilitäten innerhalb von Klassen sind auch gar nicht zu erwarten, da die Leistungsvarianz in einer Klasse deutlich eingeschränkter ist als zwischen Klassen bzw. Schulen. Diese vergleichsweise große Homogenität führt zwangsläufig zu geringen Reliabilitäten. Interessant ist allerdings der Befund, daß der Lernverlauf in Mathematik wesentlich unreliabler ist als in den beiden anderen Fächern, d. h. die Schüler in Mathematik in bezug auf ihre Lerngewinne deutlich homogener sind als in Biologie und Physik. Dieser unterschiedliche Homogenitätsgrad zeigt sich in den Varianzzerlegungen der Ausgangs- und Wachstumsparameter, die in Tabelle 12.3 wiedergegeben sind.

Tabelle 12.3: Ergebnisse HLM3-Analysen: Streuungen der Wachstumsparameter innerhalb der Klasse (Ebene 2) und zwischen den Klassen (Ebene 3) in den drei Fächern Mathematik, Biologie und Physik, getrennt nach Schulform

Wachstumsparameter		Ebene 2 (innerhalb von Klassen)			Ebene 3 (zwischen Klassen)			Varianz zw. Klassen (%)
		Varianz	χ^2	*p*	Varianz	χ^2	*p*	
Leistungsniveau zu Beginn Klasse 7								
Mathematik	Gym.	348,46	1577,97	,000	140,84	276,41	,000	28,8
	andere	150,17	1220,76	,000	154,74	472,04	,000	50,7
Biologie	Gym.	241,33	1443,92	,000	36,81	110,79	,000	13,2
	andere	115,97	902,86	,000	167,28	345,36	,000	59,1
Physik	Gym.	187,65	1329,94	,000	21,81	89,95	,001	10,4
	andere	219,31	1090,05	,000	163,83	297,06	,000	42,8
Linearer Zuwachs								
Mathematik	Gym.	13,92	897,67	,035	48,34	316,39	,000	77,6
	andere	5,40	871,89	,008	28,45	283,66	,000	84,0
Biologie	Gym.	46,05	992,94	,000	36,81	110,79	,000	35,3
	andere	43,34	899,53	,000	31,98	170,23	,000	42,5
Physik	Gym.	39,26	908,98	,000	50,30	272,24	,000	56,2
	andere	28,59	835,92	,000	32,86	181,96	,001	53,5

Anmerkungen:
Mathematik: Gymnasium – df=823 Ebene 2, df=77 Ebene 3; andere – df=774 Ebene 2, df=85 Ebene 3
Biologie: Gymnasium – df=724 Ebene 2, df=53 Ebene 3; andere – df=679 Ebene 2, df=56 Ebene 3
Physik: Gymnasium – df=695 Ebene 2, df=49 Ebene 3; andere – df=672 Ebene 2, df=58 Ebene 3

Hier weisen die Schüler einer Klasse in Mathematik deutlich geringere Unterschiede im Lernverlauf auf als in Biologie oder Physik: 78 % bzw. 84 % der Varianz des linearen Trendparameters in Mathematik geht auf Unterschiede zwischen Klassen bzw. Schulen zurück, der vergleichbare Anteil liegt in Biologie bei

35 % bzw. 43 %, in Physik bei 56 % bzw. 54 %. In Biologie setzt sich damit der Trend des Ausgangsparameters, der rund 90 % der Streuung innerhalb der Klassen aufweist, auch im Lernen fort, allerdings mit einer steigenden Tendenz zur Variabilität zwischen Klassen bzw. Schulen. In Mathematik hingegen kehrt sich das Verhältnis um: Während beim Ausgangsniveau gut 70 % der Varianz auf der Schülerebene verortet wird, weist der Zuwachsparameter auf dieser Ebene nur noch um die 20 % der Streuung auf. Ein Grund für diesen Unterschied zwischen den Fächern könnte darin liegen, daß biologisches und physikalisches Wissen – im Gegensatz zu mathematischen Inhalten – nicht nur in der Schule, sondern durch seine Alltags- und Berufsnähe auch in der Freizeit erworben werden kann. Überprüft werden kann diese These zumindest für das Fach Biologie[35], da hier Schulklassen aus Mecklenburg-Vorpommern zur Verfügung stehen, für die aufgrund eines ministeriellen Erlasses kein Biologieunterricht im 7. Schuljahr vorgesehen war. Damit können unter Konstanthaltung der Ost-/West-Zugehörigkeit, die vor allem die unterschiedlichen Lerngelegenheiten zwischen alten und neuen Bundesländern widerspiegelt, die Lerngewinne der Klassen aus Mecklenburg-Vorpommern ohne Biologieunterricht mit denen der sachsen-anhaltinischen Klassen verglichen werden.

In der Tat lassen sich zumindest für die Gymnasialklassen aus Mecklenburg-Vorpommern Lernfortschritte auch ohne Unterricht nachweisen: Ausgehend von einem Leistungsniveau von 119 IRT-Punkten zu Beginn des Schuljahres liegen die mit HLM ermittelten Wachstumsparameter bei 6,15 IRT-Punkten pro Meßzeitpunkt, d. h. innerhalb des 7. Schuljahres lernen die mecklenburgischen Gymnasialklassen 12,3 IRT-Punkte hinzu. Diese Zuwachsrate entspricht genau der Hälfte der Zuwachsrate der sachsen-anhaltinischen Gymnasialklassen (24,8 IRT-Punkte), die während des gesamten Schuljahrs Biologieunterricht erhielten. Bei den Nicht-Gymnasialklassen sind die Unterschiede nicht so deutlich: Klassen ohne Unterricht (6 Klassen aus NRW, 10 Klassen aus MV) weisen einen, allerdings statistisch nicht signifikanten, Lernfortschritt von 2,3 IRT-Punkten auf, dem ein Zuwachs von 3,7 IRT-Punkten (s. Tab. 12.2) in Klassen mit Unterricht (35 Klassen aus NRW, 22 Klassen aus MV[36] und SA) gegenübersteht. Diese Befunde belegen, daß substantielle außerschulische Lerngelegenheiten (z. B. durch die Beschäftigung mit Pflanzen- oder Tierbüchern in der Freizeit) für den Erwerb von biologischem Fachwissen bestehen. Zugleich verweisen sie aber auch auf die unterrichtlichen Handlungsspielräume der Schule.

---

[35] Für Physik ist ein solcher Vergleich nicht möglich, da hier nur in Nordrhein-Westfalen Klassen ohne aktuellen Physikunterricht zur Verfügung stehen und sich damit Ost-/West- und Unterrichtseffekte nicht trennen lassen.

[36] Einige Schulen haben trotz des ministeriellen Erlasses in der 7. Jahrgangsstufe Biologieunterricht erteilt.

Eine weitere Inspektion von Tabelle 12.3 spiegelt zunächst bei den Nicht-Gymnasiasten den wenig überraschenden Befund der kognitiven Selektivität der drei verbliebenen Schulformen wider, der sich in einer Gleichverteilung der Varianz im Ausgangsparameter zwischen Schüler- und Klassenebene niederschlägt. Doch auch bei den Nicht-Gymnasiasten verschiebt sich dieses Verhältnis im Lernparameter deutlich zugunsten von Klassenunterschieden. Eine Ausnahme hiervon bildet nur das Fach Biologie – dort werden die Unterschiede zwischen Schülern einer Klasse im Verlauf eines Schuljahres eher größer, was vermutlich auf den Effekt der außerschulischen Lerngelegenheiten zurückzuführen ist.

Im ganzen betrachtet weist Tabelle 12.3 für den linearen Wachstumsparameter eine hinreichend große Streuungsbreite zwischen Klassen aus, so daß die Prüfung des Einflusses von Lernumweltmerkmalen auf fachliches Lernen möglich ist.

Auf der zweiten Stufe wurde dieses Basismodell um individuelle Kontrollvariablen und Kontextmerkmale erweitert. Da zwischen diesen Merkmalen nur eine geringe Interkorrelation besteht, wurden zunächst alle Kontroll- und Kontextvariablen zusammen als Prädiktoren eingeführt und anschließend schrittweise diejenigen aus dem Modell entfernt, die keinen statistisch signifikanten Einfluß auf die Leistungsparameter aufwiesen. Die erklärten Varianzanteile durch individuelle und kontextuelle Merkmale wurden dann in einem stufenweisen Vorgehen ermittelt, in dem zuerst das Zwei-Ebenen-Modell und dann das Drei-Ebenen-Modell berechnet wurde (zum konkreten Berechnungsverfahren s. S. 172f.).

In Tabelle 12.4 sind die HLM-Schätzungen der endgültigen erweiterten Basismodelle pro Fach dargestellt. Die Ergebnisse dieser Analysen lassen sich wie folgt zusammenfassen:

(1) Für das Leistungsniveau zu Beginn des 7. Schuljahres kommt vor allem den Individualvariablen substantielle Bedeutung zu. Geschlecht, Intelligenz und fachspezifisches Fähigkeitsselbstkonzept können auf Schülerebene in Biologie und Physik knapp ein Drittel bis über die Hälfte der zu Schuljahresbeginn bestehenden Leistungsunterschiede innerhalb einer Klasse erklären[37]. Die positiven Koeffizienten für den Einfluß des Geschlechts bedeuten, daß die Jungen deutliche Leistungsvorsprünge gegenüber den Mädchen aufweisen. In Physik sind diese Leistungsvorsprünge vor allem in den Gymnasialklassen besonders groß: hier sind die Jungen den Mädchen nach nur einem Jahr Unterricht in diesem Fach (in den neuen Bundesländern setzt der Physikunterricht durchgängig auf der 6. Jahrgangsstufe ein) bereits gut eine drittel Standardabweichung (11 Leistungspunkte) voraus. Im Gegensatz zu den beiden natur-

[37] Das Wort „erklären“ wird hier nicht im kausalanalytischen Sinne, sondern nur in seiner statistischen Bedeutung verwendet, denn natürlich handelt es sich hier nicht um längsschnittliche Effekte, die kausal interpretiert werden könnten.

Tabelle 12.4: Ergebnisse der HLM3-Analysen: Einfluß von individuellen Kontroll- und Kontextvariablen auf die Ausgangsleistungen und den linearen Lernzuwachs in den drei Fächern, getrennt nach Schulform (erkl. Var. = durch die Prädiktoren erklärte Varianz in % – zum Berechnungsverfahren s. S. 172f.; *p ≤ .05; **p ≤ .01)

Wachstumsparameter	Ebene 2 Abweichung v. Gesamtmittelwert	Ebene 3 Klassenmittelwert	Mathematik Koeff.	Mathematik *t*-Wert	Mathematik erkl. Var.	Biologie Koeff.	Biologie *t*-Wert	Biologie erkl. Var.	Physik Koeff.	Physik *t*-Wert	Physik erkl. Var.
Leistungsniveau zu Beginn Klasse 7											
Gymnasium	Basis	Basis	94,27	4,88**		86,80	4,49**		114,02	11,99**	
	Geschlecht					5,11	4,31**		11,26	6,32**	
	Intelligenz		1,86	7,52**	33,7	1,41	7,71**	31,4	1,30	7,55**	53,8
	Selbstkonzept		10,25	8,96**		3,22	2,14*		5,55	5,73**	
		Intelligenz	2,68	2,96*	11,6	1,46	2,33*	15,2	0,86	1,32	4,7
		Selbstkonzept	– 0,88	– 0,17		5,72	1,01		– 1,67	– 0,57	
andere Schulformen	Basis	Basis	75,71	6,91**		68,89	3,99**		46,79	4,35**	
	Geschlecht					6,47	3,45**		4,52	2,45*	
	Intelligenz		1,05	6,06**	35,1	1,01	6,47**	55,7	1,37	8,37**	35,2
	Selbstkonzept		6,26	7,81**		3,82	4,25**		3,21	3,52**	
		Realschule	11,17	4,39**		13,20	4,25**		7,76	2,69**	
		Intelligenz	0,68	1,17	19,0	0,80	1,40	28,8	0,57	1,00	34,2
		Selbstkonzept	– 0,07	– 0,02		2,57	0,46		14,23	3,79**	
Linearer Zuwachs											
Gymnasium	Basis	Basis	7,40	1,10		13,95	2,41*		– 7,78	– 0,91	
	Geschlecht		– 1,69	– 2,17*							
	Intelligenz		0,32	2,54*	3,9	0,37	3,00**	0,0	0,26	2,05*	0,0
		Ost/West	– 6,35	– 3,35**	17,1	– 6,15	– 3,09**	27,5			
		Intelligenz	0,40	0,69		– 0,14	– 0,28		0,62	0,85	0,0
andere Schulformen	Basis	Basis	2,84	2,76**		3,58	3,85**		– 7,01	– 7,59**	
	Geschlecht		– 1,67	– 2,69**	1,9	– 2,59	– 2,05*	14,6			
		Ost/West	– 4,57	– 3,64**	21,3						

wissenschaftlichen Fächern kommt dem Geschlecht in Mathematik keine eigenständige Bedeutung für das Leistungsniveau zu, die sich neben dem Effekt der fachspezifischen Fähigkeitsüberzeugungen nachweisen ließe. Zwar besteht auch in Mathematik ein Zusammenhang zwischen dem Geschlecht und der individuellen Ausgangsleistung. Allerdings ist dieser Zusammenhang deutlich geringer als in den beiden anderen Fächern, und er verschwindet, sobald das Fähigkeitsselbstkonzept als Prädiktor berücksichtigt wird. Demnach kommt dem letztgenannten Merkmal in Mathematik eine höhere Bedeutung zu als in den anderen Fächern. Ein besonders starker Effekt dieses Merkmals zeigt sich in den Gymnasialklassen: dort beträgt der Koeffizient immerhin eine drittel Standardabweichung. Dies bedeutet, daß ein Schüler, der ein um eine Skaleneinheit höher ausgeprägtes Fähigkeitsselbstkonzept hat als sein Mitschüler, diesen um 10 Leistungspunkte im Mathematiktest überflügelt – unter dem Aspekt, daß etwa 10 Punkte innerhalb eines Schuljahres dazu gelernt werden, ein sehr beachtlicher Leistungsvorsprung. Auch wenn die Koeffizienten für die Intelligenz im Vergleich zu den anderen individuellen Kontrollvariablen relativ gering ausfallen, bedeutet dies nicht eine geringere Bedeutsamkeit: Im Gegensatz zu den anderen Merkmalen liegt hier die Standardabweichung bei 4 bis 4,4 Skalenpunkten (zum Vergleich: beim Selbstkonzept liegt die Standardabweichung zwischen 0,62 und 0,79), so daß es sich um ähnlich große oder größere Effekte wie beim Selbstkonzept handelt[38].

(2) Im Gegensatz zur Erklärungskraft der individuellen Merkmale kommt den aggregierten Merkmalen auf Klassenebene eine deutlich geringere Bedeutung für die Unterschiede im Leistungsniveau von Klassen zu. Substantielle Effekte lassen sich nur für das durchschnittliche Intelligenzniveau bei den Gymnasialklassen in Mathematik und Biologie[39] sowie für das durchschnittliche Fähigkeitsselbstkonzept bei den Nicht-Gymnasialklassen in Physik nachweisen – bei letzterem Merkmal besteht allerdings mit einem Koeffizienten in Höhe fast einer halben Standardabweichung und einer Erklärungskraft von knapp 19 % (o. Tab.) ein sehr starker Einfluß auf das Leistungsniveau der Klasse. Ebenso zeigen sich substantielle Effekte für die Schulformzugehörigkeit: Realschulklassen weisen gegenüber Haupt- und Gesamtschulklassen ein deutlich höheres Leistungsniveau auf (bis zu einer knappen halben Standardabweichung in Biologie).

(3) Für den linearen Zuwachsparameter lassen sich auf Schülerebene zwar statistisch signifikante Prädiktoren absichern, doch erklären sie kaum substantielle Anteile der Varianz im Lernfortschritt. Besonders deutlich wird dies in den

---

[38] Dies läßt sich auch mit Hilfe von z-standardisierten Prädiktoren zeigen, die jedoch hier nicht verwendet wurden, um die Anschaulichkeit der ursprünglichen Werteskala zu erhalten.

[39] Die statistisch nicht signifikanten Koeffizienten für das Intelligenzniveau der Klasse werden hier nur berichtet, um korrekte Schätzungen für die entsprechenden Individualkoeffizienten zu erhalten.

Gymnasialklassen in Biologie und Physik: Dort wird zwar das individuelle Intelligenzniveau zu Beginn des 7. Schuljahres als statistisch signifikanter Prädiktor identifiziert, legt man jedoch zur Ermittlung des erklärten Varianzanteils die Ergebnisse der konservativeren Berechnungsvariante mit Zentrierung um den Klassenmittelwert zugrunde, so ergeben sich keine gemeinsamen Varianzanteile zwischen Prädiktor und Kriterium (bei dieser Berechnungsvariante verfehlt das individuelle Intelligenzniveau in beiden Fächern deutlich die Signifikanzgrenze). Von den weiteren Analysen zur Vorhersage des Leistungszuwachses wird dieses Merkmal deshalb ausgeschlossen. Eine Ausnahme hinsichtlich der Erklärungskraft individueller Merkmale für den Lernfortschritt besteht bei den Nicht-Gymnasiasten in Biologie: Hier zeigt sich ein deutlicher Einfluß des Geschlechts auf den individuellen Leistungszuwachs, der knapp 15 % der Varianz erklärt. Das negative Vorzeichen bedeutet hierbei, daß innerhalb einer Klasse die Mädchen im Verlauf eines Schuljahres gut 5 Leistungspunkte mehr hinzu gewinnen als ihre männlichen Klassenkameraden. Im Vergleich zum durchschnittlichen Lernfortschritt bei Nichtgymnasiasten von knapp 4 Leistungspunkten in Biologie stellt diese Differenz einen substantiellen Unterschied dar. Die fachspezifischen Fähigkeitsüberzeugungen zu Beginn des Schuljahres haben nur dann einen statistisch signifikanten Einfluß auf den Leistungszuwachs, solange sie nicht gleichzeitig als Prädiktoren für das Ausgangsniveau modelliert werden. Sobald dieses jedoch geschieht, verschwindet ihr Einfluß auf den Lernfortschritt.

(4) Als statistisch bedeutsames Kontextmerkmal für den Leistungszuwachs von Klassen läßt sich nur die Ost-/West-Zugehörigkeit absichern, die zwischen 17 % und 27 % der Zuwachsvarianz erklären kann. Der negative Koeffizient bedeutet dabei, daß die Klassen in den neuen Bundesländern deutlich mehr innerhalb eines Schuljahres dazulernen als die Klassen in Nordrhein-Westfalen. Dieser Befund steht damit in Einklang mit den Angaben der Lehrer zum unterrichteten bzw. intendierten Curriculum (s. Kap. 9.3.3), wonach Lehrkräfte der neuen Bundesländer deutlich mehr Aufgaben der eingesetzten Mathematik- und Biologietests als im Unterricht behandelte Stoffgebiete klassifizieren.

(5) In Physik lassen sich für den linearen Trendparameter auf beiden Ebenen keine substantiellen Einflüsse der Kontext- und Kontrollvariablen nachweisen. Die Unterschiede im Lernfortschritt bzw. -verlust zwischen Schülern und Klassen sind offensichtlich durch andere, eher qualitative Lernumwelt- bzw. Personenmerkmale der Schüler bedingt.

In einem letzten Analyseabschnitt wurde auf der Grundlage dieser erweiterten Basismodelle der Einfluß von Lernumweltmerkmalen auf den Lernverlauf geprüft. Auf der Basis der in Kapitel 5 formulierten Fragestellungen sollte nun untersucht werden, inwieweit Merkmale der direkten Instruktion sowie konstruktivistische und schülerorientierte Ansätze aus Schülersicht einen Einfluß auf die Leistungsentwicklung haben. Wie in Kapitel 9.2 zur Konstruktvalidierung der Skalen zur Lernumweltwahrnehmung bereits deutlich wurde, bestehen sowohl auf Individualebene als auch auf Klassenebene z. T. recht hohe Interkorrelationen zwischen den einzelnen Konstrukten bzw. Skalen der Lernumweltwahrnehmung. Um dieses Problem der Multikollinearität zunächst zu umgehen, wurde im ersten Schritt jede Unterrichts- bzw. Lehrervariable einzeln als Prädiktor in das erweiterte Basismodell eingeführt und hinsichtlich ihrer Signifikanz und Erklärungsstärke geprüft. Als Prädiktoren wurden die in Tabelle 12.1 aufgeführten Variablen verwendet. Da es bei diesem Satz von Analysen vor allem um die Identifizierung von Kontexteffekten ging – denn nur diese können als tatsächliche Unterschiede in der Lernumwelt von Klassen interpretiert werden (s. S. 102f.) – werden im folgenden nur die Ergebnisse für die Klassenebene berichtet. Diese Ergebnisse stellen besonders konservative Schätzungen der Kontexteffekte dar, da bei der Ermittlung des Anteils zusätzlich erklärter Varianz im Lernfortschritt von Klassen durch aggregierte Einzelmerkmale der Lernumwelt selbst dann der Einfluß der Individualmerkmale eliminiert wurde, wenn diese nicht die statistisch signifikante Nachweisgrenze erreichten. Für die drei Fächer und zwei Subgruppen ergaben sich die in Tabelle 12.5 dargestellten statistisch signifikanten Einzelprädiktoren und die durch sie zusätzlich zum erweiterten Basismodell und den lernumweltbezogenen Individualvariablen erklärte Varianz. In den Klammern ist die Richtung des Zusammenhangs angezeigt.

Tabelle 12.5: Erklärungskraft (in % zusätzlich erklärter Varianz) statistisch signifikanter Einzelprädiktoren für den Lernzuwachs von Klassen in den drei Fächern, getrennt nach Schulform

	Mathematik		Biologie		Physik	
	GY	NGY	GY	NGY	GY	NGY
Mangelnde Unterrichtsführung						8,7 (–)
Sprunghaftigkeit			6,2 (–)			11,5 (–)
Binnendifferenzierende Maßnahmen	6,5 (–)					6,2 (–)
Repetitives Üben	8,8 (–)	2,7 (–)	4,3 (–)		9,4 (–)	8,4 (–)
Konstruktivistischer Unterricht	6,2 (+)				5,6 (+)	
Schülermitbestimmung		4,5 (–)				6,5 (–)

Bei der Gruppe der Nicht-Gymnasiasten in Biologie ließ sich kein einziges Lernumweltmerkmal als statistisch signifikanter Prädiktor des Lernfortschritts von Klassen identifizieren, obwohl substantielle Unterschiede im Lernverlauf von Klassen bestehen (s. Tab. 12.3). Unter Ausnahme dieser Gruppe stellt das repetitive Üben in allen anderen Fächern und Subgruppen einen statistisch signifikanten negativen Einzelprädiktor für den Leistungszuwachs dar, der bei den Gymnasiasten in Physik und Mathematik den höchsten Anteil an der Varianz zwischen Klassen erklärt.

Als zweitstärkster Einzelprädiktor für den Lernverlauf in diesen beiden Gruppen (in Mathematik gleich stark mit dem Merkmal *binnendifferenzierende Maßnahmen*) erweist sich die Wahrnehmung eines konstruktivistisch orientierten Unterrichts (da in Biologie dieses Konstrukt nicht gut reproduziert werden konnte, spielt es dort auch keine Rolle). Bei den Nicht-Gymnasiasten hingegen kommt diesem Merkmal keine große Bedeutung für die Leistungsentwicklung zu. Dort erweisen sich schülerorientierte Unterrichtsansätze, indikatorisiert durch die Skala *Schülermitbestimmung an der Auswahl von Unterrichtsstoffen*, bzw. *mangelnde Unterrichtsführung* als lernverringernde Lehr- und Organisationsstrategien, die als zweitstärkste Prädiktoren zwischen 4 und 8 % der Unterschiede in der Leistungsentwicklung von Klassen erklären können. Binnendifferenzierende Maßnahmen und ein sprunghaftes Lehrerverhalten haben – entsprechend den korrelativen Befunden – ebenfalls einen negativen Einfluß auf die Leistungsentwicklung, wobei das letztgenannte Merkmal in Physik bei den Nichtgymnasialklassen besonders hohe Vorhersagekraft besitzt.

Im nächsten Schritt wurde geprüft, inwieweit die Kombination von leistungsförderlichen und -mindernden Unterrichtsmerkmalen zu einer effektiveren Vorhersage von Lernverläufen führt als die Einzelprädiktoren. Aufgrund der Multikollinearität der Lernumweltmerkmale wurde versucht, übergeordnete Komposita von stark interkorrelierten Unterrichtskonstrukten zu bilden. Bis auf die Gymnasialklassen in Biologie sowie die Nicht-Gymnasialklassen in Physik stellten diese Komposita jedoch keine Gewinne im Vergleich zu den Einzelvariablen dar.

In Tabelle 12.6 sind die Ergebnisse der HLM-Schätzungen der endgültigen Unterrichtsmodelle wiedergegeben. Bei den Gymnasiasten in Biologie sowie den Nicht-Gymnasiasten in Physik ist die Parameterschätzung für die aus den zwei (Biologie) bzw. drei erklärungsstärksten Einzelprädiktoren (Physik) zusammengefaßte Variable wiedergegeben. Das Intelligenzniveau als Prädiktor des Leistungszuwachses wurde wegen fehlender praktischer Bedeutsamkeit bei den Analysen in Biologie und Physik nicht weiter berücksichtigt (s. S. 182). Die Spalte *erklärte Varianz* gibt den prozentualen Anteil der durch alle Prädiktoren des jeweiligen Leistungsparameters erklärten Varianz wieder oder, anders ausgedrückt, beschreibt das Ausmaß, um das sich die Varianz innerhalb bzw. zwischen Klassen verringert, wenn die durch die Prädiktoren repräsentierten Merkmale der Schüler bzw. Klassen konstant gehalten werden. Da sich in den auf Klassenebene angegebenen Prozentsätzen sowohl Kontroll- und Unterrichtsmerkmale konfundierende als auch Individual- und Klas-

Tabelle 12.6: Ergebnisse der HLM3-Analysen: Endgültige Unterrichtsmodelle in den drei Fächern, getrennt nach Schulform ($^{+}p < .10$; $^{*}p \leq .05$; $^{**}p \leq .01$)

Wachstums-parameter	Ebene 2 Abweichung v. Gesamtmittelwert	Ebene 3 Klassenmittelwert	Mathematik Koeff.	Mathematik *t*-Wert	Mathematik erkl. Var.	Biologie Koeff.	Biologie *t*-Wert	Biologie erkl. Var.	Physik Koeff.	Physik *t*-Wert	Physik erkl. Var.
Leistungsniveau zu Beginn Klasse 7											
Gymnasium	Basis	Basis	91,17	8,99**		102,04	5,85**		109,23	15,90**	
	Geschlecht					8,83	5,87**		12,90	8,06**	
	Intelligenz		1,86	7,53**	33,7	1,61	9,53**	31,4	1,44	9,06**	53,8
	Selbstkonzept		10,24	9,14**		3,11	2,07*		4,84	5,33**	
		Intelligenz	2,73	3,02**	11,7	0,81	1,45	15,2	0,89	1,50	4,7
		Selbstkonzept				3,07	0,60				
andere Schulformen	Basis	Basis	76,87	7,14**					52,93	5,23**	
	Geschlecht								3,97	2,06*	
	Intelligenz		1,06	6,11**	35,1				1,40	9,03**	35,2
	Selbstkonzept		6,24	7,83**					3,17	3,47**	
		Realschule	9,18	3,64**					8,21	3,08**	
		Intelligenz	0,54	0,94	19,0						34,2
		Selbstkonzept	0,10	0,03					13,15	3,56**	
Linearer Zuwachs											
Gymnasium	Basis	Basis	7,62	0,62		37,76	4,31**		– 5,69	– 0,40	
	Geschlecht		– 2,20	– 2,23*							
	Intelligenz		0,31	2,46*							
	konstrukt. Unterr.		0,13	0,16	8,6				2,29	2,08*	9,2
	repetitives Üben		– 1,32	– 1,72^{+}					– 0,92	– 1,06	
	Sprungh. + rep. Üb.					– 1,43	– 1,41	2,2			
		Ost/West	– 5,51	– 3,19**		– 5,30	– 3,26**				
		Intelligenz	0,29	0,55	40,5						
		Konstrukt. Unterr.	7,67	2,38*				49,4	9,97	2,32*	23,7
		repetitives Üben	– 9,42	– 2,77**					– 11,69	– 2,91**	
		Sprungh. + rep. Üb.				– 10,27	– 2,48*				

Fortsetzung Tabelle 12.6

Wachstums-parameter	Ebene 2 Abweichung v. Gesamtmittelwert	Ebene 3 Klassenmittelwert	Mathematik Koeff.	Mathematik *t*-Wert	Mathematik erkl. Var.	Biologie Koeff.	Biologie *t*-Wert	Biologie erkl. Var.	Physik Koeff.	Physik *t*-Wert	Physik erkl. Var.
andere Schulformen	Basis	Basis	11,12	3,11**					19,35	2,02*	
	Geschlecht		– 1,39	– 2,26*	7,3						
	Schülermitbestimg.		– 1,10	– 2,59**							
	Untf., Sprungh.+Üb.								– 1,86	– 1,75^{+}	4,7
		Ost/West	– 5,26	– 4,36**	34,2						
		Schülermitbestimg.	– 3,52	– 2,33*							
		Untf., Sprungh.+Üb.							– 10,91	– 2,75**	24,5

Tabelle 12.7: Varianzzerlegung der erklärten Gesamtvarianz im Lernzuwachs von Klassen in den drei Fächern, getrennt nach Schulform

zusätzlich erklärte Varianz nur durch: Individual- u. Klasseneffekte konfundierende Prädiktoren der Schülerebene	zusätzlich erklärte Varianz nur durch: Prädiktoren der Klassenebene	Mathematik Gym.	Mathematik andere	Biologie Gym.	Physik Gym.	Physik andere
Kontrollvariablen		2,6	3,9	10,0		
	Kontrollvariablen	17,1	21,3	27,5		
Konstruktivistischer Unterricht, repetitives Üben		6,5			6,6	
	Konstruktivistischer Unterricht, repetitives Üben	14,3			17,1	
Sprunghaftigkeit + repetitives Üben				4,0		
	Sprunghaftigkeit + repetitives Üben			7,9		
Unterrichtsführg., Sprunghaftigk. + repetit. Üben						8,4
	Unterrichtsführg., Sprunghaftigk. + repetit. Üben					16,1
Schülermitbestimmung			4,5			
	Schülermitbestimmung		4,5			
	erklärte Varianz insgesamt	*40,5*	*34,2*	*49,4*	*23,7*	*24,5*

seneffekte konfundierende Varianzanteile[40] widerspiegeln, wird in Tabelle 12.7 eine Zerlegung dieser erklärten Gesamtvarianzanteile in ihre jeweiligen Herkunftsquellen vorgenommenen. Die Ergebnisse lassen sich in wenigen zentralen Punkten zusammenfassen:

(1) Für die Gymnasiasten in Mathematik und Physik lassen sich auf Klassenebene dieselben lernförderlichen Merkmale identifizieren: Unterschiede in der kollektiven Wahrnehmung konstruktivistisch orientierten Unterrichts sowie remedialer Maßnahmen sind in Mathematik für gut 14 %, in Physik für 17 % der Unterschiede im Leistungsfortschritt von Klassen verantwortlich. Teilt man die Schüler- und Klasseneffekte konfundierenden Anteile erklärter Varianz auf beide Ebenen auf (s. Tab. 12.7), so werden insgesamt in Mathematik knapp 18 %, in Physik 20 % der Zuwachsvarianz durch aggregierte Unterrichtsmerkmale erklärt. Hinsichtlich der Interpretation der Koeffizienten bedeutet dies, daß die Differenz im Lernfortschritt zwischen Klassen, die sich um jeweils eine Skaleneinheit in den beiden Unterrichtsmerkmalen voneinander unterscheiden, am Ende des Schuljahres in Mathematik gut 34 Leistungspunkte und in Physik sogar gut 43 Leistungspunkte beträgt[41]. Auch wenn realiter kaum Abweichungen von einer Skaleneinheit zwischen Klassen auftreten (die Spannweite der Werte beträgt 1 bzw. 1,4 Skalenpunkte in beiden Fächern), so finden sich durchaus Unterschiede von einer halben Skaleneinheit, so daß die Differenz von 17 bis 20 Leistungspunkten am Schuljahresende kein seltenes Ereignis ist (vgl. hierzu Abb. 13.1 a-b, S. 190).
Von den auf Klassenebene gefundenen Prädiktoren lassen sich auf Schülerebene nur konstruktivistische Unterrichtsansätze in Physik als statistisch signifikanter Einflußfaktor sowie repetitives Üben in Mathematik als Trend nachweisen. Ihre Erklärungskraft für den individuellen Lernzuwachs liegt bei knapp 4 % bzw. 9 %.
In Biologie erklären Unterschiede im kollektiv wahrgenommenen Grad der Sprunghaftigkeit sowie remedialer Maßnahmen insgesamt etwa 10 % der Unterschiede im Lernzuwachs von Gymnasialklassen (8 % spezifische Kontext-

---

[40] Wie bereits auf S. 169ff. beschrieben, liegt der Ermittlung von Individual- und Kontexteffekten in Drei-Ebenen-Modellen ein hierarchisches Vorgehen zugrunde: Zunächst werden nur auf der Schülerebene (Ebene 2) Prädiktoren eingeführt. Da hier die Individualvariablen um den Gesamtmittelwert zentriert sind (dies entspricht der auf S. 150 beschriebenen Gesamtanalyse), erhält man mit diesem Schritt zunächst Schätzungen, die Individual- und Klasseneffekte miteinander vermischen. Auch für den durch diese Individualprädiktoren erklärten Varianzanteil im Lernfortschritt auf Klassenebene bedeutet dies, daß er eine Mixtur aus Individual- und Klasseneffekten darstellt. Erst die Hinzunahme der entsprechenden Aggregatvariablen auf der Klassenebene erbringt eine Schätzung der Kontexteffekte, für die nur die Ausprägung dieser Klassenmerkmale verantwortlich sind.

[41] Die Werte ergeben sich durch Verdopplung und Addition der beiden Koeffizienten, da diese nur den Hinzugewinn oder Verlust von Leistungspunkten zwischen zwei Meßzeitpunkten angeben.

varianz + 2 % ebenenkonfundierte Varianz). Damit besitzt der Kontext *Klasse* in Biologie nur gut die Hälfte der Erklärungskraft im Vergleich zu Mathematik und Physik (dies zeigt sich auch am Regressionskoeffizienten, der nur gut halb so groß ist wie die zusammen addierten Koeffizienten in Physik oder Mathematik). Auf Schülerebene spielen diese Lernumweltmerkmale keine Rolle für das individuelle Lernen – der Anteil erklärter Varianz muß als Zufallsergebnis angesehen werden.

(2) Für die Nicht-Gymnasiasten erweist sich in Physik ebenfalls die kollektive Wahrnehmung sprunghaften Unterrichts, remedialer Übungsformen sowie, zusätzlich zu Biologie, mangelhafter Unterrichtsführung als das Lernen verlangsamende Umweltmerkmale. Diese drei Merkmale erklären zusammen insgesamt gut 20 % der Unterschiede im Lernzuwachs von Klassen. Auf Schülerebene läßt sich ein Einfluß dieser Lernumweltmerkmale auf den individuellen Lernfortschritt nur in der Tendenz nachweisen, so daß auch hier der Anteil erklärter Varianz nur eingeschränkt interpretierbar ist. In Mathematik ließen sich die beiden in Tabelle 12.5 aufgeführten Einzelprädiktoren nicht in einer gemeinsamen Analyse statistisch signifikant absichern, so daß hier der erklärungsstärkste Einzelprädiktor für die endgültige Analyse herangezogen wurde. Kollektiv wahrgenommene schülerorientierte Unterrichtsformen führen zu einer Verlangsamung des Lernens: Sie erklären jedoch nur insgesamt knapp 7 % der Varianz in der Leistungsentwicklung von Klassen. Demgegenüber liegt der entsprechende Anteil auf Schülerebene bei 5,4%.

(3) Im Gegensatz zu den erklärten Varianzanteilen auf Klassenebene sind die entsprechenden Varianzanteile auf der Individualebene kaum ebenenkonfundiert. Die durch individuelle Lernumweltwahrnehmungen erklärte Leistungsvarianz innerhalb von Klassen wird nur geringfügig durch die Einführung aggregierter Unterrichtswahrnehmungen (die aber bei der Zentrierung um den Klassenmittelwert ebenenkonfundiert sind) erhöht: Ihre Erklärungskraft schwankt zwischen 0,2 % in Mathematik und 1,2 % in Physik (in Biologie liegt dieser Wert bei 0,7 %).

Über diese Analysen hinausgehend, wurde in einem letzten Schritt ein Block von Analysen durchgeführt, die dem Ziel dienten, über die auf Klassenebene gefundenen Unterrichtsmodelle hinaus andere statistisch signifikante Lernumweltprädiktoren des individuellen Lernfortschritts zu identifizieren. Zentrales Ergebnis dieser Analysen ist, daß sich zwar statistisch signifikante Prädiktoren identifizieren ließen (dies insbesondere in den Nichtgymnasialklassen, auch in Biologie), diese jedoch entweder keine oder nur geringe Anteile der Lernunterschiede innerhalb einer Klasse (in der Regel zwischen 1-3 %, in zwei Ausnahmen knapp 7 %) erklären können. Wie bereits die Ergebnisse der Korrelationsanalysen zu erkennen gaben, stimmen auch die im Rahmen von HLM gefundenen Zusammenhänge auf der Schülerebene in der Richtung mit den auf Klassenebene bestehenden überein. Dies bedeutet, daß Schüler mit vergleichsweise großen Leistungszuwächsen z. B. eher ein niedrigeres Unterrichtstempo, klarere Regeln, einen geringeren Grad an Differenzierung oder Schülermitbeteiligung bei der Auswahl von Unterrichtsstoffen wahrnehmen als Schüler mit relativ geringen Lernfortschritten.

Mit Bezug auf die in Kapitel 5 formulierten Hypothesen lassen sich die vorgestellten Ergebnisse wie folgt zusammenfassen:

- *Substantielles Erklärungsgewicht für den Lernzuwachs über die Kontrollvariablen hinaus kommt vor allem den auf Klassenebene gemittelten Lernumweltmerkmalen zu. Demgegenüber besitzen die individuellen Unterrichtswahrnehmungen nur eine untergeordnete Bedeutung für die Leistungsentwicklung.*
- *Es lassen sich aus Schülersicht nur einzelne Elemente eines direkten, lehrergeleiteten Unterrichts als bedeutsam für schulisches Lernen identifizieren. Für die beiden naturwissenschaftlichen Fächer sind dies eine effiziente Klassenführung, die Störungen frühzeitig erkennt und beseitigt sowie die Unterrichtszeit intensiv nutzt, und eine klar strukturierte, wenig sprunghafte Sequenzierung der Unterrichtsaktivitäten. Die Klarheit der Präsentation, ein geringes Unterrichtstempo sowie ein adaptives Lehrerverhalten scheinen demgegenüber nicht so bedeutsam zu sein. In Mathematik spielen keine dieser Aspekte eine bedeutsame Rolle für den Leistungszuwachs.*
- *Kognitiv-konstruktivistischen Unterrichtsansätzen kommen insbesondere im Gymnasialunterricht eine hohe Bedeutung für schulisches Lernen zu – hier bestätigt sich die Annahme makroadaptiver Verhaltensweisen der Lehrer.*
- *Im Gegensatz zu den Hypothesen zeigen sich keine leistungsförderlichen Wirkungen binnendifferenzierender oder remedialer Maßnahmen – weder im Gymnasium noch in anderen Schulformen.*
- *Schülerorientierte Ansätze haben vor allem auf Haupt-, Real- und Gesamtschulen einen negativen Einfluß auf die Leistungsentwicklung.*
- *Der affektiven Qualität der Lehrer-Schüler-Beziehung kommt keine Bedeutung für den Lernfortschritt von Klassen zu.*

Über diese Ergebnisse hinaus soll im nächsten Kapitel der abschließenden Frage nachgegangen werden, inwieweit die gefundenen lerneffizienten Merkmale des Unterrichts durch das kognitive Eingangsniveau der Schulklassen bedingt sind. Zu diesem Zweck wird das mehrebenenanalytische Paradigma verlassen und – soweit möglich – mit Hilfe des Strukturgleichungsansatzes die Abhängigkeit des unterrichtlichen Lehrerhandelns geprüft.

13 Zur Abhängigkeit unterichtlichen Lehrerhandelns von Klassenkontextmerkmalen – pfadanalytische Befunde

Für die folgenden Analysen wurden die Ergebnisse der letzten im vorangegangenen Kapitel berichteten HLM-Läufe verwendet. Da sich nur in Physik und Mathematik für die Gruppe der Gymnasiasten mehr als ein Lernumweltmerkmal als bedeutsamer Prädiktor für das Lernen erwies, wurden die Pfadanalysen auf diese Gruppe und die beiden genannten Fächer beschränkt.

Um dennoch auch in der Gruppe der Nichtgymnasiasten der Kontextabhängigkeit unterrichtlichen Lehrerhandelns nachzugehen, wurde noch einmal die Frage aufgegriffen, wodurch die einerseits eher erwartungswidrigen Ergebnisse zum Zusammenhang von remedialen und binnendifferenzierenden Maßnahmen mit der Leistungsentwicklung sowie andererseits erwartungskonformen Befunde zum Einfluß schülerorientierter Unterrichtsformen auf den Lernfortschritt zu erklären sind. Prinzipiell bieten sich hierfür zwei Erklärungen an:

(1) Die binnendifferenzierenden und schülerorientierten Unterrichtsformen nehmen mehr Zeit für die Organisation des Unterrichtsablaufs sowie den Übergang zwischen verschiedenen Unterrichtsphasen in Anspruch, da den Schülern einzeln ihrem Fähigkeitsniveau entsprechende Aufgaben zugeteilt werden müssen bzw. der zu behandelnde Unterrichtsstoff erst mit den Schülern ausgehandelt werden muß. Dadurch geht wertvolle Unterrichtszeit für die Behandlung von Lehrinhalten verloren, wodurch sich insgesamt die Zahl der Lerngelegenheiten verringert. Eine starke Fokussierung auf remediale Maßnahmen wie häufiges wiederholendes Üben führen ebenfalls zu einer ineffektiven Nutzung der Unterrichtszeit, da diese Zeit für die Behandlung neuen Unterrichtsstoffes nicht zur Verfügung steht und sich damit ebenfalls die Zahl der Lerngelegenheiten verringert.

(2) Binnendifferenzierende, remediale und schülerorientierte Maßnahmen werden kompensatorisch vor allem in leistungsschwachen Klassen eingesetzt, um Leistungsunterschiede innerhalb von Klassen bzw. Leistungsdefizite in Basisfertigkeiten auszugleichen sowie die Motivation der Schüler zur Auseinandersetzung mit Unterrichtsinhalten zu stärken. Damit wäre das Lehrerhandeln in starkem Maße von den fachlichen Eingangsvoraussetzungen der Klasse bestimmt.

Zur Überprüfung dieser beiden Erklärungsansätze wurden die Korrelationen zwischen diesen drei Merkmalen und dem Lernzuwachs nochmals nach den einzelnen Schulformen aufgebrochen. Für das remediale Üben zeigt sich innerhalb der Schulform *Hauptschule* in beiden Fächern eine positive Korrelation mit dem fachlichen Lernen, die bei r = .41 in Mathematik bzw. r = .55 in Physik liegt, jedoch aufgrund der geringen Anzahl von Klassen (N = 20 bzw. N = 10) statistisch nur in der Tendenz abgesichert werden kann (p = .08 bzw. p = .10). In beiden Fächern besteht zusätzlich eine – allerdings statistisch nicht signifikante – negative Korrelation mit dem Ausgangsniveau zu Schuljahresbeginn in Höhe von r = – .24 bzw. – .37. Für die anderen beiden Schulformen ergeben sich nur negative, größtenteils jedoch statistisch nicht signifikante Zusammenhänge, die zwischen r = – .19 und r = – .58 schwanken. Diese Ergebnisse weisen damit auf differentielle Schulformeffekte hin: Während in der Hauptschule, der leistungsschwächsten Schulform, remediale Maßnahmen eher kompensatorisch zur Beseitigung basaler Lerndefizite eingesetzt werden, damit also kontextabhängig sind, scheinen in den anderen Schulformen die negativen Begleiterscheinungen zu intensiver Wiederholungsübungen zu überwiegen. Für den Einsatz binnendifferenzierender Maßnahmen läßt sich für keines der beiden Fächer ein solch kompensatorischer Effekt in der Hauptschule nachweisen. Umgekehrt besteht bei den beiden anderen Schulformen nur für Realschulklassen in Physik eine statistisch signifikante negative Korrelation (r = – .38) zwischen dem Lernfortschritt und der Verwendung binnendifferenzierender Maßnahmen. Damit läßt sich auf der Basis dieser Ergebnisse keine Entscheidung für eine der beiden Erklärungsalternativen zum erwartungswidrig negativen Einfluß binnendifferenzierender Maßnahmen auf das fachliche Lernen treffen. Bei schülerorientierten Unterrichtsformen lassen sich fachspezifische Zusammenhänge nachweisen: So scheint die Beteiligung der Schüler an der Stoffauswahl im Physikunterricht der Hauptschule kompensatorischen Charakter zu haben, denn bei tendenziell negativer Ausgangskorrelation (r = – .53, p = .11) kommt es zu einem statistisch signifikant positiven Zusammenhang mit dem Leistungszuwachs von r = .72. In Mathematik zeigt sich indessen ein umgekehrtes Bild. Dort besteht tendenziell eine positive Korrelation mit dem Ausgangsniveau (r = .32, p = .17), hingegen eine negative mit dem Lernfortschritt (r = – .40, p = .08). In den beiden anderen Schulformen läßt sich nur im Physikunterricht der Realschule ein statistisch signifikanter Zusammenhang mit dem Lernen nachweisen, der allerdings negativ ausfällt.

Im Rahmen der pfadanalytischen Berechnungen für die Gruppe der Gymnasiasten in Mathematik und Physik wurde zunächst ein Veränderungsmaß gebildet, dem ein zweiebenenanalytisches Vorgehen zugrunde lag (vgl. Baumert et al. 1987b). Im ersten Schritt wurde auf der Schülerebene die Testleistung und Intelligenz zu Beginn des 7. Schuljahres von der Testleistung am Ende des Schuljahres auspartialisiert. Die auf diese Weise erhaltenen residualisierten Testleistungen am Ende des Schuljahres wurden im zweiten Schritt auf Klassenebene gemittelt. Der Vorteil dieses Vorgehens besteht darin, daß hiermit ein Entwicklungsmaß zur Verfügung steht, das von individuellen kognitiven Lernvoraussetzungen unabhängig ist. Damit kann der Einfluß des Vorkenntnisniveaus einer Klasse zu Beginn des Schuljahres sowie ihres mittleren Intelligenzniveaus auf die Leistungsentwicklung als *spezifischer* Kontexteffekt interpretiert werden.

In den Abbildungen 13.1a – b sind die Ergebnisse dieser Pfadanalysen für die die beiden Fächer Mathematik und Physik dargestellt. Wichtigstes Ergebnis dieser Analysen ist der Befund, daß das Vorkenntnis- und Intelligenzniveau in beiden Fächern offensichtlich keinen Einfluß auf das unterrichtliche Handeln von Lehrern hat – in keinem Fach sind diese Pfade statistisch signifikant. Selbst der Pfad vom Vorwissen auf die Leistungsentwicklung ist statistisch nicht signifikant. Demgegenüber sind die Pfade von den beiden Unterrichtsmerkmalen auf die Leistungsveränderung statistisch hochsignifikant. Die Anpassungsgüte des Modells in Mathematik ist sehr gut, in Physik hingegen reproduziert es nicht besonders gut die empirischen Daten. Da hier jedoch nicht die Unterrichtsmodelle als solche geprüft werden sollten, sondern lediglich ihre Abhängigkeit vom kognitiven Ausgangsniveau der Klasse, welche sich nicht mit HLM testen läßt, besitzen die Güteindizes nur eine untergeordnete Bedeutung. Entscheidend für die weitere Interpretation ist der Befund, daß sich in beiden Fächern keine Adaptation des Lehrerverhaltens an das kognitive Ausgangsniveau feststellen läßt. Die Pfadkoeffizienten von den Unterrichtsmerkmalen zur Leistungsentwicklung bestätigen zudem die Ergebnisse der HLM-Analysen, so daß im ganzen betrachtet auch das Pfadmodell in Physik zur Interpretation herangezogen werden kann.

(a) Mathematik (N = 78)

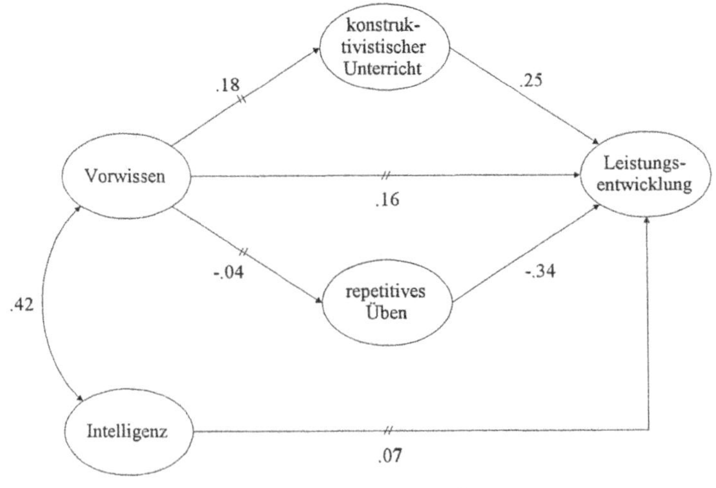

GFI = 1.00; AGFI = .98; RMSEA = .00; χ^2 (df = 3) =0.71; p = .87

(b) Physik (N = 50)

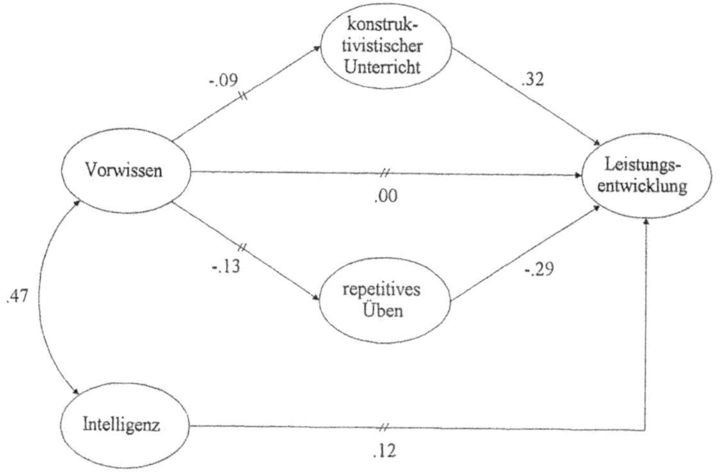

GFI = .96; AGFI = .82; RMSEA = .12; χ^2 (df = 3) = 5.10; p = .16

Abbildung 13.1 a – b: Ergebnisse der Pfadanalysen in den Fächern Mathematik und Physik auf der Basis der Gymnasialklassen

Zur Illustration dieser Befunde, insbesondere in Physik, wurden in jedem Fach auf der Basis der Ausprägungen in den beiden relevanten Unterrichtskonstrukten zwei Extremgruppen gebildet. Um die Analysen an die Ergebnisse der HLM-Berechnungen anzuschließen, die in Mathematik einen höheren Lernfortschritt der ostdeutschen Schulklassen belegen, wurden die westdeutschen Klassen von diesen Analysen ausgeschlossen. Diese resultierenden Extremgruppen umfassen jeweils über 20 % der (verbliebenen) Stichprobe pro Fach (verbliebene Stichprobe in Mathematik: 54 Klassen). In Abbildung 13.2 a – b sind die Lernverläufe dieser Extremgruppen dargestellt.

In beiden Fächern zeigen sich bei gleichem Ausgangsniveau deutlich höhere Lerngewinne in den Klassen, in denen wenig repetitive Übungen einerseits, sowie konstruktivistische Unterrichtsmethoden andererseits Anwendung finden. Insbesondere in Physik lassen sich unter solch effektiven Unterrichtsbedingungen nicht etwa nur abgeschwächte Lernverluste, sondern sogar deutliche Lerngewinne von 10 Leistungspunkten nachweisen, die einem Drittel der Standardabweichung entsprechen. Demgegenüber besteht in Klassen, die keinen solchen Unterricht aufweisen, ein deutlicher Leistungsrückgang, der sich vermutlich vor allem durch das Vergessen nur oberflächlich gelernter Inhalte erklären läßt.

(a) Mathematik

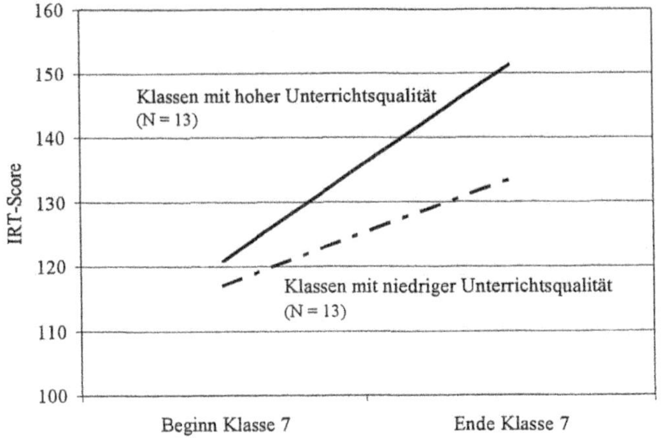

(b) Physik

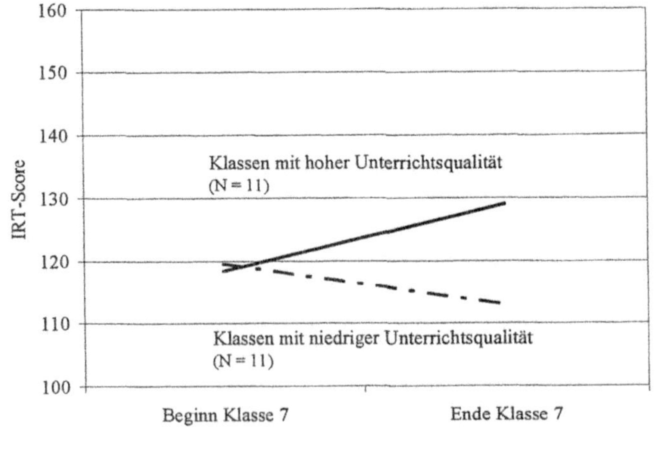

Abbildung 13.2 a – b: Lernverläufe von Klassen mit hoher und niedriger Unterrichtsqualität in den beiden Fächern (nur ostdeutsche Gymnasialklassen)

Zusammenfassend lassen sich für die Frage nach der Adaptivität unterrichtlichen Handelns von Lehrern zwei Punkte festhalten:

- *Unter Rückgriff auf die in Kapitel 11.2 und 12.1 dargestellten deskriptiven und korrelativen Ergebnisse lassen sich über alle Schulformen hinweg makroadaptive Verhaltensweisen von Lehrern identifizieren: Auf unteren Schulformen wird mehr repetitiv geübt, was in der Hauptschule tatsächlich auch zu größeren Lernerfolgen führt, werden die Schüler stärker an der Gestaltung des Unterrichts beteiligt und seltener konstruktivistisch orientierte Unterrichtsstrategien verwendet. Gleichzeitig gelingt es den Lehrern dort weniger gut, neuen Unterrichtsstoff klar und verständlich zu präsentieren und den Unterrichtsablauf störungsfrei zu gestalten. Sowohl die Verwendung bestimmter Unterrichtsformen als auch eine effiziente Klassenführung sind in starkem Maße von dem Leistungsniveau der Klasse bestimmt.*
- *Innerhalb der einzelnen Schulformen, in denen die Leistungsunterschiede zwischen Klassen deutlich geringer sind, spielt das kognitive Leistungsniveau einer Klasse für die Verwendung bestimmter Unterrichtsstrategien keine Rolle mehr. Statt dessen kommt hier den individuellen Fähigkeiten der Lehrer, anspruchsvollen, problemorientierten und unterbrechungsarmen Unterricht zu halten, eine entscheidende Bedeutung für das fachliche Lernen zu.*

V Zusammenfassende Bewertung der Ergebnisse und Ausblick

Ziel der hier vorgestellten Studie war es, die Bedeutung von schülerperzipierten Merkmalen des Unterrichts und der Lehrkraft für fachliches Lernen im Verlauf eines Schuljahres aufzuzeigen. Als theoretische Basis für die Untersuchung dieser Frage dienten die Befunde zweier empirischer Forschungslinien, der Unterrichtsforschung sowie der Klimaforschung, die weitgehend unabhängig voneinander den Zusammenhang zwischen Lernumweltmerkmalen und schulischen Leistungen untersuchten.

Die Unterrichtsforschung hat auf der Grundlage von Beobachtungsdaten die Identifikation objektiver lernförderlicher Unterrichtsmerkmale im Blick gehabt und dabei zunächst nach quantitativen und qualitativen Unterrichtsbedingungen unterschieden. Während die Unterrichtsquantität relativ problemlos als die für Lehrinhalte zur Verfügung stehende bzw. genutzte Zeit beschrieben werden kann, besteht bei der Unterrichtsqualität ein viel größerer Spielraum dafür, was als hohe bzw. niedrige Qualität gelten soll. Als Kernkonzepte haben sich hierbei die direkte Instruktion, adaptive Unterrichtsformen, offene, schülerorientierte sowie konstruktivistische Unterrichtsansätze erwiesen. Während es für die direkte Instruktion eindeutige empirische Befunde zu ihrer lernförderlichen Wirkung gibt, bestehen für die anderen Konzepte weniger eindeutige Hinweise (z. B. für adaptive oder offene Unterrichtsformen) bzw. steht ihre empirische Überprüfung noch aus (konstruktivistische Unterrichtsansätze). Die Wirksamkeit dieser Unterrichtskonzepte hängt nicht zuletzt von dem verwendeten Leistungs- bzw. Lernkriterium ab. So sind adaptive Unterrichtsformen insbesondere dann erfolgreich, wenn Leistungsunterschiede zwischen Schülern einer Klasse verringert werden sollen. Schülerorientierte, offene Unterrichtsansätze hingegen sind besonders effektiv bei der Verfolgung überfachlicher Lernziele wie z. B. Anstrengungsbereitschaft, Kooperationsfähigkeit etc. In bezug auf ein Leistungskriterium, das die durchschnittliche fachliche Leistungssteigerung einer Klasse im Blick hat, scheinen jedoch die beiden genannten Konzepte im Vergleich zur direkten Instruktion weniger bedeutsam zu sein.

Die Klimaforschung hat im Gegensatz zur Unterrichtsforschung weniger objektive Merkmale der Lernumwelt, sondern die individuelle oder kollektive Wahrnehmung des Unterrichts, des Lehrers sowie des Umgangs der Schüler untereinander zum Gegenstand der Betrachtung gemacht und die prädiktive Kraft dieser Wahrnehmungen für schulisches Lernen untersucht. Anhand der in der Literatur berichteten Befunde konnte gezeigt werden, daß trotz gegenteiliger Behauptungen bisher nur schwache Zusammenhänge zwischen den Wahrnehmungen der Schüler und ihrem Lernerfolg gefunden wurden. Es wurde kritisiert, daß die Klimaforschung (a) die Befunde der beobachtenden Unterrichtsforschung bei der Entwicklung ihrer Erhebungsinstrumente weitgehend ignoriert hat, so daß für das Lernen entscheidende Merkmale der Lernumwelt (z. B. didaktische Aspekte) möglicherweise nicht erfaßt wurden, (b) die Lernumweltmerkmale nicht fachspezifisch erhoben wurden, wodurch es vermutlich zu geringen Zusammenhängen mit fachspezifischen Leistungen kommt und (c) die mehrebenenspezifische Struktur der Daten mit ihrer Implikation für die Verwendung bestimmter Aggregierungsebenen bei der Interpretation gefundener Zusammenhänge zu wenig berücksichtigt wird. Der zuletzt genannte Punkt bezieht sich auf das Problem, daß auf Individualebene gefundene Korrelationen nicht ohne weiteres als Effekte eines leistungsförderlichen oder -hinderlichen Unterrichts interpretiert werden können.

Es wurde daher im Anschluß an die Darstellung der empirischen Befunde beider Forschungstraditionen versucht, die mit den bisher entwickelten Klimafragebögen erfaßten Aspekte des Unterrichts mit den Konzepten der Unterrichtsforschung in Beziehung zu setzen und die jeweiligen Ergebnisse beider Forschungslinien miteinander zu vergleichen. Dabei zeigten sich in der Tendenz übereinstimmende Ergebnisse zur leistungsförderlichen Wirksamkeit der direkten Instruktion, hingegen Abweichungen in bezug auf die Wirkung von adaptiven Unterrichtsstrategien, die aus der Schülerperspektive in einem negativen Zusammenhang mit der Leistung stehen. Zu den beiden anderen zentralen Unterrichtskonzepten *offene schülerorientierte Unterrichtsformen* bzw. *konstruktivistische Ansätze* konnten keine Entsprechungen mit einzelnen Aspekten der Klimafragebögen hergestellt werden.

In der vorliegenden Studie wurden deshalb wesentliche Mängel bisheriger Studien, die die Lernumweltwahrnehmung von Schülern zur Vorhersage der Leistungsentwicklung nutzen, behoben, indem (a) neue Skalen entwickelt wurden, die Indikatoren der beiden letztgenannten Unterrichtskonzepte darstellen, (b) die Merkmale der Lernumwelt fachspezifisch erfaßt wurden, so daß das Schülerurteil keine globale und damit zwangsläufig vergröbernde Einschätzung sämtlicher in der Klasse unterrichtender Lehrer wiedergibt, sondern auf den jeweiligen Fachlehrer bzw. Fachunterricht bezogen ist und (c) die Mehrebenenstruktur der Daten durch die Verwendung geeigneter Auswertungsmethoden, die simultan Individual- und Klassenebene in die Berechnung einbeziehen, berücksichtigt wurde. Bevor die Ergebnisse der vorliegenden Studie detailliert diskutiert werden, sollen an dieser Stelle die zentralen Befunde im Überblick dargestellt werden.

In bezug auf die Verwendung von Schülerangaben als Unterrichtsbeschreibungen lassen sich folgende Ergebnisse festhalten:

- *Mit dem z. T. neu entwickelten Instrumentarium zur Erfassung der Lernumwelt ließen sich die vier zentralen Unterrichtskonzepte in den drei untersuchten Fächern Mathematik, Biologie und Physik weitgehend sowohl auf Individual- als auch Klassenebene reproduzieren.*
- *Substantielle Zusammenhänge zwischen Lernumweltwahrnehmung und Leistungszuwachs bestehen vor allem auf Klassenebene. Die Zusammenhänge auf Schülerebene sind durchweg niedriger und besitzen eine deutlich geringere praktische Relevanz für den Lernfortschritt. Damit erweist sich der Klassenmittelwert als der angemessenere Prädiktor für fachliches Lernen als die individuelle Beurteilung im Rahmen der Klasse (= Abweichung vom Klassenmittelwert). Die innerhalb der Klasse bestehende Varianz in der Unterrichtswahrnehmung kann somit einerseits als Fehlervarianz, andererseits als leistungsbedingter Wahrnehmungsbias betrachtet werden.*

In Übereinstimmung mit den in Kapitel 5 formulierten Hypothesen ergaben sich folgende Befunde:

- *Formen der direkten Instruktion aus Schülersicht zeigen ebenfalls einen hohen positiven Zusammenhang mit fachlichem Lernen.*
- *Kognitiv-konstruktivistische Unterrichtsansätze gehen – mit Ausnahme des Faches Biologie – mit hohen Leistungszuwächsen einher.*
- *Schülerorientierte Unterrichtsmethoden stehen auch auf der Basis von Schülerangaben in einem negativen Verhältnis mit fachlichen Lernfortschritten.*
- *Für das Konzept des adaptiven Unterrichts bestehen nur z. T. hypothesenkonforme Zusammenhänge mit dem Lernen: Während der Einsatz von binnendifferenzierenden Maßnahmen negativ mit dem Leistungszuwachs korreliert, zeigt sich ein – wenn auch nur schwacher – positiver Zusammenhang mit der Adaptivität des Lehrerverhaltens in bezug auf Leistungsrückmeldungen.*
- *Die emotionale Lehrer-Schüler-Beziehung spielt im Vergleich zu organisatorisch-didaktischen Aspekten des Unterrichts nur eine untergeordnete Rolle für das Lernen.*
- *Es bestehen makroadaptive Verhaltensweisen der Lehrer, denn die Lernumweltmerkmale sind bedeutsam mit dem kognitiven Ausgangsniveau der Klasse zu Beginn des Schuljahres korreliert.*
- *Schulformspezifische Wirkungen einzelner Unterrichtsmerkmale lassen sich nur für konstruktivistische Unterrichtsansätze sowie remediale Maßnahmen nachweisen: Konstruktivistisch orientierter Unterricht hat nur bei Gymnasialklassen leistungsförderliche Effekte, repetitive Übungsformen führen nur in Hauptschulen zu größeren Lerngewinnen.*

Nicht hypothesenkonforme Ergebnisse bestehen bei folgenden Befunden:

- *Schulformspezifische Analysen belegen für die Nichtgymnasialklassen nur in einzelnen Fällen eine besonders leistungsförderliche Wirkung des lehrergeleiteten Unterrichts.*
- *Innerhalb der einzelnen Schulformen lassen sich keine Wechselwirkungen zwischen*

verwendeten Unterrichtsmethoden und kognitivem Ausgangsniveau der Klasse identifizieren.

Die im Überblick vorgestellten Ergebnisse sollen nun im einzelnen unter fünf Gesichtspunkten kritisch diskutiert werden: Inwieweit konnte mit dem neuen Erhebungsinstrumentarium eine Anknüpfung an Konzepte der Unterrichtsforschung erreicht werden (Kap. 14)? Welche Unterschiede und Gemeinsamkeiten hinsichtlich der Wirksamkeit von Unterrichtsmerkmalen bestehen zwischen Schüler- und Beobachterperspektive (Kap. 15)? Inwieweit handelt es sich hierbei um allgemeine oder fach-/schulformspezifisch lernförderliche Unterrichtsmerkmale (Kap. 16)? Wie kontextabhängig ist das unterrichtliche Lehrerhandeln (Kap. 17)? Welche Forschungsdesiderata ergeben sich aus den Ergebnissen der hier vorgelegten Studie (Kap. 18)?

14 Ergebnisse der Konstruktvalidierung der eingesetzten Lernumweltskalen

Der erste Satz von Analysen, die im Rahmen dieser Arbeit durchgeführt wurden, diente der Konstruktvalidierung der neu entwickelten Fragebögen zur Erfassung der Lernumweltwahrnehmung. Dazu wurde zunächst geprüft, inwieweit die fachspezifische Erhebung tatsächlich zu unterschiedlichen Einschätzungen der einzelnen Fächer führt oder ob der Beurteilung der Lernumwelt individuelle Voreingenommenheiten zugrunde liegen, die systematisch ähnliche, von den jeweiligen Gegebenheiten der einzelnen Fächer unabhängige Einschätzungen produzieren. Die Strukturgleichungsmodelle zeigen deutlich, daß Schüler durchaus ihre Lernumwelt differenziert wahrnehmen und ihre Einschätzungen nur zu einem geringen Grad durch individuelle Beurteilungsvorlieben beeinflußt sind (vgl. S. 135ff.). Es handelt sich hierbei offensichtlich um Wahrnehmungsurteile, die bestimmte Ausschnitte der Unterrichtsrealität in den jeweiligen Fächern widerspiegeln.

Mit Hilfe konfirmatorischer Faktorenanalysen wurde dann geprüft, inwieweit die übergreifenden Konzepte der Unterrichtsforschung auf der Basis von Schülerangaben zum Fachlehrer und Fachunterricht rekonstruiert werden können. Aufgrund der Tatsache, daß schülerorientierte Unterrichtsformen nur mit einer Skala erfaßt wurden, umfaßte das zu prüfende Faktorenmodell nur die drei Konzepte *direkte Instruktion* sowie *adaptiver* und *konstruktivistischer Unterricht*. Das Konzept *direkte Instruktion* wurde dabei in drei Komponenten unterteilt, um die Doppelfunktion von effizienter Klassenführung und Unterrichtstempo als quantitative und qualitative Aspekte des Unterrichts in späteren Zusammenhangsanalysen berücksichtigen zu können.

Die Konstrukte *Unterrichtsführung, Unterrichtstempo* sowie *konstruktivistischer Unterricht* ließen sich sowohl auf Individual- als auch Klassenebene weitgehend in allen drei Fächern replizieren. Die Konstrukte *adaptiver Unterricht* sowie *Klarheit des Unterrichts* (die dritte Komponente der *direkten Instruktion*) ließen sich dagegen nicht als übergreifende, d. h. mehrere Elemente umfassende Unterrichtskonzepte identifzieren.

Eine individualisierende Leistungsbewertung und die Verwendung binnendifferenzierender Maßnahmen scheinen in der alltäglichen Unterrichtspraxis nur selten gemeinsam vorzukommen. Im Mittel wird der Einsatz unterschiedlicher Aufgaben oder sonstiger Differenzierungsmaßnahmen von den Schülern eher verneint, hingegen ein an der individuellen Lerngeschichte orientiertes Rückmeldeverhalten des Lehrers häufiger wahrgenommen. Der von den Schülern berichtete seltene Einsatz leistungsdifferenzierter Aufgabenstellungen steht in Übereinstimmung mit Befunden der deutschen Schulforschung: Sowohl die im Schuljahr 1982/83 durchgeführte Beobachtungsstudie von Hage et al. (1985) als auch die 1988 stattgefundene Lehrerbefragung von Schümer (1992; Schümer & Weissenfels, 1995) belegen die geringe Verwendung binnendifferenzierender Maßnahmen im schulischen Alltag – eine Tatsache, die nach Aussagen von Lehrern vor allem durch die damit verbundene deutlich erhöhte Vorbereitungszeit bedingt ist (Roeder, 1997). Im Hinblick auf diese Übereinstimmung kann die mangelnde Replizierbarkeit eines übergreifenden Konstruktes *adaptiver Unterricht* nicht als mangelnde Validität der Schülerangaben interpretiert, sondern muß als ein in der täglichen Unterrichtspraxis offenbar nur selten realisiertes Unterrichtskonzept betrachtet werden. Dies ist vermutlich auch der Grund, warum sich in Biologie das Merkmal *konstruktivistischer Unterricht* auf Klassenebene nicht replizieren läßt: In diesem Fach werden genetisch-sokratisch orientierte Lehrstrategien deutlich seltener und offenbar nicht in Zusammenhang mit Verständnis überprüfendem Üben praktiziert als in den beiden anderen Fächern.

Die mangelnde Replizierbarkeit des Konstrukts *Klarheit des Unterrichts* ist vor allem auf die inhaltliche Nähe des einen Indikators, der Skala *Klarheit der Präsentation*, zur empfundenen Sympathie für den Lehrer zurückzuführen, wodurch eine sehr subjektive Beurteilung dieses Merkmals durch die Schüler vorgenommen wurde. In der Zusammenschau mit den korrelativen und mehrebenenanalytischen Ergebnissen, die im folgenden Kapitel intensiver diskutiert werden sollen, zeigt sich, daß diese Komponente der direkten Instruktion besser und leistungsrelevanter durch den Aspekt eines klar sequenzierten und gut strukturierten Unterrichtsablaufes reproduziert werden kann als durch den Aspekt hoher Erklärungskompetenz des Lehrers.

Die Analysen zur faktoriellen Validität der Schülerangaben deckten allerdings auch fachspezifische Besonderheiten auf: In Biologie war die Wahrnehmung der

Lernumwelt deutlich weniger differenziert als in den anderen beiden Fächern, was sich in einer extremen Interkorrelation der verschiedenen Unterrichtskonstrukte niederschlug. Ein Grund hierfür könnte darin liegen, daß dieses Fach – im Gegensatz zu den beiden anderen Fächern – zu den „weichen" Fächern gehört, dessen Inhalte als eher leichter Lehrstoff eingeschätzt werden. Daß Biologie zu den eher leichten Fächern gehört, legt zumindest die Notenvergabepraxis in diesen drei Fächern nahe: Ebenfalls unter Nutzung des BIJU-Datensatzes belegen die Analysen von Schnabel, Baumert und Roeder (1996) einen deutlich besseren Notendurchschnitt in Biologie (2,84) als in Mathematik (2,98) und in Physik (3,04). Die geringere Schwierigkeit des Faches könnte daher dazu führen, daß einzelne qualitative Aspekte des Unterrichts bei der Beurteilung weniger ins Gewicht fallen und eine globalere Gesamteinschätzung vorgenommen wird. Im Gegensatz dazu könnten in „härteren" Fächern einzelne qualitative Unterrichtsmerkmale, die dort in besonderem Maße für das Verständnis und Lernen fachlicher Inhalte sowie eine motivierte Lernhaltung bedeutsam sind, wichtiger sein und damit differenziertere Urteile auslösen.

15 Zusammenhänge zwischen schülerperzipierter Lernumwelt und schulischem Lernen

Sowohl in vorangegangenen Arbeiten aus dem Projekt (Schnabel, 1998a; Köller, 1998) als auch in der vorliegenden Arbeit konnte gezeigt werden, daß die verwendeten Leistungstests curricular valide Erhebungsinstrumente für die Messung fachspezifischer Leistungen darstellen, die zudem für die Erfassung schulischer Lernverläufe geeignet sind.

Die Lehrplanvalidität wurde dabei nicht nur in bezug auf das in den Rahmenrichtlinien und Lehrplänen der Bundesländer niedergelegte *intendierte* Curriculum, sondern auch in bezug auf das von den an der Studie beteiligten Lehrkräften angegebene *implementierte* Curriculum nachgewiesen. Bei letzterem ergaben sich deutliche Unterschiede zwischen den Angaben von (a) ostdeutschen und westdeutschen Lehrkräften und (b) Gymnasiallehrkräften und Lehrkräften anderer Schulformen. Diese Analysen gaben damit Hinweise auf unterschiedliche Lerngelegenheiten zwischen neuen und alten Bundesländern einerseits, zwischen den verschiedenen Schulformen andererseits, so daß die Ost-/Westzugehörigkeit sowie die Schulformzugehörigkeit jeweils als Indikator für die Quantität von Unterricht in den Mehrebenenanalysen verwendet wurde.

In den vorgestellten Analysen konnte gezeigt werden, daß die verwendeten Leistungstests neben ihrer curricularen Validität auch lernsensitiv sind und in Fächern mit deutlich größerem Handlungsspielraum hinsichtlich verbindlich vorgeschriebener Lehrinhalte und ihrer zeitlichen Reihenfolge (z. B. Physik) ebenfalls valide Lernverläufe erfassen. Insbesondere im Fach Physik, für das sich im Rahmen der Mehrebenenanalysen bei den Gymnasiasten keine durchschnittlichen Lernzuwächse nachweisen ließen, belegte die Gegenüberstellung von Klassen mit positiven und negativen Lernraten keine sprunghaften Entwicklungsverläufe, die auf eine schlechte Passung zwischen Test und unterrichtetem Curriculum hindeuten könnten. Die in diesen Analysen nachgewiesene hochsignifikante Varianz im Lernfortschritt sowohl zwischen Schülern einer Klasse als auch zwischen Klassen in allen drei Fächern verwies zudem auf differentielle Lernverläufe auf beiden Ebenen.

Wichtigstes Ergebnis der durchgeführten Korrelations- und Mehrebenenanalysen zum Zusammenhang von Lernumwelt und Lernentwicklung war der bereits erwähnte Befund, daß sich substantielle Zusammenhänge vor allem auf Klassenebene ergeben. Damit ist der Klassenmittelwert in bezug auf die prädiktive Validität offensichtlich der bessere Schätzer für die Beschreibung unterrichtlichen Handelns von Lehrern als die innerhalb der Klasse streuende individuelle Wahrnehmung, die nach den hier vorgelegten Ergebnissen wohl eher als Fehlervarianz aufgefaßt werden muß – und zwar unabhängig davon, wieviel Wahrnehmungsvarianz tatsächlich zwischen Schülern einer Klasse besteht.

Dieser Befund unterstreicht zugleich die Bedeutung, die der Mehrebenenstruktur solcher Daten zukommt: In der Literatur wurde bisher vielfach berichtet, daß bessere Schüler ihre Lernumwelt positiver wahrnehmen als schlechte Schüler – die multiplen Zusammenhänge zwischen der Schulleistung und der Lernumweltwahrnehmung auf Individualebene lagen in einer Größenordnung von $r = .40$ bis $r = .55$ (Dreesmann, 1978; Walberg, 1969a,b, 1972). Diese Korrelationen wurden jedoch mit Hilfe von Gesamtanalysen über alle Schüler berechnet, die die Klassenzugehörigkeit der untersuchten Personen nicht berücksichtigen. Die so ermittelten Korrelationen konfundieren damit tatsächliche Unterschiede in der Lernumwelt zwischen Klassen und persönliche, durch die individuelle Leistungsposition innerhalb der Klasse bedingte Wahrnehmungstendenzen einzelner Schüler. Die Tatsache, daß die Wahrnehmung der Lernumwelt kaum durch die relative Leistungsposition innerhalb der Klasse beeinflußt wird[42], hat zur Folge, daß eine sol-

[42] Dies trifft im übrigen auch für Schulnoten als Kriterium für die individuelle Leistungsposition innerhalb der Klasse zu: Auf der Grundlage der hier verwendeten Stichproben bestehen auch hier keine einfachen Zusammenhänge, die über $r = .06$ in Mathematik und jeweils $r = .11$ in Biologie und Physik hinaus gehen. Auch die multiplen Zusammenhänge, die eigentlich aufgrund der fast ausschließlich nichtsignifikanten Einzelkorrelationen nicht zulässig sind, jedoch aus Gründen der Vergleichbarkeit mit den aus der Literatur berichteten Koeffizienten hier berechnet wurden, liegen nur bei $r = .08$ in Mathematik, $r = .16$ in Biologie und $r = .15$ in Physik (die entprechenden Korrelationen mit der Testleistung als Maß für die klassenbezogene Leistungsposition liegen bei $r = .05$ in Mathematik, $r = .11$ in Biologie und $r = .10$ in Physik).

che Korrelation nicht als individuelle Wahrnehmungsverzerrungen guter und schlechter Schüler interpretiert werden kann, sondern tatsächliche Unterschiede in der Lernumwelt von Klassen mit ihren entsprechenden Wirkungen auf Leistung und Leistungsentwicklung widerspiegelt.

Darüber hinaus erwiesen sich auch alle individuellen Kontrollvariablen, die den potentiellen Zusammenhang zwischen Leistungsentwicklung und Unterrichtswahrnehmung auf Schülerebene moderieren könnten, als unbedeutend. Sofern sich ein Zusammenhang zwischen Lernen und Unterrichtsbeurteilung identifizieren ließ, konnten keine moderierenden Einflüsse des Geschlechts oder der individuellen fachleistungsbezogenen Kompetenzüberzeugungen nachgewiesen werden. Dies bedeutet, daß die in der Klimaforschung belegten, wenn auch meist schwachen, Einflüsse von Personmerkmalen auf die Lernumweltwahrnehmung (s. Kap. 3.2.3) keine substantielle Bedeutung für den Zusammenhang von Lernen und schülerperzipierter Unterrichtswahrnehmung besitzen und damit für diese Fragestellung vernachlässigbar sind.

Die auf Klassenebene ermittelten Korrelationen fielen mit $r = |.19|$ bis $r = |.47|$ deutlich höher aus als die in der Literatur berichteten, sieht man einmal von der Studie von Walberg & Anderson (1972, s. Kap. 3.2.4) ab. Die mit Hilfe der Mehrebenenanalysen ermittelten Anteile der durch Unterrichtsmerkmale zusätzlich erklärten Varianz an der Gesamtstreuung der klassenbezogenen Lernparameter liegen zwischen 7 und 20 %. Diese deutlich höheren Zusammenhänge können als ein erster Hinweis darauf verstanden werden, daß sich die fachspezifische Erfassung der Lernumwelt bewährt hat. Die Tatsache, daß die verschiedenen Unterrichtskonstrukte in differentieller Weise mit dem Lernfortschritt von Klassen korrelieren, kann neben den konfirmatorischen Analysen zur Konstruktvalidierung (s. vorangegangenes Kap.) als ein weiterer Beleg dafür dienen, daß Schüler durchaus als kompetenter Beurteiler von Unterricht gelten können und ihrer Bewertung differenzierte Wahrnehmungen der unterschiedlichen Komponenten des Unterrichts und Lehrerverhaltens zugrunde liegen.

Der kritische Leser mag hier einwenden, daß diese Interpretation angesichts von Varianzaufklärungen zwischen 7 und 20 % durch kollektive Schülerurteile etwas kühn erscheint. Nun muß an dieser Stelle jedoch nochmals daran erinnert werden, daß es sich bei diesen Beträgen um *zusätzlich* erklärte Varianzanteile handelt. In dieser Arbeit wurde die Ost/West-Zugehörigkeit als ein Maß für die Unterrichtsquantität, d. h. die zur Verfügung stehenden Lerngelegenheiten während eines Schuljahres verwendet. Diese Verwendung begründete sich aus den Angaben der Lehrer zum implementierten Curriculum in ihrer Klasse, in denen deutliche Unterschiede zwischen neuen und alten Bundesländern zu Tage traten (s. Kap. 9.3.3). Wie im theoretischen Teil dieser Arbeit ausgeführt (vgl. insb. Kap. 3.1.2.2 und 3.1.3.1), ist die Bereitstellung von Lerngelegenheiten jedoch eine Funktion quantitativer *und* qualitativer Aspekte des Unterrichts. In ihr verschränken sich administrativ-organisatorische Rahmenbedingungen, von der Ebene staatlicher Regelungen bis zur Ebene der Einzelschule, mit dem Zeitmanagement und den Klassenführungsqualitäten des individuellen Lehrers. Mit der Kontrolle der Ost-/Westzugehörigkeit bei den HLM-Analysen werden somit nicht nur quantitative, sondern auch qualitative Unterschiede im Unterrichtsverhalten von ost- und westdeutschen Lehrern auspartialisiert. Dies wird deutlich, wenn man den Varianzanteil in den Lernumweltmerkmalen betrachtet, der allein auf Ost/West-Unterschiede zurückgeht: So sind bei den Gymnasialklassen in Biologie beispielsweise 14 % der zwischen Klassen bestehenden Wahrnehmungsunterschiede im Ausmaß repetitiven Übens durch die Ost/Westzugehörigkeit bedingt (ähnlich hohe oder sogar deutlich höhere Anteile finden sich auch für die Merkmale *Unterrichtsführung*, *Anspruchsvolles Üben*, *binnendifferenzierende Maßnahmen* oder *Schülermitbestimmung*). In Mathematik sind die gemeinsamen Varianzanteile zwar deutlich geringer (bei den Nichtgymnasialklassen liegen sie bei 1,6 bzw. 1,4 % für die beiden Unterrichtsmerkmale *repetitives Üben* und *Schülermitbestimmung*; bei den Gymnasialklassen bei etwa 1 % bei den beiden relevanten Lernumweltvariablen), dennoch läßt sich auch hier ein solcher Effekt nachweisen. Die statistische Kontrolle der Ost-/Westzugehörigkeit führt damit insbesondere in Biologie zu einer deutlichen Reduzierung der Erklärungskraft der Unterrichtsmerkmale und liefert eine mögliche Erklärung dafür, warum in Biologie wesentlich geringere Anteile der Varianz im Lernfortschritt von Klassen durch die Lernumweltvariablen erklärt werden können.

Auf der Basis der Korrelationsanalysen konnten in bezug auf lernförderliche Elemente der Lernumwelt große Übereinstimmungen mit den Ergebnissen der beobachtenden Unterrichtsforschung belegt werden: Auch auf der Grundlage von Schülerangaben erwiesen sich Formen der direkten Instruktion (d. h. eine effiziente Klassenführung, hohe Regelklarheit, geringes Unterrichtstempo sowie ein klar strukturierter und sequenzierter Unterrichtsablauf) als besonders leistungsförderlich, schülerorientierte, offene Ansätze sowie remediale Maßnahmen als das Lernen verlangsamend. Konstruktivistische Unterrichtsansätze wiesen ebenfalls einen hoch positiven Zusammenhang mit dem Lernzuwachs auf – ein Ergebnis, das im Einklang mit den, wenn auch erst wenigen, empirischen Befunden der beobachtenden bzw. experimentellen Unterrichtsforschung steht.

Für Vertreter des konstruktivistischen Paradigmas mag die gleichzeitige Betonung der lernförderlichen Wirkung direkter Instruktionsformen und kognitiv-konstruktivistischer Unterrichtsansätze als ein Widerspruch erscheinen, zeigen doch Untersuchungen (vgl. z. B. Vinner, 1983), daß sich vorunterrichtliche Vorstellungen von Schülern (beispielsweise über naturwissenschaftliche Phänomene) insbesondere dann sehr resistent gegenüber wissenschaftlichen Erklärungsansätzen erweisen, wenn diese vor allem durch direkte Instruktion, und weniger durch erkundende, problemorientierte Unterrichtsmethoden vermittelt werden. Dieser vermeintliche Widerspruch kann jedoch aufgeklärt werden, wenn man sich die grundlegende Erkenntnis aus der „Hoch"-Zeit der Prozeß-Produkt-Forschung vor Augen führt, wonach es *die* erfolgreiche Unterrichtsmethode nicht gibt. Unterricht ist immer mehrdimensional – sowohl hinsichtlich seiner (beabsichtigten wie unbeabsichtigten) Wirkungen als auch hinsichtlich seiner (impliziten und/oder expliziten) Ziele. Die Ergebnisse der vergangenen 40 Jahre Unterrichtsforschung haben zumindest gezeigt, daß für die Erreichung verschiedener Ziele unterschiedliche Unterrichtsmethoden und -formen notwendig sind (s. auch Kap. 3.1.3.2, S. 47ff.; für einen Überblick vgl. Weinert, 1998). Sowohl direkte Instruktionsformen als auch konstruktivistische Unterrichtsansätze verfolgen jeweils spezifische Ziele: Während die direkte Instruktion vor allem dem Aufbau einer soliden, systematischen und strukturierten Wissensbasis dient, sind konstruktivistische Unterrichtsformen primär auf den Erwerb situierter, d. h. problemorientierter und adaptiver Strategien der Wissensnutzung gerichtet. Beide Unterrichtsmethoden ergänzen sich daher in der Förderung unterschiedlicher kognitiver Kompetenzen. Die in der vorliegenden Studie vorgestellten positiven Lerneffekte sowohl direktiver Instruktionsformen als auch kognitiv-konstruktivistischer Ansätze deuten darauf hin, daß die eingesetzten Leistungstests in der Lage sind, deklaratives, auf das Anwenden von Routinen und Regeln bezogenes und prozedurales, verständnisorientiertes Wissen zu erfassen.

Neben den übereinstimmenden Ergebnissen zwischen dieser Studie und den Untersuchungen der beobachtenden Unterrichtsforschung ergaben sich auch abweichende Befunde: So zeigten sich in der vorliegenden Studie einerseits negative Zusammenhänge zwischen der Wahrnehmung binnendifferenzierender Maßnahmen und fachlichem Lernen, andererseits fanden sich substantielle Korrelationen zwischen der Klarheit der Präsentation und dem Leistungszuwachs nur in Mathematik. Die These, daß binnendifferenzierende Methoden vor allem in leistungsschwachen Klassen verwendet würden und damit kompensatorische Unterrichtsstrategien darstellten, konnte auf der Basis dieser Daten nicht bestätigt werden. Demnach scheint der negative Zusammenhang eher dadurch bedingt, daß diese Maßnahmen aufgrund ihres erhöhten Organisationsbedarfs und ihrer durch individuelle Lerntempi bedingten potentiellen Leerlaufphasen für einzelne Schüler(-gruppen) mehr Unterrichtszeit benötigen als nicht differenzierende Unterrichtsangebote. Die relative Unbedeutsamkeit der Klarheit der Instruktion erhärtet die im vorangegangenen Kapitel geäußerte Vermutung, daß diese Skala durch ihre Itemformulierungen in besonderem Maße sympathiebezogene Schülerratings stimuliert und weniger qualitative Unterrichtsaspekte erfaßt. Die affektive Qualität der Lehrer-Schüler-Beziehung bzw. – als globales Rating – die Zufriedenheit mit dem Fachlehrer sind ebenfalls unbedeutend für fachliches Lernen. Trotz gegenteiliger Bemerkungen von Klimaforschern steht dieses Ergebnis damit auch im Einklang mit den empirischen Befunden aus Studien, die das LEI als Klimainstrument verwendeten (vgl. Kap. 3.2.4, Tab. 3.2).

16 Allgemeine oder fach- und schulformspezifische lernförderliche Unterrichtsmerkmale?

Die mit Hilfe der Korrelationsanalysen gewonnenen Ergebnisse auf der Basis aller vier Schulformen wiesen ein vergleichbares Zusammenhangsmuster zwischen Lernumweltmerkmalen und Lernentwicklung für die drei berücksichtigten Fächer Mathematik, Biologie und Physik aus, d. h. die gefundenen lernrelevanten Unterrichtsmerkmale zeigten sich in allen drei Fächern als gleichermaßen lernfördernd bzw. -verlangsamend. Demnach lassen sich allgemeine Merkmale erfolgreichen Unterrichts identifizieren.

Die Korrelationsanalysen konfundieren jedoch Schulform- und Ost-/Westeffekte mit Effekten des Unterrichts, zeigen sie doch, daß die Unterrichtsmerkmale in hohem Maße mit dem kognitiven Ausgangsniveau der Klassen korreliert sind (s. Kap. 17). Darüber hinaus konfundieren sie auch Individual- und Kontexteffekte, wenn Aggregatmerkmale, d. h. auf der Schülerebene erhobene Daten, die zu kollektiven Merkmalen auf Klassenebene aggregiert werden, für die Vorhersage von Kontexteffekten genutzt werden. Die Mehrebenenanalysen wurden daher nach Schulformen aufgebrochen, um zu prüfen, inwieweit auch bei homogeneren kognitiven Ausgangsfähigkeiten und damit verbundenen geringeren Unterschieden in der Quantität von Unterricht (s. Kap. 9.3.3, S. 145ff.) variierende Lernverläufe von Klassen durch qualitative Merkmale der Lernumwelt vorhergesagt werden können. Mit der Kontrolle individueller Zusammenhänge konnte zudem der Kontexteffekt genauer als bei Korrelationsanalysen abgeschätzt werden.

Bei den Ergebnissen dieser Analysen fallen zunächst vor allem Unterschiede zwischen den Schulformen auf: Im gymnasialen Unterricht besitzen konstruktivistisch orientierte Unterrichtsansätze eine hohe Bedeutung für fachliches Lernen; in Verbindung mit geringen Anteilen remedialer, d. h. divergenzmindernder Übungsformen erklären sie zwischen 18 % und 20 % der Unterschiede im Leistungszuwachs von Klassen (auf die Tatsache, daß dies nicht für den gymnasialen Biologieunterricht zutrifft, wird weiter unten eingegangen). Wenngleich die remedialen Übungsformen auch im nichtgymnasialen Unterricht bedeutsam sind, so spielen doch die kognitiv-konstruktivistischen Unterrichtsstrategien keine substantielle Rolle für den Lernfortschritt – hier haben Elemente eines lehrergeleiteten Unterrichts oder – negativ – schülerorientierte Formen viel größere Relevanz.

Aufgrund der an Gymnasien bestehenden vergleichsweise günstigen Rahmenbedingungen gelingt es Lehrern dort offensichtlich eher, anspruchsvollen und problemorientierten Unterricht zu gestalten, der für die Initiierung von Lernprozessen und der Entwicklung eines grundlegenden Konzeptverständnisses unerläßlich ist. Eine Voraussetzung für einen solchen Unterricht stellt ein Minimum an effizienter Unterrichtsorganisation und Zeitnutzung dar, das wohl an Gymnasien in nahezu allen Klassen realisiert wird. Diese Vermutung legt zumindest der Befund nahe, daß dort Komponenten eines lehrergeleiteten Unterrichts keine besondere Bedeutung für den Lernfortschritt haben. In Klassen anderer Schulformen ist es unter den gegebenen Rahmenbedingungen ungleich schwerer, diese Grundvoraussetzung für Unterricht zu gewährleisten, so daß hier deutlich höherer Anforderungen an die Managementfähigkeiten von Lehrkräften gestellt werden.

Der auch aus der Literatur bekannte negative Einfluß schülerorientierter, offener Unterrichtsstrategien auf die Leistungsentwicklung vor allem bei den Nichtgymnasialklassen läßt sich vermutlich damit erklären, daß schülerorientierte Ansätze Diskussions- und Abstimmungsprozesse zwischen Lehrkraft und Schülern voraussetzen, wodurch wertvolle Unterrichtszeit für die Behandlung von Unterrichtsstoff verloren geht. Für die Alternativerklärung, nach der schülerorientierte Unterrichtsmethoden vor allem zur Motivationssteigerung in leistungsschwachen Klassen mit entsprechend geringeren Lernzuwächsen eingesetzt werden, finden sich keine Hinweise in den hier vorgelegten Daten: Selbst innerhalb der leistungsschwächsten Schulform, der Hauptschule, besteht ein negativer Zusammenhang mit dem Lernfortschritt, der gleichzeitig von einer positiven Korrelation mit dem fachlichen Ausgangsniveau zu Beginn der 7. Jahrgangsstufe begleitet wird. Offensichtlich handelt es sich hier nicht um kompensatorische Maßnahmen, sondern um Unterrichtsstrategien mit im Schnitt suboptimaler Zeitnutzung.

Das Fach Biologie scheint in mehrfacher Hinsicht eine Ausnahmerolle zu spielen. Zum einen konnten dort bei den Nichtgymnasialklassen auf der Basis von HLM-Analysen keine Zusammenhänge zwischen Unterrichtswahrnehmung und Lernverlauf auf Klassenebene festgestellt werden, zum zweiten ließ sich dort das Konzept *Konstruktivistischer Unterricht* nicht identifizieren und drittens zeigen sich dort die höchsten Konfundierungen zwischen Lernumweltvariablen und Ost-/Westzugehörigkeit. Für die im Vergleich zu den beiden anderen Fächern etwas abweichenden Ergebnisse zur lernrelevanten Bedeutsamkeit einzelner Unterrichtsmerkmale in den Gymnasialklassen ergeben sich daher mindestens zwei verschiedene Interpretationsmöglichkeiten:

(1) Die Nicht-Replizierbarkeit einer leistungsförderlichen Wirksamkeit konstruktivistischer Unterrichtsansätze einerseits sowie die dort gefundene lernmindernde Wirkung eines unklar strukturierten und sprunghaften Unterrichts

andererseits ist ein methodisches Artefakt, das vor allem durch die statistische Kontrolle des Ost-/Westeffektes bedingt ist.

(2) In dem abweichenden Ergebnis spiegelt sich die fachspezifische Bedeutsamkeit von Unterrichtsmerkmalen wider.

Für die erste Interpretation spricht der bereits oben erwähnte Befund (s. S. 205), daß die Ost-/Westzugehörigkeit und die kollektive Lernumweltwahrnehmung z. T. erheblich konfundiert sind. So erklärt der Ost-/West-Unterschied gut 32 % der Varianz in der kollektiven Wahrnehmung anspruchsvoller, transferorientierter Übungsformen im Biologieunterricht und immerhin 9 % in der kollektiven Wahrnehmung einer genetisch-sokratischen Vorgehensweise des Lehrers – beides Indikatoren eines konstruktivistischen Unterrichtsansatzes. In der Tat läßt sich ein statistisch signifikanter Einfluß des Einsatzes anspruchsvoller Übungsformen auf den Lernfortschritt nachweisen, wenn die Ost-/Westzugehörigkeit nicht als Prädiktor berücksichtigt wird.

Andererseits gibt es in den mehrebenenanalytischen Befunden auch empirische Evidenz für fachspezifisch differentielle Bedeutungsmuster von Unterrichtsmerkmalen. So spielen Komponenten eines lehrergeleiteten Unterrichts in beiden naturwissenschaftlichen Fächern eine größere Rolle für den Lernzuwachs als in Mathematik. Der Grund für diese Differenz zwischen den Fächern könnte in ihrer unterschiedlichen Aufgaben- und Organisationsstruktur begründet sein. Naturwissenschaftliche Fächer haben naturgemäß eine vergleichsweise häufig wechselnde Aktivitäts- und Tätigkeitsstruktur, so daß dort in stärkerem Maße eine effiziente Unterrichtsführung sowie eine klar strukturierte Sequenzierung der Unterrichtsabläufe erforderlich ist, um die notwendigen Voraussetzungen für erfolgreiches Lernen zu schaffen.

Aufgrund der vorliegenden Daten läßt sich nicht endgültig entscheiden, welcher Interpretation der Vorrang zu geben ist. Insgesamt sprechen die Befunde jedoch eher dafür, daß die Schulformeffekte die fachspezifischen Effekte überwiegen. Auf die Frage nach allgemeinen oder spezifischen Merkmalen erfolgreichen Unterrichts läßt sich bei aller Vorsicht sagen, daß differentielle Zusammenhänge maskiert werden, wenn auf die statistische Kontrolle wichtiger Rahmenbedingungen verzichtet wird.

17 Zur Abhängigkeit unterrichtlichen Lehrerhandelns von kognitiven Kontextmerkmalen der Klasse

Sowohl die Mittelwertprofile als auch die Korrelationsanalysen belegen auf der Grundlage aller vier Schulformen makroadaptive Unterrichtsstrategien der Lehrer:

In nichtgymnasialen Schulformen wird mehr repetitiv geübt, die Schüler werden stärker an der Themenauswahl beteiligt, es kommen mehr binnendifferenzierende Maßnahmen zum Einsatz, gleichzeitig ist die Klassenführung weniger effizient, das Unterrichtstempo höher und es werden seltener konstruktivistische Unterrichtsmethoden angewandt. Hinsichtlich der Wirkungen dieser Merkmale auf schulisches Lernen bestehen bis auf zwei Ausnahmen jedoch keine differentiellen Zusammenhänge:

(1) Das repetitive Üben hat in der Hauptschule kompensatorischen Charakter und dient der Beseitigung basaler Lerndefizite, was in der Folge zu erhöhten Lernerfolgen führt.
(2) Konstruktivistische Unterrichtsansätze spielen nur im Gymnasialunterricht eine entscheidende Rolle für fachliches Lernen.

Werden die Analysen jedoch getrennt für Gymnasien und andere Schulformen berechnet, so erweist sich innerhalb dieser beiden Schulformgruppen die Verwendung lernfördernder bzw. lernmindernder Unterrichtsstrategien als unabhängig vom kognitiven Ausgangsniveau der jeweiligen Klasse. Insbesondere für die Gymnasialklassen zeigen die Pfadanalysen, daß der dort realisierte Unterricht in starkem Ausmaß von den individuellen Fähigkeiten des Lehrers bestimmt ist, anspruchsvollen und problemorientierten Unterricht zu halten.

Dieser Befund steht z. T. im Widerspruch zu den Ergebnissen von Helmke, Schneider & Weinert (1986), die zwar nicht für die wahrgenommene Klassenführung, jedoch für die schülerperzipierte Klarheit des Unterrichts und die Angemessenheit der Aufgabenstellung einen Einfluß des kognitiven Ausgangsniveaus von Klassen nachweisen (s. Kap. 4.1). Die Unterschiede sind allerdings nicht durch die unterschiedliche Operationalisierung der Leistungsmaße bedingt, denn die Ergebnisse der hier vorgelegten Analysen bleiben stabil, auch wenn statt der residualisierten Testleistung am Ende des Schuljahres der einfache Klassenmittelwert dieses Meßzeitpunktes verwendet wird. Auch im Hinblick auf die Ergebnisse von Studien, die auf Beobachtungs- oder Lehrerangaben basieren, steht die hier nicht nachweisbare Anpassung des Lehrverhaltens an das kognitive Ausgangsniveau der Klasse im Widerspruch. Sowohl Baumert et al. (1987a,b) als auch Weinert, Schrader & Helmke (1989) belegen einen signifikanten Einfluß des Vorwissens auf das unterrichtliche Handeln von Lehrern.

Einen Grund für den mangelnden Einfluß könnte man darin vermuten, daß die pfadanalytischen Berechnungen nur auf der Basis von Gymnasialklassen mit entsprechend eingeschränkter Varianz durchgeführt wurden. Doch darin unterscheidet sich die hier berichtete Studie – zunächst – nicht von den anderen Untersuchungen. So wurden in den beiden Studien der Arbeitsgruppe Weinert und Mitarbeiter (Helmke, Schneider & Weinert, 1986; Weinert, Schrader & Helmke, 1989), die denselben Datensatz verwenden, 1983/1984 nur bayerische Hauptschulklassen der 5. und 6. Jahrgangsstufe untersucht. Allerdings nahm damals die bayerische Volksschule ca. 65 % eines Schülerjahrgangs auf (heute sind es noch etwa 45 %). Im Vergleich zu dieser Schülerpopulation repräsentiert das in dieser Arbeit verwendete Gymnasiastensample eine deutlich homogenere Gruppe, die nur etwa 35 % eines Schülerjahrgangs umfaßt, so daß die eingeschränkte Varianz durchaus ein Erklärungsmodell sein könnte.

Auch die Studie von Baumert et al. (1986, 1987a,b) basiert auf einer Gymnasialstichprobe von 1969. Diese stellt jedoch ein für alle westdeutschen Bundesländer repräsentatives Schulsample dar, das entsprechend das gesamte Leistungsspektrum der ehemaligen Bundesrepublik umfaßt. Von der Autorin durchgeführte Reanalysen zeigen, daß dieses Gymnasiastensample tatsächlich eine etwas höhere Streuung zwischen den Schulen aufweist als das in dieser Arbeit verwendete BIJU-Sample. Hinzu kommt, daß aufgrund der deutlich größeren Stichprobe von über 400 Klassen bereits niedrigere Pfade signifikant werden.

Als Schlußfolgerung läßt sich somit festhalten, daß die Unterschiede zu den anderen Studien vor allem durch die unterschiedliche Streubreite zwischen den Klassen erklärbar sind. Dennoch bleibt der ungewöhnliche Befund, daß auch bei – oder gerade trotz – einer relativ leistungshomogenen Stichprobe ausreichend hohe Varianzen im Lernfortschritt von Klassen bestehen, die sich substantiell durch Unterschiede in der Unterrichtsqualität vorhersagen lassen, ohne daß kontextuelle Merkmale für diese unterrichtlichen Qualitätsunterschiede verantwortlich gemacht werden könnten.

18 Ausblick auf zukünftige Forschung

Die Ergebnisse der vorgelegten Arbeit liefern hilfreiche Anregungen für zukünftige Studien, die weiterhin der Frage nach den unterrichtlichen Bedingungen erfolgreichen Lernens nachgehen wollen: Zum einen zeigen sie, daß Schüler als Auskunftsgeber über unterrichtliche Bedingungen und Lernarrangements durchaus fungieren können. Zum anderen verweisen sie auf Unterrichtsmerkmale, bei denen sich unter dem Aspekt ihrer lernförderlichen oder auch lernvermindernden Wirkung eine detailliertere Betrachtung lohnen würde, will man die Erkenntnisse künftiger Untersuchungen für die Unterrichtspraxis und Lehrerbildung nutzen. Vor dem Hintergrund dieser beiden Gesichtspunkte ergeben sich zwei Fragekomplexe, die in künftigen Studien bearbeitet werden könnten und im folgenden kurz skizziert werden sollen.

Fragen zur Perspektivität und Situationsspezifität von Schülereinschätzungen. Die in dieser Studie vorgestellten Ergebnisse beruhen ausschließlich auf Schülerangaben zum Unterricht. Es wurden eine Reihe von Validierungsanalysen durchgeführt, um Verzerrungseffekte dieser Schülerurteile abschätzen zu können. Die Befunde zeigen, daß der Bias durch subjektive Beurteilungstendenzen oder sympathiebedingte Parteilichkeit als eher gering zu veranschlagen ist. Eine endgültige Überprüfung und Klärung potentieller Verzerrungen kann jedoch auf der hier zur Verfügung stehenden Datenbasis nicht vorgenommen werden. Für ein solches Anliegen wäre zum einen ein längsschnittliches Design auch für die Lernumweltwahrnehmung notwendig, wodurch die Frage nach der wechselseitigen Beeinflussung von Unterrichtsbeurteilungen und individuellen bzw. kontextuellen Merkmalen sowie die damit verbundene Frage nach der zeitlichen Stabilität von Schülereinschätzungen beantwortet werden könnte. Zum anderen müßten Außenkriterien, wie z. B. Unterrichtsbeobachtungen oder -videos, herangezogen werden, mit deren Hilfe die jeweilige perspektivische Verzerrung genauer untersucht werden könnte. Zu beiden Validierungsansätzen stehen Studien noch aus bzw. werden gerade erst durchgeführt (so z. B. am Max-Planck-Institut für Bildungsforschung, s. Annual Report 1998 des MPIfB).

Differenziertheit der Schülerratings bzw. Notwendigkeit alternativer Beobachtungsquellen. In der vorgelegten Studie konnte gezeigt werden, daß im Gymnasialunterricht kognitiv-konstruktivistische Ansätze in Verbindung mit geringen Anteilen repetitiven Übens eine besonders leistungsförderliche Wirkung haben. Auch wenn Gymnasiasten im Vergleich zu Schülern anderer Schulformen seltener repetitive Übungsformen sowie häufiger problemorientierte Unterrichtsgespräche und transferbezogene Aufgabenstellungen wahrnehmen, so unterscheiden sich die Gymnasialklassen durchaus erheblich im Wahrnehmungsgrad dieser Merkmale: In den Klassen mit den höchsten Leistungszuwächsen werden besonders wenige, dem Einschleifen von Routinen und Basiskompetenzen dienende Übungsphasen und relativ hohe Anteile kognitiv-konstruktivistischen Vorgehens wahrgenommen (die Mittelwerte liegen zwischen den Polen „trifft überhaupt nicht zu" und „trifft eher nicht zu" bei ersterem rsp. schwanken um den Pol „trifft eher zu" bei letzterem). Im Gegensatz dazu kommen in der Wahrnehmung der Schüler remediale Übungsformen im nichtgymnasialen Unterricht wesentlich häufiger vor, wenngleich auch dort eine zu starke Betonung dieser Übungsform zu Lasten des Lernfortschritts geht. Entsprechend seltener werden problem- und transferorientierte Vorgehensweisen des Lehrers durch die Schüler beobachtet.

Betrachtet man diese Befunde im Spiegel der TIMSS-Ergebnisse, so ergeben sich bemerkenswerte Übereinstimmungen: Auf der Basis der schulform- und bundeslandübergreifenden TIMSS-Daten (Baumert et al., 1997) konnte gezeigt werden, daß deutsche Achtklässler im Vergleich zu gleichaltrigen Schülern anderer Nationen besondere Leistungsdefizite bei mathematischen und naturwissenschaftlichen Aufgaben aufweisen, die eine Anwendung und Übertragung des Gelernten auf neue inner- oder außerfachliche Problemstellungen verlangen (Blum & Wiegand, 1998; Neubrand, Neubrand & Sibberns, 1998). Für diese Aufgaben ist einerseits ein grundlegendes konzeptuelles Verständnis bzw. ein Verständnis naturwissenschaftlichen Arbeitens und Argumentierens notwendig. Andererseits erfordern sie ein die innerfachlichen Sachgebiete vernetzendes Wissen, das zur Lösung von Problemstellungen, die in lebenspraktische Situationen eingebettet sind, herangezogen werden kann. Der Aufbau vernetzten Wissens wird am ehesten durch kumulative Lernprozesse ermöglicht, die jedoch – zieht man die Leistungszuwächse von einer Jahrgangsstufe zur nächsten als Maß für Kumulativität heran – im deutschen Mathematik- und naturwissenschaftlichen Unterricht offensichtlich relativ selten im internationalen Vergleich anzutreffen sind. In dieses Bild fügen sich die Ergebnisse von TIMSS-Video (Stigler et al., 1999; Bund-Länder-Kommission für Bildungsplanung und Forschungsförderung, 1997; Knoll, 1998) gut ein: Anhand des Vergleichs von videographierten Mathematikstunden aus Deutschland, Japan und den USA zeigt sich der deutsche Mathematikunterricht vorwiegend als ein fragend-entwickelnder Unterricht, der auf die Erarbeitung *einer* mathematischen Lösung oder die Vermittlung einer Routine gerichtet ist. In einem solchen Unterricht dienen nachfolgende Übungsphasen vornehmlich der Einübung und Routinisierung neu eingeführten Stoffes. Die relativen Stärken der deutschen Schüler bei der Lösung von TIMSS-Aufgaben, die elementare Operationen oder die Reproduktion von Faktenwissen erfordern, entsprechen offensichtlich dieser Unterrichtsgestaltung. Folgerichtig werden im Gutachten zur Vorbereitung des Programms „Steigerung der Effizienz des mathematisch-naturwissenschaftlichen Unterrichts“, das im Auftrag der Bund-Länder-Kommision für Bildungsplanung und Forschungsförderung erarbeitet wurde, unter insgesamt 11 unterrichtsbezogenen Maßnahmen zur Verbesserung des mathematisch-naturwissenschaftlichen Unterrichts auch die folgenden drei angeführt (vgl. S. 88-98):

- *Weiterentwicklung der Aufgabenkultur*, d. h. die Entwicklung von Aufgabentypen, die (a) mehrere Vorgehensweisen und unterschiedliche Lösungsansätze zulassen bzw. geradezu anbieten und (b) in variierende Kontexte eingebunden sind, um Transferleistungen zu fördern.
- *aus Fehlern lernen,* d. h. mathematische oder naturwissenschaftliche Alltagsvorstellungen, die in der Regel vielfach geteilte Fehlkonzeptionen enthalten, in den Unterricht integrieren und produktiv zur Entwicklung eines fachlich korrekten Konzeptverständnisses nutzen.
- *Zuwachs von Kompetenz erfahrbar machen: Kumulatives Lernen,* d. h. verti-

kale Verknüpfungen zwischen früheren, aktuellen oder zukünftigen Lerninhalten herstellen, so daß vernetztes und damit flexibles Wissen entsteht und die Nützlichkeit dieses Wissens auch für Schüler erfahrbar wird.

Diese drei Maßnahmen zielen auf einen Unterricht, der sich an den Elementen eines kognitiv-konstruktivistischen Vorgehens orientiert. Die in dieser Studie gefundenen positiven Effekte eines solchen Vorgehens weisen in die von den Experten geforderte Richtung der Unterrichtsentwicklung. Unklar bleibt jedoch auch bei den hier vorgelegten Ergebnissen, durch welche konkreten Verhaltensweisen, Unterrichtsarrangements, eingesetzten Lernmaterialien etc. die Lehrer dieser Klassen die beobachteten Lernprozesse stimulieren konnten. Welche Fragen stellen beispielsweise diese Lehrer, welche Aufgaben und Materialien verwenden sie, wie werden Querbezüge zu vorangegangenen Themen hergestellt, wie sequenzieren sie die Stunde oder Unterrichtseinheit, wie häufig kommen bestimmte Aktivitäten (z. B. Schüler-, Lehrerexperimente, Projekte) vor? Diese Fragen lassen sich auf der Basis hochinferenter Beurteilungen der Lernumwelt nicht beantworten. Hierfür sind einerseits Studien notwendig, die die Schülerratings situationsgebundener und auf konkrete Ereignisse bezogen, d. h. niedrig-inferent, erfassen. Andererseits erfordern solche Fragestellungen auch den Einbezug anderer Quellen wie Beobachterdaten und die Analyse verwendeter Unterrichtsmaterialien, denn auf diese Weise ließe sich eruieren, wieweit beispielsweise die Lehrer der genannten Klassen den Forderungen nach einer Weiterentwicklung der Aufgabenkultur bereits entgegen gekommen sind.

Mit der Hilfe alternativer Datenquellen ließen sich auch erwartungswidrige Befunde wie in der vorliegenden Arbeit zum negativen Einfluß der wahrgenommenen Binnendifferenzierung auf die Leistungsentwicklung eher erklären. Angaben zu den diagnostischen Fähigkeiten der Lehrer, der Art ihrer Aufgabenstellungen, zur Vorbereitung und Durchführung binnendifferenzierender Unterrichtsphasen etc. könnten hilfreiche Hinweise dafür liefern, unter welchen Voraussetzungen Binnendifferenzierung erfolgreich sein kann. Aufgrund der Ergebnisse vieler Untersuchungen (im Überblick vgl. Roeder, 1996) scheinen die größten Hindernisse für eine gelingende Binnendifferenzierung im Fehlen geeigneter Aufgaben und Lernmaterialien, deren Entwicklung Klafki & Stöcker bereits 1976 angemahnt hatten, sowie in ungeeigneten Rahmenbedingungen wie Personalknappheit, zu große Klassen, aber auch mangelnde Motivation der Schüler zu liegen. Inwieweit es aber auch unter solch ungünstigen Voraussetzungen Schulen gibt, die erfolgreich Binnendifferenzierung praktizieren, bedarf weiterführender Studien.

Literatur

Anderson, G. J.: *The assessment of learning environments: A manual for the LEI and MCI.* Halifax: Atlantic Institute for Education 1973.

Anderson, G. J. & Walberg, H. J.: Classroom climate and group learning. In: *International Journal of Educational Sciences 2* (1968), S. 175-180.

Anderson, L., Ryan, D. W. & Shapiro, B.: *The Classroom Environment Study: Teaching for learning.* Oxford: Pergamon Press 1989.

Arbeitsgruppe Bildungsbericht am Max-Planck-Institut für Bildungsforschung (Hrsg.): *Das Bildungswesen in der Bundesrepublik Deutschland. Strukturen und Entwicklungen im Überblick.* Reinbek: Rowohlt 1994.

Arbinger, R. & Saldern, M. v.: Schulische Umwelt und soziales Klima in Schulklassen. In: *Psychologie in Erziehung und Unterricht 31* (1984), S. 81-99.

Arlin, M.: Open education and pupil's attitudes. In: *Elementary School Journal 76* (1976), S. 219-228.

Arlin, M.: Time, equality, and mastery learning. In: *Review of Educational Research 54* (1984), S. 65-86.

Arlin, M. & Westbury, L.: The leveling effect of teacher pacing on science content mastery. In: *Journal of Research on Science Teaching 13* (1976), S. 213-219.

Bachman, J. G. & O'Malley, P. M.: Self-esteem in young men: A longitudinal analysis of the impact of educational and occupational attainment. In: *Journal of Personality and Social Psychology 35* (1977), S. 365-380.

Baker, F. B.: EQUATE 2.0: *A computer program for the test characteristic curve method of IRT equating.* User manual. Madison, WISC: University of Wisconsin 1994.

Barrows, H.-S.: A taxonomy of problem-based learning methods. In: *Medical Education 20* (1986), S. 481-486.

Baumert, J.: Internationale Schulleistungsvergleiche. In: D. H. Rost (Hrsg.): *Handwörterbuch Pädagogische Psychologie.* Weinheim: Beltz/PVU 1998, S. 219-225.

Baumert, J., Gruehn, S., Heyn, S., Köller, O. & Schnabel, K.-U.: *Bildungsverläufe und psychosoziale Entwicklung im Jugendalter (BIJU).* Dokumentation, Band 1. Skalen Längsschnitt I, Welle 1-4. Berlin 1997.

Baumert, J., Lehmann, R. H., Lehrke, M., Schmitz, B., Clausen, M., Hosenfeld, I., Köller, O. & Neubrand, J.: *TIMSS: Mathematisch-naturwissenschaftlicher Unterricht im internationalen Vergleich.* Leverkusen: Leske + Budrich 1997.

Baumert, J., Roeder, P. M., Gruehn, S., Heyn, S., Köller, O., Rimmele, R., Schnabel, K. & Seipp, B.: Bildungsverläufe und psychosoziale Entwicklung im Jugendalter (BIJU). In: K.-P. Treumann, G. Neubauer, R. Möller & J. Abel (Hrsg.): *Methoden und Anwendungen empirischer pädagogischer Forschung.* Münster: Waxmann 1996.

Baumert, J., Roeder, P. M., Sang, F. & Schmitz, B.: Leistungsentwicklung und Ausgleich von Leistungsunterschieden in Gymnasialklassen. In: *Zeitschrift für Pädagogik 32* (1986), S. 639-660.

Baumert, J., Roeder, P. M., Sang, F. & Schmitz, B.: Chancenausgleich und Leistungsförderung in der Jahrgangsklasse – ein Dilemma der Schulqualität? In: U. Steffens & T. Bargel (Hrsg.): *Untersuchungen zur Qualität des Unterrichts.* Wiesbaden: Hessisches Institut für Bildungsplanung und Schulentwicklung (1987a), S. 33-54.

Baumert, J., Schmitz, B., Sang, F. & Roeder, P. M.: Zur Kompatibilität von Leistungsförderung und Divergenzminderung in Schulklassen. In: *Zeitschrift für Entwicklungspsychologie und Pädagogische Psychologie 19* (1987b), S. 249-265.

Bennett, N.: *Teaching styles and pupil progress.* London: Open Books 1976.

Bennett, N.: Recent research on teaching: A dream, a belief, and a model. In: *British Journal of Educational Psychology 48* (1978), S. 127-147.

Berliner, D. C.: Developing conceptions of classroom environments: Some light on the T in classroom studies of ATI. In: *Educational Psychologist 18* (1983), S. 1-13.

Berliner, D. C.: Der Experte im Lehrerberuf: Forschungsstrategien und Ergebnisse. In: *Unterrichtswissenschaft 15* (1987), S. 295-305.

Bessoth, R.: *Verbesserung des Unterrichtsklimas.* Neuwied: Luchterhand 1989.

Bildungsverläufe und psychosoziale Entwicklung im Jugendalter (BIJU). Zwischenbericht für die Schulen. Berlin und Kiel: Max-Planck-Institut für Bildungsforschung, Berlin und Institut für die Pädagogik der Naturwissenschaften, Kiel 1994.

Birbaumer, N., Frey, D., Kuhl, J., Prinz, W. & Weinert, F. E. (Hrsg.): *Enzyklopädie der Psychologie.* Göttingen: Hogrefe 1997.

Birnbaum, A.: Some latent trait models and their use in infering an examinee's ability. In: F. M. Lord & M. R. Norvik (Hrsg.): *Statistical theories of mental test scores.* Reading, Mass.: Addison-Wesley (1968), S. 395-479.

Block, J. H. (Hrsg.): *Mastery learning. Theory and practice.* New York: Holt, Rinehart and Winston, Inc. 1971.

Block, J. H. & Anderson, L. W.: *Mastery learning in classroom instruction.* New York: Macmillan 1975.

Bloom, B. S.: Learning for mastery. In: *University of California Evaluation Comment 1* (1968).

Bloom, B. S.: Recent developments in mastery learning. In: *Educational Psychologist 10* (1973), S. 204-221.

Bloom, B. S.: *Human characteristics and school learning.* New York: McGraw-Hill 1976.

Bloom, B. S.: The search for methods of group instruction as effective as one-to-one tutoring. In: *Educational Leadership 41* (1984), S. 4-17.

Blum, W. & Wiegand, B.: Wie kommen die deutschen TIMSS-Ergebnisse zustande? In: W. Blum & M. Neubrand (Hrsg.): *TIMSS und der Mathematikunterricht. Information, Analysen, Konsequenzen.* Hannover: Schroedel 1998, S. 28-34.

Bollen, K. A.: *Structural equations with latent variables.* New York: John Wiley & Sons 1989.

Borich, G. D. & Klinzing, H. G.: Paradigmen der Lehreffektivitätsforschung und ihr Einfluß auf die Auffassung von effektivem Unterricht. In: *Unterrichtswissenschaft 15* (1987), S. 90-111.

Bromme, R.: Was sind Routinen beim Lehrerhandeln? Eine Begriffserklärung auf der Grundlage neuerer Ergebnisse der Problemlöseforschung. In: *Unterrichtswissenschaft 13* (1985), S. 182-192.

Bromme, R.: *Der Lehrer als Experte.* Bern: Hans Huber 1992.

Bromme, R.: Kompetenzen, Funktionen und unterrichtliches Handeln des Lehrers. In: F. E. Weinert (Hrsg.): *Psychologie des Unterrichts und der Schule.* Göttingen: Hogrefe 1997, S. 177-212.

Bromme, R., Jehle, P., Lissmann, U., Nord-Rüdiger, D., Rheinberg, F., Schlee, J. & Steltmann, K.: Forschungen zum Lehrer. In: K. Ingenkamp, R. S. Jäger, H. Petillon & B. Wolf (Hrsg.): *Empirische Pädagogik 1970-1990.* Weinheim: Deutscher Studien Verlag 1992, S. 515-589.

Brophy, J. E. & Good, T. L.: Teacher behavior and student achievement. In: M. C. Wittrock (Hrsg.): *Handbook of Research on Teaching.* New York: Macmillan 1986.

Brown, J. S., Collins, A. & Duguid, P.: Situated cognition and the culture of learning. In: *Educational Researcher 18* (1989), S. 32-42.

Browne, M. W. & Cudeck, R.: Alternative ways of assessing model fit. In: K. A. Bollen & J. S. Long (Hrsg.): *Testing structural equation models.* Newbury Park: Sage (1993), S. 136-162.

Bruner, J. S.: The act of discovery. In: *Harvard Educational Review 31* (1961), S. 21-32.

Bruner, J. S.: *Toward a theory of instruction.* New York: Norton 1966.

Bryk, A. S. & Raudenbush, S. W.: Toward a more appropriate conceptualization of research on school effects: A three-level hierarchical linear model. In: *American Journal of Education 97* (1988), S. 65-108.

Bryk, A. S. & Raudenbush, S. W.: *Hierarchical Linear Models.* Newbury Park: Sage 1992.

Bryk, A. S., Raudenbush, S. W. & Congdon, R. T. jr.: *HLM. Hierarchical linear and non-linear modeling with the HLM/2L and HLM/3L programs.* Chicago: Scientific Software International, Inc. 1996.

Bund-Länder-Kommission für Bildungsplanung und Forschungsförderung (BLK): *Gutachten zur Vorbereitung des Programms „Steigerung der Effizienz des mathematisch-naturwissenschaftlichen Unterrichts".* (Materialien zur Bildungsplanung und zur Forschungsförderung, Bd. 60). Bonn: BLK 1997.

Burns, R. B.: How time is used in elementary schools: the activity structure of classrooms. In: L. W. Anderson (Hrsg.): *Time and school learning.* London: Croom Helm 1984, S. 91-127.

Burstein, L. (Hrsg.): *The IEA study of mathematics III: Student growth and classroom processes.* Oxford: Pergamon 1993.

Carroll, J. B.: A model of school learning. In: *Teachers College Record 64* (1963), S. 723-733.

Carroll, J. B.: Ein Modell schulischen Lernens. In: W. Edelstein & D. Hopf (Hrsg.): *Bedingungen des Bildungsprozesses.* Stuttgart: Klett 1973, S. 234-250.

Carroll, J. B.: The Carroll Model. A 25-Year retrospective and prospective view. In: *Educational Researcher 18* (1989), S. 26-31.

Cazden, C. B.: Classroom discourse. In: M. C. Wittrock (Hrsg.): *Handbook of research on teaching.* New York: Macmillan 1986, S. 432-463.

Clement, J.: Algebra word problem solutions: Analysis of a common misconception. In: *Journal for Research in Mathematics Education 13* (1982), S. 16-30.

Cobb, C. W. & Douglas, P. H.: A theory of production. In: *American Economic Review*, Supplement 18 (1928), S. 139-165.

Cobb, P., Wood, T., Yackel, E., Nicholls, J., Wheatley, G., Trigatti, B. & Perlwitz, M.: Assessment of a problem-centered second-grade mathematics project. In: *Journal for Research in Mathematics Education 22* (1991), S. 3-29.

Cognition and Technology Group at Vanderbilt.: The Jasper Series as an example of anchored instruction: Theory, program description, and assessment data. In: *Educational Psychologist 27* (1992), S. 291-315.

Coleman, J. S., Campbell, E. Q., Hobson, C. J., McPartland, J., Mood, A. M., Weinfeld, F. D. & York, R. L. (Hrsg.): *Equality of educational opportunity.* Washington: National Center for Educational Statistics 1966.

Comber, L. C. & Keeves, J. P.: *Science education in nineteen countries.* Stockholm: Almquist & Wiksell 1973.

Corno, L. & Snow, E. R.: Adapting teaching to individual differences among learners. In: M. C. Wittrock (Hrsg.): *Handbook of research on teaching.* New York: Macmillan Publishing Company 1986, S. 605-629.

Creemers, B. P. M.: *The effective classroom.* London: Cassell 1994a.

Creemers, B. P. M.: Effective instruction: An empirical basis for a theory of educational effectiveness. In: D. Reynolds (Hrsg.): *Advances in school effectiveness research and practice.* Oxford: Pergamon 1994b, S. 189-205.

Creemers, B. P. M. & Reezigt, G. J.: School level conditions affecting the effectiveness of instruction. In: *School effectiveness and school improvement 7* (1996), S. 197-228.

Cronbach, L. J.: How can instruction be adapted to individual differences? In: R. M. Gagné (Hrsg.): *Learning and individual differences.* Stanford: Stanford University 1967.

Czerwenka, K., Nölle, K., Pause, G., Schlotthaus, W., Schmidt, H. J. & Tessloff, J.: *Schülerurteile über die Schule. Bericht über eine internationale Untersuchung.* Frankfurt: Lang 1990.

Deci, E. L. & Ryan, R. M.: *Intrinsic motivation and self-determination in human behavior.* New York: Plenum Press 1985.

Dichanz, H. & Schwittmann, D.: Methoden im Schulalltag. Untersuchung zu Kombinationen und Mustern von Unterrichtsmethoden. In: *Die Deutsche Schule 78* (1986), S. 327-337.

Dietrich, T. (Hrsg.): *Die pädagogische Bewegung „vom Kinde aus".* Bad Heilbrunn: Klinkhardt 1972.

Ditton, H.: *Ungleichheit durch Mobilität und Bildung.* Weinheim, München: Juventa 1992.

Ditton, H. & Krecker, L.: Qualität von Schule und Unterricht: Empirische Befunde zu Fragestellungen und Aufgaben der Forschung. In: *Zeitschrift für Pädagogik 41* (1995), S. 507-529.

Doyle, W.: Academic Work. In: *Review of Educational Research 53* (1983), S. 159-199.

Doyle, W.: Classroom organization and management. In: M. C. Wittrock (Hrsg.): *Handbook of research on teaching.* New York: Macmillan 1986, S. 392-431.

Dreesmann, H.: *Unterrichtsklima als situative Bedingung für kognitive Prozesse und das Leistungsverhalten von Schülern.* Dissertation an der Wirtschafts- und Sozialwissenschaftlichen Fakultät der Universität Heidelberg 1978.

Dreesmann, H.: Unterrichtsklima als Bedingung für Lernmotivation. In: *Unterrichtswissenschaft 8* (1980), S. 243-251.

Dreesmann, H.: Zur Beziehung zwischen Rechenleistung, kognitiven Variablen und Unterrichtsklima. In: *Zeitschrift für Empirische Pädagogik 5* (1981), S. 83-96.

Dreesmann, H.: Neuere Entwicklungen zur Erforschung des Unterrichtsklimas. In: B. Treiber & F. E. Weinert (Hrsg.): *Lehr-Lernforschung.* München: Urban & Schwarzenberg 1982a, S. 177-199.

Dreesmann, H.: *Unterrichtsklima.* Weinheim: Beltz 1982b.

Dreesmann, H., Eder, F., Fend, H., Pekrun, R., Saldern, M. v. & Wolf, B.: Schulklima. In: K. Ingenkamp, R. S. Jäger, H. Petillon & B. Wolf (Hrsg.): *Empirische Pädagogik 1970-1990.* Weinheim: Deutscher Studien Verlag 1992, S. 655-682.

Dreher, E.: Zum Schulklima in integrierten Gesamtschulen und Schulen des dreigliedrigen Schulsystems in Nordrhein-Westfalen. In: A. Helmke & E. Dreher (Hrsg.): *Gesamtschule und dreigliedriges Schulsystem in Nordrhein-Westfalen – Erzieherische Wirkungen und soziale Umwelt.* Paderborn: Schöningh 1979, S. 153-210.

Dubs, R.: Konstruktivismus: Einige Überlegungen aus der Sicht der Unterrichtsgestaltung. In: *Zeitschrift für Pädagogik 41* (1995), S. 889-903.

Duit, R.: Zur Rolle der konstruktivistischen Sichtweise in der naturwissenschaftsdidaktischen Lehr- und Lernforschung. In: *Zeitschrift für Pädagogik 41* (1995), S. 905-923.

Duit, R. & Confrey, J.: Reorganizing the curriculum and teaching to improve learning in science and mathematics. In: D. F. Treagust (Hrsg.): *Improving teaching and learning in science and mathematics.* New York: Teachers College Press 1996, S. 79-93.

Duit, R. & Treagust, D. F.: Students' conceptions and constructivist teaching approaches. In: B. J. Fraser & H.-J. Walberg (Hrsg.): *Improving Science Education.* Chicago: University of Chicago Press 1995, S. 46-69.

Dunkin, M. J. & Biddle, B. J.: *The study of teaching.* New York: Holt, Rinehart and Winston 1974.

Ebmeier, H. & Good, T. L.: The effects on instructing teachers about good teaching on the mathematics achievement of fourth grade students. In: *American Educational Research Journal 16* (1979), S. 1-16.

Edelstein, W.: Das Projekt Schulleistung am Max-Planck-Institut für Bildungsforschung. In: *Zeitschrift für Pädagogik 16* (1970), S. 517-529.

Eder, F.: *Schul- und Lernprobleme am BORG. Ein Vergleich zwischen Schülern der Langform und der Oberstufenform des Gymnasiums.* Linz: Pädagogisches Institut des Bundes in Oberösterreich, Abteilung allgemeinbildende höhere Schulen 1985.

Eder, F.: Das Schul- und Klassenklima in der Wahrnehmung hochleistungsdisponierter Schüler. In: *Zeitschrift für Pädagogische Psychologie 3* (1989), S. 109-122.

Eder, F.: Schulische Umwelt-Typen und ihr Einfluß auf das Klima in Schulklassen. In: *Empirische Pädagogik 4* (1990), S. 165-189.

Eder, F.: *Schul- und Klassenklima.* Innsbruck: Studien Verlag 1996.

Eder, F.: Schul- und Klassenklima. In: D. H. Rost (Hrsg.): *Handwörterbuch Pädagogische Psychologie.* Weinheim: Beltz/PVU 1998, S. 424-430.

Einsiedler, W.: *Lehrmethoden.* München: Urban & Schwarzenberg 1981.

Einsiedler, W.: *Von Erziehungs- und Unterrichtsstilen zur Unterrichtsqualität.* (Berichte und Arbeiten aus dem Institut für Grundschulforschung, Nr. 90.) Nürnberg: Institut für Grundschulforschung der Universität Erlangen-Nürnberg 1999.

Elias, S. F. & Elias, J. W.: Open education and teacher attitudes toward openness: The impact on students. In: *Education 99* (1978), S. 208-214.

Ellison, T. A. & Trickett, E. J.: Environmental structure and the perceived similarity – satisfaction relationship: Traditional and alternative schools. In: *Journal of Personality 46* (1978), S. 57-71.

Emmer, E. T. & Evertson, C. M.: *Effective management at the beginning of the school year in junior high classes.* Washington, D. C.: National Institut of Education (DHEW) 1980.

Engelhardt, M. v.: *Die pädagogische Arbeit des Lehrers.* Paderborn: Schöningh 1982.

Eshel, Y., Wainryb, C. & Shachar, H.: Open education and reading comprehension of high-ability and low-ability elementary school pupils. In: *British Journal of Educational Psychology 57* (1987), S. 166-178.

Evertson, C. M. & Emmer, E. T.: Effective managements at the beginning of the year in junior high classes. In: *Journal of Educational Psychology 74* (1982), S. 485-498.

Faulstich-Wieland, H.: *Koedukation - enttäuschte Hoffnungen?* Darmstadt: Wissenschaftliche Buchgesellschaft 1991.

Fend, H.: *Schulklima.* Weinheim: Beltz 1977.

Fend, H.: *Theorie der Schule.* München u. a.: Urban & Schwarzenberg 1980.

Fend, H.: *Gesamtschule im Vergleich.* Weinheim und Basel: Beltz 1982.

Fend, H., Knörzer, W., Nagl, W., Specht, W. & Väth-Szusdziara, R.: *Sozialisationseffekte der Schule. Soziologie der Schule.* Weinheim: Beltz 1976.

Fend, H. & Specht, W.: *Erziehungsumwelten. Bericht aus dem Projekt „Entwicklung im Jugendalter".* Sozialwissenschaftliche Fakultät, Universität Konstanz 1986.

Fichten, W.: *Unterricht aus Schülersicht.* Frankfurt a. M.: Lang 1993.

Flanders, N.: *Analyzing teaching behavior.* Reading: Addison-Wesley 1970.

Fraser, B. J.: *Criterion validity of an individualized classroom environment questionnaire.* Sydney: McQuaire University 1980.

Fraser, B. J.: Development of short forms of several classroom environment scales. In: *Journal of Educational Measurement 19* (1982), S. 221-227.

Fraser, B. J.: *Classroom environment.* London: Croom Helm 1986.

Fraser, B. J.: Validity and use of classroom environment instruments. Special Issue: Classroom and school learning environment. In: *Journal of Classroom Interaction 26* (1991), S. 5-11.

Fraser, B. J.: Research on classroom and school climate. In: D. L. Gabel (Hrsg.): *Handbook of Research on Science Teaching and Learning.* New York: Macmillan 1994, S. 493-541.

Fraser, B. J. & Fisher, D. L.: Predicting students' outcomes from their perceptions of classroom psychosocial environment. In: *American Educational Research Journal 19* (1982), S. 498-518.

Fraser, B. J. & Walberg, H. J.: Psychosocial learning environment in science classrooms: A review of research. In: *Studies in Science Education 8* (1981), S. 67-92.

Fraser, B. J., Welch, W. W. & Walberg, H. J.: Using secondary analysis of national assessment data to identify predictors of junior high school students outcomes. In: *Alberta Journal of Educational Research 32* (1986), S. 37-50.

Fraser, B. J., Walberg, H. J., Welch, W. W. & Hattie, J. A.: Syntheses of educational productivity research. In: *International Journal of Educational Research 11* (1987), S. 147-252.

Fraser, B. J. & Wubbels, T.: Classroom learning environments. In: B. J. Fraser & H. J. Walberg (Hrsg.): *Improving Science Education.* Chicago: University of Chicago Press 1995, S. 117-144.

Gabel, D. L. (Hrsg.): *Handbook of Research on Science Teaching and Learning.* New York: Macmillan 1994.

Gage, N. L. (Hrsg.): *Handbook of research on teaching.* Chicago: Rand McNally 1963.

Gage, N. L. & Needels, M. C.: Process-product research on teaching: A review of criticisms. In: *The Elementary School Journal 89* (1989), S. 253-300.

Gardner, H.: *Der ungeschulte Kopf. Wie Kinder denken.* Stuttgart: Klett-Cotta 1993.

Garrison, J. W. & Macmillan, C. J. B.: Process-product research on teaching: Ten years later. In: *Educational Theory 44* (1994), S. 385-397.

Gerstenmaier, J.: *Urteile von Schülern über Lehrer.* Weinheim: Beltz 1975.

Giaconia, R. M. & Hedges, L. V.: Identifying features of effective open education. In: *Review of Educational Research 52* (1982), S. 579-602.

Gläser, J. (Hrsg.): *Vom Kinde aus.* Hamburg, Braunschweig 1920.

Glaser, R.: Components of a psychology of instruction: Toward a science of design. In: *Review of Educational Research 46* (1976), S. 1-24.

Glaser, R.: Trends and research questions in psychological research on learning and schooling. In: *Educational Researcher 8* (1979), S. 6-13.

Glasersfeld, E. v.: *Radikaler Konstruktivismus. Ideen, Ergebnisse, Probleme.* Frankfurt a. M.: Suhrkamp 1996.

Glasson, G. G. & Lalik, R. V.: A constructivist approach to teaching. In: S. Hills (Hrsg.): *The history and philosophy of science in science education.* Kingston, Ontario: The Faculty of Education, Queens University 1992, S. 399-404.

Good, T.: Teacher effectiveness in the elementary school: What we know about it now. In: *Journal of Teacher Education 30* (1979), S. 52-64.

Good, T., Ebmeier, H. & Beckerman, T.: Teaching mathematics in high and low SES classrooms: An empirical comparison. In: *Journal of Teacher Education 29* (1978), S. 85-90.

Grouws, D. A. (Hrsg.): *Handbook of research on mathematics teaching and learning.* New York: Macmillan 1992.

Gruber, H.: *Expertise. Modelle und empirische Untersuchungen.* Wiesbaden: Westdeutscher Verlag 1994.

Gruber, H.: Expertise. In: D. H. Rost (Hrsg.): *Handwörterbuch Pädagogische Psychologie.* Weinheim: Beltz/PVU 1998, S. 126-129.

Gruehn, S.: Vereinbarkeit kognitiver und nichtkognitiver Ziele im Unterricht. In: *Zeitschrift für Pädagogik 41* (1995), S. 531-553.

Gruehn, S.: *Merkmale multikriterial erfolgreichen Unterrichts aus Schülersicht – wie abhängig sind sie vom Leistungsniveau der Schülerinnen und Schüler?* Vortrag auf der 53. Tagung der Arbeitsgruppe für Empirische Pädagogische Forschung (AEPF), Salzburg, 1996.

Guskey, T. R. & Gates, S. L.: *A synthesis of research on group-based mastery learning programs.* Annual convention of the American Educational Research Association, Chicago 1985.

Haecker, H. & Werres, W.: *Schule und Unterricht im Urteil der Schüler.* Frankfurt a. M.: Lang 1983.

Haenisch, H. & Lukesch, H.: *Ist die Gesamtschule besser?* München: Urban & Schwarzenberg 1980.

Haenisch, H., Lukesch, H., Klaghofer, R. & Krüger-Haenisch, E.-M.: *Gesamtschule und dreigliedriges Schulsystem in Nordrhein-Westfalen – Schulleistungsvergleiche in Deutsch, Mathematik, Englisch und Physik.* Paderborn: Schöningh 1979.

Haertel, G. D., Walberg, H. J. & Haertel, E. H.: Socio-psychological environments and learning: A quantitative synthesis. In: *British Educational Research Journal 7* (1981), S. 27-36.

Haertel, G. D., Walberg, H. J. & Weinstein, T.: Psychological models of educational performance: A theoretical synthesis of constructs. In: *Review of Educational Research 53* (1983), S. 75-91.

Hage, K., Bischoff, H., Dichanz, H., Eubel, K.-B., Oehlschläger, H.-J. & Schwittmann, D.: *Das Methoden-Repertoire von Lehrern. Eine Untersuchung zum Unterrichtsalltag in der Sekundarstufe I.* Opladen: Leske + Budrich 1985.

Hagstedt, H. & Hildebrand-Nilshon, M. (Hrsg.): *Schüler beurteilen Schule.* Düsseldorf: Schwann 1980.

Hamilton, S. F.: Socialization for learning: Insights from ecological research in classrooms. In: *Reading Teacher 37* (1983), S. 150-156.

Harnischfeger, A. & Wiley, D. E.: The teaching-learning process in elementary schools: A synoptic view. In: D. A. Erickson (Hrsg.): *Readings in educational research, educational organization, and administration.* American Education Research Association. San Francisco: McCutchan 1976, S. 195-236.

Harnischfeger, A. & Wiley, D. E.: Kernkonzepte des Schullernens. In: *Zeitschrift für Entwicklungspsychologie und Pädagogische Psychologie 9* (1977), S. 207-228.

Harris, E. E.: The open classroom in sociological perspective. In: *Journal of Instructional Psychology 1* (1974), S. 28-34.

Harrison, J.-A., Strauss, H. & Glaubman, R.: Who benefits from the open classroom? The interaction of social background with class setting. In: *Journal of Educational Research 75* (1981), S. 87-94.

Heckhausen, H. (Hrsg.): *Fähigkeit und Motivation in erwartungswidriger Schulleistung.* Göttingen: Hogrefe 1980.

Heigl-Evers, A. (Hrsg.): *Lewin und die Folgen. Die Psychologie des 20. Jahrhunderts.* Weinheim: Kindler 1979.

Heller, K., Gaedike, A.-K. & Weinläder, H.: *Kognitiver Fähigkeits-Test für 4.- bis 13. Klassen (KFT 4-13).* Weinheim: Beltz 1976.

Helmke, A.: *Schulische Leistungsangst: Erscheinungsformen und Entstehungsbedingungen* (Europäische Hochschulschriften, Reihe XI, Bd.162). Frankfurt a. M.: Lang 1983.

Helmke, A.: Leistungssteigerung und Ausgleich von Leistungsunterschieden in Schulklassen: Unvereinbare Ziele? In: *Zeitschrift für Entwicklungspsychologie und Pädagogische Psychologie 20* (1988), S. 45-76.

Helmke, A.: *Selbstvertrauen und schulische Leistungen.* Göttingen: Hogrefe 1992a.

Helmke, A.: Unterrichtsqualität und Unterrichtseffekte – Ergebnisse der Münchner Studie. In: *Der Mathematikunterricht 38* (1992b), S.40-57.

Helmke, A., Schneider, W. & Weinert, F. E.: Quality of instruction and classroom learning outcomes: The German contribution to the IEA Classroom Environmental Study. In: *Teaching and Teacher Education 2* (1986), S. 1-18.

Helmke, A. & Schrader, F. W.: Successful student practice during seatwork: efficient management and active supervision not enough. In: *Journal of Educational Research 82* (1988), S. 70-75.

Helmke, A. & Schrader, F.-W.: Zur Kompatibilität kognitiver, affektiver und motivationaler Zielkriterien des Schulunterrichts - clusteranalytische Studien. In: M. Knopf & W. Schneider (Hrsg.): *Entwicklung. Festschrift zum 60. Geburtstag von Franz Emanuel Weinert.* Göttingen: Hogrefe 1990, S. 180-200.

Helmke, A. & Schrader, F.-W.: Determinanten der Schulleistung. In: D. H. Rost (Hrsg.): *Handwörterbuch Pädagogische Psychologie.* Weinheim: Beltz/PVU 1998, S. 60-67.

Helmke, A. & Weinert, F. E.: Bedingungsfaktoren schulischer Leistungen. In: F. E. Weinert (Hrsg.): *Psychologie des Unterrichts und der Schule.* Göttingen: Hogrefe 1997, S. 71-176.

Heyn, S., Schnabel, K. U. & Roeder, P. M.: Von der Options- zur Realitätslogik. Stabilität und Wandel berufsbezogener Wertvorstellungen in der Statuspassage Schule – Beruf. In: A. Meier, U. Rabe-Kleberg & K. Rodax (Hrsg.): *Jahrbuch Bildung und Arbeit '97. Transformation und Tradition in Ost und West.* Opladen: Leske + Budrich 1997.

Hilgers, A.: *Geschlechterstereotype und Unterricht. Zur Verbesserung der Chancengleichheit von Mädchen und Jungen in der Schule.* Weinheim: Juventa 1994.

Hofer, M.: Lehrerverhalten aus der Sicht des Schülers. In: *Pädagogische Welt 35* (1981), S. 49-56.

Hofer, M. & Pikowsky, B.: Wie Jugendliche bei freier Antwortmöglichkeit Lehrersanktionen deuten. In: *Zeitschrift für Pädagogische Psychologie 2* (1988), S. 243-250.

Hofmann, K., Reichert, J. & Ricken, G.: Typisch Offener Unterricht? Eine Rekonstruktion der Merkmalsordnung bei Lehrern. In: *Zeitschrift für Pädagogische Psychologie 12* (1998), S. 250-259.

Horwitz, R. A.: Effects of the „open classroom". In: H. J. Walberg (Hrsg.): *Educational environments and effects.* Berkeley: McCutchan 1979a, S. 275-292.

Horwitz, R. A.: Psychological effects of the „open classroom". In: *Review of Educational Research 49* (1979b), S. 71-86.

Ingenkamp, K. (Hrsg.): *Die Fragwürdigkeit der Zensurengebung.* Weinheim: Beltz 1989.

Jansen, R.: *Individuelles und kollektives Erleben universitärer Umwelt.* Frankfurt a. M: Lang 1987.

Jencks, C., Smith, M., Acland, H., Bane, M. J., Cohen, D., Gintis, H., Heyns, B. & Michelson, S.: *Inequality: A reassessment of the effect of family and schooling in America.* New York: Basic Books 1972.

Jerusalem, M.: *Selbstbezogene Kognitionen in schulischen Bezugsgruppen. Eine Längsschnittstudie.* Berlin: Institut für Psychologie der Freien Universität Berlin 1984.

Jopt, U.-J.: *Selbstkonzept und Ursachenerklärung in der Schule. Zur Attribuierung von Schulleistung.* Bochum: Kamp 1978.

Jöreskog, K. G. & Sörbom, D.: LISREL 8: *Structural equation modeling with the SIMPLIS command langage.* (Scientific Software International). Hillsdale: Erlbaum 1993.

Kahl, T. N.: *Unterrichtsforschung. Probleme, Methoden und Ergebnisse der empirischen Untersuchung unterrichtlicher Lernsituationen.* Kronberg/Ts.: Scriptor 1977.

Kahl, T. N., Buchmann, M. & Witte, E. H.: Ein Fragebogen zur Schülerwahrnehmung unterrichtlicher Lernsituationen. In: *Zeitschrift für Entwicklungspsychologie und Pädagogische Psychologie 9* (1977), S. 277-285.

Keim, W.: Fachleistungskurse an Gesamtschulen – Eine kritische Bestandsaufnahme. In: U. Steffens & T. Bargel (Hrsg.): *Untersuchungen zur Qualität des Unterrichts.* (Beiträge aus dem Arbeitskreis „Qualität von Schule“, H. 3.) Wiesbaden: Hessisches Institut für Bildungsplanung und Schulentwicklung 1987, S. 77-110.

Keller, F. S.: „Good-bye, teacher...“. In: *Journal of Applied Behavior Analysis 1* (1968), S. 78-89.

Killus, D.: *Das Schulbuch im Deutschunterricht der Sekundarstufe I. Ergebnisse einer Umfrage unter Lehrern aus vier Bundesländern.* Münster: Waxmann 1998.

King, L. H.: *Student thought processes and the expectancy effect.* Alberta: Center for Research in Teaching, The University of Alberta 1980.

Klafki, W. & Stöcker, H: Innere Differenzierung des Unterrichts. In: *Zeitschrift für Pädagogik 22* (1976), S. 497-523.

Klein, Z. & Eshel, Y.:The open classroom in cross-cultural perspective: A research note. In: *Sociology of Education 53* (1980), S. 114-121.

Knoll, S.: Anforderungsgestaltung im Mathematikunterricht: Sekundarstufe I, 8. Schuljahr. In: *Mathematik lehren 90* (1998), S. 47-51.

Koch, J.-J.: *Lehrer-Studium und Beruf.* Ulm: Süddeutsche Verlagsgesellschaft 1972.

Köller, O.: Die Entwicklung der Schulleistungen und psychosozialer Merkmale während der Sekundarstufe. In: Max-Planck-Institut für Bildungsforschung (Hrsg.): *Bildungsverläufe und psychosoziale Entwicklung im Jugendalter (BIJU). 2. Bericht für die Schulen.* Berlin: Max-Planck-Institut für Bildungsforschung 1996.

Köller, O.: *Zielorientierungen und schulisches Lernen.* Münster: Waxmann 1998.

Koran, M. L. & Koran, J. J.: Aptitude-treatment interactions research in science education. In: *Journal of Research in Science Teaching 21* (1984), S. 793-808.

Kounin, J. S.: *Techniken der Klassenführung.* Stuttgart: Huber und Klett 1976.

Krampen, G.: Differential effects of teacher comments. In: *Journal of Educational Psychology 79* (1987), S. 137-146.

Krüssel, H.: *Konstruktivistische Unterrichtsforschung.* Frankfurt a. M.: Lang 1993.

Kuliga, M. & Schwarzer, R.: Selbstwirksamkeitserwartungen, Leistungsängstlichkeit und Hilflosigkeit in Beziehung zu Unterrichtsmerkmalen. In: R. Schwarzer (Hrsg.): *Selbstbezogene Kognitionen: Trends in der Selbstkonzeptforschung.* Berlin: Institut für Psychologie der Freien Universität Berlin 1984.

Lang, A.: Die Feldtheorie von Kurt Lewin. In: A. Heigl-Evers (Hrsg.): *Lewin und die Folgen. Die Psychologie des 20. Jahrhunderts.* Weinheim: Kindler 1979, S. 51-57.

Lange, B., Kuffner, H. & Schwarzer, R.: *Schulangst und Schulverdrossenheit. Eine Längsschnittanalyse von schulischen Sozialisationseffekten.* Opladen: Westdeutscher Verlag 1983.

Lee, V. E. & Bryk, A. S.: Effects of single-sex secondary schools on student achievement and attitudes. In: *Journal of Educational Psychology 78* (1986), S. 381-395.

Leinhardt, G. & Greeno, J. G.: The cognitive skill of teaching. In: *Journal of Educational Psychology 78* (1986), S. 75-95.

Lenhardt, G.: Schulwissen für die Massen. Überlegungen zur internationalen Curriculumentwicklung. In: *Zeitschrift für internationale erziehungs- und sozialwissenschaftliche Forschung 10* (1993), S. 21-30.

Levin, T., Libman, Z. & Amiad, R.: Behavioral patterns of students under an individualized learning strategy. In: *Instructional Science 9* (1980), S. 85-100.

Lewin, K.: *Feldtheorie in den Sozialwissenschaften.* Bern: Huber 1963.

Lewin, K.: *Kurt-Lewin-Werkausgabe.* Bern und Stuttgart: Huber und Klett 1982.

Livington, J. A. & Gentile, J. R.: Mastery learning and the decreasing variability hypothesis. In: *The Journal of Educational Research 90* (1996), S. 67-74.

Lukesch, H. & Kischkel, K.-H.: Unterrichtsformen an Gymnasien. Ergebnisse einer retrospektiven Erhebung über die schulstufen- und fachspezifische Verbreitung von Lehrverfahren. In: *Zeitschrift für empirische Forschung 21* (1987), S. 237-256.

Lysakowski, R. & Walberg, H.: Instructional effects of cues, participation, and corrective feedback: A quantitative synthesis. In: *American Educational Research Journal 19* (1982), S. 559-578.

McPartland, J. M. & Epstein, J. L.: Open schools and achievement: Extended tests of a finding of no relationship. In: *Sociology of Education 50* (1977), S. 133-144.

Medley, D.: Research on teacher effectiveness. In: *Journal of Classroom Interaction 13* (1978), S. 16-20.

Metz, M.: *Classrooms and corridors.* Berkeley: University of California Press 1978.

Meyer, H.: Plädoyer für Methodenvielfalt. In: *Pädagogik 41* (1989), S. 8-15.

Meyer, J. W., Kamens, D. H. & Benavot, A.: *School knowledge for the masses: World models and national primary curricular categories in the twentieth century.* (Studies in Curriculum Histoy Series, Bd. 19). Washington, D. C.: 1992.

Meyer, W. U.: *Das Konzept von der eigenen Begabung.* Bern: Huber 1984.

Meyer, W. U., Bedau, U. & Engler, U.: Indirekte Mitteilungen über Fähigkeitseinschätzungen in hypothetischen Lehrer-Schüler-Interaktion. In: *Zeitschrift für Pädagogische Psychologie 2* (1988), S. 235-242.

Moos, R. H.: *Evaluating educational environments.* San Francisco: Jossey-Bass 1979.

Moos, R. H. & Trickett, E. J.: *Classroom environment scale manual.* Palo Alto: Consulting Psychologists Press 1974.

Morawietz, H.: *Unterrichtsdifferenzierung.* Weinheim: Beltz 1980.

Murray, H. A.: *Explorations in personality.* New York: Oxford University Press 1963.

National Council of Teachers of Mathematics (NCTM): *Curriculum and evaluation standards for school mathematics.* Reston: NCTM 1989.

National Council of Teachers of Mathematics (NCTM): *Professional standards for teaching mathematics.* Reston: NCTM 1991.

Neubrand, J., Neubrand, M. & Sibberns, H.: Die TIMSS-Aufgaben aus mathematikdidaktischer Sicht: Stärken und Defizite deutscher Schülerinnen und Schüler. In: W. Blum & M. Neubrand (Hrsg.): *TIMSS und der Mathematikunterricht. Information, Analysen, Konsequenzen.* Hannover: Schroedel 1998. S. 17-27.

Noddings, N.: Constructivism in Mathematics Education. In: R. B. Davis, C. A. Maher & N. Noddings (Hrsg.): *Constructivist views on the teaching and learning of mathematics.* (Journal for Research in Mathematics Education, Monographs, no. 4). Virginia, USA: National Council of Teachers of Mathematics 1990, S. 7-18.

Nölle, V.: *Schüler sehen Schule anders. Eine empirische Untersuchung über Schulauffassungen von Schülern und ihren Konsens.* Frankfurt a. M.: Lang 1995.

Oser, F. & Patry, J.-L.: *Choreographien unterrichtlichen Lernens. Basismodelle des Unterrichts.* Freiburg (Schweiz): Universität Freiburg 1990.

Oser, F. & Patry, J.-L.: Sichtstruktur und Basismodelle des Unterrichts: Über den Zusammenhang von Lehren und Lernen unter dem Gesichtspunkt psychologischer Lernverläufe. In: R. Olechowski & B. Rollett (Hrsg.): *Theorie und Praxis. Aspekte empirisch-pädagogischer Forschung - quantitative und qualitative Methoden. Bericht über die 49. Tagung der Arbeitsgruppe für empirisch-pädagogische Forschung.* Frankfurt a. M.: Lang 1994, S. 138-146.

Oswald, F., Pfeifer, B., Ritter-Berlach, G. & Tanzer, N.: *Schulklima. Die Wirkungen der persönlichen Beziehungen in der Schule.* Wien: Universitätsverlag 1989.

Palincsar, A. S. & Brown, A. L.: Reciprocal teaching of comprehension monitoring activities. In: *Cognition and Instruction 2* (1984), S. 117-175.

Pekrun, R.: Schulklima. In: W. Twellmann (Hrsg.): *Handbuch Schule und Unterricht.* Düsseldorf: Schwann 1985a, S. 524-547.

Pekrun, R.: Classroom climate and test anxiety: Developmental validity of expectancy-value theory of anxiety. In: H. M. van der Ploeg, R. Schwarzer & C. D. Spielberger (Hrsg.): *Advances in test anxiety research.* Lisse: Swets & Zeitlinger 1985b, S. 147-158.

Pekrun, R.: *Emotion, Motivation und Persönlichkeit. Allgemeine persönlichkeitstheoretische Überlegungen und eine Längsschnittuntersuchung zur Emotions- und Motivationsentwicklung bei Schülern.* Fakultät für Psychologie und Pädagogik. Ludwig-Maximilian-Universität, München 1986.

Peterson, P. L.: Direct instruction reconsidered. In: P. L. Peterson & H. J. Walberg (Hrsg.): *Research on teaching. Concepts, findings and implication.* Berkeley: McCutchan 1979.

Pintrich, P. R., Marx, R. W. & Boyle, R. A.: Beyond cold conceptual change: The role of motivational beliefs and classroom contextual factors in the process of conceptual change. In: *Review of Educational Research 63* (1993), S. 167-199.

Posner, G. J., Strike, K. A., Hewson, P. W. & Gertzog, W. A.: Accomodation of a scientific conception: Toward a theory of conceptual change. In: *Science Education 66* (1982), S. 211-227.

Power, C. N. & Tisher, R. P.: A self-paced environment. In: H. J. Walberg (Hrsg.): *Educational environments and effects.* Berkeley: McCutchan 1979, S. 200-217.

Rasch, G.: *Probabilistic models for some intelligence and attainment tests.* Kopenhagen: Nielson & Lydiche 1960.

Rauin, U.: Differenzierender Unterricht – Empirische Studien in der Bilanz. In: U. Steffens & T. Bargel (Hrsg.): *Untersuchungen zur Qualität des Unterrichts.* (Beiträge aus dem Arbeitskreis „Qualität von Schule", H. 3.) Wiesbaden: Hessisches Institut für Bildungsplanung und Schulentwicklung 1987, S. 110-137.

Reich, K.: *Systemisch-konstruktivistische Pädagogik.* Neuwied: Luchterhand 1996.

Renkl, A.: Vorwissen und Schulleistung. In: J. Möller & O. Köller (Hrsg.): *Emotionen, Kognitionen und Schulleistung.* Weinheim: Beltz/PVU 1996, S. 175-190.

Renkl, A. & Helmke, A.: Discriminant effects of performance-oriented and structure-oriented mathematics tasks on achievement growth. In: *Contemporary Educational Psychology 17* (1992), S. 47-55.

Reynolds, A. J. & Walberg, H. J.: A structural model of science achievement. In: *Journal of Educational Psychology 83* (1991), S. 97-107.

Reynolds, A. J. & Walberg, H. J.: A process model of mathematics achievement and attitude. In: *Journal for Research in Mathematics Education 23* (1992), S. 306-328.

Rheinberg, F. (Hrsg.): *Bezugsnormen zur Schulleistungsbewertung: Analyse und Intervention.* (Jahrbuch für Empirische Erziehungswissenschaft 1982). Düsseldorf: Schwann 1982.

Rheinberg, F.: „Paradoxe Effekte" von Lob und Tadel. In: *Zeitschrift für Pädagogische Psychologie 2* (1988), S. 223-226.

Rheinberg, F.: Paradoxe Effekte von Lob und Tadel. In: D. H. Rost (Hrsg.): *Handwörterbuch Pädagogische Psychologie.* Weinheim: Beltz/PVU (1998), S. 393-396.

Rheinberg, F. & Weich, K.-W.: Wie gefährlich ist Lob? Eine Untersuchung zum "paradoxen Effekt" von Lehrersanktionen. In: *Zeitschrift für Pädagogische Psychologie 2* (1988), S. 227-233.

Roeder, P. M.: *Binnendifferenzierung im Schulunterricht aus der Sicht der Lehrer.* Berlin: unveröff. Manuskript 1996.

Roeder, P. M.: Binnendifferenzierung im Unterricht von Gesamtschullehrern. In: *Zeitschrift für Pädagogik 43* (1997), S. 241-259.

Roeder, P. M., Baumert, J., Sang, F. & Schmitz, B.: Über Zusammenhänge zwischen Zensur und Testleistung. In: H. Petillon, A. Auffenfeld & B. Wolf (Hrsg.): *Schülergerechte Diagnose: Theoretische und empirische Beiträge zur pädagogischen Diagnostik. Festschrift zum 60. Geburtstag von Karlheinz Ingenkamp.* Weinheim: Beltz 1986, S. 31-59.

Roeder, P. M. & Schnabel, K.: *Bildungsverläufe und psychosoziale Entwicklung im Jugendalter in den alten und neuen Bundesländern (BIJU). Zusatzstudie 10. Klasse.* Berlin: Max-Planck-Institut für Bildungsforschung, Forschungsbereich Schule und Unterricht, Nr. 44/SuU 1995.

Roeder, P. M. & Treumann, K.: *Dimensionen der Schulleistung.* Bd. 1 und 2. Stuttgart: Klett 1974.

Rosenshine, B.: Content, time, and direct instruction. In: P. Peterson & H. Walberg (Hrsg.): *Research on teaching: Concepts, findings, and implications.* Berkeley: McCutchan 1979.

Rosenshine, B. & Meister, C.: Reciprocal teaching: A review of the research. In: *Review of Educational Research 64* (1994), S. 479-530.

Rosenshine, B. & Stevens, R.: Teaching functions. In: M. C. Wittrock (Hrsg.): *Handbook of research on teaching.* New York: Macmillan 1986.

Rosier, M. J. & Keeves, J. P.: *The IEA study of science I: Science education and curricula in twenty-three countries.* Oxford: Pergamon Press 1991.

Rost, J.: *Lehrbuch Testtheorie, Testkonstruktion.* Bern: Huber 1996.

Rutter, M., Maughan, B., Mortimore, P. & Ouston, J.: *Fifteen thousand hours. Secondary schools and their effects on children.* Cambridge: Harvard University Press 1979.

Rutter, M., Maughan, B., Mortimer, P. & Ouston, J.: *Fünfzehntausend Stunden. Schulen und ihre Wirkung auf Kinder.* Weinheim: Beltz 1980.

Saldern, M. v.: Diagnostik des Sozialklimas in Gruppen: Probleme und Erfassungsmethoden. In: K. Ingenkamp, R. Horn & R. S. Jäger (Hrsg.): *Tests und Trends 5. Jahrbuch der Pädagogischen Diagnostik.* Weinheim: Beltz 1986.

Saldern, M. v.: *Sozialklima von Schulklassen.* Frankfurt a. M.: Lang 1987a.

Saldern, M. v.: Die subjektive Wahrnehmung der schulischen Lernumwelt in Abhängigkeit von der Klassenstufe und der Schulart. In: *Unterrichtswissenschaft 15* (1987b), S. 112-120.

Saldern, M. v.: *Social climate in the classroom.* Münster: Waxmann 1992.

Saldern, M. v.: Mehrebenenanalyse. In: D. H. Rost (Hrsg.): *Handwörterbuch Pädagogische Psychologie*. Weinheim: Beltz/PVU 1998, S. 340-343.

Saldern, M. v. & Littig, K. E.: Die Konstruktion der Landauer Skalen zum Sozialklima (LASSO). In: *Zeitschrift für Entwicklungspsychologie und Pädagogische Psychologie 17* (1985), S. 138-149.

Saldern, M. v., Littig, K.-E. & Ingenkamp, K. (Hrsg.): *Landauer Skalen zum Sozialklima für 4. bis 13. Klassen (LASSO 4-13)*. Weinheim: Beltz 1986.

Samson, G. E., Strykowski, B., Weinstein, T. & Walberg, H. J.: The effects of teacher questioning levels on student achievement: A quantitative synthesis. In: *Journal of Educational Research 51* (1987), S. 290-295.

Scheuch, E. K.: Entwicklungsrichtungen bei der Analyse sozialwissenschaftlicher Daten. In: R. König (Hrsg.): *Handbuch der empirischen Sozialforschung*. Stuttgart: Enke 1973.

Schnabel, K.: *Leistungsangst und Lernen*. Münster: Waxmann 1998a.

Schnabel, K.: Schuleffekte. In: D. H. Rost (Hrsg.): *Handwörterbuch Pädagogische Psychologie*. Weinheim: Beltz/PVU 1998b, S. 431-435.

Schnabel, K., Baumert, J. & Roeder, P. M.: Zum Wandel des Schulsystems in den neuen Bundesländern. In: *Neue Sammlung 36* (1996), S. 531-544.

Schneewind, K. A. (Hrsg.): *Psychologie der Erziehung und Sozialisation*. (Enzyklopädie der Psychologie, Serie Pädagogische Psychologie, Bd. 1). Göttingen: Hogrefe 1994.

Schöler, W.: *Strukturen und Modelle des Unterrichts*. Paderborn: Schöningh 1977.

Schrader, F. W.: *Diagnostische Kompetenzen von Lehrern und ihre Bedeutung für die Gestaltung und Effektivität des Unterrichts*. Frankfurt a. M.: Lang 1989.

Schrader, F. W.: Diagnostische Kompetenz von Eltern und Lehrern. In: D. H. Rost (Hrsg.): *Handwörterbuch Pädagogische Psychologie*. Weinheim: Beltz/PVU 1998, S. 68-71.

Schreiner, G.: *Schule als sozialer Erfahrungsraum. Überlegungen und Untersuchungen zum Phänomen des Schulklimas*. Frankfurt: Athenäum 1973.

Schümer, G.: *Bedingungen der Verwendung von Lehrbüchern*. Vortrag auf der Herbsttagung der Arbeitsgruppe für empirische pädagogische Forschung (AEPF), Münster 1992.

Schümer, G.: Projektunterricht in der Regelschule. Anmerkungen zur pädagogischen Freiheit des Lehrers. In: A. Leschinsky (Hrsg.): *Die Institutionalisierung von Lehren und Lernen*. Weinheim: Beltz 1996, S. 141-158.

Schümer, G. & Weissenfels, M.: *Arbeitsblätter im Unterricht an weiterführenden Schulen. Ergebnisse einer Umfrage unter Schulleitern und Lehrern aus vier Bundesländern*. Berlin: Max-Planck-Institut für Bildungsforschung, Forschungsbereich Schule und Unterricht, Nr. 46/SuU 1995.

Schwarzer, R.: Schüler ohne Selbstvertrauen. In: *Zeitschrift für Pädagogik 25* (1979), S. 181-189.

Schwarzer, R. & Lange, B.: Zur subjektiven Lernumweltbelastung von Schülern. In: *Unterrichtswissenschaft 8* (1980), S. 358-371.

Schwarzer, R., Lange, B. & Jerusalem, M.: Die Bezugsnorm des Lehrers aus der Sicht des Schülers. In: F. Rheinberg (Hrsg.): *Bezugsnormen zur Schulleistungsbewertung: Analyse und Intervention*. (Jahrbuch für Empirische Erziehungswissenschaft 1982). Düsseldorf: Schwann 1982, S. 161-172.

Schwarzer, R. & Steinhagen, K. (Hrsg.): *Adaptiver Unterricht*. München: Kösel 1975.

Shavelson, R. J. & Bolus, R.: Self concept: The interplay of theory and methods. In: *Journal of Educational Psychology 74* (1982), S. 3-17.

Shimron, J.: Learning activities in individually prescribed instruction. In: *Instructional Science 5* (1976), S. 391-401.

Shulman, L. S.: Paradigms and research programs in the study of teaching: A contemporary perspective. In: M. C. Wittrock (Hrsg.): *Handbook of Research on Teaching*. New York: Macmillan 1986, S. 3-36.

Sirotnik, K. A.: Psychometric implications of the unit-of-analysis problem (with examples from the measurement of organizational climate). In: *Journal of Educational Measurement 17* (1980), S. 245-282.

Skaalvik, E. M. & Hagtvet, K. A.: Academic achievement and self-concept: An analysis of causal predominance in a developmental perspective. In: *Journal of Personality and Social Psychology 58* (1990), S. 292-307.

Slavin, R. E.: Cooperative learning and the cooperative school. In: *Educational Leadership 45* (1987), S. 7-13.

Slavin, R. E.: Quality, appropriateness, incentive, and time: A model of instructional effectiveness. In: *International Journal of Educational Research 21* (1994), S. 141-157.

Slavin, R. E.: *Cooperative Learning: Theory, research, and practice*. Boston: Allyn & Bacon 1995 (2 Aufl.).

Slavin, R. E.: *Education for all.* Lisse: Swets & Zeitlinger 1996.

Snow, R. E.: Aptitude treatment interaction as a framework for research on individual differences in learning. In: P. L. Ackerman, R. J. Sternberg & R. Glaser (Hrsg.): *Learning and individual differences: Advances in theory and research.* New York: Freeman & Co 1989, S. 13-59.

Snow, R. E. & Swanson, J.: Instructional psychology: Aptitude, adaptation, and assessment. In: *Annual Review of Psychology 43* (1992), S. 583-626.

Stern, E.: Warum werden Kapitänsaufgaben gelöst? Das Verstehen von Textaufgaben aus psychologischer Sicht. In: *Der Mathematikunterricht 38* (1992), S. 7-29.

Stern, G. G.: *People in context. Measuring person-environment congruence in education and industry.* New York: John Wiley 1970.

Stigler, J. W., Gonzales, P., Kawanaka, T., Knoll, S. & Serrano, A.: The TIMSS Videotape Classroom Study: Methods and findings from an explanatory research project on eigth-grade mathematics instruction in Germany, Japan, and the United States. (U. S. Department of Education, National Center for Education Statistics, NCES 99-074.) Washington, DC: U. S. Government Printing Office 1999.

Stodolsky, S. S., Ferguson, T. L. & Wimpelberg, K.: The recitation persists, but what does it look like? In: *Journal of Curriculum Studies 13* (1981), S. 121-130.

Tausch, R. & Tausch, A.: *Erziehungspsychologie.* Göttingen: Hogrefe 1965.

Terhart, E.: Zur Wechselwirkung von Schülermerkmalen und Unterrichtsbedingungen. In: *Die Deutsche Schule 71* (1979), S. 285-296.

Terhart, E.: Konstruktivismus und Unterricht. Gibt es einen neuen Ansatz in der Allgemeinen Didaktik? In: *Zeitschrift für Pädagogik 45* (1999), S. 629-647.

Thurn, S. & Tillmann, K.-J.: *Unsere Schule ist ein Haus des Lernens. Das Beispiel Laborschule Bielefeld.* Reinbek: Rowohlt 1997.

Tisher, R. P. & Power, C. N.: The learning environment associated with an Australian curriculum innovation. In: *Journal of Curriculum Studies 10* (1978), S. 169-184.

Travers, K.-J. & Westbury, I.: *The IEA study of mathematics I: Analysis of mathematics curricula.* Oxford: Pergamon Press 1989.

Treiber, B.: *Qualifizierung und Chancenausgleich in Schulklassen.* Bd. 1 und 2. Frankfurt a. M.: Lang 1980.

Treiber, B. & Weinert, F. E. (Hrsg.): *Lehr-Lern-Forschung.* München: Urban & Schwarzenberg 1982.

Treiber, B. & Weinert, F. E.: *Gute Schulleistungen für alle? Psychologische Studien zu einer pädagogischen Hoffnung.* Münster: Aschendorff 1985.

Treiber, B., Weinert, F. E. & Groeben, N.: Unterrichtsqualität, Leistungsniveau von Schulklassen und individueller Lernfortschritt. In: *Zeitschrift für Pädagogik 28* (1982), S. 563-576.

Treinies, G. & Einsiedler, W.: Zur Vereinbarkeit von Steigerung des Lernleistungsniveaus und Verringerung von Leistungsunterschieden in Grundschulklassen. In: *Unterrichtswissenschaft 24* (1996), S. 290-311.

Trickett, E. J., Trickett, P. K., Castro, J. J. & Schaffner, P.: The independent school experience: Aspects of the normative environments of single-sex and coed secondary schools. In: *Journal of Educational Psychology 74* (1982), S. 374-381.

Uguroglu, M. E. & Walberg, H. J.: Motivation and achievement: A quantitative synthesis. In: *American Educational Research Journal 16* (1979), S. 375-389.

Vinner, S.: Conception definition, concept image, and the notion of function. In: *International Journal for Mathematics Education, Science and Technology 14* (1983), S. 293-305.

Wagenschein, M.: *Verstehen lernen. Genetisch – Sokratisch – Exemplarisch.* Weinheim: Beltz 1989 (8 Aufl.).

Walberg, H. J.: Social environment as a mediator of classroom learning. In: *Journal of Educational Psychology 60* (1969a), S. 443-448.

Walberg, H. J.: Predicting class learning. An approach to the class as a social system. In: *American Educational Research Journal* 6 (1969b), S. 529-542.

Walberg, H. J.: Social environment and individual learning: A test of the Bloom model. In: *Journal of Educational Psychology 63* (1972), S. 69-73.

Walberg, H. J.: A psychological theory of educational productivity. In: F. H. Farley & N. J. Gordon (Hrsg.): *Psychology and Education.* Berkeley: McCutchan 1981, S. 81-108.

Walberg, H. J.: Scientific literacy and economic productivity in international perspective. In: *Daedalus 112* (1983), S. 1-28.

Walberg, H. J.: Syntheses of research on teaching. In: M. C. Wittrock (Hrsg.): *Handbook of research on teaching.* New York: Macmillan 1986, S. 214-229.

Walberg, H. J. & Ahlgren, A.: Predictors of the social environment. In: *American Educational Research Journal 7* (1970), S. 153-167.

Walberg, H. J. & Anderson, G. J.: Classroom climate and individual learning. In: *Journal of Educational Psychology 59* (1968), S. 414-419.

Walberg, H. J. & Anderson, G. J.: Properties of the achieving urban classes. In: *Journal of Educational Psychology 63* (1972), S. 381-385.

Walberg, H. J., Pascarella, E., Haertel, G. D., Junker, L. K. & Boulanger, F. D.: Probing a model of educational productivity in high school science with national assessment samples. In: *Journal of Educational Psychology 74* (1982), S. 295-307.

Walberg, H. J., Singh, R. & Rasher, S. P.: Predictive validity of student perceptions: A cross-cultural replication. In: *American Educational Research Journal 14* (1977), S. 45-49.

Wang, M. C., Haertel, G. D. & Walberg, H. J.: Toward a knowledge base for school learning. In: *Review of Educational Research 63* (1993), S. 249-294.

Watzlawick, P., Beavin, J. H. & Jackson, D. D.: *Menschliche Kommunikation.* Bern: Huber 1969.

Weinert, F. E.: Für und Wider die „neuen Lerntheorien" als Grundlagen pädagogisch-psychologischer Forschung. In: *Zeitschrift für Pädagogische Psychologie 10* (1996), S. 1-12.

Weinert, F. E. (Hrsg.): *Psychologie des Lernens und der Instruktion.* (Enzyklopädie der Psychologie, Serie Pädagogische Psychologie, Bd. 2). Göttingen: Hogrefe 1996.

Weinert, F. E. (Hrsg.): *Psychologie des Unterrichts und der Schule.* (Enzyklopädie der Psychologie, Serie Pädagogische Psychologie, Bd. 3). Göttingen: Hogrefe 1997.

Weinert, F. E.: Neue Unterrichtskonzepte zwischen gesellschaftlichen Notwendigkeiten, pädagogischen Visionen und psychologischen Möglichkeiten. In: Bayrisches Staatsministerium (Hrsg.): *Wissen und Werte für die Welt von morgen.* Dokumentation zum Bildungskongress des Bayrischen Staatsministeriums für Unterricht, Kultus, Wissenschaft und Kunst. München 1998. S. 101-125.

Weinert, F. E. & Helmke, A.: Der gute Lehrer: Person, Funktion oder Fiktion? In: *Zeitschrift für Pädagogik 34* (1996), 35. Beiheft, S. 223-243.

Weinert, F. E. & Helmke, A. (Hrsg.): *Entwicklung im Grundschulalter.* Weinheim: Beltz/ PVU 1997.

Weinert, F. E., Schrader, F. W. & Helmke, A.: Quality of instruction and achievement outcomes. In: *International Journal of Educational Research 13* (1989), S. 895-914.

Weinert, F. E., Schrader, F.-W. & Helmke, A.: Unterrichtsexpertise – ein Konzept zur Verringerung der Kluft zwischen zwei theoretischen Paradigmen. In: L.-M. Alisch, J. Baumert & K. Beck (Hrsg.): *Professionswissen und Professionalisierung.* Braunschweig: Sonderband in Zusammenarbeit mit der Zeitschrift Empirische Pädagogik 1990, S. 173-206.

Welch, W. W., Walberg, H. J. & Fraser, B. J.: Predicting elementary science learning using national assessment data. In: *Journal of Research in Science Teaching 23* (1986), S. 699-706.

Wittrock, M. C.: Students' thought processes. In: M. C. Wittrock (Hrsg.): *Handbook of Research on Teaching.* New York: Macmillan 1986, S. 297-314.

Wittrock, M. C. (Hrsg.): *Handbook of Research on Teaching.* New York: Macmillan 1986.

Anhang 1: Fragebogen zur Erfassung der Wahrnehmung des Fachlehrers und des Fachunterrichts

Liebe Schülerin, lieber Schüler,

wir alle wissen: Die besten Beobachter des schulischen Unterrichts sind die Schüler. Sie erkennen sehr genau, wie der Lehrer oder die Lehrerin im Unterricht vorgeht, wie er bzw. sie bei Schwierigkeiten im Unterricht reagiert, wie er oder sie mit störenden Schülern umgeht, wie er/sie Schüler bei der Arbeit unterstützt usw.

Im folgenden interessiert uns, wie Dir persönlich der **Mathematikunterricht** in der Schule gefällt und wie Du Deinen **Mathematiklehrer** bzw. Deine **Mathematiklehrerin** einschätzt. Wenn wir Dich bei den verschiedenen Fragen auf den folgenden Seiten darum bitten, **Deinen Mathematiklehrer** zu beurteilen, so meinen wir natürlich auch die **Mathematiklehrerin**, falls es eine Frau ist, die in Deiner Klasse Mathematik unterrichtet.

Selbstverständlich erfährt Dein Lehrer/Deine Lehrerin nichts von Deiner Bewertung. Auch alle übrigen Lehrer und Lehrerinnen erfahren nichts darüber.

Vielen Dank für Deine Mitarbeit

Deine Forschungsgruppe

Wie sehr fordert Euch der Mathelehrer/die Mathelehrerin?

	trifft voll und ganz zu	trifft eher zu	trifft eher nicht zu	trifft überhaupt nicht zu
1. Wenn wir nicht am Wochenende lernen, schaffen wir kaum, was von uns verlangt wird.	❐	❐	❐	❐
2. Wir kommen kaum nach mit unseren Hausaufgaben.	❐	❐	❐	❐
3. Der Unterricht geht so schnell weiter, daß viele Schüler Schwierigkeiten haben mitzukommen.	❐	❐	❐	❐
4. Wenn ein Schüler einige Tage fehlt, muß er sich anstrengen, um wieder Anschluß zu finden.	❐	❐	❐	❐

Wie streng ist Euer Mathelehrer/Eure Mathelehrerin?

Im Mathematikunterricht. . .	trifft voll und ganz zu	trifft eher zu	trifft eher nicht zu	trifft überhaupt nicht zu
5. bestimmen wir oft gemeinsam mit dem Lehrer, was durchgenommen wird.	❐	❐	❐	❐
6. gibt uns der Lehrer Stoffe und Themen zur Auswahl.	❐	❐	❐	❐
7. geht der Lehrer oft auf aktuelle Wünsche der Schüler ein.	❐	❐	❐	❐
8. sind die Spielregeln, die man ein-halten muß, allen bekannt.	❐	❐	❐	❐
9. hat unser Lehrer klar gemacht, was passiert, wenn man Regeln verletzt.	❐	❐	❐	❐
10. ist klar, was man machen darf und was nicht.	❐	❐	❐	❐
11. wird der Unterricht oft sehr gestört.	❐	❐	❐	❐
12. muß der Lehrer andauernd brüllen.	❐	❐	❐	❐
13. wird fortwährend laut gequatscht.	❐	❐	❐	❐
14. wird andauernd Blödsinn gemacht.	❐	❐	❐	❐

Wie übt Ihr im Mathematikunterricht?	trifft voll und ganz zu	trifft eher zu	trifft eher nicht zu	trifft überhaupt nicht zu
15. Wir kommen sehr langsam voran, weil wir so viel üben und wiederholen.	❐	❐	❐	❐
16. Es werden immer wieder fast dieselben Aufgaben geübt, die in der Stunde durchgenommen wurden.	❐	❐	❐	❐
17. Wir haben viele Übungsbögen, die der Lehrer austeilt.	❐	❐	❐	❐
18. Unter den Übungsaufgaben sind oft Aufgaben, bei denen man wirklich sieht, ob man etwas verstanden hat.	❐	❐	❐	❐
19. Wenn wir üben, wenden wir das Gelernte oft auf andere Dinge an.	❐	❐	❐	❐
20. Die Übungsaufgaben sind ähnlich, aber doch immer wieder anders, so daß man genau aufpassen muß.	❐	❐	❐	❐

Hat Euer Mathelehrer/Eure Mathelehrerin eine "Antenne" für Eure Probleme?

Unser Mathematiklehrer . . .	trifft voll und ganz zu	trifft eher zu	trifft eher nicht zu	trifft überhaupt nicht zu
21. sieht gar nicht, wenn jemand Angst hat.	❐	❐	❐	❐
22. spürt sofort, wenn zwischen Banknachbarn etwas nicht stimmt.	❐	❐	❐	❐
23. merkt ziemlich schnell, wenn jemand Kummer hat.	❐	❐	❐	❐
24. spürt überhaupt nicht, wenn jemand traurig ist und seine Gedanken woanders sind.	❐	❐	❐	❐
25. sieht schnell, wenn es zwischen Schülern Streit gegeben hat.	❐	❐	❐	❐
26. nimmt sich immer Zeit, wenn die Schüler etwas mit ihm bereden wollen.	❐	❐	❐	❐
27. hilft uns wie ein Freund.	❐	❐	❐	❐
28. kümmert sich um die Probleme der Schüler.	❐	❐	❐	❐
29. bemüht sich, die Wünsche der Schüler so weit wie möglich zu erfüllen.	❐	❐	❐	❐
30. ist meistens bereit, mit uns zu reden, wenn uns etwas nicht gefällt.	❐	❐	❐	❐

Wie reagiert Euer Mathelehrer/Eure Mathelehrerin auf Eure Antworten?

Im Mathematikunterricht . . .	trifft voll und ganz zu	trifft eher zu	trifft eher nicht zu	trifft überhaupt nicht zu
31. läßt uns der Lehrer auch einmal mit unseren eigenen Vermutungen in die Irre gehen, bis wir es selbst merken.	❐	❐	❐	❐
32. akzeptiert der Lehrer manchmal auch Fehler und läßt uns damit weiter machen, bis wir selbst sehen, daß etwas nicht stimmen kann.	❐	❐	❐	❐
33. akzeptiert der Lehrer unsere Antworten zunächst und fragt so weiter, daß wir immer wieder prüfen müssen, was aus unserer Antwort folgt.	❐	❐	❐	❐

Im Mathematikunterricht . . .	trifft voll und ganz zu	trifft eher zu	trifft eher nicht zu	trifft überhaupt nicht zu
34. geht der Lehrer oft von ganz alltäglichen Dingen aus und stellt dann verblüffende Fragen, die zeigen, wie schwierig einfache Dinge sein können.	❐	❐	❐	❐

Wie schätzt Euer Mathelehrer/Eure Mathelehrerin Eure Leistungen ein?

Unser Mathematiklehrer . . .	trifft voll und ganz zu	trifft eher zu	trifft eher nicht zu	trifft überhaupt nicht zu
35. weiß genau, was jeder von uns leistet.	❐	❐	❐	❐
36. merkt sofort, wenn man etwas nicht richtig verstanden hat.	❐	❐	❐	❐
37. weiß sofort, bei welchen Aufgaben wir Schwierigkeiten haben.	❐	❐	❐	❐
38. weiß sofort, was jemand nicht verstanden hat.	❐	❐	❐	❐
39. merkt sofort, wenn ein Schüler im Unterricht nicht mitkommt.	❐	❐	❐	❐
40. Wenn sich ein schwacher Schüler verbessert, ist das für unseren Lehrer eine gute Leistung, auch wenn der Schüler immer noch unter dem Klassendurchschnitt liegt.	❐	❐	❐	❐
41. Wenn ich mich besonders angestrengt habe, lobt mich der Lehrer meistens, auch wenn andere Schüler noch besser sind als ich.	❐	❐	❐	❐
42. Wenn ein Schüler seine Leistungen verbessert, wird er vom Lehrer gelobt, auch dann, wenn er im Vergleich zur Klasse unter dem Durchschnitt liegt.	❐	❐	❐	❐
43. Unser Lehrer lobt auch die schlechten Schüler, wenn er merkt, daß sie sich verbessern.	❐	❐	❐	❐

Wie reagiert Euer Mathelehrer/Eure Mathelehrerin auf Störungen im Unterricht?

Unser Mathematiklehrer . . .	trifft voll und ganz zu	trifft eher zu	trifft eher nicht zu	trifft überhaupt nicht zu
44. greift sofort ein, bevor Unruhe und Störungen überhaupt erst entstehen.	❐	❐	❐	❐
45. reagiert meistens zu spät, wenn Schüler Unsinn machen, so daß er dann massiv werden muß.	❐	❐	❐	❐
46. unterbricht lange den Unterricht, wenn jemand Unsinn macht.	❐	❐	❐	❐

Wie gestaltet Euer Mathelehrer/Eure Mathelehrerin den Unterrichtsablauf?

Unser Mathematiklehrer . . .	trifft voll und ganz zu	trifft eher zu	trifft eher nicht zu	trifft überhaupt nicht zu
47. läßt sich leicht ablenken, wenn ihm irgendetwas auffällt.	❐	❐	❐	❐
48. unterbricht die Einzelarbeit oft mit Aufforderungen, die an die ganze Klasse gerichtet sind, wenn ihm bei einem Schüler irgendetwas auffällt.	❐	❐	❐	❐
49. fängt mitten in der Einzelarbeit oder Gruppenarbeit an, an der Tafel etwas zu erklären.	❐	❐	❐	❐
50. gestaltet den Unterricht oft sehr spannend.	❐	❐	❐	❐
51. kann auch trockenen Stoff wirklich interessant machen.	❐	❐	❐	❐
52. kann Schüler manchmal richtig begeistern.	❐	❐	❐	❐

Könnt Ihr Eurem Mathelehrer/Eurer Mathelehrerin im Unterricht folgen?

Unser Mathematiklehrer . . .	trifft voll und ganz zu	trifft eher zu	trifft eher nicht zu	trifft überhaupt nicht zu
53. faßt häufig noch einmal den Stoff zusammen, damit wir ihn uns gut merken können.	❐	❐	❐	❐

Unser Mathematiklehrer . . .	trifft voll und ganz zu	trifft eher zu	trifft eher nicht zu	trifft überhaupt nicht zu
54. kommt vom Hundertsten ins Tausendste, und keiner weiß, was los ist.	❐	❐	❐	❐
55. kann gut erklären.	❐	❐	❐	❐
56. unterrichtet so, daß man auch eine schwierige Aufgabe bewältigen kann, wenn man sich anstrengt.	❐	❐	❐	❐
57. erklärt besonders an schwierigen Stellen ganz langsam und sorgfältig.	❐	❐	❐	❐

Wie hoch ist das Tempo im Mathematikunterricht?

Unser Mathematiklehrer . . .	trifft voll und ganz zu	trifft eher zu	trifft eher nicht zu	trifft überhaupt nicht zu
58. verlangt oft blitzschnelle Antworten.	❐	❐	❐	❐
59. läßt bei Fragen kaum Zeit zum Nachdenken.	❐	❐	❐	❐
60. geht gleich zum Nächsten, wenn man nicht sofort antwortet.	❐	❐	❐	❐
61. fragt oft unberechenbar in die Klasse und erwartet sofortige Antwort.	❐	❐	❐	❐
62. geht im Stoff zügig voran, ohne uns zu überfordern.	❐	❐	❐	❐
63. geht so schnell voran, daß man in jeder Stunde das Gefühl hat, etwas Neues dazugelernt zu haben.	❐	❐	❐	❐
64. arbeitet die Lektionen zügig durch, so daß man immer aufpassen muß, aber auch nicht überfordert wird.	❐	❐	❐	❐
65. bringt uns auch beim Üben noch etwas Neues bei.	❐	❐	❐	❐

Wie aufmerksam ist Euer Mathelehrer/Eure Mathelehrerin im Unterricht?

Unser Mathematiklehrer ...	trifft voll und ganz zu	trifft eher zu	trifft eher nicht zu	trifft überhaupt nicht zu
66. achtet genau darauf, daß wir die Hefteintragungen im Unterricht richtig machen.	❒	❒	❒	❒
67. weiß immer genau, was in der Klasse vor sich geht.	❒	❒	❒	❒
68. kontrolliert immer genau unsere Hausaufgaben.	❒	❒	❒	❒
69. merkt sofort, wenn Schüler beginnen, etwas anderes zu treiben.	❒	❒	❒	❒
70. achtet sehr darauf, daß wir aufpassen.	❒	❒	❒	❒

Wie nutzt Ihr die Unterrichtszeit in Mathematik?

In Mathematik ...	trifft voll und ganz zu	trifft eher zu	trifft eher nicht zu	trifft überhaupt nicht zu
71. dauert es meistens sehr lange, bis alle zur Arbeit bereit sind.	❒	❒	❒	❒
72. dauert es zu Beginn der Stunde sehr lange, bis die Schüler ruhig werden und zu arbeiten beginnen.	❒	❒	❒	❒
73. fehlt meistens bei irgend jemandem etwas, wenn wir anfangen wollen zu arbeiten.	❒	❒	❒	❒
74. wird im Unterricht viel Zeit vertrödelt.	❒	❒	❒	❒
75. haben die einzelnen Schüler oft verschiedene Aufgaben.	❒	❒	❒	❒
76. können schnellere Schüler schon zum Nächsten übergehen.	❒	❒	❒	❒
77. stellt der Lehrer Schülern oder Schülergruppen unterschiedlich schwere Fragen, je nachdem, wie gut ein Schüler ist.	❒	❒	❒	❒
78. verlangt der Lehrer von den guten Schülern deutlich mehr.	❒	❒	❒	❒
79. arbeite ich fast immer intensiv mit.	❒	❒	❒	❒
80. mache ich heimlich oft andere Dinge.	❒	❒	❒	❒
81. bin ich in Gedanken oft ganz woanders.	❒	❒	❒	❒

Wie gern magst Du Deinen Mathelehrer/Deine Mathelehrerin?

	trifft voll und ganz zu	trifft eher zu	trifft eher nicht zu	trifft überhaupt nicht zu
82. Ich hätte gern einen anderen Mathematiklehrer.	❒	❒	❒	❒
83. Mit unserem Mathelehrer bin ich sehr zufrieden.	❒	❒	❒	❒
84. Ich mag unseren Mathelehrer sehr gern.	❒	❒	❒	❒
85. An unserem Mathelehrer gibt es einiges auszusetzen.	❒	❒	❒	❒

Kodierung: 1 = *trifft überhaupt nicht zu* (...) 4 = *trifft voll und ganz zu*

Anhang 2: Ergebnisse der Itemanalysen (Schülerebene) für die Skalen zur Erfassung des Fachlehrers und Fachunterrichts für die drei Fächer Mathematik, Biologie und Physik (in der ersten Zeile pro Skala sind Mittelwert und Standardabweichung der betreffenden Skala auf Schülerebene (S), in der zweiten Zeile auf Klassenebene (K) angegeben; Itemnumerierung s. Anhang 1)

Skala/Itemnummer		Mathematik			Biologie			Physik		
		M	*SD*	r_{it}	*M*	*SD*	r_{it}	*M*	*SD*	r_{it}
Regelklarheit	S	*2,67*	*0,77*		*2,74*	*0,71*		*2,74*	*0,70*	
	K	*2,66*	*0,34*		*2,73*	*0,30*		*2,71*	*0,28*	
08		2,62	0,90	0,72	2,71	0,84	0,68	2,69	0,83	0,59
09		2,61	0,90	0,72	2,65	0,84	0,65	2,63	0,86	0,62
10		2,78	0,85	0,70	2,86	0,83	0,63	2,90	0,82	0,61
Zeitverschwendung	S	*2,52*	*0,72*		*2,44*	*0,69*		*2,49*	*0,66*	
	K	*2,52*	*0,35*		*2,45*	*0,31*		*2,51*	*0,32*	
71		2,39	0,91	0,71	2,43	0,87	0,69	2,38	0,85	0,64
72		2,48	0,84	0,77	2,53	0,81	0,76	2,44	0,82	0,71
73		2,47	0,84	0,66	2,59	0,80	0,63	2,59	0,80	0,58
74		2,59	0,87	0,66	2,71	0,85	0,61	2,63	0,87	0,56
Unterrichtsstörungen	S	*2,39*	*0,75*		*2,38*	*0,75*		*2,38*	*0,74*	
	K	*2,39*	*0,39*		*2,40*	*0,41*		*2,40*	*0,42*	
11		2,47	0,89	0,70	2,53	0,89	0,72	2,49	0,87	0,65
12		2,31	0,88	0,70	2,28	0,84	0,74	2,24	0,88	0,67
13		2,40	0,88	0,77	2,36	0,85	0,79	2,43	0,90	0,74
14		2,37	0,91	0,72	2,33	0,89	0,72	2,36	0,91	0,70
Störungspräventive Überwachung der	S	*2,67*	*0,69*		*2,70*	*0,65*		*2,65*	*0,63*	
Schülertätigkeiten	K	*2,67*	*0,30*		*2,69*	*0,27*		*2,64*	*0,28*	
67		2,57	0,82	0,52	2,59	0,78	0,46	2,50	0,78	0,39
69		2,66	0,86	0,65	2,69	0,83	0,61	2,68	0,83	0,54
70		2,77	0,86	0,55	2,81	0,85	0,53	2,79	0,84	0,45
Inef. Behandlung von	S	*2,44*	*0,76*		*2,37*	*0,73*		*2,37*	*0,69*	
Unterrichtsstörungen	K	*2,46*	*0,37*		*2,37*	*0,30*		*2,38*	*0,29*	
45		2,41	0,88	,48	2,35	0,87	0,39	2,38	0,86	0,28
46		2,46	0,89	,48	2,38	0,88	0,39	2,36	0,86	0,28

Skala/Itemnummer		Mathematik			Biologie			Physik		
		M	*SD*	r_{it}	*M*	*SD*	r_{it}	*M*	*SD*	r_{it}
Leistungsdruck	*S*	*2,21*	*0,74*		*2,11*	*0,70*		*2,20*	*0,65*	
	K	*2,24*	*0,33*		*2,12*	*0,30*		*2,22*	*0,28*	
01		2,17	0,92	0,67	2,19	0,93	0,67	2,18	0,84	0,58
02		2,03	0,87	0,71	1,92	0,82	0,67	1,84	0,81	0,56
03		2,20	0,90	0,69	2,07	0,85	0,70	2,20	0,85	0,61
04		2,46	0,96	0,54	2,25	0,91	0,49	2,59	0,92	0,47
Interaktionstempo	*S*	*2,39*	*0,71*		*2,31*	*0,71*		*2,36*	*0,67*	
	K	*2,42*	*0,34*		*2,31*	*0,31*		*2,37*	*0,30*	
58		2,55	0,89	0,71	2,45	0,88	0,71	2,54	0,83	0,64
59		2,33	0,81	0,77	2,26	0,80	0,77	2,29	0,78	0,73
60		2,33	0,81	0,75	2,26	0,82	0,73	2,30	0,83	0,67
61		2,33	0,85	0,66	2,24	0,84	0,67	2,30	0,83	0,64
Zügiges Voranschreiten im Unterricht	*S*	*2,58*	*0,63*		*2,61*	*0,62*		*2,59*	*0,59*	
	K	*2,59*	*0,24*		*2,61*	*0,22*		*2,58*	*0,21*	
62		2,60	0,83	0,54	2,63	0,80	0,55	2,61	0,81	0,49
63		2,49	0,83	0,56	2,51	0,84	0,55	2,46	0,80	0,51
64		2,60	0,83	0,62	2,63	0,83	0,60	2,61	0,81	0,53
65		2,64	0,84	0,52	2,68	0,83	0,45	2,67	0,80	0,45
Klarheit der Präsentation	*S*	*2,77*	*0,73*		*2,85*	*0,64*		*2,80*	*0,67*	
	K	*2,76*	*0,38*		*2,85*	*0,28*		*2,79*	*0,32*	
53		2,92	0,84	0,60	2,97	0,77	0,49	3,02	0,77	0,53
55		2,74	0,88	0,74	2,85	0,81	0,71	2,74	0,85	0,70
56		2,69	0,87	0,70	2,79	0,81	0,64	2,69	0,85	0,66
57		2,73	0,91	0,75	2,79	0,83	0,67	2,76	0,87	0,66
Sprunghaftigkeit	*S*	*2,46*	*0,68*		*2,44*	*0,65*		*2,39*	*0,62*	
	K	*2,48*	*0,29*		*2,45*	*0,26*		*2,40*	*0,23*	
47		2,46	0,87	0,54	2,48	0,86	0,52	2,35	0,83	0,44
48		2,50	0,82	0,55	2,50	0,79	0,55	2,51	0,78	0,45
49		2,41	0,86	0,52	2,32	0,83	0,47	2,33	0,85	0,38
Repetitives Üben	*S*	*2,21*	*0,67*		*2,16*	*0,66*		*2,08*	*0,62*	
	K	*2,29*	*0,34*		*2,18*	*0,29*		*2,10*	*0,28*	
15		2,28	0,85	0,63	2,24	0,83	0,65	2,21	0,80	0,55
16		2,26	0,80	0,63	2,16	0,76	0,65	2,19	0,77	0,55

Skala/Itemnummer		Mathematik			Biologie			Physik		
		M	*SD*	r_{it}	*M*	*SD*	r_{it}	*M*	*SD*	r_{it}
Individuelle Bezugs-	*S*	*2,71*	*0,71*		*2,77*	*0,65*		*2,70*	*0,66*	
normorientierung	*K*	*2,71*	*0,30*		*2,78*	*0,26*		*2,69*	*0,32*	
40		2,80	0,82	0,66	2,83	0,79	0,47	2,87	0,78	0,55
41		2,63	0,87	0,67	2,73	0,86	0,58	2,52	0,87	0,62
42		2,70	0,85	0,76	2,74	0,79	0,77	2,65	0,83	0,71
43		2,74	0,86	0,72	2,78	0,82	0,69	2,75	0,85	0,65
Diagn. Kompetenz im	*S*	*2,81*	*0,66*		*2,75*	*0,62*		*2,75*	*0,60*	
Leistungsbereich	*K*	*2,81*	*0,29*		*2,78*	*0,26*		*2,69*	*0,32*	
35		3,08	0,75	0,59	3,02	0,75	0,53	3,08	0,70	0,48
36		2,79	0,79	0,75	2,75	0,76	0,74	2,74	0,75	0,69
37		2,81	0,79	0,76	2,72	0,78	0,72	2,78	0,77	0,66
38		2,70	0,85	0,73	2,61	0,81	0,70	2,58	0,82	0,70
39		2,69	0,83	0,70	2,64	0,79	0,68	2,59	0,81	0,67
Binnendifferenzieren-	*S*	*2,35*	*0,65*		*2,19*	*0,65*		*2,20*	*0,64*	
de Maßnahmen	*K*	*2,37*	*0,26*		*2,21*	*0,25*		*2,21*	*0,25*	
75		2,25	0,83	0,48	2,13	0,83	0,52	2,13	0,85	0,47
76		2,50	0,85	0,46	2,28	0,85	0,55	2,36	0,88	0,48
77		2,27	0,87	0,61	2,13	0,87	0,66	2,07	0,88	0,59
78		2,36	0,88	0,59	2,20	0,85	0,52	2,22	0,87	0,50
Schülerorientierter	*S*	*2,10*	*0,81*		*2,32*	*0,76*		*2,00*	*0,73*	
Unterricht	*K*	*2,14*	*0,38*		*2,34*	*0,36*		*2,03*	*0,35*	
05		2,12	0,93	0,78	2,35	0,82	0,72	2,03	0,89	0,70
06		2,04	0,87	0,80	2,23	0,85	0,74	1,89	0,81	0,71
07		2,12	0,89	0,70	2,37	0,86	0,63	2,10	0,84	0,60
Genetisch-Sokrati-	*S*	*2,65*	*0,69*		*2,53*	*0,64*		*2,70*	*0,62*	
sches Vorgehen	*K*	*2,65*	*0,29*		*2,53*	*0,22*		*2,67*	*0,26*	
31		2,72	0,88	0,59	2,55	0,85	0,59	2,80	0,85	0,52
32		2,61	0,83	0,73	2,45	0,79	0,67	2,57	0,80	0,58
33		2,64	0,83	0,67	2,55	0,79	0,63	2,71	0,83	0,59
34		2,61	0,89	0,53	2,55	0,86	0,45	2,70	0,86	0,45

Skala/Itemnummer		Mathematik			Biologie			Physik		
		M	*SD*	r_{it}	*M*	*SD*	r_{it}	*M*	*SD*	r_{it}
Anspruchsvolles Üben	*S*	*2,62*	*0,71*		*2,56*	*0,66*		*2,70*	*0,65*	
	K	*2,61*	*0,32*		*2,56*	*0,22*		*2,68*	*0,29*	
18		2,55	0,89	0,58	2,48	0,84	0,52	2,61	0,87	0,49
19		2,65	0,85	0,61	2,58	0,81	0,52	2,73	0,80	0,50
20		2,66	0,86	0,62	2,60	0,84	0,55	2,77	0,81	0,54
Sozialorientierung	*S*	*2,49*	*0,76*		*2,65*	*0,69*		*2,46*	*0,73*	
des Lehrers	*K*	*2,49*	*0,41*		*2,65*	*0,34*		*2,45*	*0,39*	
26		2,57	0,90	0,73	2,69	0,87	0,63	2,57	0,91	0,85
27		2,41	0,93	0,73	2,49	0,91	0,67	2,29	0,91	0,84
28		2,46	0,91	0,78	2,70	0,86	0,68	2,35	0,90	0,84
29		2,48	0,90	0,74	2,66	0,81	0,71	2,50	0,87	0,84
30		2,57	0,92	0,73	2,72	0,85	0,71	2,56	0,91	0,85
Diagn. Kompetenz im	*S*	*2,46*	*0,74*		*2,51*	*0,70*		*2,36*	*0,69*	
Sozialbereich	*K*	*2,46*	*0,33*		*2,51*	*0,29*		*2,36*	*0,30*	
22		2,48	0,86	0,66	2,53	0,82	0,66	2,41	0,84	0,57
23		2,42	0,88	0,71	2,47	0,83	0,67	2,26	0,86	0,60
25		2,47	0,87	0,64	2,52	0,83	0,62	2,41	0,85	0,55
Motivierungsfähigkeit	*S*	*2,41*	*0,79*		*2,57*	*0,77*		*2,41*	*0,78*	
	K	*2,42*	*0,41*		*2,56*	*0,32*		*2,41*	*0,39*	
50		2,37	0,89	0,73	2,53	0,88	0,72	2,37	0,89	0,70
51		2,43	0,88	0,75	2,59	0,87	0,74	2,41	0,88	0,71
52		2,43	0,90	0,73	2,58	0,89	0,70	2,46	0,93	0,69
Zufriedenheit mit dem	*S*	*2,64*	*0,81*		*2,72*	*0,76*		*2,59*	*0,85*	
Lehrer	*K*	*2,61*	*0,50*		*2,71*	*0,39*		*2,58*	*0,49*	
82		2,66	1,08	0,63	2,72	1,04	0,61	2,62	1,07	0,67
83		2,74	0,99	0,71	2,81	0,92	0,70	2,70	0,99	0,76
84		2,55	0,99	0,66	2,65	0,93	0,66	2,49	1,01	0,73
85		2,61	1,01	0,53	2,71	0,96	0,53	2,55	1,01	0,61

Anhang 3: Hierarchische Varianzzerlegung der Lernumweltskalen in die Quellen *Schüler*, *Klasse*, *Schule* und *Schulform*

Regelklarheit

Quelle	Biologie	Mathematik	Physik
Schüler	677,68 (85,5 %)	866,30 (82,2 %)	659,98 (85,8 %)
Klasse	43,22 (5,5 %)	83,24 (7,9 %)	39,75 (5,1 %)
Schule	55,90 (7,0 %)	92,48 (8,8 %)	65,76 (8,6 %)
Schulform	15,88 (2,0 %)	11,42 (1,1 %)	3,47 (0,5 %)
Total	792,69 (100,0 %)	1053,44 (100,0 %)	768,96 (100,0 %)

Zeitverschwendung

Quelle	Biologie	Mathematik	Physik
Schüler	593,66 (80,3 %)	684,04 (74,9 %)	545,58 (77,8 %)
Klasse	41,33 (5,6 %)	96,59 (10,6 %)	48,27 (6,9 %)
Schule	76,57 (10,4 %)	118,01 (12,9 %)	78,76 (11,2 %)
Schulform	27,57 (3,7 %)	14,93 (1,6 %)	28,71 (4,1 %)
Total	739,13 (100,0 %)	913,57 (100,0 %)	701,32 (100,0 %)

Unterrichtsstörungen

Quelle	Biologie	Mathematik	Physik
Schüler	626,23 (71,2 %)	708,58 (71,1 %)	604,04 (69,9 %)
Klasse	75,96 (8,6 %)	113,08 (11,3 %)	64,32 (7,5 %)
Schule	110,19 (12,5 %)	152,35 (15,3 %)	158,19 (18,3 %)
Schulform	67,52 (7,7 %)	22,60 (2,3 %)	37,33 (4,3 %)
Total	879,90 (100,0 %)	996,61 (100,0 %)	863,88 (100,0 %)

Störungspräventive Überwachung der Schülertätigkeiten

Quelle	Biologie	Mathematik	Physik
Schüler	571,41 (85,1 %)	679,15 (80,7 %)	517,99 (82,1 %)
Klasse	38,29 (5,7 %)	66,94 (8,0 %)	45,93 (7,3 %)
Schule	60,17 (8,9 %)	90,09 (10,7 %)	63,91 (10,1 %)
Schulform	1,95 (0,3 %)	5,24 (0,6 %)	3,06 (0,5 %)
Total	671,82 (100,0 %)	841,42 (100,0 %)	630,89 (100,0 %)

Ineffektive Behandlung von Unterrichtsstörungen

Quelle	Biologie	Mathematik	Physik
Schüler	709,68 (85,1 %)	806,68 (78,2 %)	637,97 (84,9 %)
Klasse	34,84 (4,2 %)	101,74 (9,9 %)	35,32 (4,7 %)
Schule	66,15 (7,9 %)	107,57 (10,4 %)	67,65 (9,0 %)
Schulform	22,93 (2,8 %)	15,03 (1,5 %)	10,81 (1,4 %)
Total	833,60 (100,0 %)	1031,02 (100,0 %)	751,75 (100,0 %)

Leistungsdruck

Quelle	Biologie	Mathematik	Physik
Schüler	651,43 (84,1 %)	783,86 (80,9 %)	549,48 (82,2 %)
Klasse	33,74 (4,3 %)	46,97 (4,8 %)	32,70 (4,9 %)
Schule	80,46 (10,4 %)	125,05 (12,9 %)	69,40 (10,4 %)
Schulform	9,13 (1,2 %)	13,25 (1,4 %)	17,03 (2,5 %)
Total	774,76 (100,0 %)	969,13 (100,0 %)	668,61 (100,0 %)

Interaktionstempo

Quelle	Biologie	Mathematik	Physik
Schüler	644,38 (82,0 %)	711,71 (79,3 %)	581,36 (80,8 %)
Klasse	35,48 (4,5 %)	74,55 (8,3 %)	42,11 (5,8 %)
Schule	101,50 (12,9 %)	102,70 (11,4 %)	79,37 (11,0 %)
Schulform	4,47 (0,6 %)	9,08 (1,0 %)	17,09 (2,4 %)
Total	785,83 (100,0 %)	898,04 (100,0 %)	719,93 (100,9 %)

Zügiges Voranschreiten im Unterricht

Quelle	Biologie	Mathematik	Physik
Schüler	539,04 (88,5 %)	617,21 (86,8 %)	485,71 (88,7 %)
Klasse	24,65 (4,1 %)	35,89 (5,0 %)	22,22 (4,0 %)
Schule	39,76 (6,5 %)	50,41 (7,1 %)	31,30 (5,7 %)
Schulform	5,76 (0,9 %)	7,55 (1,1 %)	8,56 (1,6 %)
Total	609,21 (100,0 %)	711,06 (100,0 %)	547,79 (100,0 %)

Klarheit des Unterrichts

Quelle	Biologie	Mathematik	Physik
Schüler	529,21 (81,8 %)	674,07 (71,6 %)	553,94 (76,8 %)
Klasse	34,59 (5,4 %)	94,72 (10,0 %)	58,64 (8,1 %)
Schule	79,56 (12,3 %)	156,93 (16,7 %)	106,33 (14,8 %)
Schulform	3,26 (0,5 %)	16,05 (1,7 %)	2,42 (0,3 %)
Total	646,62 (100,0 %)	941,77 (100,0 %)	721,33 (100,0 %)

Sprunghaftigkeit des Lehrers

Quelle	Biologie	Mathematik	Physik
Schüler	572,76 (85,5 %)	688,77 (84,2 %)	537,12 (88,2 %)
Klasse	36,73 (5,5 %)	55,29 (6,8 %)	29,30 (4,8 %)
Schule	41,15 (6,1 %)	66,19 (8,1 %)	36,01 (5,9 %)
Schulform	19,55 (2,9 %)	7,55 (0,9 %)	6,53 (1,1 %)
Total	670,19 (100,0 %)	817,80 (100,0 %)	608,96 (100,0 %)

Repetitives Üben

Quelle	Biologie	Mathematik	Physik
Schüler	557,71 (82,4 %)	628,98 (80,3 %)	497,81 (81,3 %)
Klasse	36,91 (5,5 %)	48,34 (6,2 %)	30,42 (5,0 %)
Schule	52,34 (7,7 %)	85,69 (10,9 %)	50,09 (8,2 %)
Schulform	29,70 (4,4 %)	20,56 (2,6 %)	33,78 (5,5 %)
Total	676,66 (100,0 %)	783,57 (100,0 %)	612,10 (100,0 %)

Individuelle Bezugsnorm des Lehrers

Quelle	Biologie	Mathematik	Physik
Schüler	568,87 (85,4 %)	737,59 (82,1 %)	539,16 (77,0 %)
Klasse	34,65 (5,2 %)	53,64 (6,0 %)	59,76 (8,5 %)
Schule	60,94 (9,2 %)	91,58 (10,2 %)	98,30 (14,1 %)
Schulform	1,31 (0,2 %)	15,42 (1,7 %)	2,73 (0,4 %)
Total	665,77 (100,0 %)	898,23 (100,0 %)	699,95 (100,0 %)

Diagnostische Kompetenz des Lehrers im Leistungsbereich

Quelle	Biologie	Mathematik	Physik
Schüler	518,57 (85,4 %)	615,60 (80,5 %)	479,41 (83,4 %)
Klasse	30,89 (5,1 %)	69,45 (9,1 %)	34,44 (6,0 %)
Schule	56,48 (9,3 %)	70,93 (9,3 %)	59,23 (10,3 %)
Schulform	1,49 (0,2 %)	8,77 (1,1 %)	1,91 (0,3 %)
Total	607,43 (100,0 %)	764,75 (100,0 %)	574,99 (100,0 %)

Individualisierung

Quelle	Biologie	Mathematik	Physik
Schüler	575,72 (86,8 %)	625,51 (85,1 %)	564,85 (86,2 %)
Klasse	21,97 (3,3 %)	47,62 (6,5 %)	21,80 (3,3 %)
Schule	48,13 (7,2 %)	59,39 (8,1 %)	59,10 (9,0 %)
Schulform	17,65 (2,7 %)	1,95 (0,3 %)	9,89 (1,5 %)
Total	663,47 (100,0 %)	734,47 (100,0 %)	655,64 (100,0 %)

Schülermitbestimmung an der Auswahl von Unterrichtsstoffen

Quelle	Biologie	Mathematik	Physik
Schüler	722,42 (79,8 %)	916,35 (79,6 %)	661,94 (78,8 %)
Klasse	29,54 (3,2 %)	85,64 (7,4 %)	62,09 (7,4 %)
Schule	124,90 (13,8 %)	124,10 (10,8 %)	93,49 (11,1 %)
Schulform	28,81 (3,2 %)	25,85 (2,2 %)	22,65 (2,7 %)
Total	905,67 (100,0 %)	1151,94 (100,0 %)	840,17 (100,0 %)

Ansätze genetisch-sokratischen Lernens im Unterricht

Quelle	Biologie	Mathematik	Physik
Schüler	562,07 (88,3 %)	684,98 (82,5 %)	519,86 (84,0 %)
Klasse	28,19 (4,4 %)	56,84 (6,9 %)	29,20 (4,7 %)
Schule	45,46 (7,2 %)	75,69 (9,1 %)	65,77 (10,6 %)
Schulform	0,74 (0,1 %)	12,49 (1,5 %)	4,17 (0,7 %)
Total	636,46 (100,0 %)	830,00 (100,0 %)	619,00 (100,0 %)

Anspruchsvolles Üben

Quelle	Biologie	Mathematik	Physik
Schüler	614,90 (89,3 %)	747,91 (83,0 %)	555,23 (82,5 %)
Klasse	27,36 (4,0 %)	60,81 (6,8 %)	32,02 (4,8 %)
Schule	40,46 (5,9 %)	74,09 (8,2 %)	50,11 (7,4 %)
Schulform	5,70 (0,8 %)	17,90 (2,0 %)	35,54 (5,3 %)
Total	688,42 (100,0 %)	900,71 (100,0 %)	672,90 (100,0 %)

Sozialorientierung des Lehrers

Quelle	Biologie	Mathematik	Physik
Schüler	572,91 (77,4 %)	736,56 (71,3 %)	590,21 (70,3 %)
Klasse	61,99 (8,4 %)	106,00 (10,3 %)	64,46 (7,7 %)
Schule	103,96 (14,1 %)	171,19 (16,6%)	177,50 (21,2 %)
Schulform	0,98 (0,1 %)	18,42 (1,8 %)	6,77 (0,8 %)
Total	739,84 (100,0 %)	1032,17 (100,0 %)	838,94 (100,0 %)

Diagnostische Kompetenz des Lehrers im Sozialbereich

Quelle	Biologie	Mathematik	Physik
Schüler	650,90 (84,3 %)	793,61 (81,3 %)	613,04 (80,8 %)
Klasse	45,90 (5,9 %)	86,47 (8,9 %)	47,39 (6,3 %)
Schule	74,18 (9,6 %)	89,65 (9,2 %)	93,81 (12,4 %)
Schulform	1,37 (0,2 %)	5,63 (0,6 %)	4,15 (0,5 %)
Total	772,35 (100,0 %)	975,36 (100,0 %)	758,39 (100,0 %)

Motivierungsfähigkeit des Lehrers

Quelle	Biologie	Mathematik	Physik
Schüler	785,84 (84,2 %)	793,87 (72,9 %)	734,27 (75,4 %)
Klasse	56,30 (6,0 %)	110,77 (10,2 %)	79,31 (8,1 %)
Schule	90,04 (9,7 %)	181,27 (16,6 %)	159,23 (16,4 %)
Schulform	1,30 (0,1 %)	3,15 (0,3 %)	0,80 (0,1 %)
Total	933,48 (100,0 %)	1089,06 (100,0 %)	973,61 (100,0 %)

Zufriedenheit mit der Lehrkraft

Quelle	Biologie	Mathematik	Physik
Schüler	693,65 (75,8 %)	736,01 (63,2 %)	740,02 (64,7 %)
Klasse	76,39 (8,4 %)	161,37 (13,9 %)	99,88 (8,7 %)
Schule	142,21 (15,5 %)	252,62 (21,7 %)	297,90 (26,1 %)
Schulform	2,59 (0,3 %)	14,10 (1,2 %)	6,14 (0,5 %)
Total	914,84 (100,0 %)	1164,10 (100,0 %)	1143,94 (100,0 %)